# 정부혁신론

## -국가혁신의 길-

최 창 현

도서출판 대영문화사

# 머리말

이 책은 정부와 정부혁신에 대해 이해하고, 이를 바탕으로 효과적인 정부혁신을 위한 지침서로 집필되었다. 20세기 후반부터 급변하는 국제환경과 국가 내부의 환경에 따라 여기에 적응하기 위한 세계 여러 국가들의 노력이 더욱 활발해지고 있다. 각국은 국가 내적으로 다양한 행정에 대한 수요와 효율적인 정부를 원하는 국민들의 요구에 반응하기 위해서 또한 국가 외적으로는 무한 경쟁의 국제사회에서 국가가 살아남기 위한 경쟁력을 갖추기 위해서 다양한 방법과 방향을 가지고 정부개혁 혹은 정부혁신을 시도하고 있다.

그러나 정부기능의 변화, 개혁, 혁신과 관련한 구체화된 아이디어가 어디에서 비롯되었는지는 여전히 의문이다.

우리나라 역시 예외가 아니어서 1997년 외환위기 이후 경제위기를 극복하는 과정에서 신자유주의 이념에 기초한 신공공관리적 행정개혁이 적극적으로 시도되었다. 특히, 여기에는 정부 규모 및 역할의 축소, 성과관리 및 평가, 경쟁을 통한 효율성과 정부의 질 제고 등이 정부혁신의 주요 내용으로 포함되었다.

이와 같은 노력은 매번 조직 및 인력감축, 통·폐합 등의 인위적인 하드웨어의 변화에 초점이 맞추어져 왔으며 불행하게도 그 결과는 성공적이라는 평가를 받지 못해 왔다. 개혁 혹은 혁신에 있어서 반복되는 실패는 '좋은 정부(good government)' 혹은 '더 나은 정부(the better government)'에 대한 깊이 있는 고민과 이론적 혹은 철학적 성찰은 간과한 채 겉으로 드러난 제도변화에 초점이 맞추어 진행된 결과라고 할 수 있다. 이와 같은 한계를 극복하기 위해서는 '좋은 정부'와 좋은 정부를 만들어내기 위한 정부혁신에 대한 깊이 있는 고민이 필요하다.

과거의 국가와 정부가 직면해 왔던 도전과 위협은 오늘날에도 여전히 존재한다. 국가와 정부는 하나의 조직체로서 환경과 시대의 도전에 맞서 스스로 변해야 하며, 그렇지 않을 경우 역사의 뒤편으로 사라질 수밖에 없는 것이 냉엄한 역사의 철칙이다. 21세기라고 해도 그 예외는 아니며, 오히려 21세기에 들어서는 더더욱 혁자(革者)만이 생존할 수 있다는 냉엄한 혁자생존 철칙이 시대정신으로 자리 잡고 있다.

정부혁신은 국정 운영의 중심적인 아젠다로 정부가 출현한 이래 끊임없이 추진되어 온 자기 변혁의 표현이자 산물이다. 때문에 혁신은 특정한 시대, 특정한 정부에만 국한된 것이 아니라 모든 시대, 모든 정부가 추구해 왔다. 혁신이 추진되는 매순간마다 주어진 국가 사회 안에서 정부의 역할이 무엇인가라는 질문을 통하여 정부의 기능을 재조정하려는 여러 가지 노력이 병행되었음도 주지의 사실이다.

영국의 EU 탈퇴나 중국의 G2 부상 등 최근 갈수록 급변하는 국제환경에서 생존하기 위해서는 유동적이고 창발적인 국가로 탈바꿈해야 한다. 즉, 경쟁국보다 더 빨리 전략적 방향을 잡아 나가야 한다. 국가 운영에 있어서 일촉즉발의 동시 다발적인 상황은 예측이나 통제가 어려운 방향으로 나타난다. 이러한 복잡한 상황을 타계하기 위해서는, 전통적 패러다임은 크게 도움이 되지 않는다. 전통적 패러다임은 환경의 변화에 맞춰 구조를 바꾸는 것을 중시한다. 이는 환경에 대한 분석이 가능할 경우에만 계획적 변화가 가능하다. 분석이 틀어지거나 변화가 늦을 경우 국가는 막대한 손해를 입게 된다. 변화를 따라가선 안 되며 이를 주도할 수 있어야 한다. 또한 정부조직의 변화에 대한 전통적인 접근은 주로 기능적 합리성과 정부조직 내외부의 정치적 이해관계에 초점을 두어 왔다. 그러나 정부기능의 변화, 개혁, 혁신과 관련한 구체화된 아이디어가 어디에서 비롯되었는지는 여전히 의문이다.

토인비(A. J. Toynbee) 교수는 그의 기념비적인 저서인 『역사의 연구(*A Study of History*)』에서 고대 그리스, 로마 등 21가지 문명의 흥망을 연구했다. 천년만년 영광을 누릴 줄 알았던 강대국들이 얼마 못 가 망해 가는 원인은 천재지변도, 야만인의 침략도 아닌 내부의 고착적이고 권위적인 문화, 즉 교만과 안일주위 때문이라고 토인비는 간파했다. 또 그들을 성공으로 이끌었던 관행이나 체제가 우상시되면서 쇠락의 길로 접어들게 됨을 발견했다.

대니 밀러(D. Miller)의 연구 결과에 의하면, 많은 조직이 이카로스 패러독스(Icarus Paradox) 때문에 실패한다는 것이다. 이 연구는 국가조직에도 그대로 적용될 수 있다. 그리스 신화에서 이카로스의 우화는 너무 높이 태양 가까이 날다가 그의 날개를 붙이고 있던 밀랍이 녹아서 에게 해에 추락하고 말았다는 것이다. 이카로스의 날개의 힘이 그를 파멸시킨 것이다. 물론, 역설적으로 그의 가장 큰 자산이 그를 파멸로 이끌었다. 그리고 오늘날에 있어서 많은 탁월한 국가에게도 똑같은 역설이 적용된다. 그들은 승리에 지나치게 매료되어 국가 멸망의 길로 빠져든다. 이 책은 이러한 관점에서 주요 국가의 흥망성쇠도 정부혁신 관점에서 분석해 보았다.

정부혁신 패러다임이 이행되는 과정에서는 새로운 패러다임의 관점에서 그 이전 시기에 존재했던 정부의 기능이나 역할에 대한 고찰이 행해지고, 개혁이나 쇄신, 혁신이라는 이름 하에 기존 정부의 역할과 기능을 재조정하는 노력이 행해져 왔다. 따라서 정부혁신을 주도한 이론적 패러다임을 발생 순서에 따라 ① 전통적 행정론, ② 공공관리론, ③ 신행정론, ④ 신공공관리론, ⑤ 뉴거버넌스론, 그리고 복잡계이론 등 여섯 가지로 분류하고, 각 패러다임이 채택한 주요 개혁 방안과 그들이 지향한 주요 가치가 무엇이었는지를 살펴보고자 한다.

또한 각기 다른 분야를 평가하고 있는 12개 기관에서 발간한 16개의 국제경쟁력 평가보고서의 개요 및 평가방법, 한국의 평가 결과를 소개하고, 이와 아울러 국력의 평가 결과도 포함하여 한국의 국제적 위상과 현실을 알아보고, 이를 바탕으로 좋은 정부의 국가혁신 전략을 소개하고자 한다.

이 책이 출판되기까지 도움을 주신 많은 분들이 있었다. 이 책의 출판을 맡아주신 대영문화사의 임춘환 사장님과 항상 꼼꼼하게 교정을 봐준 장선옥 선생님, 그리고 항상 성실하게 도움을 주시는 정재훈 과장님께 고마움을 전하고 싶다.

2017년 1월

최창현

# 차 례

# 제 1 편

# 행정학의 기초개념

# 제 1 장 행정의 개념

## 제 1 절 행정의 개념

행정(public administration)이란 고도의 합리성을 수반한 협동적 인간노력의 한 형태로, 정부관료제를 중심으로 행정부의 구조 및 공무원의 활동을 포함하는 개념이다. 행정은 행정법학적 개념과 행정학적 개념으로 구분해 볼 수 있다. 유럽은 행정법학이 발전하여 입법이나 사법과 대립되는 개념으로 행정의 개념을 사용해 왔지만, 미국은 행정이 실제 존재하는 것에 바탕을 두고 행정을 정의해 왔다(민진, 2002).

먼저, 행정법학적 행정개념은 삼권분립적공제설과 법함수설이 있다. 행정학적 행정개념에는 행정관리설, 통치기능설, 행정행태설, 발전기능설, 정책기능설, 거버넌스설, 신공공관리설 등이 있다. 또한 행정학적 행정의 개념은 정치와 행정의 비교로 나누어서 볼 수도 있다.

### 1 정치 · 행정 이원론

행정은 정치와 다르다고 보는 것이 정치 · 행정 이원론이다. 정치 · 행정 이원론의 입장에서 행정을 정의해 보면 행정관리설은 행정을 정치영역에서 형성된 법과 정책을 집행하는 관리기술적 과정으로 파악하며, 국가목적을 달성하기 위하여 사람과 물자를 관리하는 것을 행정관리설이라고 한다. 행정행태설은 제도보다는 인간의 행동에 대한 과학적 분석을 중시하며 행정을 협동적 집단행동으로 파악한다.

**표 1-1** 정부와 행정의 차이점

| 기 준 | 정 치 | 행 정 |
|---|---|---|
| 활동주체 | 정당, 입법부, 정치인은 선거에 의해 선출 | 행정기관, 행정부, 행정인은 채용시험에 의해 임용 |
| 목적차원 | 상대적으로 상위 목록 | 상대적으로 하위 목록 |
| 활동목표 | 권력의 획득, 유지, 확대 | 국민에 대한 봉사 |
| 수준 | 정책과정상 투입차원 중시 | 정책과정상 산출차원 중시 |
| 대상 | 유권자 | 행정서비스 대상자 |
| 방법 | 선거 등을 통해 공약, 정강 등을 제시, 정당선거를 통해 목표달성활동 수행 | 국무회의, 예산편성 등을 통해 국정운영목표제시 관료제를 통해 목표달성활동 수행 |

**그림 1-1** 정부와 행정의 흐름

## 2 정치 · 행정 일원론

행정은 정치와 다르지 않다고 보는 것이 정치 · 행정 일원론이다. 정치 · 행정 일원론의 입장에서 행정을 정의해 보면 통치기능설은 행정을 정치 또는 정책결정 과정과 연계하여 파악하며, 행정이란 정책을 형성하며 집행하는 과정이다. 행정과정 속에는 단순히 법과 정책을 집행하는 관리기술적 과정만 있는 것이 아니라 법과 정책을 형성하는 정치기능적 과정도 있다. 또한 활동 대상을 국민, 사회전체를 대상으로 하여 행위에 대한 국민의 통제와 평가 및 불법행위에는 책임을 지게 한다. 국가발전기능설은 행정이란 정치적・경제적・사회적 측면에서 국가발전목표를 설정하고, 그 실현을 위한 정책과 계획을 수립・집행하는 기능을 말한다(황윤원, 2003).

## 3 행정법학에서의 행정개념

삼권분립적 공제설에 의하면 행정이란 행정, 입법, 사법의 삼권 중 입법권과 사법권을 공제한 권한을 의미한다. 법함수설에 의하면 행정이란 법을 집행하는 분야로 본다.

**표 1-2** 행정법학설과 행정학설에서 정의하는 '행정'의 개념

| 학설(연대) | 행정에 대한 개념 정리 | 관련 학자 |
|---|---|---|
| 행정법적개념: 삼권분립적공제설 | 행정이란 행정, 입법, 사법의 삼권 중 입법권과 사법권을 공제한 권한을 의미한다. | 행정 = 삼권–입법권–사법권 |
| 법함수설 | 행정이란 법을 집행하는 분야로 본다. | 행정 = f(법) |
| 행정학적 개념 행정관리설 (1880~1930) | • 정치와 분리하는 정치・행정 이원론에 입각한 행정학 성립 초기의 정의<br>• 공공사무의 관리, 법과 정책의 능률적, 합리적 집행<br>• 관료제이론 등의 기술적 행정학 이론이다. | W. 윌슨, L. 귤릭, F. 굿노 등 |
| 통치기능설 (1930년대 후반) | • 정치・행정 일원론에 입각 대공황 극복 위해 행정의 정책결정, 입법 기능 강조<br>• 가치 지향적인 사회적 능률과 민주성 개념 도입 | M. E. 디목<br>P. H. 애플비 |
| 행정행태설 (1940년대) | • 정치・행정 새이원론에 입각한 행정학의 과학화를 위한 행정 개념, 행정행태론 | H. A. 사이먼<br>C. I. 바너드 |
| 발전기능설 (1960년대) | • 정치・행정 새일원론에 입각한 개발도상국의 발전 주도를 위한 행정 개념, 효과성 강조한 발전행정론<br>• 좀 더 능동적 정부 주도 강조(통치기능설과 차이) | M. J. 에스만<br>E. W. 와이드너 |
| 정책기능설 (1970년대) | • 행정에서 정책형성 기능 강조<br>• 정책결정과정에서 갈등 완화와 순기능 조정 강조 | I. 샤칸스키, J. 데이비스, H. D. 라스웰, Y. 드로어 |

| 신공공관리설<br>(1980년대 이후) | 기업가적 정부론 | D. 오스본 |
|---|---|---|
| (뉴)거버넌스설<br>(1990년대 이후) | • 정부실패를 비판하는 신공공관리주의의 정의<br>• 국가의 일방적 통치가 아닌 국민과 동반자로서의 행정 | G. 피터스 |

출처: 백승기 · 최창현 외(2011). 『행정학–핵심정리 및 문제연습』, 대명.

제 2 장

# 정부와 행정

## 제 1 절 정부의 개념과 조직구조

앞에서 행정이란 무엇인가를 살펴보았다. 행정을 담당하는 기관을 정부라 하는데, 정부란 무엇인지 살펴본다. 광의의 정부(government)란 입법부, 사법부, 행정부를 포함한 총체적인 정부기관을 말하며, 국가 통치기구 혹은 국가 권력구조를 의미한다. 협의의 정부(the Executive)는 입법부와 사법부에 대한 행정부를 의미한다(김영국, 1988).

정부에는 여러 종류가 있는데 미국의 경우 연방정부(federal government), 주정부(state government), 시정부(cities and counties), 특수정부 등이 있고, 우리나라는 중앙정부, 광역자치단체와 기초자치단체의 지방정부가 있다.

행정을 담당하는 주체로는 정부뿐 아니라 공공조직도 있다. 공공조직은 비영리조직(non-profit organization)이라고도 하는데 기업체와 같이 이익을 추구하지 않고 환경단체와 같이 공익을 추구하는 조직을 말한다. 수자원공사와 같은 공기업, 병원 · 교회 · 사찰 등의 비영리법인(非營利法人)과 박물관, 미술관, 국립공원관리공단 등이 공공조직에 속한다.

공익을 추구하기 위한 정부나 공공조직의 기능에는 여러 가지가 있으나 크게 조직(組織), 인사(人事), 재무(財務), 정책의 네 분야로 나누어진다. 지금까지 행정학에서 가장 활발하게 연구되었던 분야로 거의 모든 대학의 행정학과가 조직론, 인사행정론, 재무행정론, 정책론 등의 강의를 개설하고 있다(황윤원, 2003).

## 제 2 절 정부조직의 구성 및 기능

정부기능은 외부환경의 요구에 따라 변해야 하고 정부 내부적 필요성에 의해서도 변해야 한다. 근대화 초기 서구에 있어서의 국가기능은 그 당시 풍미하던 자유주의 사상의 영향으로 국민의 생명과 재산을 보호하는 데 그치는 것이 최선이라는 야경국가적 성격 범위에 머물렀으나 산업화의 진전, 경제 · 사회의 발달과 민주화의 진전에 따라 국가의 기능은 점차 확대되어 갔다.

도시화의 진전, 빈부격차의 심화는 새로운 사회문제를, 공업화의 진전은 환경문제를, 시장경제의 발달은 독점의 폐해를, 급격히 가까워진 지구촌 환경은 범세계적 대응과제를 우리에게 제공하고 있는데 이들 문제의 대부분은 국가가 해결해야 하는 것들이기 때문이다.

이러한 이유로 팽창한 국가기능은 정부 규모의 과대화를 가져왔고 이는 곧 재정 압박으로 연결되었다.

한편, 민주화의 진전에 따라 국민의 요구는 점차 까다로워지기 시작했고, 이에 대응하기 위해 정부조직도 전통적 관료제 하의 계서적 수직구조에만 의존할 수 없게 되어 복잡 · 분편화 과정을 거쳐 왔다.

오늘날의 정부의 고민은 이러한 외부환경의 변화와 정부 자체 필요성에 대처함에 있어서 어떻게 하면 '적은 돈으로 더 많은 일을 할 수 있는 정부'를 만들 수 있는가에 있다. 바꾸어 말하면, 정부의 규모를 적게 하면서도 국민이 요구하는 기능을 제대로 수행하는 정부를 만드는 것이다.

이러한 정부를 만드는 요체는 크게 보아 정부기능의 일부를 정부조직 경계 밖으로 내모는 방법(민간화)과 정부 내부에서 기능과 조직을 효율적으로 꾸미는 방법(기능의 재배분과 조직 재구성)이 있을 것이다.

정부기능의 범위를 일정하다고 전제하는 경우에도 정부의 기능과 조직은 변화되어야 하는데 그 주된 이유는 크게 보아 외부환경적 요인과 행정주체적 요인으로 나눌 수 있으며 행정주체적 요인은 이를 다시 정치적 요인과 내부관리적 요인으로 나눌 수도 있다.

이를 별도 구분 없이 세부적으로 설명하면 다음과 같다.

## 1 분권과 자율

종래의 계서제적 수직구조에 의한 조직구조는 상부에 의해 정해진 정부정책을 하부에서 집행하는 하향식 행정에는 적합한 구조였으나 국민요구에의 부응(대응성), 국민의 참여(민주성)확보가 중요시되고 있는 오늘날에 있어서는 매우 불편한 조직구조가 되고 있다.

이에 따라 많은 국가에서는 권한과 기능을 상당부분 중앙정부에서 지방정부로 이양하여 국민과 행정과의 접점을 최대한 국민과 가까이 다가가게 하고 있다.

## 2 범세계적 문제의 대응을 위한 국제적 공조

세계화의 진전에 따라 기업, 금융, 무역, 환경, 반테러리즘 등은 그 경계가 국경을 벗어나 어느 특정 국가의 힘과 능력을 벗어나게 됨으로써 범세계적으로 공동대응해야 할 필요성을 증대시키고 있다. 이러한 문제의 대응 역시 국가 내의 상명하복적 조직·기능체계를 부적합하게 만들고 있다.

## 3 시장과 시민사회의 발달

시장과 시민사회는 국가와는 다른 규율원리의 지배를 받는다. 즉, 국가가 공권력 및 법의 지배원리에 의해 규율됨에 반하여 시장은 가격과 경쟁원리가 시민사회는 계약과 협력원리가 지배적 원리로 적용되고 있는 것이다.

이전에는 이러한 서로 다른 원리의 적용에도 불구하고 시장과 시민사회의 미발달 · 미성숙에 의하여 확고부동한 국가 우월적 지위가 유지되었으나, 오늘날 점차 이러한 지위는 국가적 기능의 민간화, 상하적 관계에서 수평적 관계로의 진전, 명령보다는 상호협력 등의 방식으로 변화할 필요성이 증대되고 있다.

## 4 과학기술의 발전

행정은 과학기술의 발전에 의해 영향을 받는바 매우 크다.

우선, 과학기술은 행정이 규율하는 대상을 융합 또는 통합(fusion, convergence) 시킨다.

예컨대, 정보통신의 기술발전은 서로 다른 규율대상이었던 방송과 통신을 융합시키는가 하면 종래의 전통산업과 정보산업의 부가가치 구분을 애매하게 함으로써 정부조직의 변동을 초래케 한다. 또 과학기술의 발전은 행정 내부관리 능력을 확충시키고 행정과정을 변화시킨다.

예컨대, 업무처리에 있어서 정보처리시스템의 도입은 종래의 문서, 규정, 보고절차를 무용화시키고 그 행정절차를 단축시킴으로써 정부 조직구조와 국정관리체계를 변모시키게 된다.

## 5 대형사건 · 사고 · 재앙 등 위험요인

9 · 11 테러, 대구지하철 화재사고 등 국내 · 외적으로 각종 재난 발생 증가 및 대형화에 따른 많은 인명 · 재산 피해가 발생하고, 기후변화, 산업화 · 도시화 등으로 새로운 유형의 신종재난 및 여러 유형의 안전사고가 결합된 대규모 복합재난의 발생이 증가하고 있다. 이런 연쇄적인 대형사고 등은 국가의 안전, 안보 관련 기능에 대한 관심을 증대시키고 정부조직 개편을 수반하게 된다.

이에 정부는 안보 및 재난 · 재해로부터 국민을 안전하게 보호할 수 있도록 종합적이고 체계적인 방안을 강구하게 된다.

## 6 정치적 요인

정부조직의 개편은 오히려 정치적 요인에 의해 주도되고 있다고 볼 수 있다.

우리나라 역대 정부는 물론 세계 각국도 정권의 변동에는 후속적인 정부조직 개편이 반드시 뒤따르는 것을 경험할 수 있다. 이러한 정치적 요인에는 ① 국민의 관심사에 정책적 관심을 기울인다는 것을 통한 정부신뢰의 형성, ② 문제를 해결하려 한다는 것을 알리거나 정책의 우선순위를 알리려는 의도, ③ 새 정권에 협조적인 관료로 길들이기 등을 들 수 있겠다.

## 7 행정 내부관리적 필요성

이는 정부 스스로 행정 내부관리의 효율화 측면에 의해 조직구조의 재구성 또는 기능개편이 추진되는 경우이다. 예컨대, 정부 업무를 정부의 직접 수행에서 민간에게 이양하게 되면 정부가 동 업무에서 완전히 손을 떼는 것이 아니라 새로운 규제가 필요하게 된다.

이러한 규제적 기능은 일반행정의 관리체계와는 별개의 독립된 기능수행 체계를 갖는 것이 보통이다. 또 정부조직과 기능이 전문화·분편화될수록 이들의 수평적 연계는 소원해지게 되며 이들 간의 관계를 조정할 필요성이 커지게 된다. 이렇게 되면 조정기구의 등장이 필연적이다. 또한 행정관리방법 및 문화를 개선할 필요성도 커지고 있다.

개개 공무원의 책임성을 강화하고 그들의 업무와 조직성과를 연계하고, 또 행정과정에 시민의 참여요구를 반영하는 등에는 조직·기능의 변동이 불가피해지는 것이다.

## 제 3 절 정부기능 재배분과 조직 재구성

정부조직 재구성·기능 재배분의 필요성과 이에 부응하는 방법은 다양하나 이를 일반적 접근 방법에서 보면 다음 세 가지 정도로 설명할 수 있다. 그러나 이러한 방법들은 현실적으로는 분리적용 된다기보다 상호 결합된 방법으로 적용될 것이다.

### 1 기능적 조합의 변경

행정조직은 대체적으로 기능분립의 원칙을 적용하고 이를 필요한 경우 그 대상에 따라 나누는 형태로 구성된다. 예컨대, 국가안보기능, 경제기능, 일반행정기능 등으로 나누고 국가안보기능은 그 대상에 따라 통일원, 외교통상부, 국방부 등으로 나뉘고, 경제기능은 기획재정부, 지식경제부, 농림식품수산부 등으로 나뉘는 것과 같다.

우리나라 역대의 정부개편 내용을 보면 이러한 기능적 분할을 필요에 따라 개편해 온 것을 발견하게 된다. 예컨대, 김대중 정부시절 개별 부처로 분리 운영되었던 내무부와 총무처를 통합시켜 행정자치부를 발족시키면서 총무처가 갖고 있었던 정부인사관리 기능을 별도의 중앙인사위원회를 설치했던 경우라든지, 이명박 정부에서 정보통신부를 해체하여 그중 산업적 기능은 지식경제부에, 통신 관련 기능은 방송통신위원회에 콘텐츠 관리기능은 문화관광부에 이관시킨 경우 등 이러한 예는 수없이 많다.

### 2 부처 수와 규모의 변경

단순히 '작은 정부구현'을 위한 수단으로 부처 통·폐합을 실시한 경우라든지 부처의 규모를 줄이기 위해 대부대국(大部大局), 대국대과(大局大課)주의 원칙을 적용한 경우 등의 방법을 말한다. 이러한 예는 김영삼 정부와 이명박 정부시절에 있었던 대부처주의 원칙에 입각한 대규모 조직 개편을 들 수 있겠다.

당시 김영삼 정부는 '작은 정부구현'을 정책기조로 채택, 정부출범과 더불어 1차(1993.3)와 2차(1994.12)로 나누어 대대적인 부처 감축을 실시하였는 바 1차 개편 시에는 문화부와 체육청소년부를 통합, 문화체육부로, 상공부와 동력자원부를 통합, 산업자원부로 개편하였으며, 2차 개편 시에는 다시 경제기획원과 재무부를 합쳐 재정경제원으로, 건설부와 교통부를 합쳐 건설교통부로 통합하는 한편 환경처를 환경부로, 체신부를 정보통신부로, 상공자원부는 통상산업부로, 보건사회부는 보건복지부로 기능을 확대하는 등 대대적 정부 개편을 단행했던 것이다.

이러한 부처의 수와 규모의 감축은 필연적으로 공무원 수의 감축을 야기시켜 대규모 인원감축이 이루어졌다.

## 3 관리방법의 개선

행정의 내부관리에 있어서 새로운 관리방법의 도입은 과학기술의 발달과 함께 행정이 추구하는 이념의 변화에 기인되는 측면이 많다.

예컨대, 중앙행정기관에 속해있는 하부 특별행정관청을 지방자치단체의 기능으로 전환하는 것은 분권을 통한 민주성의 구현 목적이 크다. 지방자치단체의 계층구조를 단순화하려는 것은 행정의 효율성 확보를 위한 목적이 크고, 국민의 행정에 관한 불만과 고충해소를 위한 옴부즈맨(ombudsman) 제도를 도입, 독립기관화하는 것은 국민의 요구에 효율적으로, 민주적으로 접근하려는 목적에서다. 또한 조직의 성과를 명확히 하고 국민에게 책임 있는 서비스를 제공하기 위한 책임운영기관의 도입은 행정의 효과성을 확보하기 위한 것이다.

이러한 관리방법의 개선은 과학기술의 발달에 힘입은 바 크다. 예컨대, 성과관리시스템을 도입한 경우 최대 난점은 성과목표 설정, 성과지표의 마련, 성과측정 및 결과의 분석 등에 많은 부가적 노력이 투입되어야 하는데 이를 가능하게 하는 것이 정보처리 능력의 시스템화인 것이다.

## 제 4 절 정부의 변화와 대응과제

많은 선진 각국의 정부혁신 경험으로부터 도출되는 공통점은 바로 "적은 돈으로 더 많은 일을 할 수 있는" 효율적인 행정구조를 갖추기 위해 많은 노력을 기울였다는 것이다. 이것은 정부혁신이 바로 정부실패를 치유하기 위해서 출발하였다는 것에서 잘 설명된다.

정부 조직구조의 재설계 혹은 변화는 다양한 이유에 의해 이루어져 왔다.

- 중앙정부로부터 지방정부로의 권한과 기능 이양
- 무역, 환경 등 공공문제의 세계화 현상
- 정부로부터 책임행정기관, 민간부문으로의 공공서비스 공급 주체의 변화
- 개혁 수단으로서 정부조직 개편

정부는 사회변화에 맞추어 끊임없이 조직구조를 조정하고 재원을 재배분할 필요가 있다. 기존 형태의 조직구조가 미래의 새로운 문제들을 해결하는 데 적절하다고 말할 수는 없다. 그리고 관행이었던 점증적 예산편성 경향을 그대로 인정하기도 어렵다. OECD 보고서는 공공부문에 가해지는 압력에 대응하여 조직을 적기에 개편하는 능력이야말로 현대 정부가 가져야 할 필수 요건이라고 규정하면서 크게 세 가지 권고사항을 제시하고 있다(OECD, 2005). 첫째, 조직구조의 개편은 강력하게 단행할 것, 둘째, 조직 개편은 범정부적 시각으로 접근할 것, 셋째, 개별 부처에 보다 많은 자율권을 부여할 것 등이다.

하지만, 빈번한 정부조직 재구성 · 기능 재배분이 정부기능의 피로감을 높이고 조직 간의 업무불일치로 인하여 구성원 간의 갈등으로 역량 제고를 저해하는 경우 많은 문제점을 낳을 수 있다.

### 1 행정능력의 손상

새로운 조직 · 기능 개편에서 기대되는 능률성도 새로운 환경에의 적응과 많은

시간을 필요로 하기 때문에 잦은 조직 개편·기능 재배분은 기존 조직과 인력이 갖고 있는 노하우, 행정문화 정보소통력을 훼손시킨다.

## 2 개혁의 피로감과 타성

정권 출범 때마다 조직 개편과 그 이후의 되돌림 현상은 조직 개편의 당위성을 약화시키고 정부신뢰의 손상을 가져올 수 있을 뿐만 아니라, 양치기 소년과 늑대의 우화에서처럼 무관심과 통과 의례적 상황으로 치부하기 쉬워진다.

또한 구조조정에 따른 조직불안과 긴장이 능률을 해칠 수도 있다.

## 3 조직구조가 바뀐다고 관리행태가 변하는 것이 아니다

조직구조의 변화가 조직의 구성원의 의식, 행태의 변화까지 가져오는 것이 아니므로 조직의 구성원의 의식, 형태가 바뀔 수 있는 관리방식이 도입되어야 하고 구성원의 호응과 협력을 이끌어내는 리더십도 발휘되어야 한다.

또한 조령모개(朝令暮改)가 아닌 지속성이 확보되어야 한다.

## 4 새로운 제도의 도입에는 국가별로 처한 행정환경, 문화적 요소를 고려해야 한다

다른 나라에서 성공한 제도가 우리나라에서는 실패할 경우도 많다. 신공공관리, 뉴거버넌스적 제도의 무조건적 도입은 시행착오만 양산하기 때문에 새로운 제도의 도입에는 국가별로 처한 행정환경, 문화적 요소를 고려할 필요가 있다.

이러한 한계를 극복해야 바람직한 구현 목적을 실현할 수 있게 된다.

## 제 5 절 정부 팽창 이론

작은 정부로의 개혁이 대세임에도 불구하고 왜 정부 규모는 점점 커지는 것일까?

민간부문의 경제주체인 가계와 기업은 시장에서 결정된 재화와 용역의 가격을 척도로 하여 제각기 공리주의적 효용(utility) 및 이윤의 극대화를 추구한다. 이러한 민간주체들의 분권화된 이기적 경제행위는 곧 효율적 자원배분을 가져오고, 그 결과 사회후생(social welfare)이 극대화된다. 그러나 가격을 선호로 한 민간주체들의 분권화된 경제행위가 자원의 효율적 배분을 항상 가져다주는 것은 아니다.

현실적으로 시장 메커니즘에는 독점, 외부효과, 공공재, 불확실성, 정보의 비대칭성, 도덕적 해이, 역선택 등으로 인해 시장실패가 발생한다. 따라서 공공부문의 경제주체인 정부가 시장실패의 치유를 목적으로 개입하여 자원의 보다 효율적인 배분과 분배적 불평등을 시정함으로써 사회후생의 극대화를 도모한다.

시장실패(market failure) 시 정부의 개입 필요성이 증대되어 '큰 정부(big government)'가 들어서게 된다. 하지만, 또 지나친 정부의 개입은 다시 정부의 실패를 가지고 온다. 큰 정부가 다시 정부실패(government failure) 현상을 보이면 '작은 정부(small government)'로 회귀하려는 경향을 보이고, 1980년대부터 전 세계적으로 신자유주의에 입각한 신공공관리론이 유행하면서 작은 정부론이 득세하고 있다. 이러한 이유로 최근 '작은 정부'가 좋은 것처럼 인식되고 있지만 반드시 작은 정부만이 '좋은 정부(good government)'라고 볼 수는 없다. 작으면서도 효율적이고 강한 강소정부로 가는 것이 바람직하다. 왜 작고 강한 정부가 좋은 데도 불구하고 정부 규모는 팽창하는지에 관한 이론을 살펴보자.

공공부문의 팽창 요인에 관한 주장은 파킨슨 법칙(Parkinson's Law), '와그너(A. Wagner)의 국가경비 팽창 법칙', '니스카넨(W. Niskanen)의 예산극대화 가설', '피콕(Alan T. Peacock)과 와이즈만(Jack Wiseman)의 전위효과 가설', 브레난(H. G. Brennan)과 뷰캐넌(J. M. Buchanan)의 '리바이어던 가설(Leviathan hypothesis)' 등이 있다.

## 1 파킨슨 법칙[1)]

Work expands so as to fill the time available for its completion.

"일은 그것을 처리하는 데 쓸 수 있는 시간만큼 늘어나기 마련이다."

영국의 경제학자 노스코트 파킨슨(C. N. Parkison)이 1955년 런던 『이코노미스트(*The Economist*)』에 발표한 글에서 처음 제시한 아이디어로, 일의 양에 관계없이 공무원 수는 늘어나게 마련이라는 점을 꼬집고 있다. 특히, 공공행정 분야에서 이러한 현상이 두드러지는데, 정치인들과 납세자들은 공무원 수가 많아지는 만큼 업무량도 당연히 늘어난다고 생각하지만, 실제로 관리의 수와 업무량은 아무런 관련이 없다는 뜻이다. 이러한 현상이 생기는 두 가지 핵심 요인은 다음과 같다.

첫째, 관리(공무원)는 부하직원을 늘리려 하는 반면, 경쟁자가 늘어나는 것은 바라지 않는다는 점(부하 배증의 법칙)이다.

즉, 스스로 격무에 시달린다고 생각하는 공무원이 있다면(실제로 그러한지와 상관없이), 일을 그만두거나 동료를 늘리기보다는 업무 보조를 위해 부하직원을 늘리려고 한다는 것이다. 왜냐하면, 부하직원을 두면 본인의 지위가 보다 확고해질 뿐만 아니라, 업무를 나누어 여러 부하직원에게 분담시킴으로써 전체 업무를 모두 알고 있는 유일한 사람이라는 이점을 얻을 수 있기 때문이다. 또한 부하직원 역시 자신의 부하직원을 두려고 할 것이고, 그러면 자연스럽게 처음의 공무원은 승진을 할 수 있는 체계를 획득하게 된다. 이런 과정을 거쳐 한 사람이 하던 일을 여럿이 하게 되는 것이다.

둘째, 공무원은 서로를 위해 일거리를 만들어내는 경향이 있다는 점(업무 배증의 법칙)이다. 처음 한 사람이 업무를 수행할 때나 앞에서 비대해진 조직에서 수행할 때나 실제 업무는 같은 결과를 낳게 된다. 즉, 업무의 본질은 변하지 않지만, 지시, 감독, 보고, 승인 등의 부수적인 업무가 늘어나 업무량이 증가한다는 것이다.

파킨슨은 이러한 법칙의 근거로 영국 해군을 대상으로, 1914년부터 1928년 사이의 간부의 수의 변동을 조사한 결과를 내어놓았는데 그것이 아래와 같은 <표 2-1>이다.

---

1) C. Northcote Parkinson 저, 김광웅 역(2003), 『파킨슨의 법칙』.

**표 2-1** 1914년부터 1928년 사이의 간부 수 변동조사 결과

| 연 도 | 주력함정 수 | 장교와 사병의 수 | 공창근로자 수 | 공창관리와 사무원 수 | 해군본부 관리의 수 |
|---|---|---|---|---|---|
| 1914 | 62 | 146,000 | 57,000 | 3,249 | 2,000 |
| 1928 | 20 | 100,000 | 62,439 | 4,558 | 3,569 |
| 증감률 | −67.74% | −31.5% | 9.54% | 40.28% | 78.45% |

<표 2−1>에서 중요한 것은 1914년에 2,000명이던 해군본부 관리의 수가 1928년에 3,569명으로 늘어났는데, 이는 업무량의 증가와 아무런 관계가 없다는 사실에 있다. 같은 기간 병사는 1/3이, 함대는 2/3이 축소되었고, 더 이상의 인원이나 함대의 증가를 기대할 수도 없었던 상황에서 관리의 수만 78%나 증가하였다는 것이다.

정부가 조직 개편을 할 때 공무원의 수도 줄이려고 하고 또 실제로 좀 줄어들기도 하지만, 결국은 오히려 매년 늘어나서 이전보다 훨씬 비대해지는 현상을 발견할 수 있는 것이다. 실제로 우리의 경우에도 지난 여러 번의 정부 임기 동안 초기에는 반짝 줄었다가 어느새 슬그머니 조직이 확대되어 임기 말년에는 이전 정부보다 더 심한 복마전으로 되돌아가는 현상을 쉽게 발견할 수 있다.

이러한 파킨슨의 법칙은 정부뿐만 아니라 오늘날 관료화된 대기업 등의 사회 각 조직의 비효율성을 비판하는 메시지로도 인식되고 있다.

## 2 와그너의 국가경비 팽창 법칙

19세기 말 독일의 재정학자 와그너(A. Wagner)는 사회경제적 진보가 지속되는 한, 국가의 새로운 기능이 생겨나면서 국가경비가 팽창된다고 주장하였다. 즉, 사회·경제의 발달과 상호의존성의 심화는 공적 욕구의 증대와 정부개입의 확대로 이어져 더 많은 재정지출이 이루어진다고 보았다. 와그너가 정식화(定式化)한 이래 널리 알려졌다. 근대자본주의 국가 재정에서 경비지출이 점차 팽창·증대하지 않을 수 없고 현실로 그렇게 되고 있다는 법칙이다. 팽창의 원인으로서 공채비와 식민지비(植民地費)를 포함한 군사비·사회정책비·경제비(經濟費) 등 세 가지의 증

대를 들 수 있다.

국가활동은 사적 활동보다 더욱 빨리 확대되는 경향이 있으며, 이러한 국가활동의 확대는 필연적으로 공공경비를 팽창시킨다는 경험적 법칙을 말한다. 공공활동, 특히 국가활동이 확대되는 경향은 '국가활동 팽창의 법칙(law of increasing state activity)'으로 정식화되었으며, 이 법칙에서 '공공경비 팽창의 법칙'이 파생되었다.

① 도시화에 따른 국가재정 급증 설명

② 도시사회는 농촌사회에 비해 상대적으로 많은 행정 수요 창출·국가 지출 증대

최근 우리나라의 지방정부 살림살이도 도마 위에 올라와 있다. 성남시의 호화 청사 문제에 이은 모라토리엄(지불유예) 선언(2010년 8월), 최근 서울특별시를 비롯한 몇몇 광역자치단체의 지방재정의 건전성 문제에 대한 관심을 고조시키고 있다.

우리는 종래 세계에서 유래 없는 경제성장과 이에 따른 재정수입의 지속적 증가로 건전 재정을 운영할 수 있다. 하지만, 1997년 외환위기 이후 경제성장의 속도가 둔화되어 재정수입은 제자리인 반면 재정지출에 대한 요구는 급격하게 증가하고 있다. 수입보다 지출이 더 많으면 부채를 떠안지 않을 수 없게 되고 급기야는 재정위기로 치닫게 된다는 것은 자명하다.

오늘날 미국, 영국, 일본 등 대부분의 선진국들이 대부분 재정위기에 직면해 있다. 이는 정치선거에서 국민들에게 복지 확대를 약속하면서 세금은 줄이겠다는 선심성 선거공약에 대다수의 국민들은 속수무책으로 속아 넘어가기 때문이다. 그 결과, 부채가 지속적으로 증가하여 경제성장의 걸림돌이 될 뿐만 아니라 미래세대에 엄청난 부담을 넘기고 있다.[2)]

## 3 니스카넨의 관료 예산극대화 이론

신고전경제학 접근의 공공선택론에서 정립된 이론으로, 관료는 사회적으로 최

2) 2010년 7월 미국 캘리포니아 주 LA 카운티의 인구 3만 명이 약간 넘는 메이우드 시는 예산 절약을 위해 지방정부 관료제(bureaucracy)를 해체하는 극단적인 방법을 선택 한 사례가 나타났다.

적 수준보다 높은 필요 이상의 예산을 확보하는 경향이 있다고 한다. 관료들은 권력의 극대화를 위해 소속 부서의 예산 규모를 극대화한다는 니스카넨(W. Niskanen)의 이론모형을 말한다.

그는 관료들의 예산극대화 행태를 예산 산출 함수 및 정치적 수요곡선과 총비용함수, 그리고 목적함수를 도입한 수리적 모형을 사용해 설명하고 있다. 즉, 그는 관료들의 행태에 자기 이익 극대화 가정을 도입해, 관료들은 승진·역득(役得)·명성 등의 자기 이익을 극대화하기 위해 예산을 극대화한다는 것이다. 정부산출물은 그 결과 적정 생산수준보다 2배의 과잉 생산이 이루어진다고 그는 주장한다.

최근 많은 정부서비스가 민간계약을 통해서 보다 효율적으로 공급될 수 있다는 연구 결과가 있다. 그럼에도 불구하고 대부분의 정부서비스가 관료조직에 의해 직접 생산·공급되는 이유는, 관료조직이 전체국민의 이익이라는 관점에서 보면 비효율적인 공급자이지만 정치인의 이익보호라는 관점에서는 효율적인 공급자이기 때문이다. 흔히들 관료조직의 탓이라고 생각하는 정부의 비효율성은 실제로 입법부의 구조 및 의사결정원리 때문에 생겨나고 있다. 정치인의 입장에서 보면 관료조직은 그들의 이익을 충실히 반영하는 대리인인 것이다.

따라서 이와 같은 잉여의 전리품을 배분할 수 있는 체계를 없애지 않는 한 민간이양을 통한 효율성 제고나 정부감축은 불가능하다는 니스카넨의 주장이다. 그 결과, 정부지출이 공공수요의 증가율보다 빠른 속도로 증가하는 현재의 재정팽창 추세는 계속될 수밖에 없다. 그러나 증가하는 재정지출의 상당부분은 관료조직과 정치세력의 특수이익에 기여할 뿐 서비스수준을 개선시키는 것은 아니라고 주장한다.[3)]

---

3) 김종순(2001). 지방재정학. 서울: 삼영사. pp.114－120; Breton, Albert & Ronald Wintrobe(1975). The Equilibrium Size of a Budget－Maximizing Bureau: A Note on Niskanen's Theory of Bureaucracy. *Journal of Political Economy*, 83(1). pp.195－207; Niskanen, William A., Jr.(1971). *Bureaucracy and Representative Government*. New York: Aldine. Atherton; Niskanen, William A., Jr.(1994). *Bureaucracy and Public Economics*. 2nd ed. Brookfield. Vermont: Edward Elgar Publishing Company; Romer, Ted & Howard Rosenthal(1979). Bureaucrats Versus Voters: On the Political Economy of Resource Allocation by Direct Democracy. *Quarterly Journal of Economics*, 93. pp.563－587.

## 4 피콕과 와이즈만의 경비팽창론

피콕(Alan T. Peacock)과 와이즈만(Jack Wiseman)은 영국의 재정팽창 과정을 보면서, 전쟁 등의 위기 시에 국민의 조세부담증대에 대한 허용수준(tolerance)이 높아지는 전위효과 또는 문지방효과(thread-hold effect)로 인하여 예산의 급격한 팽창이 이루어진다고 주장한다. 즉, 전쟁·공황과 같은 비상시에 증액된 조세는 위기가 끝난 후에도 판막효과(瓣膜效果, ratchet effect)로 인해 쉽게 줄어들지 않고 새로운 사업계획을 추진하는 데 이용됨으로써 원상태로 돌아가지 않는 전위효과(displacement effect)가 나타나게 된다는 가설을 말한다. 전위효과란 전시 때 국가경비가 급증하는데, 이후에도 높은 조세 수준이 그대로 유지되는 현상을 말한다. 그들은 정부 팽창 요인에 관한 와그너 법칙의 일반성(generality)에 의문을 제기하면서, 이러한 가설을 통해 민주국가에서의 정부 팽창의 시간적 경로를 설명한다.

## 5 리바이어던 가설(Leviathan hypothesis)

브레난(H. G. Brennan)과 뷰캐넌(J. M. Buchanan)에 의해 제시된 리바이어던 가설은 공공 부문의 총체적 규모는 중앙정부의 조세 및 지출 권한의 분권화와 반비례해 변화된다는 것(the overall size of the public sector should inversely vary with the extent of simultaneous decentralization of the national government's taxing and spending power)을 말한다. 정부 규모의 팽창을 억제하기 위해서는 조세와 정부지출 권한을 분권화해야 한다고 주장하는 것이다. 이는 공공지출에 대한 통제 권한이 집중화될 경우, 정치인·관료·특수이익 로비스트들의 선호가 재정정책에 반영됨으로써, 정부의 재정지출이 늘어나고 규모가 과도하게 팽창하게 된다는 것을 의미한다.

# 제 3 장 한국 정부의 팽창 사례

## 제 1 절 중앙정부

그렇다면 한국의 정부 규모는 어느 정도인지 알아보자. e-나라지표에 가보면 재미있고, 의미심장한 통계가 많다(http://www.index.go.kr/egams/default.jsp). e-나라지표에서 '총량지표>행정일반>정부조직'으로 들어가면 '행정부 국가공무원 정원 추이' 통계가 나온다.

2015년 국가공무원은 62만 5천 명이다. 이는 교육 공무원(공립학교 교사, 교수, 교육관료) 34만 8천 명, 경찰 12만 1천 명, 일반 행정 15만 6천 명으로 구성되어 있다. 2010년의 경우에는 국가공무원 61만 2천 명이다. 이는 교육 공무원(공립학교 교사, 교수, 교육관료) 35만 명, 경찰 10만 8천 명, 일반 행정 15만 4천 명으로 구성되어 있다.

2015년의 공무원 수는 62만 2천 명이라고 생각할 수 있지만 국가공무원 수인 62만 5천 명에다 지방공무원 29만 5천 명을 더한 92만여 명이 실제 공무원 수이다.

**표 3-1 한국의 정부 규모**

(단위: 천 명)

| | 2010년 | 2011년 | 2012년 | 2013년 | 2015년 |
|---|---|---|---|---|---|
| 총계 | 612 | 612 | 615 | 615 | 625 |
| 교육 | 350 | 349 | 350 | 346 | 348 |
| 경찰 | 108 | 109 | 110 | 113 | 121 |
| 일반 행정 | 154 | 154 | 155 | 156 | 156 |

그런데 경제협력개발기구(OECD)가 비교 대상으로 삼는 일반정부(General Government) 규모는 공무원 95만 4천 명에다가 산하기관(공기업, 준정부기관, 기타 공공기관 등 305개)과 사회보장기금(연금, 보험 관리 공단 등) 종사자와 직업군인·군무원과 비정규직(14만 4천 명)을 더해야 한다. 이들 모두를 합산하면 2015년 현재 한국의 일반정부 규모는 134만 2천 명이다. 이를 기준으로 따지면 한국의 공무원 1인당 인구수는 36명, 인구대비 공무원 비율은 2.8%이다. 일본은 1인당 28.7명에 인구대비 3.5%(2003년 현재)이다. 이른바 신자유주의 개혁을 실시한 뉴질랜드는 16.9명에 5.9% 미국은 14.2명에 7%, 영국은 12.7명에 7.8%이다. 그런 점에서 한국의 공무원 숫자가 적다는 것은 확실하다.

각 부처의 본부 공무원 수는 많지 않다. 부처 전체 중 3~4%에 불과하다. 특히, 법무부는 교도소, 경찰청은 경찰서 및 파출소, 교육부는 학교 등으로 타부처보다 월등히 많은 비중을 차지한다. 또한 각 부처보다는 산하기관의 인원이 상당히 많다.

정부가 납입자본금의 50% 이상을 출자하고 정부투자기관관리기본법의 적용을 받는 한전, 무역진흥공사 등의 공기업인 투자기관, 정부가 납입자본금의 50% 미만을 출자하고 정부투자기관관리기본법의 적용을 받지 않는 공기업인 KBS나 한국수출입은행 등과 같은 출자기관, 정부보조금을 받는 예술의 전당 등과 같은 보조기관, 한국행정연구원 등 출연연구기관 등을 들 수 있다.

## 제2절 해 경

지금 세계지도를 한 번 펼쳐서 세계적인 대도시들을 보자. 뉴욕, 런던, 상하이, 파리, 시드니…. 무엇을 발견할 수 있는가? 물론, 몇몇 그렇지 않는 경우도 있지만 대부분 바다를 접하는 항구도시임을 알 수 있다. 바다는 인류의 생존과 발전에 있어서 큰 역할을 하고 있다. 하지만, 인류가 바다를 바라보는 시선은 시대가 변하면서 함께 달라졌다.

과거 '대항해시대'라 불렸던 15세기부터 구미 열강들이 식민지 개척에 열을 올렸던 19세기 제국주의시대까지는 바다를 정복해야 하며 자신의 세력권안에 포함시켜야만 하는 팽창과 확장의 대상으로 보는 경향이 강했다. 하지만, 현대로 접어들면서 바다를 둘러싼 국가 간의 관계는 무조건적 경쟁구도에서 상생과 협력의 구도로 변했다. 이와 발맞추어 바다를 보는 관점 역시 팽창, 확장 중심의 양적 발전보다는 바다와 관련된 여러 인프라를 공고히 구축하고자 하는 질적 발전에 더 무게를 두는 방향으로 변하게 되었다.

이러한 역사적 사실과 현재의 경향이 해양경찰의 역할을 정확히 규정하며 해양경찰의 중요성을 상기시키는 계기로 삼아왔다. 최근 우리나라는 국가정책으로 동북아 물류통상 중심지로 도약함에 있어서 여러 해양과 관련된 정치, 경제, 사회, 문화적 행위들이 원활하게 이루어질 수 있도록 도약하고 있다.

또한 물류선박호송, 불법어로 단속, 해양오염방제, 해양사고방지와 처리 등 해상에서 일어나는 일련의 활동을 책임지고 통제 단속하는 중요한 역할을 맡고 있는 조직이 해양경찰인 것이다. 하지만, 2014년 4월 전남 진도 부근에서 발생한 세월호 침몰사고를 계기로 해양경찰청 조직이 해체되었다. 2014년 5월 19일 대통령의 담화에서 세월호 침몰사고 당시 제대로 역할 수행을 하지 못했던 해경의 구조작업과 관련된 문제를 지적하고 해경의 내부적인 문제점 등을 열거한 이후에 해경을 해체하기로 결정하였다.

해경은 조직 목표에 필요한 정규적인 역할을 수행하는 데 관료제의 원리에 따라 운영된다. 관료제의 제도적 논리는 일관성 있는 의사결정과 중복을 피함으로써 사업을 효과적 · 능률적으로 운영할 수 있게 한다. 정부관료제가 효율적인 업무수행을 통해 행정서비스를 민주적으로 제공하기 위해서는 담당 업무를 수행할 인력이 반드시 필요하다.

사실 해경은 양적으로나 질적으로 발전을 거듭하고 있는 상황에서 한 가지 경계해야 할 것이 있었다. 공무원들이 과거의 타성에 젖어 혁신에 역행하는 것이다. '파킨슨의 법칙'에서도 일컬어지듯이 공무원 제도는 업무량은 동일한 반면 공무원 인원수만 증가하는 비효율적인 조직구조로 변화될 수 있다. 이는 공무원의 무사안일주의를 불러일으키고 계층적 구조로 인해 윗선에서 시키는 일 외에는 수동적인 자세를 취하거나 책임전가와 일의 비능률을 초래하는 경우가 발생된다.

물론, 모든 공무원이 다 그런 것은 아니다. 이러한 책임감과 성실성을 갖춘 공무원들만 있다면 걱정이 없을 것이다. 본질적으로 조직이 커지면 커질수록 그 구성원들 개개인이 조직에 더욱더 매몰되어 버리기 때문에 개인의 자율성이나 창의성, 적극성을 잃을 수 있다는 것이다. 해경조직이라고 해서 예외일 수는 없을 것이다.

영국의 행정학자 파킨슨(Parkinson, 1957)은 1914년부터 28년 동안 영국의 행정조직을 관찰한 결과, 제1차 세계대전 이후 해운성의 선박의 수는 감소했지만, 공무원 수는 더 증가했고, 1919년 윌슨(W. Wilson)의 민족자결주의 선언 이후 영국의 식민지 수는 감소했으나 식민지성의 공무원 수는 더 증가하였음을 밝혔다. 그의 법칙은 첫째, 업무가 증가할 때 상관은 자신의 지위강화와 권력신장을 위해 동료를 보충받아 업무를 반분하기를 원하지 않고 그를 보조해 줄 부하의 수를 늘린다는 부하배증의 법칙과 둘째, 부하의 수가 증가되면 과거 혼자서 일하던 때와는 달리 지시 · 보고 · 승인 · 감독 등 파생적 업무가 창출되는 현상이 초래된다는 업무배증의 법칙으로 특징지어진다.

## 제 3 절 정부의 조직 재구성, 기능 재분배

정부가 유연한 구조를 확보하는 것은 미래정부혁신의 비전을 달성하는 데 핵심적인 요건에 해당한다. 유연한 구조를 확보하는 방안의 하나로서 장관 레벨의 TFM

(Task Force Ministry) 또는 인사혁신처(신설)의 활성화를 들 수 있다. 현재도 정부조직의 유연성을 위해 사안별로 TF팀을 구성하여 활용하고 있지만 미래정부에서는 그 범위가 더 확대될 수 있다.

예컨대, 새롭게 발생하는 행정 수요에 대하여 새로운 부처를 신설하거나 장관 레벨의 TFM을 구성하여 대처할 때 정부는 유연하게 외부환경의 요구에 적응할 수 있다. 주요한 의제에 대한 기획, 조정에 중점을 두면서 일부분 집행기능을 포괄하는 상위 레벨의 TFM으로서 담당장관제를 생각할 수 있다. 특정 사항에 대하여 필요한 경우에는 담당장관을 설치하여 문제를 해결하게 한다면 관료제의 경직성은 상당부분 해소될 수 있으며, 정부의 유연성은 증가할 수 있다.

의제 현안은 통합처리가 가능한 기능을 각 조직이 중복적으로 보유하고 있지 않은가에 대한 종합적인 검토가 이루어져야 한다. 예를 들어, 각 부처가 개별적으로 통계를 수집·정리·담당하는 것보다는 통계업무를 전담하고 있는 부처(통계청)가 통합적으로 수집·정리·관리하는 것이 더 효율적일 수 있다. 또한 조정기능을 강화할 수 있는가에 대한 방안을 탐색하는 것도 요구된다. 미래정부는 복잡성과 불확실성이 더욱 고도화된 문제에 직면하게 될 것이며, 현재와 같이 개별 부처에 의한 문제 해결방식은 그 유용성에서 한계에 직면할 가능성이 높다. 미래에서 부처간의 협력과 조정은 문제해결에 필수적인 요소가 될 것이다. 물론, 현재에도 정부 내에는 청와대, 국무조정실, 장관 및 차관회의 등 다양한 조정기제를 가지고 있으나, 오히려 조정기제의 중첩으로 인해 조정의 지연과 조정비용의 증가로 연결될 가능성이 상존한다. 따라서 다양한 행위자들의 행동을 더 효과적으로 조정할 수 있는 조정기제의 수립이 요구된다.

향후의 정부혁신에서는 혁신 주도기관(agent)의 위상을 현재보다 강화시키고 조정력을 높이는 것이 필요하다.

정부라고 하는 거시적 차원에서 정부혁신을 시도하게 된다면 정부혁신은 기본적으로 부처들 사이의 상충되는 이해관계를 어떻게 조정하는가에 의하여 그 효율성과 성패가 좌우될 것이다.

# 제 2 편

# 정부혁신이론의 변천

# 제 1 장 정부혁신의 배경과 이해

## 제 1 절 정부혁신 필요성

20세기 이후 정부신뢰가 지속적으로 약화되는 현상은 세계의 많은 나라에서 관측되고 있다. 오늘날 대한민국 정부가 맞고 있는 위기도 정부에 대한 신뢰 위기로부터 출발한다. 하지만, 정부에 대한 국민의 불신을 완벽하게 설명할 수 있는 것은 아무것도 없다. 그럼에도 불구하고 21세기 환경 변화는 각국의 모든 정부들에게 변화를 강요하고 있다. 따라서 이 장에서는 정부혁신 관련 행정이론의 변천과정을 살펴보고, 대한민국 정부혁신의 어제와 오늘을 통해 정부혁신에 대해 알아본다.

21세기에 우리가 맞고 있는 사회의 구조, 환경, 가치의 변화는 우리 모두에게 하나의 도전이다. 도시화의 진전, 빈부격차의 심화는 새로운 사회문제를, 공업화의 진전은 환경문제를, 시장경제의 발달은 독점의 폐해를, 급격히 가까워진 지구촌 환경은 범세계적 대응과제를 우리에게 제공하고 있는데 이들 문제의 대부분은 국가가 해결해야 하는 것들이기 때문이다.

정부란 원래 권력을 지닌 존재이며 국가의 운영에 전적인 책임을 지는 존재였다. 국가의 실패는 정부와 통치자의 것이었으며 국가의 성공도 또한 그러했던 것이다. 그러나 정부도 사회의 한 구성요소이며, 다른 구성체들과의 협력과 타협에 의해서만 성공적으로 운영될 수 있음을 보여주고 있다. 정부는 시민사회와 기업으로 대표되는 민간부문을 지배하기보다는 모든 사회구성원들과 함께 바람직한 방향으로 국정운영과 성과를 위하여 책임을 공유하고 협력해야만 하는 시대가 도래하였다.

우리는 여기서 정부혁신이 왜 필요한가에 대한 구체적 이유로서 다음의 세 가지를 설명하고자 한다.

첫째, 다양성과 변화가 요구되는 포스트모던사회의 도래가 정부로 하여금 직접적인 변신을 요구하고 있다는 점이다. 여기에는 구조와 환경, 가치라는 여러 차원으로부터의 변화가 포함되는데, 여기서의 변화가 곧 정부에 대한 요구(수요)이며, 정부가 충분히 대응하지 못할 경우 혁신에 대한 수요가 발생하게 된다.

둘째, 신뢰할 수 있는 정부에 대한 요구가 하나의 대세가 되었다는 점이다. 이는 정부가 민간과 마찬가지로 더 높은 효율성을 지녀야 한다는 요구와 국정 파트너로서의 시민사회와 기업으로부터 적절한 정도의 신뢰를 받을 수 있는 존재가 되어야 한다는 가정이 깔려 있다. 이는 신뢰수준에 대한 수요와 공급, 즉 기대와 현실의 격차가 존재한다는 점이다. 선진국과 후진국을 구분하지 않고 정부혁신이 하나의 현상(phenomenon)으로 나타나지만 모든 국가가 같은 내용을 추구한다고 해서 같은 수준의 정부혁신이 이루어진 것은 결코 아니다. 후쿠야마(Fukuyama, 2005)가 주장하는 바와 같이 국가의 능력과 제도화의 수준에 따라 각국이 이룩하는 변화의 정도는 다르게 나타난다는 것이다.

셋째, 우리나라의 사회경제적 상황을 살펴볼 때, 정부가 자신의 기능과 역할을 해야 할 곳에서, 그리고 충분하게 수행하고 있는가라는 질문에 대한 답으로서 혁신을 필요로 하였다는 것이다. 즉, 정부에 요구되는 서비스의 범위와 수준에 대한 요구를 제대로 충족시키고 있는가라는 문제에서 혁신의 필요가 제기된다는 것이다. 행정을 수행하는 정부의 입장에서 본다면 변화에 적절히 대응하는 것이 국가와 국민의 생존을 가능하게 하는 것이기 때문에 변화의 폭과 깊이를 잘 파악하고 이에 대한 적절한 대응을 강구하는 것이 무엇보다 중요하다.

## 제 2 절 정부혁신 패러다임 변화

그렇다면 우리 정부가 맞이할 21세기의 중요한 변화는 무엇인가? 우리는 이를 구조적 변화, 환경의 변화, 가치관의 변화라는 것으로 요약할 수 있다.

### 1 구조의 도전: 산업구조와 사회구조의 변화

정부의 변화를 이끌어내는 구조적 변화로서 전통적 산업구조가 변화하는 것과 함께 사회의 구조 자체도 변화하고 있는 점을 들 수 있다. 지식정보사회의 도래는 산업구조를 급격하게 변화시키고 있다. 물질과 재화의 생산으로부터 정보와 서비스의 생산으로 초점이 바뀌어가고 있는 것이다. 그에 따라 사회의 중심적 가치 역시 자본에서 정보로 이행해가며, 물질이나 에너지 대신, 정보가 사회발전의 중요한 원동력이 되고 있다.

그러나 지식과 정보를 기반으로 하는 디지털 시대에는 경제주체들이 수평적 네트워크 형태로 변모하면서, 기업이나 민간이 정보의 생산자이자 유통자의 역할을 더 강력하게 수행하기 시작하였고 그 역할이 더 중요해지고 있다. 즉, 시장의 자율성을 중시하는 쌍방향적 의사소통이 무엇보다 중요한 시기가 된 것이다. 따라서 정부에 요구되는 역할과 기능도 과거와는 다른 것이 될 수밖에 없으며 일하는 방식 또한 바뀔 수밖에 없다.

지식정보사회의 산업구조에 부합하는 새로운 일처리 방식을 고안할 때이고, 산업의 변화에 맞는 적절한 정부의 역할이 무엇인지를 고민할 때인 것이다.

사회구조 또한 변하고 있다. 고도성장을 구가했던 노동집약적 산업사회에서 지식정보사회로 이행하는 우리나라는 이미 고령화 사회로 진입했다. 인구증가율 저하에 따라 생산가능인구(15~64세)의 비중이 낮아지고 노인부양 부담은 증가하고 독거노인과 여성노인 또한 증가하며 농·어업인구는 현격하게 감소할 전망이다. 선진국형 저성장 사회를 피할 수 없다면 지금부터 미래를 준비하지 않으면 안 된다. 이는 정부의 입장에서 본다면 미래사회의 구조에 부합하는 정책의 개발과 새로운 시각을 도입해야 한다는 의미가 된다.

## 2 환경의 도전: 국경을 초월한 무한경쟁

환경의 도전은 주로 국제적인 변화에서 온다. 특히, 국제경제의 변화와 국제정치의 변화라는 두 가지가 기존과는 다른 정부운영을 요구하게 된다. 1990년대 말에 우리가 겪은 위기의 경험은 국경을 초월한 무한경쟁의 시대가 바로 오늘이며 자본과 노동, 상품과 문화가 국경을 자유롭게 넘나드는 시대에 제대로 준비하지 못할 때 어떠한 위기가 우리를 덮칠 것인지를 피부로 알게 해준 것이었기 때문이다. 외국 정부, 국제금융기관, 다자 간 국제협상기구, 외국 투자자, 다국적기업 등은 모두 우리가 함께 일해야 하는 지구촌의 동반자이다. 세계 경제력 10위권을 넘보는 OECD 회원국으로서 이에 걸맞는 국가경쟁력을 확보하고, 개방적이고 유연한 관리 역량을 갖추지 않으면 안 되는 시기인 것이다.

급변하는 국제정세는 더욱 위협적이다. 중국이 경제대국으로, 일본이 군사대국으로 급부상하고 있는 상황, 적대적인 남/북 관계의 틀을 넘어 새로운 구도를 만들어내야 하는 상황, 그리고 세계 각 지역이 블록화하면서 정치와 경제의 틀과 구도가 복잡하게 짜여지는 상황 등은 우리 정부가 더 이상 과거와 같은 국가중심의 틀 안에서 행동하지 않을 것을 요구하고 있다.

## 3 가치의 도전: 다원화와 유연화

대량 생산, 대량 소비, 대도시, 민족 국가 등과 같은 거대조직은 사라지고 그 자리에 개인성, 유연성, 다양성, 세분화, 분산화, 국제화 등이 나타나고 있다. 근대화라는 거대 목표를 이끌던 사회적 이성의 존재가 무의미해지는 포스트모던사회가 도래한 것이다. 다양성의 존중과 상호협력이 최고의 가치로 떠오르고 유연한 대응이 무엇보다 중요한 거버넌스 시대, 네트워크 시대가 다가오고 있다. 협력(cooperation)과 경쟁(competition)이 동시적으로 진행되는 사회, 협력적 경쟁(co-opetition) 사회가 나타나는 것이다.

## 제 3 절 정부혁신 개념과 이해

혁신(innovation)의 용어는 기술 발전과 확산에 대한 논의에서 많이 사용되어 온 개념이다. 이때 혁신은 개인 혹은 조직이 새로운 것으로 인식하는 아이디어, 실천 방안이나 실체를 의미한다(Rogers, 1983).

정부혁신이란 "체제 전반에 걸친 개혁 또는 적어도 행정구조, 인사, 절차와 같은 핵심적 요소들 가운데 하나 또는 그 이상에 대한 개선조치를 통해 행정체제에 근본적인 변동을 야기하려고 특별히 설계한 노력"(UN 보고서)으로 정의한다. 케이든(G. E. Caiden)은 "저항을 무릅쓰고 행정적 변동을 인위적으로 유도하는 것"이라 정의하고, 지덴토프(H. Siedentopf)는 "정부가 끊임없이 변동하는 사회적 요청에 적응하게 하고 행정이 사회를 변모시킬 수 있게 하기 위해 필요한 것"이라고 한다(Siedentopf, 1982: xi 참조).[1] 채프먼(P. Chapman)은 "사회적 · 정치적 환경의 기대, 가치 또는 소망에 어긋나게 된 행정구조 또는 절차를 바꾸는 정부 내의 과정"으로 정의한다.

정부혁신은 주요한 개념적 함의를 가진다. ① 혁신은 행정주체의 의도적 노력이다. 혁신은 외부환경에의 단순한 적응이 아니라 환경의 변화를 의도적으로 유도한다. 예컨대, 개혁 · 혁신의 정치성은 집권 세력의 주관적 · 정치적 의도에 크게 의존한다. ② 혁신은 환경이 제기하는 사회적 · 정치적 요구에의 적응노력이다. 환경 · 사회적 · 정치적 요구는 나라마다, 시대마다 다르다. 따라서 혁신의 'one best way'는 없다. ③ 혁신은 과정을 중시한다. 혁신은 끊임없는 가치창조의 과정이다. 슘페터(J. Schumpeter)가 말한 바와 같은 "창조적 파괴(creative destruction)"의 개념이 곧 혁신의 필요성을 말한다. 따라서 혁신대상의 의식 · 행태 · 문화적 변화를

---

1) 이종수 · 이준형(2006). 정부혁신의 미래 비전(A Study on the Vision of Government Innovation), 한국행정연구원, 2006.12.

추구한다. '개혁'도 바람직한 귀결을 위한 인위적인 변화를 꾀하는 노력이라는 점에서 혁신과 같지만, 개혁은 정치성 중시, 구조나 제도의 변화, 일회성 등에서 혁신과 다르다. 또한 혁신은 기존 제도의 점진적 개변이므로 기존 제도의 급진적 파괴를 의미하는 혁명과 다르다. ④ 혁신은 조직 내부 주체에 의한 자기중심적 변화 노력이다. 외부에 의해 비자발적으로 추진되는 개혁과 다르다.

**표 1-1** 개혁과 혁신의 개념 구분

| 구 분 | 혁신(innovation) | 개혁(reform) |
|---|---|---|
| 어원 | 창조적 파괴<br>과거 익숙한 것과의 단절 | 기존 것을 다른 모습으로 만드는 것<br>(reshaping) |
| 추진주체 | 리더 및 구성원 중시<br>(조직 내부) | 정치집단 및 외부관계자 중시<br>(조직 외부) |
| 추진대상 | 구조, 과정, 사람, 정책 | 정부조직<br>정치 및 행정체제와의 관계 |
| 과정적 특성 | 연속적 과정<br>지속성과 상시성 | 단기간 내 대규모 변화 |
| 가치지향성<br>정치와의 관계 | 정치이념 중립적<br>정치영역과 일정거리 유지 | 정치이념 지향적<br>정치영역과 밀접한 관계 |

정부혁신은 궁극적으로 국민으로부터 신뢰받는 가치 있는 정부의 창출을 목표로 한다. 그러나 이러한 정부를 창출하기 위한 각국의 노력은 그 나라가 처한 시대적, 역사적, 문화적 맥락에 따라 다르게 나타난다. 정부혁신은 그 나라가 처한 구조적 맥락, 시대적 필요, 그리고 정치적 타협과 흥정의 산물이기 때문이다.

정부혁신이 지향하는 가치 있는 정부의 상징적 표현들을 보면, 오스본과 개블러(D. Osborne & T. Gabler)의 '정부재창조론(Reinventing government)', 빌 클린턴(B. Clinton) 정부의 '일은 더 잘하고 비용은 덜 드는 정부(works better & costs less)'들을 들 수 있다.

□ 정부혁신이 지향하는 가치 있는 정부의 상징적 표현들

○ work better & cost less(빌 클린턴 정부의 정부재창조)

○ Reinventing government(데이빗 오스본 · 테드 개블러)

(1) 촉진적 정부: 노젓기보다 방향잡기
(2) 지역사회가 주도하는 정부: 서비스 제공보다 권한 부여
(3) 경쟁적 정부: 서비스 제공에 경쟁도입
(4) 사명지향적 정부: 규칙 중심조직의 개혁
(5) 성과지향적 정부: 투입이 아닌 성과와 연계한 예산배분
(6) 고객지향적 정부: 관료제가 아닌 고객 요구의 충족
(7) 기업가적 정부: 지출보다는 수익창출
(8) 미래에 대비하는 정부: 치료보다 예방
(9) 분권적 정부: 위계조직에서 참여와 팀워크로
(10) 시장지향적 정부: 시장기구를 통한 변화촉진

그 내용 중 하나인 촉진적 정부(catalytic government: steering rather than rowing)란 정부는 핵심적인 역할(방향잡기, steering)에 집중하고, 집행상 생산 및 서비스 공급(노젓기, rowing)은 정부와 민간 간 경쟁을 통해 더 잘할 수 있는 주체가 맡아야 한다는 표현이다. 즉, 정부가 꼭 해야 하는 일이라도 효율적인 관리기법을 적용하고, 민간부문과 지방정부가 더 잘할 수 있다면 그곳에 위탁 혹은 이양해야 한다는 논리다.

한편, 정부혁신의 대상과 내용은 구조·과정·사람·정책의 변화에 따라 달라질 수 있다.

(1) 정부기능 및 역할의 변경
(2) 조직구조의 개편과 규모 축소
(3) 행정관리 방식의 변화
(4) 행태, 의식, 조직문화의 변화
(5) 정책지향·내용 변화

최근 정부의 근본적 변화(re-shape)를 유도하기 위한 개혁안들이 제기되었는데, [그림 1-1]의 정부재설계모형은 서구 정부들이 거대정부의 총체적 위기를 극복하기 위해 만든 종합적 개혁모형이다. 이런 종합적 개혁모델로서의 함의를 살려 이 모델을 정부개혁에 직접 활용한 연구로는 서구 정부를 대상으로 한 말로 외

(Marlowe et al., 1994)가 있다.[2)]

## 1 정부혁신 접근방법의 범주화

정부혁신은 "행정주체의 바람직한 방향으로의 행정을 위한 의도된 변화노력"이란 말로 압축할 수 있다. 여기에는 행정주체가 변화시켜야 할 대상이 무엇이며(무엇을 what), 어떻게 변화시킬 것인가(어떻게 how)의 문제가 내포되어 있다. 정부혁신의 접근방법에 관한 학자들의 다양한 논의를 범주화하면 다음과 같이 나누어 볼 수 있다(Marlowe et al., 1994).

(1) 정부재창조(reinventing): 국가정책 기조와 우선순위의 조정

(2) 정부조직・구조의 재설계(restructuring): 조직의 유연화

**그림 1-1** Marlowe et al.의 정부재설계모형의 재구성

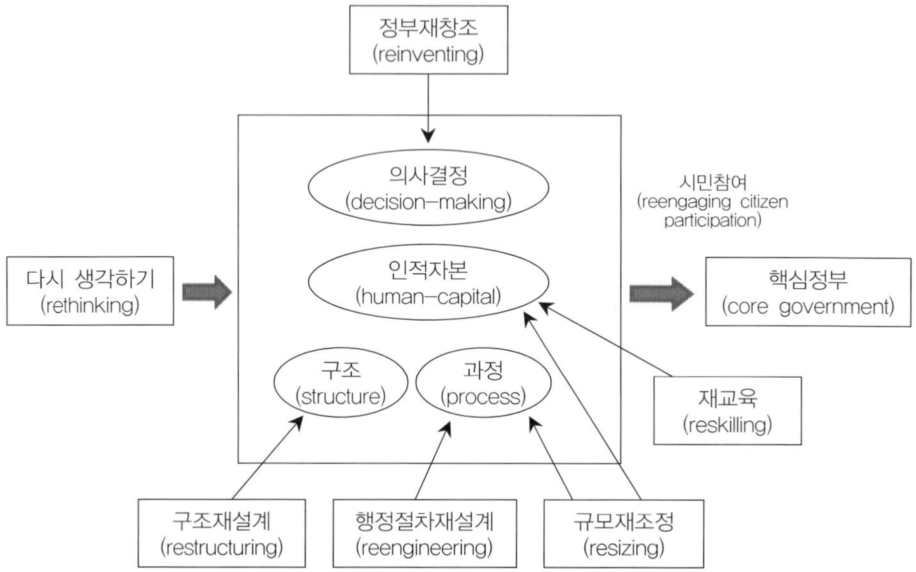


출처: Marlowe et al.(1994: 309)을 참조해 재구성. 이도형・김정렬(1995: 452)에서 재인용.

2) 이도형(2008). 생태관료 육성전략: Re-ing모델의 전략적 재구성을 중심으로, 행정논총, 2008.6.(제46권 제3호)

(3) 행정절차재설계(reengineering): 행정절차(process)의 슬림화 · 간소화
(4) 정부 규모의 재조정(resizing): downsizing, rightsizing
(5) 인적자원의 재교육(reskilling): 전략적 인적자원관리

### 1) 정부재창조(reinventing)

행정환경의 변화에 따라 국가정책의 우선순위와 정책기조의 변화를 모색하는 것을 말한다. 즉, 정책 아젠다를 어떻게 바꿀 것인가를 모색하는 것이다.

예컨대, 산업화의 진전에 따른 빈부격차, 사회적 불평등 해소를 위한 복지지향 정책의 추구, 세계적 경제불황 및 경기후퇴에 따른 재정확대정책, 세계화의 진전에 따른 국가경쟁력 확보 정책 등 국가운영의 주요 아젠다를 어떻게 설정하는가의 문제이다.

### 2) 구조재설계(restructuring)

행정환경 및 정책의 변화에 맞추어 새로운 일거리, 늘어날 일거리와 관련된 조직은 신설 또는 강화하고 불필요하거나 정부가 맡지 않아도 될 일거리와 관련된 조직은 축소 · 폐지하는 것을 말한다.

또한 중복 · 상충되는 기능을 조정하기 위한 조정기구의 설치도 필요하다.

### 3) 행정절차재설계(reengineering)

행정이란 정책과정(계획 · 집행 · 평가 및 환류)을 통해 의도한 정책결과를 산출하는 것을 의미하는 바 이 정책과정이 최대한 슬림화 · 간소화되어야 하며, 적은 비용으로 많은 산출이 추구되어야 하며, 책임성 · 민주성 · 형평성이 확보되도록 고안되어야 한다.

이를 위해 기존의 일하는 방식과 절차를 새로이 고안하는 것을 행정절차쇄신이라고 한다.

#### 4) 규모재조정(resizing)

정부가 국민에게 바람직한 서비스를 효과적으로 제공하기 위해서는 정부의 기능 · 조직 · 인력 등 목표달성 수단의 양적확보가 불가피하다. 그러나 너무 과도한 수단의 확보는 정부의 규모를 팽창시켜 재정적 파탄을 가져오고 국민에게 불필요한 간섭을 하게 된다. 그러므로 정부 규모는 정부가 수행하는 기능과 역할 범위에 알맞도록 축소(downsizing)되거나 적정화(rightsizing)되어야 한다.

#### 5) 재교육(reskilling)

과거에는 사람을 잘 뽑는 것이 중요했지만 현재는 뽑은 사람의 육성 계발이 더 중요해지고 있다. 정부혁신은 행정체제 자체의 변화도 중요하지만 궁극적으로는 정부조직을 구성하고 있는 사람이 변해야 한다.

이를 위해서는 공무원들의 의식 · 행태 · 가치관의 변화가 수반되어야 한다. 오늘날 사람이 곧 경쟁력(Pfeffer, 1994)이 되고 있으며, 전략적 인적자원관리 개념에 의한 전문성의 강화, 조직귀속감의 강화 등을 위한 교육훈련의 강화, 학습동아리, 액션러닝(action learning) 등의 기법이 도입되고 있다.

#### 6) 시민참여(reengaging citizen participation)

종래 시민참여는 정책대상자의 지위이거나 행정주체가 정책을 결정, 집행함에 있어서 참고, 자문자의 지위에서 참여함으로써 행정의 능률성 확보의 한 방편으로 치부되어 왔다. 그러나 점차 정부 단독이 아닌 시민의 협력과 참여에 의한 행정, 즉 뉴거버넌스적 행정으로 이행되어감에 따라 시민은 더 이상 행정의 객체가 아닌 행정의 공동주체적 참여자의 지위를 갖게 되었다. 이는 행정의 능률성 확보를 넘어 행정의 민주성 확보를 위한 것이다.

**정부혁신 접근방법에 관한 다양한 견해들**

• Robbins의 견해(Robbins, 1983)
(1) 구조적 접근방법, (2) 기술적 접근방법, (3) 조직과정 접근방법

• Huse & Bowditch의 견해(Huse & Bowditch, 1977)
(1) 구조설계 관점, (2) 과정 관점, (3) 인간 관점, (4) 통합체제 관점

• Caiden의 견해(Carden, 1978)
(1) 비교분석 및 기술지원 접근방법(comparative analysis and technical assitance)
(2) 기관형성 및 구조모형 접근방법(institution building and structural modeling)
(3) 관리과정 접근방법(management process)
(4) 행태분석 접근방법(behavioral analysis)
(5) 산출지향 접근방법(output orientation)

• 오석홍의 견해(행정개혁론, 2008)
(1) 구조적 접근방법(structural approach)
(2) 과정적 접근방법(procedural approach)
(3) 행태적 접근방법(behavioral approach)
(4) 사업중심적 접근방법(program-out put centered approach)
(5) 문화론적 접근방법(cultural approach)
(6) 통합적 접근방법(integrated approach)

## 2 정부혁신의 시대적 맥락과 추구가치의 변화

정부혁신은 집권세력의 의도와 시대적 · 환경적 상황과의 합작품이다.

따라서 정부혁신은 나라에 따라 그 시대적 상황이나 환경여건에 따라 다양한 형태로 촉진되었으며 정부혁신의 추구가치도 달라져 있다.

여기서는 미국의 정부혁신의 시대적 맥락과 추구가치의 변화를 소개하고자 한다.

그림 1-2 정부혁신의 패러다임과 주요가치의 변천

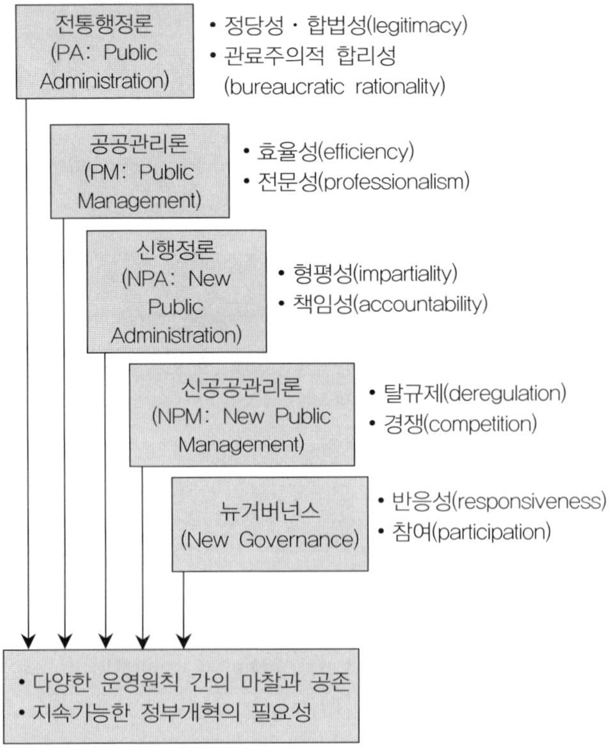


## 3 혁신의 정치성과 성공요인

### 1) 혁신의 정치성

혁신은 모든 사람이 공감한 가운데 그들의 공동노력으로 추진되는 경우는 없다. 일부 혁신주도집단(혁신주체)에 의한 외부적 압력에 의해 추진된다. 그들은 행정환경이 제기하는 현실의 불평 · 불만을 해소 · 해결하기 위해 집권하였으므로 이의 해결을 위해 혁신을 추진하게 된다. 또 때로는 집권세력의 정치적 이익(인기영합, 관료장악)을 위해서도 추진된다.

따라서 혁신은 집권세력의 의도에 크게 영향받는 정치적 성격이 강하게 나타나게 된다. 즉, 혁신은 집권세력의 주관적 의도가 중시되어 '결과'보다 '의도'에 의존하게 되어 자칫 '그들만의 개혁'이 되기 쉽거나, 혁신은 현상의 타파를 의미하므로 다분히 권력적 작용을 수반하게 되고, 따라서 이에 저항하거나 변화를 거부하는 개혁 피로감이 발생하게 된다.

혁신은 '지속적 · 반복적 변화의 과정'이므로 지속성 확보가 관건이 되나 집권세력의 교체에 의해 혁신과정의 단절이 일어나기 쉽다. 이로 인해, 지난 정부의 혁신은 정권교체와 더불어 차기정부의 혹평 속에 사라지고 새로운 정부혁신이 등장한다.

### 2) 혁신의 성공요인

던포드(M. Durnford)는 성공적 혁신의 기초로 ① 최고 관리층의 선도, ② 간부집단의 헌신, ③ 강력한 비전의 창출, ④ 반복된 의사전달, ⑤ 혁신 촉진자의 육성 및 훈련 등을 주장한다(Durnford, 2004). 한편, 워싱턴과 그의 동료들은 혁신의 구성요건으로 ① 비전(vision), ② 리더십(leadership), ③ 전략계획(change plan), ④ 정치계획(political plan), ⑤ 강렬한 혁신 열망(burning platform)을 꼽았다(Washington et al., 2004). 세부적인 구성요건은 다음과 같이 설명한다.

○ 워싱턴과 그의 동료들의 혁신의 구성요건(Washington et al., 2004)

(1) 비전(vision): 조직이 변화해 나갈 방향을 제시

- 비전은 대담해야 하며 생생하고 정열적으로 소통되어야 한다.
- 비전은 실현가능성, 소망성, 작동성, 명료성을 지녀야 한다.

(2) 리더십(leadership):

- 리더는 비전을 자신의 것으로 만들어야 한다.
- 리더는 구성원들에게 비전을 전달하고, 비전을 중심으로 구성원들을 정렬시켜 그들의 에너지를 결집시키는 역할을 해야 한다.
- 리더는 혁신추진을 위한 행동을 이끌어내야 한다.
- 리더는 다양한 역할수행자가 되어야 한다.

그래서 리더를 혁신자, 중개인, 생산자, 관리자, 조정자, 감독자, 촉진자, 멘토(mentor)라고 부르기도 한다.

(3) 전략계획(change plan): 잘 짜여진 전략계획

- 전략계획은 실천할 수 있으며 끝까지 완수할 계획이어야 한다.
- 전략계획은 조직이 가야 할 방향을 세세하게 담아야 한다(road map).
- 전략계획은 비전 현황분석, 실행계획, 점검시스템으로 구성된다.

(4) 정치계획(political plan): 혁신추진을 위한 지지세력의 결집 · 장애를 극복하기 위한 계획

- 찬반식별계획: 누가 지지세력이고 누가 반대세력인지를 가리는 계획
- 관여계획: 혁신추진을 위한 지지와 도움을 어디서, 어떻게 얻을 것인가의 계획(특별팀의 구성, 외부전문가 활용 등)
- 의사소통계획: 다른 사람에게 혁신아이디어를 전달 · 소통하는 계획

※ 정치계획이 필요한 이유: ① 자원의 희소성, ② 상호의존성, ③ 다양성

(5) 강렬한 혁신 열망(burning platform): 혁신이 성취되도록 내모는 힘

- 이스라엘 민족의 이집트 탈출(뒤에는 홍해가 막혀 되돌아 갈 수 없는 상황) 신념은 강렬한 열망을 불러일으킨다.
- 경쟁 상대의 위협, 재정상태의 악화, 규제 및 압력 등 외적압력도 강렬한 열망을 불러일으키는 요인이 된다.

제 2 장

# 정부혁신이론과 접근방법

정부혁신의 목표상태란 정부혁신이 추구하려는 행정체제의 바람직한 상태를 말한다. 조직은 조직이 추구하는 목표를 달성하기 위하여 조직을 구성하는 사람과 이들을 조직화하는 구조, 그리고 일하는 방식과 절차를 바람직한 상태로 갖추어야 한다. 혁신은 이러한 조직의 구성요인인 사람, 구조, 관리방식 등을 바람직한 상태로 만들려는 의도적 노력이라 볼 수 있다. 이러한 행정조직의 총체적 형태를 행정체제라고 볼 때 바람직한 행정체제를 규정하는 이론은 행정이 처한 시대적 상황과 행정학의 발전경향에 따라 다른 모습으로 변천해 왔다. 그 흐름은 크게 보아 고전적 관료제 모형, 과학적 관리론, 인간관계론 등 관료제[1)]적 처방에 기초한 전통적 목표상태이론과 그 이후 현대 행정학의 태동 이후 등장하고 있는 다양한 탈관료제적 처방에 관련한 이론들로 나누어 볼 수 있다.

---

1) 관료제는 옛 불어의 '뷰레(bure)', 곧 사무실, 책상, 책상보를 뜻하는 단어와 통치를 뜻하는 '크라시아(cracia)'를 합하여 만든 말이다. 이 말은 18세기 프랑스의 한 상공장관이 처음 사용하였는데 그 의미는 움직이는 정부기구 전체를 가르키는 말이다. 관료제가 흔히 행정관료제로 인식되는 것은 이 때문이다. 그러나 관료제가 조직의 목표달성에 크게 공헌하는 것은 사실이나 항상 순기능만 하는 것은 아니다. 어떤 경우에 있어서는 조직의 목표달성을 오히려 방해하기도 한다. 관료제에서는 조직의 목표달성을 위해 지나치게 규칙, 규정의 준수가 강조된 나머지 절차에 지나치게 영합 동조하는 경향이 있어서 규칙을 절대적인 것으로 만드는 동조과잉 현상을 초래하게 된다.

## 제 1 절 정부혁신 목표상태이론

### 1 고전적 관료제모형(Weber의 관료제 이념형)

베버(M. Weber)는 관료제가 가장 효과적인 조직형태이며 현대 사회의 요구에서 발생하는 복잡한 조직에 가장 효과적으로 적용될 수 있다고 주장하였다. 그는 관료제가 여러 가지 측면에서 다른 어떤 형태의 조직보다 우월한 현대적인 조직형태라고 주장하였다.

베버의 관료제 이념형은 법적·합리적 권한에 바탕을 둔 근대적 관료제를 지칭한 것으로 다음과 같은 특성을 갖는다.

① 권한과 관할범위가 법규에 의해 규정된다.
② 계서제적 구조: 권한의 계층이 뚜렷하게 구분되는 상명하복의 질서체계
③ 문서화의 원리: 모든 직위의 권한과 임무는 문서화된 법규에 의해 규정되며 임무수행은 문서에 의한다.
④ 임무수행의 비개인화: 관료는 공평무사한 비개인성을 유지하도록 요구된다.
⑤ 관료의 전문화와 전임화: 관료는 전문적 능력에 의해 채용되며 일생 동안 종사하는 전임 직업으로 봉사하며 이에 상응한 보수를 받는다.
⑥ 관료제의 항구화 경향: 관료제는 비교적 안정적이며 고정적인 질서를 형성하며 이러한 질서를 가급적 깨뜨리지 않으려 한다.

이러한 관료제는 전근대적 조직(예컨대, 봉건조직, 왕정조직 등)에 비해 우월한 제도임에 틀림없으며 이러한 행정체제는 지배·다스림의 제도로서 합리적·경제적 인간모형을 바탕으로 깔고 있다. 즉, 인간은 경제적 욕구를 지닌 타산적 존재로서 경제적 유인에 의해 동기가 유발되며, 조직이 요구하는 일에 대해 인간은 피동적이며 따라서 외재적 동기가 유발되지 않으면 조직에 기여하는 행동을 하지 못하며, 인간은 본질적으로 게으르고 조직이 요구하는 일을 고통스럽게 생각하기 때문에 면밀한 통제를 받아야 하며, 인간은 조직 속에서 원자적 개인으로서 행동하며,

인간은 외적조건 설정에 의해 길들여질 수 있다는 기본적 가정 하에 조직이 이루어진다고 보는 것이다.

고전적 관료제모형은 조직구조 양태에 있어서 피라미드형 구조를 가지며, 명령과 복종의 계서제적 논리가 강조되고 조직의 목표와 개인의 목표가 본래적으로 상충되기 때문에 교환형 동기유발전략(고통과 이익의 교환)을 만들어 인간을 통제하거나 길들여 나가야 한다. 따라서 지위중심주의·집권주의 등 인간보다 제도가 중시되며 규정과 규범에 의해 관리되어야 한다.

이러한 고전적 관료제모형은 자본주의 정신이 팽배해 있었고 물질생산의 기계적 능률이 강조되고 적자생존의 원리에 따른 경쟁주의가 윤리적으로 용납될 수 있었던 산업화기에는 매우 효율적인 행정체제로 작동할 수 있었다.

반면에, 인간의 창의성 발휘, 환경에의 적응과 조직의 융통성 확보 등이 강조되는 현대에 이르러서는 관료제의 인간발전저해, 목표대치, 훈련된 무능, 번문욕례와 변동에 대한 저항, 권력구조의 이원화갈등(계서적 권한과 전문적 권한), 권위주의 행태의 조장, 무리한 세력 팽창 등의 병폐도 지적되고 있다.

## 2 과학적 관리론과 인간관계론

고전적 관료제이론의 틀을 산업사회의 대규모 산업생산 조직에 적용하여 보다 정교화를 시도한 경향으로 1900년대를 전후하여 과학적 관리론과 인간관계론이 등장하였다.

과학적 관리론은 조직관리에 과학적조사와 방법을 적용하여 유일한 최선의 방법(one best way)을 찾아내어 기계적 능률을 극대화할 수 있다고 주장하였고, 인간관계론은 이에 반하여 인간의 기계적 취급으로는 결코 능률을 극대화할 수 없으며, 조직에 참여하는 인간을 고전적 관료제가 상정한 '합리적·경제적 인간모형'이 아니라 '사회적 인간모형'을 적용하여 6가지 내용을 강조하였다.

첫째, 사회적 욕구·유인의 중요성을 강조하고,

둘째, 사회적 욕구의 충족이 생산성 향상을 가져오며,

셋째, 조직구성원의 생산성은 사회적 규범에 의해 좌우되며,

넷째, 집단이 개인의 태도와 직무수행에 중대한 영향을 미치며,

다섯째, 조직구성원들은 관리층에서 사회적 욕구를 충족시키는 만큼 관리층의 요구에 응하므로 관리자는 기술적 능력보다 사회적 기술을 갖추어야 하며(리더십의 중시), 여섯째, 조직은 기술적 · 경제적 체제일 뿐만 아니라 사회적 체제이므로 비공식 조직이 중요함을 강조하였다.

이러한 과학적 관리론이나 인간관계론은 고전적 관료제의 계서제적 특성을 허물지 않은 가운데 관리원리를 보다 정교화한 시도라 볼 수 있으나 전자는 인간의 기계화, 후자는 비공식 조직 등을 강조하는 등 부분에 치우친 관리원리라는 비판을 받아왔다.

## 3 탈전통적 목표상태이론(탈관료화 처방)

탈전통적 목표상태이론은 기본적으로 오늘날의 고도로 분화되고 있는 조직체계, 급속히 변화하는 환경, 고도화되고 있는 과학기술, 개인적 자율성과 조직 내 민주주의에 대한 요청이 증대되고 있는 상황에서는 종래의 관료제적 처방으로는 결코 '바람직한 행정체제'가 될 수 없다는 인식을 기조로 한 처방들이다.

탈전통적 목표상태이론은 다양한 형태로 발전하고 있으나 이들이 갖는 탈전통적 원리의 요점으로는 ① 고정적인 계서제를 타파하여 비계서제적 구조의 원리를 취하며, ② 업무수행에 있어서는 분업화의 원리보다는 업무의 온전성, 통합성을 추구, 업무의 흐름과 연관성을 중시하고, ③ 구조의 항구성 · 경직성을 타파하여 잠정성의 원리를 적용하고, ④ 조직과 환경 사이에 경계관념을 혁신해 나가야 하며, ⑤ 지위 · 권한 중심주의보다 임무 · 능력을 중시하며, ⑥ 상하 간의 명령적 관계는 자율적 · 참여적 · 협동적으로 바뀌어야 하며, ⑦ 조직구성원의 목표와 조직의 목표를 융화 · 통합시킬 수 있는 관리체제를 구축하여야 한다는 것 등이다.

이러한 탈전통적 목표상태이론은 인간에 대한 가정으로 '자기실현적 인간모형'을 채택하고 있다. '자기실현적 인간모형'은 고급의 인간속성을 강조하여 개인의 자기실현욕구를 중시하여 개인은 일의 보람과 성취를 갈구하는 능동적 존재로서 개인목표와 조직목표의 통합가능성을 전제한다. 따라서 동기유발 전략으로서는 자

유인에 대한 관리, 보람 있는 일의 제공을 통한 관접관리, 권한 위임의 확대, 참여, 신뢰, 인간중심주의 등을 강조하고 있으며, 이에 따라 조직구조도 유기적이고, 저층구조화, 임무중심의 구조 설계 등의 기조를 취한다.

현재까지 등장한 탈전통적 목표상태이론의 주된 경향은 행태 과학적 지식과 기술을 활용하여 조직의 목표와 개인의 성장욕구를 결부시킴으로써 조직개혁을 성취하려는 것에 집중되고 있다. 이는 조직 내의 인간적 가치를 향상시키면서 동시에 조직전체의 효율성을 추구하려는 접근방법으로 조직발전(Organizational Development: OD) 또는 조직혁신(Organizational Transformation: OT) 등으로 지칭되고 있다.

또 조직이론모형으로는 임시조직(adhocracy)을 강조한 베니스(W. Bennis)의 적응적 · 유기적 구조이론, 팀제(project team)을 강조한 키크하르트(L. Kirkhart)의 연합적 이념형이론, 조직의 경계를 벗어난 개방적 소규모 집단에 의한 참여 · 협동을 강조한 테이어(F. Thayer)의 비계서적구조이론, 자기실현적 인간모형과 개방체제모형을 바탕으로 사람들의 사고방식과 교호작용 양태를 강조하는 생게(P. Senge)의 학습조직이론 등이 있다.

이들 모형들은 공통적으로 ① 조직과 구성원의 통합, 직무내용의 통합, 조직의 통합, 조직과 환경의 통합관계를 중시하고, ② 계서적 · 외재적 통제에 의한 행동조정보다는 내재적 · 규범적 통제를 강조하고, ③ 조직과 상황적 조건이 교호 작용하는 개방시야적 체제를 주장하고, ④ 고객중심주의, 성과주의적 관리를 중시하고, ⑤ 융통성과 변동지향적인 특성을 갖고 있다.

## 제 2 절 가치지향 공공관리이론

대한민국 정부가 지속적으로 혁신하는 정부조직으로, 더 나아가 공공부문조직으로 거듭나기 위해서는 풀어야 할 과제가 많다. 여기서는 이론적 측면과 실천적 측면으로 나누어 살펴보고자 한다.

참여정부(2003~2008년)는 혁신과 관련해 특정의 행정 패러다임이나 경영 이론에 얽매이기보다는 구체적인 문제해결과 실천을 위해 다양한 이론이나 방법론을 도입하는 데 주저하지 않았다. 이로 인해, 원칙이나 철학이 없는 혁신이라는 비판을 일부에서 받고 있는 것도 사실이다. 그러나 기존에 존재해 왔던 특정의 패러다임이나 이론, 그것에 근거한 방법론 등이 대한민국 정부가 부딪치고 있는 다양하고 복잡한 문제를 모두 해결해 주는 것은 아니다.

오히려, 현재 정부가 당면한 다양하면서도 새로운 문제를 해결해 나가는 과정에서 새롭게 구성된 이념과 원칙들이 바람직하다면 이를 하나의 이론적 모형으로 구축해 나가는 것이 더 값어치가 있을 것이다.

이 장에서는 참여정부의 혁신 추진 경험과 노하우를 살리는 방향에서 새로운 정부혁신의 이론적 모형을 제안하고자 한다. 정부혁신은 공공관리가 추구하는 바람직한 가치를 실현하기 위한 전략적 관리체계를 구축하고 이를 실천해 나가야 한다는 측면에서 가치지향 공공관리(VPM: Value-oriented Public Management)라 칭하고자 한다.[2)] 가치지향 공공관리는 다음과 같은 특징을 갖는다.

## 1 측정가능한 공공가치의 추구

정부혁신은 정부가 추구하고 책임져야 할 공공가치(public values)를 실현하기 위한 수단으로 인식된다. 공공가치는 궁극적 가치와 수단적 가치의 복합적 사슬 관계를 내포하고 있다. 일반적으로 궁극적 공공가치는 자유·평등·정의·민주 등 추상적 이념으로 표현되고 있으며, 수단적 공공가치는 이러한 궁극적 가치를 실현하기 위한 행정이념 또는 행정가치로 표현된다. 예를 들어, 합법성·민주성·생산성(능률성과 효과성)·사회적 형평성·책임성·투명성·중립성 등이 그것이다. 가치지향 공공관리에서는 이러한 수단적 공공가치를 측정해야 한다는 점을 강조한다.

국가와 정부가 추구하는 궁극적 가치는 이념의 형식으로 존재하기 때문에 본질적으로 측정하기 어려운 것으로 알려져 있다. 이에 비해, 수단적 가치(행정가치)는 해당 정권의 추구 이념, 각국이 처한 시대적 상황, 그리고 그 시대를 풍미하는 행정 패러다임 등을 반영해 선택적으로 구체화된다. 예를 들어, 참여정부에 있어서

2) 기업경영 분야에는 이미 가치경영(VBM: Value-based Management) 방법론이 도입되어 있다(Koller, 1994). 그러나 이 기법은 주로 할인된 미래 현금 흐름의 개념에 기초한 기업가치에만 국한된다는 측면에서 이 책에서 주장하는 가치지향 공공관리의 기본 취지와 구분된다.

정부혁신 비전에 반영되어 있는 효율(효율적인 정부), 투명(투명한 정부), 참여(함께하는 정부), 봉사(봉사하는 정부), 분권(분권화된 정부) 등이 바로 이러한 선택된 수단적 가치에 해당한다.

지금까지 공공부문에서는 궁극적 가치는 물론 수단적 가치조차 측정하기 어려운 것으로 알려져 왔다. 민간부문의 경우에는 화폐 단위로 측정되는 수익성지표가 있음에 비해, 공공부문의 경우에는 이러한 대표적 측정 수단이나 지표가 존재하지 않는다는 것이다. 설령, 있다 하더라도 극히 부분적인 영역만을 측정할 수 있기 때문에 불완전하다고 본다.

현재의 상태(states)와 행정 행위의 결과(consequences)를 측정할 수 없다는 것은 엄밀한 의미에서 관리(management)를 제대로 행하고 있지 않는다는 의미이다. 일련의 실행 과정을 거친 이후의 상태, 결과, 목표와의 차이 등을 제대로 측정하고 인식할 수 있어야 목표지향적인 통제와 관리 행위가 뒤따를 수 있다. 민간부문에 초점을 두고 있는 경영학의 발전 과정을 보면 초기 화폐나 생산량 등으로 측정되는 정량적(quantitative) 가치나 지표에 많이 의존했지만, 최근에는 흔히 정성적(qualitative) 영역에 해당되는 무형자산이나 지적자산을 측정하고자 하는 부단한 노력을 기울이고 있다.

BSC(Balanced Score Card) 발전 과정을 통해 알 수 있듯이 초기에는 불완전하지만 지속적인 지표 개선과 지표 간 관계 수정 작업을 거치게 되면서 자신의 조직에 알맞은 복합적 가치 체계를 만들어낼 수 있다. 우리들이 행정이 추구하는 수단적 가치를 시스템 개념에 입각한 복합적 지표의 형식으로 측정할 수만 있다면 행정 행위의 목표지향성을 더욱 강화할 수 있을 것이다(Boland & Fowler, 2000).

가치지향 공공관리모형은 측정 가능하고 관리 가능한 공공가치를 규명하고 이를 제고시키기 위한 공공관리를 지향한다. 물론, 잘못 선정된 측정지표가 잘못된 관리 행위를 이끌 수 있다는 측면에서 행정이 추구해야 할 수단적 가치를 측정지표로 개발함에 있어 세심한 주의와 부단한 개선 노력이 필요하다. 다만, 오늘날 다양한 정보시스템의 눈부신 발전, 공공부문의 성과 측정 연구 축적, 활동 기준 회계 및 무형자산 측정 등 성과관리 기법의 발전 등 공공가치의 측정 가능성을 높이는 행정 환경이 조성되고 있어 과거에 비해 어려움이 크게 줄어들고 있다(Ott & Dicke, 2001).

## 2 전략적 공공관리시스템의 구축과 활용

가치지향 공공관리모형은 공공부문에 적합한 전략적 관리시스템의 구축과 활용을 강조한다. 전략적관리에서 '전략적(strategic)'의 의미는 환경 변화에의 적응을 촉진하는 상황적합성 중시, 필요 자원의 확보와 효과적 배분, 계획과 실행 과정의 통합 등을 중시한다는 것이다. 그간 공공부문에서도 전략의 개념이나 전략적 계획의 중요성을 인식하고 이를 부분적으로 활용해 왔지만, 전체 행정시스템의 구축 및 운영에 전략적 관점이 접목되지는 못하였다. 이에 가치지향 공공관리모형은 공공부문 전반에 걸쳐 적용되는 전략적 관리시스템의 구축과 활용을 강조한다.

가치지향 공공관리모형은 계획과 실행 과정의 통합 및 상황적합성 측면에서 내적정합성과 외적정합성을 강조한다. 행정제도나 관리 관행을 구성하는 내부 요소 간의 상호 보완적 관계를 내적정합성이라 한다면, 제도와 환경맥락 간의 부합성을 외적정합성이라 할 수 있다(정정길 외, 2005).[3] 내적정합성을 높이기 위해서는 정부기능과 계획의 상시적인 조정과 통합이 중요하다. 부처나 기관의 자율성을 지나치게 침해하지 않는 방식으로 조정과 통합을 행하기 위해서는 중 · 장기 계획이나 목표 설정을 전략적으로 통제하는 방안을 강구해야 한다. 외적정합성을 유지해 나가기 위해서는 우선적으로 환경 변화 추세를 적시에 탐지하고 정부에 대한 외부 요구에 민감하게 반응할 수 있는 체계를 구축해야 한다. 이 점에서 현재 참여정부가 추진 중인 정책품질관리 시스템은 바로 내적정합성과 외적정합성 문제에 종합적으로 대응하려는 노력으로 평가된다.

가치지향 공공관리 관점에서도 쉽게 풀리지 않는 외적정합성 문제가 존재한다. 바로 행정과 입법 간의 견제와 균형 문제이다. 근대 국가가 출현하면서 제기된 삼권분립의 이념과 원칙은 오늘날 민주주의의 근간을 이루고 있다. 문제는 입법의 기반 위에서 행정 활동이 이루어지는 데 있다. 행정의 적시성을 높이기 위해서는 입법의 적시성이 선행 조건이다. 이 점에서 정부혁신의 궁극적 목적이 국민의 신뢰라면, 이 점에서 정부정책의 적시성과 관련된 입법의 공동 책임을 간과할 수 없다. 어떻

3) 정정길(2005: 169). 행정의 시차적 접근. 서울: 박영사. 정합성이란 제도요소들 간에 상호보완적인 관계가 존재하거나 최소한 중립적인 관계가 유지되는 상태를 의미하며, 외적정합성은 제도와 환경맥락 간의 부합성을 의미한다.

게 해야 삼권분립의 이념과 원칙, 특히 행정과 입법 간의 견제와 균형의 원칙을 훼손시키지 않으면서 이 문제를 해결할 것인가가 정부혁신의 최대 숙제이다.

이 문제와 관련해 입법에 기초한 행정(legislation-based administration)이 아닌 참여를 통한 통치(governance through participation)로 문제를 해결하는 방안을 모색할 수도 있다. 예를 들어, 주민 투표제와 같은 해결책이 여기에 해당된다. 즉, 대의자들이 입법을 행하고, 입법에 기반한 행정 행위로 문제를 해결하는 것이 효과적인지 아니면 주민 투표제와 같이 참여를 통한 통치 행위로 문제를 해결하는 것이 효과적인지를 가려야 한다. 가치지향 공공관리의 궁극적 책임은 방법에 대한 책임을 지는 것이 아니라 국민에게 제공해야 할 최종 가치에 대한 책임을 지는 것이다.

## 제 3 절 네트워크화된 정부 모형과 방법론

가치지향 공공관리는 네트워크화된 개방 시스템으로서의 정부 모형과 행정 시스템, 이에 기초한 방법론을 강조한다. 이 특징과 관련해 가치지향 공공관리모형은 행정 시스템을 폐쇄적 정부조직에 한정하지 않고 개방적 네트워크로 간주하며, 거버넌스의 관점에서 정책결정 과정을 인식하고 NGO를 포함한 제3부문의 역할을 강조한다는 측면에서 공공 정책 거버넌스(public policy governance) 모형과 일맥상통한다(주성주, 2003).

가치지향 공공관리모형은 행정 시스템을 개방적 네트워크로 간주한다. 정부 내적으로는 정부조직을 일사분란한 명령 체계에 의해 움직이는 단일의 실체로 보는 관점에서, 오늘날 일정한 자율성을 지닌 다양한 하부조직들의 복합체, 즉 다원적 실체로 보는 관점으로 변경해 인식한다. 또한 정부의 합법적 권위가 일방적으로 행사된다는 관점에서 시장 및 기업, NGO 등 제3부문, 시민 등이 참여하는 공공 정책의 수립-집행-통제 과정에서 정부는 정책 네트워크의 중심성(centrality)을 유지하고 관리해 나가는 관점으로 변경된다.

가치지향 공공관리모형은 정부가 당면한 사회적 문제를 해결해 나감에 있어 공공-민간-제3부문의 상호 협력과 공동 해결을 중시한다. 즉, 정부가 직면한 사회

문제를 해결함에 있어 정부 대 민간 또는 공공 대 사적이라는 이분법적 구분에 매어 있지 않아야 한다. 또한 민간에 의해 소유되고 통제를 받지만 개인적 부를 축적하기 위해서가 아니라 공공이나 사회적 필요를 충족시키기 위해서 존재하는 조직이라 정의할 수 있는 제3부문의 기능과 역할을 중시한다(Osborne & Gaebler, 1992). 이들의 적극적인 역할과 기능을 공공문제 해결의 중요한 수단으로 포함시키고자 하는 것이 바로 가치지향 공공관리모형이다. 왜냐하면, 지향하고자 하는 가치의 실현 주체로서 제3부문의 역할과 기능이 효과적일 수 있기 때문이다.

정부는 정책 운영, 규제, 형평성 보장, 차별이나 착취의 방지, 사업의 지속성 보장, 사회적 결속 확보 등의 일을 잘 수행한다. 민간기업은 경제적 과업의 수행, 혁신, 실용화, 급격한 변화에의 적응, 낡은 활동의 중단, 복잡하고 기술적인 업무 수행 등에서는 잘한다. 제3부문은 상대적으로 적은 이윤을 내면서도 고객의 입장에서 큰 신뢰를 필요로 하고, 직접적이고도 개인적인 관심을 요하며, 도덕적 행동 지침과 개별적 책임성을 준수해야 하는 업무에 더 적합하다(Osborne & Gaebler, 1992). 가치지향 공공관리모형은 달성하고자 하는 가치의 실현 가능성을 최대한으로 끌어올리는 방향에서의 공공-민간-제3부문의 삼각복합체제(triangulation system)를 지향한다.

참여정부가 추구해 온 정부혁신의 원칙과 다양한 방법, 추진 과정상의 특징 등을 반영해 하나의 이론적 모형으로 개발해 나간다는 것은 결코 쉬운 과제가 아니다. 그럼에도 불구하고 참여정부가 추구해 온 정부혁신이 다음 정부로 이어져 지속되기 위해서는 각종 혁신 방법론이 우리의 현실에 맞는 상황정합성을 계속 유지할 수 있어야 하며, 동시에 이념적 측면에서도 각종 비판에 대응할 수 있는 체계적인 이론적 기반을 갖출 필요성이 있다. 가치지향 공공관리모형은 이 점에서 참여정부의 정부혁신에 대한 이론적 기반을 강화하려는 노력의 산물이다.

## 제 4 절 정부혁신 추진체제

정부혁신은 지속적인 개혁과 혁신을 위한 시작에 불과하다. 정부혁신은 특정

시점에 완성되는 것이 아니라 환경의 변화와 고객인 국민의 요구에 끊임없이 부응하면서 지속되는 것이기 때문이다. 지금까지의 정부혁신 경험을 통해서 지속 가능한 정부혁신 시스템을 구조화시키기 위한 방안을 제시하면 다음과 같다.

첫째, 정부혁신의 과정에는 대통령을 비롯한 혁신 리더들의 리더십이 매우 중요한 역할을 한다. 혁신 리더십은 적어도 공무원 사회에서 전반적인 신뢰와 지지를 받아야만 지속적이고 효과적인 정부혁신의 추진이 가능하다.

정부혁신이 초기에 매우 강력하고 솔선수범하는 대통령의 탈권위적 리더십을 바탕으로 체계적으로 추진되었지만, 후기에 접어들면서 신뢰와 지지가 변화하면서 혁신의 추진력이 약화될 가능성이 크다. 집권 세력에 대한 신뢰와 지지는 시기에 따라 변화하고 정치적 사건이나 이슈에 따라서도 급변하는 경향이 있다. 부침하는 지지도로부터 독립적인 정부혁신을 추진하기 위해서는 정부관료와 민간 전문가들을 포함한 혁신 추진조직의 공고화를 통해 정치 논리의 개입을 차단할 수 있어야 할 것이다. 또한 정부혁신을 효율적 관리의 측면에서 접근하고 가급적 정치와 분리시키는 노력이 필요하다. 행정학의 초기에 정치와 행정을 분리하는 정치・행정 이원론이 강조되었던 것과 마찬가지로 정부혁신에 정치적 논리가 개입될 경우 대부분 실패하거나 왜곡될 가능성이 크다는 점에 유의해야 한다.

둘째, 정부혁신은 장기적 안목에서 추진되어야 하고 정권의 임기나 정치적 일정과 연계되어서는 안 된다. 정부혁신의 성과에 급급하여 성급하게 혁신과제를 발굴하고 이를 추진해가는 것은 바람직하지 못할 뿐만 아니라 오히려 문제를 일으킬 소지가 크다. 정부혁신은 참여정부의 임기 내에 구체적인 성과를 기대하지 말고, 다음 정부에서 그 진가가 발휘될 수 있다는 각오를 가지고 나머지 임기 동안 지속적인 정부혁신을 추진해야 한다.

과도한 정부혁신의 강조는 부작용을 일으킬 수 있다는 것을 유념해야 한다. 정부혁신이 정부가 수행하는 일상적 업무가 되어야 하는 것은 사실이지만 혁신이 너무 강조되다 보면 개선할 문제를 찾는 것이 일상적 업무로 둔갑할 가능성이 있다. 정부혁신은 그 자체가 목적이 아니라 혁신을 통해 국민에 더욱 잘 봉사하는 정부로 거듭나기 위한 것이다. 정부조직은 변화도 중요하지만 미래에 대한 불확실성을 줄이기 위한 안정성도 중요하다는 점을 고려하여 고저와 완급을 조절하는 정부혁신의 추진이 필요하다.

셋째, 공직사회에 혁신이 내재화될 수 있도록 추가적인 노력을 기울여야 한다. 혁신 내재화는 변화관리의 마지막 단계이면서 가장 힘든 단계이기도 하다. 혁신 내재화가 충실히 이루어지기 위해서는 다음의 조건들이 필요하다.

정부혁신이 차기 정부에 들어서도 지속된다는 강력한 시그널을 공직사회에 전달할 필요가 있다. 이를 위해 혁신 추진 및 관리 체제에서 혁신의 지속화를 위해서는 법제화는 필수적인 요소이다. 법제화가 혁신 내재화의 필요조건이기는 하지만 충분조건은 아니다. 구성원들의 혁신 동력을 지속적으로 이끌어내기 위해서는 정부혁신이 어떤 정부에서도 지속화될 수 밖에 없다는 신념을 이끌어낼 필요가 있다. 또한 혁신의 지속성을 위해서는 혁신에 의한 자긍심이 주어져야 한다. 혁신은 공무원들을 어렵게 만드는 것일 뿐이라는 인식이 있게 되면 혁신은 지속성을 가지기 어렵다. 제도 만족이 떨어지고 심리적 주인 의식이 결여되기 때문이다. 혁신의 자긍심은 국민의 칭찬이 있을 때만 가능하다. 결국, 국민이 정부의 혁신 노력에 대하여 정당한 평가를 하고, 이에 대하여 칭찬할 수 있는 통로가 만들어질 필요가 있다. 이들 모두 정부혁신을 마무리하면서 가져야 할 숙제들이다.

넷째, 정부혁신이 지속되기 위해서는 혁신을 재생산할 수 있는 자기 강화 메커니즘을 구축할 수 있어야 한다.

한 번의 혁신 사이클을 성공적으로 끝내는 것도 어렵지만, 이에 기반을 둔 지속적인 개선이나 추가적인 혁신을 이룩한다는 것은 더더욱 어려운 것으로 알려져 있다. 통상 민간기업에서도 대다수 일회적인 혁신 사이클에 머무는 경영혁신 활동으로 그치기 쉽다. 그러나 경영혁신을 통해 글로벌 경쟁 역량을 구축한 초일류기업들의 사례를 보면, 경영혁신 활동이 일회적인 운동으로 끝나지 않고 이에 기초한 지속적인 개선이나 다른 분야에서의 추가적인 혁신을 초진하고 있음을 발견할 수 있다(Kanter, 1983; Nonaka & Takeuchi, 1995). 즉, 이들 지속적 혁신의 성공 사례로부터 지속적인 개선이나 추가적인 혁신이 일어나도록 혁신의 재생산 과정을 구조화했다는 특징을 발견할 수 있다.

하나의 혁신 활동이 자체적인 성공에 그치지 않고 계속적인 혁신을 이끄는 것을 혁신의 재생산(reproduction of innovation)이라 규정할 수 있다. 혁신의 재생산이란 하나의 혁신 활동이 자신의 영역 내에서 지속적인 개선을 행함은 물론 더 나아가 관련된 다른 영역의 새로운 혁신 활동을 촉발한다는 의미를 지니고 있다. 캔터(Kanter, 1983)는 이러한 혁신의 재생산을 '혁신을 산출하는 혁신(innovation-producing innovation)'으로 표현하면서 변화 요구에의 대응과 함께 혁신의 산출을 지속하는 조직으로 규정짓고 있다. 노나카(野中, 1990) 역시 혁신이 새로운 혁신을 창출하는 계속적인 혁신의 개념을 제시하고 있다. 결국, 혁신의 재생산구조화란 이러한 재생산 과정이 한두 번의 사이클을 이룩하는 데에 그치지 않고, 하나의 시스템으로서 구조화된다는 의미를 지닌다. 오스본과 플래스트리크(Osborne & Plastrik, 1997)는 이를 자기혁신 시스템(self renewing system)이라 명명하고 있다. 즉, 외부의 압력 없이도 지속적으로 혁신하고 끊임없이 품질을 향상시키는 공공조직과 체제를 만들어 나가는 것, 체제 내적인 향상성을 갖는 공공 분야를 창조해 나가는 것을 의미한다.

정부혁신이 지속되기 위해서는 혁신 시스템의 동태적 균형 상태를 이끄는 시스템혁신의 수준을 달성하는 기관 차원의 대표적인 성공 사례, 즉 혁신을 재생산하는 성공 사례를 만들어야 한다. 비록 이 성공 사례가 전체 정부의 혁신성과를 대변할 수 없다고 할지라도 이를 통해 시스템혁신의 중요성을 일깨워주는 것이 중요하다. 이와 함께 지속적 혁신을 추진해 온 혁신 리더십이 승계될 수 있도록 제도적 기반을 조성하는 것도 필요하다.

다섯째, 정부 및 공공부문의 기능 개편을 포함한 정부 규모 논쟁에 대한 적정한 해답을 가능한 빨리 찾아내야 한다. 비록 정부 규모 자체가 참여정부에서 주창하는 정부혁신의 화두는 아니지만, 그렇다고 이 문제를 끝까지 외면할 수도 없다. 왜냐하면, 정부혁신의 최종 성과는 국민의 신뢰를 회복하는 것이고, 이것은 국민의 납세에 대한 적정성 및 신뢰성과 밀접한 관련성이 있기 때문이다.

이 문제와 관련해 중앙정부와 그 직속기관, 지방정부와 그 직속기관 및 산하기관, 공기업 및 산하기관 등 공공기관 전체를 포괄하는 정부 규모에 대한 심층적 연구와 다각적인 논의가 이루어져야 한다. 앞서의 쟁점에서도 논의했듯이 단순한 규모의 문제를 넘어서 정부의 기능 및 효과적인 개입 수단 문제, 중앙부처 내부의 범위를 넘어선 공공부문 전체의 기능의 중복 및 기능 배분 문제, 시장 메커니즘을 활용하는 공공부문의 기능 축소 문제, 제3부문과의 파트너십을 통한 사회적 문제의 해결 가능성 등을 종합적으로 검토해 중장기적인 해법을 강구해야 한다. 정부 자체의 행정혁신을 넘어선 국가 경영 전반에 대한 혁신 비전이 필요한 시점이다.

여섯째, 정부혁신에 대한 우호적 환경을 조성하기 위해 최소한의 정치적 지지도를 확보해야 한다.

지속적 정부혁신을 위해서는 혁신 활동과 그 성과를 정치적 정당화의 수단으로 활용해서는 안 된다는 지침이 있는 것도 사실이지만, 순수한 동기에서 출발한 정부혁신 활동조차 대다수 정치적 동기나 함의를 지닌 행동으로 해석되는 것도 현실의 한 모습이다(Popovich, 1998). 이로 인해, 정부혁신은 이를 추진하는 정권의 정치적 지지도와 무관하지 않다. 정치적 지지도가 일정 수준 이상인 상황에서 정부혁신 추진 노력은 외부적 지원을 받을 수 있지만, 정치적 지지도가 약화될 경우 외부적 지원을 쉽게 받기 힘들기 때문에 정부혁신의 추진력 또한 약화될 가능성이 높아진다.

따라서 정치적 지지도의 변동이라는 상황 변화에 대응해 나가기 위해서는 정권 차원이 아닌 정부 차원에서 혁신을 지속하기 위한 관련 이해 관계자와의 사전 관계 조성 노력이 필요하다. 혁신 추진조직은 외부 이해관계자와의 지속적인 의사소통은 물론 참여를 촉진하고 성과를 공유하는 전략을 구상해 나가야 한다. 특히, 정부 고객이라 할 수 있는 시민들의 참여 활성화를 통해 정부혁신을 추진해 나가는 방법론은 효과적일 수 있다(Popovich, 1998).

일곱째, 정부혁신을 지속적으로 추진해 나갈 수 있도록 행정 환경을 조성해 주어야 한다. 이 중 가장 중요한 행정 환경 조성 권한은 입법부에서 쥐고 있으며, 정부혁신에 대한 우호적 여론 또는 적대적 여론을 형성할 수 있는 실질적 힘은 언론이 쥐고 있으므로 이들의 자기혁신이 필요하다.

입법부의 경우, 행정을 합리적으로 견제해야 측면에서 정치적 의도의 잣대로 정부 정책의 성공과 실패를 규정짓는 관행에서 벗어나 정부정책의 성공과 실패에 대한 명확한 기준을 갖고 평가해야 한다. 이 문제와 관련해 입법부에서는 국정감사나 각종 평가 과정에서 적용할 정부정책의 성공과 실패의 기준을 예산 심사 과정에서 함께 관리하는 것이 필요하다. 국회의 예산 승인 과정에서 사업에 대한 성공과 실패 기준을 같이 심의해 나가는 방식의 예산 심의 및 결산 과정 혁신이 이루어진다면, 현재 감사원이 갖고 있는 감사 권한을 입법부로 이전하는 문제도 함께 고려해야 한다.

통상 언론 또한 좋은 기삿거리를 찾는다는 측면에서 혁신 그 자체의 본질적인 문제보다는 그 과정에서 발생하는 어떤 갈등이나 싸움, 실패를 찾아다니는 성향을 보인다(Osborne & Plastrik, 1997). 언론의 부당한 공격으로부터 창조적인 일을 시도한 부하를 끝까지 보호하는 것이 리더의 핵심적 책임이기는 하지만, 지나치게 기삿거리에만 매달리는 언론의 행태 역시 사회적 풍토 조성 측면에서 개선될 필요가 있다.

현 시점에서 참여정부의 정부혁신의 성공과 실패를 예단하는 것은 적절하지 않다. 참여정부의 혁신은 바깥에서 보이는 외형적 측면보다는 공직사회와 정부조직의 내면적 측면에 초점을 둔 혁신에 집중되었기 때문에 그 성과가 구체적으로 나타나기 위해서는 시간이 필요하다. 특히, 참여정부는 정책을 바꾸어 혁신을 추구하기보다는 정책을 만드는 사람들의 행태를 변화시키고 혁신 문화를 창출함으로써 장기적으로 지속 가능한 정부혁신을 추구해 왔다. 과거 정치적 필요에 의한 정부개혁, 조직 개편 위주의 행정개혁, 일시적 관심에 의한 일회성 개혁 등과는 달리, 참여정부의 혁신은 최고통치자의 지대한 관심과 철학, 강한 의지가 반영되어 정권의 초기부터 일관성을 갖고 체계적으로 추진되어 왔다는 점에서 향후 국제적으로도 정부혁신의 모범이 될 것으로 전망된다. 차기 정부에서도 일관성을 유지하는 정부혁신의 노력이 지속된다면 국민의 신뢰를 회복하는 믿음을 주는 정부로 발전해 나갈 것이다.

제 3 장

# 정부혁신이론의 변화

## 제 1 절 미국 행정이론의 뿌리

### 1 해밀턴의 고전주의(Hamiltonian Classicism)

알렉산더 해밀턴: 큰 정부, 연방주의자

해밀턴(A. Hamilton, 1757~1804)은 강력하고 효과적이며 행동지향적인 정부를 선호하여, 강력하고 적극적인 행정부를 통한 국가 이익의 증진을 행정의 목적으로 간주하였다. 이러한 생각은 1930년대 위기 시, 대통령부 설치를 제안한 브라운로위원회 보고서로 연계되었다.

조지 워싱턴(G. Washington)과 뜻을 같이 하는 연방주의자로 토머스 제퍼슨(T. Jefferson)을 비롯한 반연방주의자와 대립하였다. 특히, 제퍼슨과 초기 재정정책으로 대립하여 그는 독립전쟁 때의 빚을 모든 주가 공평하게 나눠 내자고 하였고, 그에 반대한 제퍼슨은 자기 주의 빚은 자기 주가 갚으라고 하였다. 자신의 기반 지역이었던 뉴잉글랜드는 공업 위주 지역이라 빚이 많았는데, 결국 수도를 북부인 뉴욕에서 남부와 북부 경계선 즈음에 위치한 워싱턴 D.C.로 옮기고 모든 빚을 나눠 갚는다는 절충안을 내놓았고 제퍼슨이 이를 수용하게 된다.

## 2 제퍼슨의 낭만주의(Jeffersonian Romanticism)

제퍼슨(T. Jefferson, 1743~1826)의 이상주의 정치인 낭만주의는 행정권 제한과 개인의 자유를 주장하였다. 정부 활동에 대한 제한, 개인의 자유와 권리의 극대화, 행복추구권 강조, 정부를 가능한 한 일반 국민에게 근접시키는 것이 중요하다고 주장하였다. 1960년대 후반 신행정학의 뿌리가 되었다.

토머스 제퍼슨: 작은 정부, 반연방주의자

제퍼슨은 작은 정부를 원하였기 때문에 정부의 국채를 보상하려고 하였다. 대개, 국채는 큰 정부가 졌으며 작은 정부를 지향하던 제퍼슨은 정부가 작아지게 되면 그만큼 정부의 예산과 지출이 줄어들기에 국채 보상에 공을 들였다. 제퍼슨은 해외의 신용을 얻기 위해 빚을 도로 그들에게 갚을 필요까지는 없다 생각하였는데, 제퍼슨은 자신의 반연방주의 사상에 따라 군주제의 중요 수단인 상비군 같은 막강한 군대가 민주 공화국에는 필요없다고 여기고 군대의 숫자를 줄였다.

## 3 매디슨의 신고전주의(Madisonian Neoclassicism)

매디슨(J. Medison, 1751~1836)의 신고전주의는 덕성과 이기심을 함께 지닌 인간의 양면성에 주목, 인간 본성의 복잡성 때문에 다양한 이익집단이 창출될 것으로 예측하였다. 정부는 경쟁적 당파의 중재자이며, 행정 과정은 삼권분립에 기초한 견제와 균형의 과정이라 보았다. 달(R. Dahl), 린드블롬(C. Lindblom)과 같은 다원론자들의 집단이론 및 점증주의 모형으로 발전했다.

제임스 매디슨

매디슨은 헌법의 주 저자이며 헌법의 아버지로 불린다. 그는 여전히 헌법 해석에 가장 큰 영향을 미치고 있는 『연방주의자논집(*The Federalist Papers*)』의 3분의 1 이상을 작성했다. 미국의 첫 번째 국회의 리더로서 그는 많은 법의 초안을 작성했으며 미국의 첫 열 개의 수정헌법에 책임을 지고 있기 때문에 권리장전(Bill of Rights)의 아버지라고도 불린다. 또한 정치 이론가로서 그는 새로운 공화국은 견제와 균형이 필요하다고 믿었다. 그는 새로운 공화국은 귀족정치와 부패와 싸워야 한다고 강력하게 믿었고 미국에 공화주의를 정립하기 위한 메커니즘을 만들기 위해 깊이 헌신했다.

하원의 리더로서 매디슨은 새로운 연방 정부를 조직하기 위해 워싱턴 대통령과 가까이 일했다. 1791년, 매디슨은 재정부 장관 알렉산더 해밀턴(Alexander Hamilton)과 결별하고 연방주의자의 핵심 정책, 특히 국가 은행과 제이 조약(Jay Treaty)에 반대하며, 토머스 제퍼슨(Thomas Jefferson)과 함께 그들이 공화당이라 부른 조직을 창립했다. 매디슨은 또한 제퍼슨과 함께 외국인과 선동방지에 관한 법률(Alien and Sedition Law)에 저항하여 1798년에 켄터키와 버지니아 결의안을 비밀리에 작성하였다(백승기 · 최창현 외, 2011).

## 4 행정학의 아버지 우드로 윌슨

토머스 우드로 윌슨(Thomas Woodrow Wilson)은 미국의 제28대 대통령이자 프린스턴 대학 총장을 지낸 학자, 교육자이다. 윌슨은 19세기 말 엽관주의의 폐해를 극복하기 위해 정치와 행정의 분리를 골자로 하는 펜들턴법(Pendleton Act)을 제정하였으며, 행정을 정치 권력적 현상이 아닌 관리 기술로 보아야 한다는 점을 강조하는 정치 · 행정 이원론을 주장했다.

그는 1887년 「행정의 연구(The Study of Public Administration)」라는 에세이를 통해 이러한 이론을 발표했는데 이는 사실상 미국 내에서 행정학을 정치학으로부터 독립된 개념으로 보는 최초의 이론이기 때문에 윌슨을 '미국 행정학의 아버지'라 부르기도 한다. 행정학은 윌슨이 「행정의 연구(The Study of Public Administration)」를 발표한 이래 오늘날에 이르기까지 많은 변화를 거듭해 왔다.

우드로 윌슨

현대 행정학은 19세기 말엽 미국에서 시작된 것이다. 윌슨은 1980년대 초반까지의 변화를 중요한 논문들과 시대별 종합적인 판단을 곁들어 정리하고 있다. 그래서 윌슨이 1887년에 발표한 「행정의 연구(The Study of Administration)」를 현대 행정학의 효시로 보는 것이다. 대통령이 되기 훨씬 이전에 젊은 개혁주의 교수 윌슨이 쓴 에세이다.

윌슨은 당시 펜들턴(Pendleton)법의 제정에 다라 추진되기 시작한 공무원인사제도의 개혁에 대한 이론적 뒷받침을 시도하였다. 1880년대에는 자유방임주의로 최소의 정부가 요구되어 자유경쟁에 의한 경제적 노동시장화가 심화되고, 엽관제에 의한 부패가 극심하였다. 이러한 사회 변화를 거친 후에 정의가 정치권력과 부로 귀결되고, 사회불평등이 심해져 정치·경제적 형평이 무너지게 되었다. 그는 이러한 사회상을 예리하게 관찰·분석하고, 사회 제반의 문제에 대한 해결을 약자에 대한 행정부의 보호에서 찾고자 하였으며, 부의 편중에 대한 균등분배 방안을 다각적으로 모색하였다. 그리고 이러한 문제해결을 행정의 수단에서 찾으려고 노력하였다. 바로 이러한 노력의 결과가 그의 에세이 「행정의 연구」에 잘 나타나 있는 것이다.

* 행정의 본질

The field of administration is a field of business. It is removed from the hurry and strife of politics;

[행정의 분야는 사업의 분야이다. 행정은 서두르고 싸우려는 정치의 본질로부터 분리되어야 한다.]

## 제 2 절 미국 행정학의 태동과 성장기

### 1 행정학의 태동기(고전기 행정학)(1780~1910년대)

#### 1) 엽관주의의 폐해와 진보주의운동의 시작

1789년에 미국이 건국된 이래 미국의 정치 체계는 자유주의와 민주주의 이념을 상징하는 제퍼슨의 낭만주의(Jeffersonian Romanticism)와 잭슨 철학의 영향을 받고 있었다. 자유주의 이념에 따라 '최소의 행정이 최선의 정부'라고 믿고 있었기 때문에 정부의 존재 그 자체에 회의적이었다. 특히, 1829년에 잭슨(A. Jackson)이 대통령으로 당선되면서 선거전에서 승리한 정당이 관직을 차지하는 엽관주의(spoils system)가 도입되었다. 그러나 19세기 들어 산업화가 급속히 진전되고 정부의 역할이 확대됨에 따라 행정에 대한 전문성이 없는 정당인들을 공직에 채용하는 엽관주의(엽관제)는 행정의 비효율을 유발하는 원천으로 전락했다. 또한 공직을 차지하는 과정에서의 부패가 초래되기도 했다. 이러한 엽관제의 비효율과 낭비가 만연됨에 따라 이를 혁신하기 위한 진보주의운동이라는 일종의 공직개혁운동이 전개되었다.

#### 2) 팬들턴법(Pendleton Act)의 시행

진보주의 운동의 결과 1883년 펜들턴법이라는 공무원법이 제정되어 행정의 정치적 중립이 천명되었으며, 실적주의(merit system) 인사제도가 도입되었고, 행정의 전문성을 확보하기 위해 시험제도를 통해 공무원을 채용했다.

#### 3) 정치 · 행정 이원론의 대두

(1) 윌슨(W. Wilson)의 「행정의 연구」

행정에 대한 체계적이고 적극적인 연구의 필요성을 제기하고 행정의 탈정치화를 통해 정당정치의 개입으로부터 자유로운 행정 영역을 확립하는 것을 이론적으로 뒷받침하고자 정치・행정 이원론을 주장하였다. 엽관제의 폐단을 극복하고 행정능률을 제고시키기 위하여 행정을 경영으로 보고 유럽 행정의 선진적인 관료제 도입을 주장했다.

(2) 굿노(F. J. Goodnow)의 『정치와 행정』

정치는 국가의지를 표명하고 정책을 구현하는 것인 반면, 행정은 이를 실천하는 것으로 정치와 행정을 명확히 구분했다. 그는 행정에 대한 지나친 정당정치의 개입이 정책의 능률적인 집행을 저해하고 있다고 보았다. 따라서 행정이 정책으로부터 분리되어야 할 뿐 아니라 정책결정 과정으로부터도 분리되어야 한다는 정치・행정 이원론을 체계화했다.

(3) 정치・행정 이원론의 의의와 한계

윌슨, 굿노 등을 중심으로 주창된 정치・행정 이원론은 행정을 정당정치의 오염으로부터 탈출시켜 비효율과 낭비, 부패를 청산함으로써 좋은 정부 구현의 이론적 토대가 되었고, 행정을 하나의 독립된 분과학문으로 정립하는 토대가 되었다. 그러나 정치・행정 이원론으로 인해서 '무엇을 위한 행정학인가?' 하는 문제의식의 상실을 가져왔고, 그 이후의 행정학 발전은 국가의 여러 목적에 대한 관심을 잃어버리고 오직 조직과 관리의 문제에 관심을 집중하게 되었다는 비판이 제기되기도 한다.

## 2 정통 행정학의 성립・발전기(1920~1930년대)

### 1) 1920~1930년대의 행정관리과학

미국 행정학은 과학적 관리법 및 고전적 조직이론과 접목되면서 독자적인 학문 영역을 구축하기 시작했다. 여기에 '절약과 능률'이 좋은 정부의 구현을 지향하는 새로운 가치 개념으로 도입되었다. 그리하여 미국의 행정학은 1920년대에서 1930년대에 걸쳐 능률에 기초한 관리를 주장하는 '관리과학'으로 특징지어지게 되었다.

### 2) 과학적 관리법과 행정관리론

행정관리론을 중심으로 하는 행정이론은 행정 고유의 영역에 속한 관리활동의 효율화와 행정권의 통합을 실천 목표로 삼고 연구활동을 계속하였다. 그리고 정통 행정학의 조직이론 분야에서는 작업의 과학화를 지향하는 과학적 관리법과 조직의 과학화를 지향하는 조직관리론 등이 등장했다.

## 제 3 절 정통 행정학에 대한 반발기(이론체계의 논쟁)(1930~1950년대)

## 1 정치 · 행정 분리에 대한 반발: 기능적 행정학

정통 행정학에 대한 반발적 기류는 1930년대에 경제공황에 대처하는 과정에서 정부가 적극적인 역할을 수행하는 행정국가의 등장과 더불어 형성되기 시작했다. 1940년대는 정통 행정학에 대한 반성과 새로운 관심의 시대가 전개되었다. 그 반성의 초점은 어떤 형태로든 정치와 행정은 분리될 수 없다는 점과 행정 원리의 비과학성에 집중되었다.

### 1) 정치 · 행정 일원론의 등장

현실의 입법 · 행정 관계에서 발생하고 있는 변화를 목도하면서 정통 행정학의 토대가 되었던 정치 · 행정 이원론은 현실의 행정실태를 정확히 인식할 수 없고, 규범에 기초해 성립된 잘못된 이론이라는 비판이 일제히 제기되었다. 그리하여 행정권의 우월화 현상에 대응한 행정이론으로 정치 · 행정 일원론이 등장했다.

(1) 1946년 막스(F. M. Marx)의 『행정의 요소』

정치와 행정의 분리는 비현실적이라는 의문을 제기했다. 그리고 그는 "우리 시대에 행정이론은 동시에 정치이론을 의미한다"고 주장했다.

(2) 1949년 애플비(P. H. Appleby)의 『정책과 행정』

정책(정치)과 행정은 융합적, 정합적, 연속적이라고 강조했다.

## 2 행정관리론에 대한 비판: 신고전적 이론

달(R. A. Dahl), 왈도(D. Waldo), 사이먼(H. A. Simon) 등을 중심으로 행정 원리의 보편성과 과학성에 대한 비판이 전개되었는데 행정 원리에 대한 비판을 처음으로 시도한 왈도는 정통 행정학에 근본적인 결함이 있음을 논증하면서 행정학에는 참다운 원리가 없다고 비판했다. 논리실증주의자인 사이먼은 경험적으로 확인된 원칙을 발견하자는 주장을 제기하면서 행정학 연구에 자연과학식 연구방법을 도입하는 것을 강조했다. 이를 위해서는 사실과 가치를 구분하여 과학으로서의 행정학은 사실만을 다루어야 한다고 주장했다.

### 1) 인간관계론의 등장

인간관계론은 비공식적 조직의 생성에 관한 이론에서 출발했으며, 조직구성원의 내면의 심리를 대상으로 관리기법을 개발하는 데 주안을 두었다.

### 2) 1938년 버나드(C. I. Barnard)의 『관리자의 기능(경영자의 역할)』

인관관계론을 토대로 조직을 인간의 협동적 시스템(협력이론)으로 파악하고 조직편성과 조직생성 양 측면을 통합한 조직형성론을 전개했고, 권위의 수용설, 그리고 구성원 상호 간의 의사전달의 중요성 등을 제시했다.

# 제 4 장 행정이론체계의 혁신 과정

## 제 1 절 미국 행정이론의 다원화(1950~1960년대)

1940년대에 정통 행정학에 대한 비판을 통해 그동안 행정학의 정체성을 형성하고 있던 정치 · 행정 이원론과 행정 원리의 접근방법이 무너지게 되었으나, 이를 대체할 만한 지배적인 관점이 등장하지 않았다. 행정 및 행정학의 영역은 확대되었으나, 확대된 행정 영역의 실제와 연구를 통합시킬 수 있는 관점과 접근방법은 거의 없었다. 이처럼 지배적인 패러다임의 결여로 인해 1950년대에 행정학은 사회학, 인류학, 심리학, 경영학, 경제학 등 다양한 인접 학문으로부터 영향을 받아 점차 다원화의 길을 걷기 시작했다.

### 1 행태주의

행태주의(behavioralism)는 관리기술이 아닌 조직 내 개인 간 행태, 즉 행정행태를 경험적 조사방법을 통해 분석하는 것을 연구의 중심 주제로 삼았다. 분석의 초점은 행정인의 사회적 · 심리적 동기에 대한 연구로까지 확대되었다. 정통 행정이론을 맹렬하게 비판하고 행태과학을 행정학에 도입한 선구자는 사이먼이다. 행정학 분야에서 행태론적 연구는 그의 저서 『행정행태론(*Administrative Behavior*)』에서 비롯되었다. 1955년 *Administrative Science Quarterly*에서는 조직과 행태에 대한 연구가 활성화되었고, 행태과학적 지식과 기술을 활용한 조직발전이 1960년대에는 관리과학의 한 분야로서 급격히 부상했다.

## 2 의사결정이론

사이먼은 그의 저서 『행정행태론』에서 의사결정(decision making)이 행정의 핵심이며, 행정 과정은 결정 과정이라는 기본명제를 제시하면서 의사결정을 행정연구의 핵심으로 삼아야 한다고 주장했다. 1958년 사이먼은 마치(J. G. March)와 공저한 『조직론(*Organizations*)』에서 의사결정론을 더욱 발전시켜 '제한된 합리성(bounded rationality)' 모형을 제시했다. 또한 정부의 정책결정 과정에 관한 점증주의 모형을 제시했다. 점증주의(incrementalism)는 현실의 정책결정을 기술하는 측면뿐만 아니라 어떻게 결정을 작성해야 하는가에 관한 규범적 측면도 아울러 내포하고 있다. 이러한 과정을 거쳐 전개되어 온 의사결정론은 1960년대에 관리과학과 정책과학으로 발전하게 되었다.

## 3 비교행정론 · 발전행정론

비교행정론은 각국의 행정에 대한 비교연구를 통해 행정학의 과학성을 높이고 일반화된 행정이론을 개발하기 위한 노력의 일환으로 대두되었다. 또한 미 · 소 냉전 체제의 전개 과정에서 미국이 발전도상국가를 대상으로 공산주의의 침식을 방지하기 위해 경제 원조를 시작했으나 이들 국가의 행정능력이 낮아 원조 효과를 충분히 거두지 못하게 되자, 기술 원조 제공의 일환으로 발전도상국가의 행정문제를 연구하게 되면서 비교행정이 발전했다. 비교행정은 리그스(F. W. Roggs) 주도하의 비교행정연구회를 중심으로 1960년대에 활발한 활동을 전개했다.

행정의 독자성을 인정하고 행정이 환경에 미치는 영향도 아울러 고찰할 필요가 인정되면서 발전행정이 대두하게 되었다. 발전행정은 주로 발전도상국가의 국가 발전을 촉진하기 위한 수단으로서 행정의 역할에 초점을 두고 어떻게 발전 사업을 관리할 것인가에 전략과 처방을 제시하는 데 연구의 목적이 있다.

## 제 2 절 신행정론(New Public Administration)

신행정론은 1920~1930년대를 거치며 미국에서 주류 개혁 패러다임으로 자리 잡은 공공관리론에 대한 반발에서 태동한 이론적 정향이다. 1960년대 중반부터 1970년대에 이르는 기간 동안 미국 사회와 정부는 베트남 전쟁과 도시 폭동, 계속되는 인종 분규, 그리고 워터게이트 사건으로 인해 큰 충격을 받는다. 이러한 사건과 위기는 공공 행정에 관한 새로운 사유 양식을 낳고 기존의 관리 방식으로 환원되지 않는 업무 수행 방식의 개발을 촉구하였다(Marini, 1971: 346-347). 즉, 공공관리론이 주장하는 바와 달리 가치와 윤리의 문제를 개입시키지 않고는 미국 사회가 당면하고 있는 여러 가지 문제, 곧 부·자원·기회의 그릇된 분배 문제에서 파생되는 사회 형평(social equity)의 왜곡과 인원 유린 등의 문제를 해결할 수 없다는 인식을 널리 확산시키는 계기가 되었던 것이다.

신행정론이 내세우는 개념들로는 참여, 행동 지향, 비계서조직, 사업조직(project organization), 행렬조직(matrix organization), 임시조직, 연합조직, 감수성 훈련(sensitivity training), 자기파괴적조직, 변증법적조직 등이 있다. 이러한 개념을 통하여 신행정론은 사회적 형평성과 책임성을 행정 행위의 가장 큰 가치로 제시한다. 이를 보다 자세히 살펴보면 다음과 같다.

첫째, 행정적 효율성으로부터 효과성을 더욱 강조함으로 해서 분배적 측면에 중점을 두고 있다. 종래의 행정 서비스는 강력한 집단이 더 큰 혜택을 입었기 때문에 국가가 이제는 사회적·정치적·경제적으로 불리한 입장에 있는 계층을 특별히 배려해야 한다는 것이다. 즉, 행정에서의 사회적 형평성이란 행정이 대외적·대내적으로 모든 면에서 공정하고, 특히 불리한 입장에 있는 계층에 대한 형평을 중시하는 것을 의미한다. 공익성, 공평성, 평등성, 분배적 정의, 경제적 민주성과 유사한 의미로 사용된다.

둘째, 신행정론의 이 같은 가치는 경험적 세계에 대한 구체적 관찰에 기반한다. 신행정론자들은 공공관리론자들의 관찰, 곧 점진적 타협이 행정 및 정치 과정의 기본이라는 관찰이 오류임을 지적하는 것이다. 바꿔 말하면, 신행정론은 기존 행정이론이 당연하게 받아들이는 행정 과정의 정치적인 중립성을 부인하는 것이다. 신행정론자들은 조직 내부의 분배 과정이 외부와의 갈등에서 점진적 타협이나 절충에 의해 해결되기보다는 얼마 간의 직접적 대결에 의해 해결된다는 사실에 주목한다. 이처럼 다원적 점진주의나 이익단체적 자유주의 철학을 근본적으로 배격하는 데서 출발한다는 점이 신행정론의 주요한 특징 가운데 하나이다.

셋째, 이해관계 충돌이 벌어지는 상황에서는 타협적인 행정가보다 지산의 선택과 진퇴를 분명히 하는 행정가가 요구된다고 본다. 곧 가치중립적이 아닌 가치지향적인 자세가 행정가에게 요구된다는 것이다. 즉, 관료는 관료 책임뿐 아니라 정치적 책임도 져야 한다는 것이다. 따라서 신행정론은 행정가가 가져야 할 덕목으로 객관적이고 합리적인 행동뿐 아니라 사회 정의에 입각한 자세를 가져야 한다고 보고 있다. 그 때문에 신행정론은 행정가가 스스로 추구하는 가치를 과감하게 내세우고 표면화할 것을 요구한다.

넷째, 행정 행위의 목표 설정과 집행 과정에서 참여란 한 번의 투표 행위로 끝나는 것이 아님을 강조한다. 신행정론이 주장하는 참여의 의미는 훨씬 광의적인 개념으로 사용되어 행정기관의 의사결정 과정 전반에 행정 고객이 직접 참여할 것을 강조한다. 신행정론에서 행정 고객의 직접 참여 문제는 행정적 효율성을 희생하더라도 꼭 이루어져야 할 소중한 가치인 것이다.

## 제 3 절 신공공관리론(New Public Management)

신공공관리론(New Public Management)은 20세기 후반의 영향력 있는 사회과학 이론인 신자유주의, 신제도주의 이론과 연계하여 형성된 ‘시장적 공공관리’를 지칭한다. 신공공관리론은 앞서 살펴본 고전적 관리주의와 구분하여 신공공관리 혹은 신관리주의(New Managerialism)라고 불리는데 영국에서는 신관리주의라는 용어가, 미국에서는 신공공관리라는 용어가 주로 사용되며, 현재에는 주로 신공공관리라는 용어가 주로 쓰이고 있다. 신공공관리는 이외에도 기업가적 정부, 기업가적 행정, 시장 원리에 의한 행정, 국가 경영, 경영 행정, 국정 관리, 국정 경영 등의 다양한 용어로 통용되어 사용되기도 하는데, 1990년대의 시장적 효율에 기초한 정부개혁의 흐름을 지칭하는 포괄적 용어로 사용되고 있다.

고전적 공공관리론이 중앙집권화된 관료제에 의한 합리적 기획을 강조하고 민간 기업에서 사용되는 의사결정 기법의 도입에 의한 정부 관료제의 '의사결정 능력'의 향상에 관심을 두었던 반면, 신공공관리론의 주된 관심사는 어떻게 하면 치열한 시장경쟁에서 민간기업을 살아남게 하는 관리 기법을 정부관료제에 도입하여 정부의 성과를 향상시킬 수 있는가 하는 것이다(이명석, 2001).

1980년대 이후 신보수주의 정부에서 행정의 관리적 측면이 강조되고, 정치·행정 이원론이 재등장하면서 행정학의 새로운 접근방법으로 신공공관리론(New Public Management: NPM)이 개발되었다. 신공공관리론은 공공 서비스 제공에 대한 민간부문의 적극적인 역할 분담 및 정부와 민간부문의 협력적 활동을 강조하는 접근방법이다. 또한 기업경영의 논리와 기법을 정부에 도입·접목하여 행정의 성과를 향상시키고, 관리자의 개인적 책임 확보를 강조하는 이론이다. 민간부문에 비해서 정부부문이 지나치게 비효율적이라고 평가하고 민간부문 관리 기법을 도입하기 시작했다.

정부를 재구축하고 민간부문이 공공 서비스 공급에 참여할 필요가 있다고 강조했다. 정부재창조운동은 신공공관리론을 행정개혁이 적용한 것이라고 할 수 있다.

작고 효율적인 정부에 대한 사회적 요구의 증가로 뉴질랜드, 영국, 미국, 캐나다 등의 서구 국가들에서 행정개혁이 진행되면서 신공공관리론이 '관료주의적 패러다임'에 근거한 전통적 행정학의 대안으로 부상하였다. 관료주의적 패러다임은 계층제적 통제, 전문화, 명확하게 규정된 규정과 절차 등을 통해서 '좋은 행정'을 구현할 수 있다고 주장하는 반면, 신공공관리론은 전통적인 행정학의 이러한 처방들이 오히려 정부의 많은 문제들을 초래하였다고 비판한다.

**표 4-1** 전통적 관료제 정부와 기업가적 정부 모형의 비교

| 기 준 | 전통적인 관료제 정부 | 기업가적 정부 |
|---|---|---|
| 정부의 역할 | 노젓기(rowing) 역할 | 방향 잡아 주기(steering) 역할 |
| 정부의 활동 | 직접적인 서비스 제공 | 할 수 있는 권한 부여(empowering) |
| 행정의 가치 | 형평성, 민주성 | 경제성, 효율성, 효과성 |
| 서비스 | 독점적 공급 | 경쟁 도입: 민영화, 민간위탁 등 |
| 공급 방식 | 행정 메커니즘 | 시장 메커니즘 |
| 행정관리 기제 | 법령, 규칙 중심 관리 | 임무 중심 관리 |
| 행정관리 방식 | 투입 중심 예산<br>지출 지향<br>사후 대처<br>명령과 통제 | 성과 연계 예산<br>수익 창출<br>예측과 예방<br>참여와 팀워크 및 네트워크 관리 |
| 행정 주도 주체 및 책임성 | 관료 및 행정기관 중심<br>계층제적 책임 확보 | 고객 중심<br>참여적 대응성 확보 |

신공공관리론의 이론적 특성은 크게 두 가지 유형으로 나눌 수 있다는 것이 일반적인 관측이다. 하나는 선택과 경쟁의 원리에 기초하는 시장으로의 이행, 그리고 고객지향적 가치 추구(시장주의와 고객주의)를 지향하며, 다른 하나는 사명, 성과, 그리고 결정과 관리의 분리(신관리주의)를 지향한다(정정길, 2000). 여기에는 경쟁 가능성, 사용자 선택, 투명성, 유인구조 등 기업식 관리주의가 지향하는 결과 중심의 행정개혁을 위한 재량권의 확대와 조직의 성과 제고를 위한 전문 직업주의적 관리가 포함된다. 곧 고객의 중시와 고객의 영향력 증대, 공공 서비스 구매자와 공급자 분리, 시장의 경쟁원리 적용, 민영화와 계약제 도입, 성과와 책임성 강조, 유연성 증대, 정보관리 중요성 등을 지적하고 있는 것이다. 이 같은 주장의 이면에는 현대 공공조직의 가장 큰 문제점으로 독점을 들고 있음이 물론이다. 신공공관리론은 정부의 역할을 축소시키고 시장의 역할을 증대시키는 신자유주의를 그 이념적 기반으로 삼아 탈규제와 경쟁을 기본 가치로 추구하고 있다.

### NPM 행정개혁의 두 가지 흐름

케틀(Kettl, 2000)은 서구 정부혁신의 경험을 구체적인 사례 중심으로 분류할 때
① 영국, 뉴질랜드, 캐나다 등 영연방을 중심으로 진행된 국가구조개혁과 공공 서비스 품질 개선을 목표로 하는 웨스터민스터(Westminster)형 개혁과
② 행정 효율화를 통해 환경과 시민의 요구에 대응성(responsiveness)을 높여 궁극적으로 '기업가형 정부'(Osborne & Gaebler, 1992)를 목표로 하는 미국형 혁신(reinvention) 두 유형으로 나눌 수 있음을 보여준다.

| 혁신 유형 / 비교 준거 | 웨스터민스터형 혁신<br>(영국 · 뉴질랜드 · 캐나다 등) | 미국형 혁신<br>(미국 등) |
|---|---|---|
| 배경 | 재정 적자(1979, 대처/1992, 블레어) | 재정적자, 정부불신(1992/1998, 클린턴) |
| 슬로건 | Let managers manage<br>(뉴질랜드)<br>Modernizing Government<br>(영국-블레어 정부) | The end of big government<br>Government reinvention,<br>Better government,<br>From Red Tape to Results creating a government that works better and costs less |
| 원리 | 관리주의<br>신공공관리<br>작은 정부<br>국가구조개혁<br>신자유주의 | 관리주의<br>신공공관리<br>기업가형 정부<br>행정 변화<br>신자유주의 |
| 목표 | 작은 정부<br>공공 서비스 품질 및 전달 체계 개선-효율적인 정부 | NPR-작은 정부, 정부조직의 업무 방식 개선, 공공 서비스 품질 및 전달체계 개선-고객 서비스 이니셔티브(1993-제1기)<br>NPRG-안전한 공동체, 강한 경제, 더 잘 관리된 정부(1998-제2기) |
| 대상 | 정부조직 및 공기업(공사) | 정부 공조직(부 · 처 · 청) |
| 추진체계 | 수상 직할<br>Next Step Agency(1988)<br>내각사무처 성과/혁신팀(1999)<br>행정개혁본부(2001) | 부통령 직할<br>탈정치적 자문기구<br>National Performance Review(1992)<br>National Partnership for Reinvenventing Government(1998) |

| 추진방법 | Top–down<br>시장원리의 공공부문 적용–고객 지향, 성과 계약 산출 예산, 전략 기획(발생주의 회계예산제), 권한 이양 | Top–down/Bottom Up 교차<br>성과주의 예산(GPRA), 민간경영기법(BPR) 등 도입–고객 지향, 권한 이양, 교육, 학습, 조직 문화 개선 |
|---|---|---|
| 특징 | 정부조직의 탈관료화<br>혁신추진체계의 탈정치화<br>국정 최고책임자의 강력한 리더십에 의지 | 정부조직의 탈관료화<br>혁신 추진 체계의 탈정치화<br>국정 최고책임자의 감독 하에 자율적 혁신문화 고양 |
| 성과 | 정부조직의 슬림화<br>재정 적자 개선<br>공공 서비스 품질 및 전달 체계의 획기적인 개선 | 정부 업무 효율화 증대<br>정부 신뢰 회복<br>(2001년 9・11 사건 이후 다시 하락) |

나아가 케틀(D. F. Kettl)은 웨스트민스터형 개혁이 정부 규모의 축소(down–sizing)와 시장원리의 도입을 근간으로 하여 ① 적자 경영 공기업과 공공 서비스의 민영화, ② 명령과 통제 위주의 관료제에서 인센티브 중심의 시장 원리로 전환, ③ 투입 중심에서 결과와 산출 중심으로의 전환이라는 세 가지 특징을 가진다고 정리한다. 또한 케틀은 이 같은 목적을 달성하기 위하여 도입된 구체적인 정책 수단으로서 책임운영기관(quasi–autonomous agency)의 확대에 주목한다. 곧 예산과 인적자원 운용에 있어 관리자들에게 더 많은 융통성(flexibility)을 주어 주어진 정책 목표를 달성할 수 있는 실천적인 수단을 제공하되, 그 결과에 대해서는 엄격하게 책임을 지도록 기관 고위 관리자와 성과 계약을 맺는 등 산출측정시스템을 구축하는 것이다. 때문에 웨스트민스터형 개혁의 요체는 통제와 융통성의 균형 전략이라는 것이다.

반면, 케틀은 미국형 행정개혁이 근본적인 재구조화를 추구하지 않으나 전면적인 행정 변화를 추구한다고 지적한다. 정부구조와 업무처리 과정의 성격을 근본적으로 전환하기보다는 관료들의 행태 변화를 통하여 행정에 대한 국민들의 만족도를 높이자는 것이 미국식 정부재창조론(reinventing government)의 근간이라는 것이다. 그런데 케틀은 공무원들의 행태 변화는 의식의 변화에 수반하는 것임으로 미국식 행정개혁이 무엇보다도 의식의 변화를 추구하게 되었고, 바로 이 같은 맥락에서 미국의 고객 서비스 이니셔티브 제도가 제안되었다고 설명한다.

## 제 4 절 거버넌스학파(1980년대 중반 이후)

1980년대 이후 행정과 직업 공무원제에 대한 불신이 높아지면서 엽관주의적 요소의 도입이 지속적으로 확대되자, 이에 대한 반작용으로 1980년대 후반부터 1990년대 초반까지의 기간 동안 직업공무원제를 옹호하는 '행정재정립운동'이 등장했다. 이와 관련하여 스바라(Svara)는 기존의 정치・행정 이원론을 재해석하여 정책과정에서의 공무원의 적극적인 역할을 옹호했다. 그러나 정부는 재창조되어야 한다는 주장도 있다. 또한 1980년대 중반 이후 규제 완화와 민영화가 확산되면서 정부부문의 독점성이 파괴되고 있다.

역사적으로 정부의 역할은 마치 시계추처럼 정부역할의 확대와 축소를 반복해 왔다. 20세기 중반에는 시장실패(market failure)에 대한 대응으로서 정부의 개입(government intervention)의 확대가 이루어 졌다. 정부의 능력에 대한 신뢰가 극에 달하여 사회의 거의 모든 부분에 정부의 입김이 강한 거대정부(big government)가 주종을 이루어 왔다. 그러나 20세기 종반에 들어서며, 각국 정부들은 여러 가지 이유로 그 한계를 드러내게 되었고 어디에서나 '작은 정부(small government)' 움직임이 거세게 일어나고 있다. 그 자리를 메우는 기제로서 '거버넌스(governance)'가 부상하여 여러 측면에서 중요한 공헌을 하고 있다. 즉, 정부 개입의 강화는 또 다른 정부실패(government failure)나 정책실패(policy failure)를 초래했으며 이에 대한 대응으로서 최근 거버넌스가 새로운 패러다임으로 논의되고 있다.

이는 정부정책 과정에서 규제 중심의 정부 역할로부터 공존 또는 공생 중심의 네트워크 구성이라는 의미로 파악할 수 있다. 거버넌스를 논의하는 데 있어서 제솝(Jessop, 2000)은 시장과 국가의 이원론에서 출발하여 시장실패와 국가실패를 모두 극복하는 새로운 방식으로 이해하고 있다. 즉, 국가와 시장 양자가 모두가 다양하고 복잡한 경제적, 정치적, 사회적 문제를 다루는 데 실패하여, 이들의 대안으로 거버넌스가 시장과 국가 중간의 방식으로서 제3의 길로 나타난 것이라 주장한다.

국가적인 거버넌스의 실현을 위한 정부 모형으로는 관료제적인 정부를 개혁하기 위한 피터스(Peters, 1998)의 네 가지 모형이 있다.

이 네 가지 모형은 바람직한 정부를 위한 구상으로서 시장형 정부 운영모형(market government model), 참여형 정부 운영모형(participative government model), 신축형 정부 운영모형(flexible government model), 규제완화형 정부 운영모형(de-regulated government model)을 말한다. 시장형 정부 운영모형(market government model)의 기본적인 관점은 정부를 개혁하는 데 시장의 기능을 활용하고 사적부문의 관리 활동이 전통적인 정부 부문 관리 방식보다 우수하다는 데 그 적용 가능성에 대한 매력을 지니고 있다(윤영진 · 김태룡 외, 2002).

시장형 정부 운영모형(market government model)의 구조는 분권화의 구조를 가지고 있으며, 관리방식은 민간부문의 관리 기법을 채택하고 있다. 시장개념에 입각한 인센티브를 가지고 정책결정을 내리며 저렴한 비용으로서 공익의 가치를 가지는 정부 운영모형이다.

참여형 정부 운영모형(participative government model)은 1990년대 이후의 지배적인 정치적 추세이기도 하다(Peters, 1998). 시장형 정부 운영모형과 참여형 정부 운영 모형과는 대조되는 개념이지만, 이 두 접근법의 공통점은 관료제가 바람직한 정부에 대한 장애가 된다는 신념이다(윤영진 · 김태룡 외, 2002). 이 개념의 구조는 수평적 조직구조를 가지고 있으며 관리 방식은 TQM(Total Quality Management)과 Team으로 하고 정책의 결정은 전문가들의 협상이나 협의에 의해 논의된다.

신축형 정부 운영모형(flexible government model)은 기존의 공공 부문 관리 형태와는 정반대인 것으로 생각할 수 있다. 그리고 새로운 사건이나 일들에 대해 수동적이거나 습관적으로 반응하기보다는 현재의 알맞은 정보와 자원을 가지고 환경의 변화에 대해서 적절하게 대응 · 대비하는 정책을 만들어내는 정부와 그 기관의 능력을 말한다. 변화하는 사회 안에서의 적절한 대응은 정부가 가져야 할 기능이라 생각하지만, 공공 부문에서 조직의 영속성(permanence)은 과거의 사회적인 프로그램들을 제도화하는 경향으로 나타난다(윤영진 · 김태룡 외, 2002). 과거부터 현재까지 제도화되어 있는 조직이나 이 조직 내의 정책들은 빠르게 변화하는 사회 환경 속에서 탄력적으로 대처하지 못하여 경직되어 있는 상태로 존재하게 되어 있다. 신축성 있게 대처하기 어려운 이러한 정부운영방식에 신축적 정부 운영모형의 구조는 가상조직의 형태를 갖추어야 하며 관리방식은 일시적(temporary)이며 적응적인 인사관리의 형태가 될 것이다.

규제완화형 정부 운영모형(deregulated government model)은 규제완화라는 말부터가 여러 가지를 생각 할 수 있게 만든다. 규제완화의 정부 운영모형은 기존정부의 문제점을 내부적 관리, 규제에 대한 완화를 통해 창의성과 활동성을 높이고 특정한 지침이나 규제 등을 완화하고 자율성의 보장을 통해 생산성의 증대를 가져오는 모형이라고 할 수 있다. 내부규제라는 말은 아마도 번문욕례(red tape)와도 동일한 생각으로 볼 수 있다. 이 네 가지의 정부모형을 정리하면 아래의 <표 4-2>와 같다.

이 피터스의 모형은 임시조직, 또는 가상조직의 필요성을 중시한다. 즉, 환경이 변하고 현 국정관리의 속성이 변함에 따라 창조적인 대응이 필요하기 때문에 실제적으로 신축적인 구조가 공공부문의 수요를 해결하는 데 더 적합하다는 것이다. 또한 공공부문의 규모 축소 압력이 거세어지는 추세 속에서 정부는 비 부처 조직과 준 정부조직의 이용을 확대하기 시작했다. 그러나 임시 고용인 및 한시적 조직은 책임성이라는 공공 서비스의 가치를 감소시키고 또한 탁월한 성과에 대한 그들의 동기 유발을 감소시킬 수 있다는 문제가 있다(김석준 외, 2000). 피터스는 국정관리의 문제와 그 전망에 관해 좀 더 고도로 분화되고 상황 적합한 적실성 있는 견해가 필요하다고 보고 있다. 서로 경쟁 관계에 있는 각 접근법들은 문제점 및 해결책과 개혁방법 간의 관계를 좀 더 밀접히 연관시키기 위해 부단한 분석과 노력을 기울

**표 4-2** 거버넌스의 4가지 형태

| 구 분 | 시장형 정부 운영모형 | 참여형 정부 운영모형 | 신축형 정부 운영모형 | 규제완화형 정부 운영모형 |
|---|---|---|---|---|
| 정부의 문제점 | 독점 | 계층제 | 조직의 영속성 | 내부적 규칙 |
| 구조 | 분권화 | 수평적 조직 | 가상조직 | 특정한 지침 제거 |
| 관리방식 | 보상, 성과급 | TQM, team | 일시적 · 적응적 | 많은 자유재량권 |
| 정책결정 | 시장적 인센티브 | 전문가회의 협상 | 실험 | 기업가적 정부 |
| 공익, 가치 | 저렴한 비용 | 참여, 협의 | 저렴한 비용 조정 | 창의성, 활동성 |
| 조정 | 보이지 않는 손 | 하의 상달 | 조직 개편 | 관리자의 자기 이익 |
| 오류발견/수정 | 시장적 선호 | 정치적 신호 | 오류의 제도화 | 많은 오류 수용 |
| 공무원제도 | 시장기제로 대체 | 계층제 축소 | 임시고용제 활용 | 내부규제 철폐 |
| 책임성 확보 | 시장에 의존 | 소비자 불만에 의존 | (명확한 제안 없음) | 사후통제에 의존 |

출처: Peters(1998)의 모형을 수정 요약.

여야 한다(Pollitt & Geert, 1995).

거버넌스 실현을 위한 정부 모형에는 위에서 언급한 피터스(Peters, 1998)의 네 가지 거버넌스 유형 이외에도 오스본(D. Osborne)과 개블러(T. Gaebler)의 기업가적 정부의 거버넌스가 있다. 오스본과 개블러(Osborne & Gaebler, 1992)는 행정에 대한 접근 방법으로 기업가적인 접근 방법과 관료제적인 접근으로 잘 알려진 이분법을 제시하였다. 그들은 공공부문에 시장원리인 '경쟁'을 도입하고 관료적 형식주의에서 벗어나 사명감을 가지고 국민을 고객으로 최우선 시하는 기업가적 정신을 도입해야 한다고 주장한다. 기업가적 정부의 이분법의 형태는 정부형태가 관료제의 정부 행정에서 기업가적 정부, 즉 신공공관리(NPM)의 모습으로 변화해야 하는 양상을 나타낸 것이다.

20세기 후반부터 신공공관리론에 대한 비판이 다양하게 제기되었다. 비판은 크게 두 가지 방향에서 전개되었다. 하나는 효율성만의 강조에 대한 반감이고, 또 다른 하나는 정부의 약화에 대한 우려이다. 효율성에 대한 집착이 비판받았던 가장 큰 이유는 그로 인해 방기되는 공공 행정의 책임성, 국민들의 욕구에 대한 반응성 약화 때문이었다. 예를 들어, 미노스 · 폴리다노 · 흄(Minogue, Polidano & Hulme, 1998)은 근대 행정의 관건이 단지 효율성에만 있는 것이 아님을 지적한다. 그것은 또한 국가와 국민에 대한 책임성에 관한 것이며, 국민이란 신공공관리론이 가정하듯 단지 소비자나 고객일 뿐 아니라 정부의 작위적 혹은 부작위적 행정 행위에 대해 책임을 추궁할 수 있는 시민들임을 강조한다. 시민들은 물론 효율적인 서비스, 그리고 적은 세금을 선호하지만, 그들은 동시에 자신들의 권리가 보호받고 불만 사항을 말하고 그들의 가치와 선호가 존중받기를 원한다는 것이다. 따라서 민주주의 사회에서 책임 · 통제 · 반응 · 투명과 참여는 적어도 경제와 효율성만큼이나 중요한 이슈들임을 강조한다.

로데스(Rhodes, 1997)는 보다 관리적인 관점에서 신공공관리론이 주로 조직 내에만 관심을 가지는 것, 목표에의 집착, 성과에 대한 관심, 자본주의적 경쟁 원리를 강조하는 것과 정부 각 기관이 제시하는 방향 설정 간의 모순 등이 치명적인 약점이라고 설명한다. 더욱이, 1990년대 초부터는 시장의 발달과 빈곤의 감소가 시장기제에 의해서가 아니라 효과적인 정부의 능력에 달려 있음이 확인되었다. 과연 개발도상국에 신공공관리론을 적용하는 것이 적합한 것인가라는 의문이 제기되었고,

개발도상국의 경우에는 과도한 정부나 거대한 정부가 문제가 아니라 오히려 과소한 정부, 미약한 정부가 문제될 수 있다는 지적들이 제기되었다(Holmes, 1992; Evans, 1995). 신공공관리론은 세기 말을 지나면서 그 세력이 약화되기 시작하였고, 21세기 들어서는 뉴거버넌스에 관한 논의가 더욱 관심을 끌고 있다.

뉴거버넌스는 시장의 경쟁원리를 신봉하는 미국이나 영연방 국가들에 비해 상대적으로 복지국가에 대한 국민적 합의가 튼튼하고 계급 타협의 전통에 친국한 북서유럽 국가들의 행정개혁 노력에 착안해 이론화된 것으로, 기존에 행정개혁론을 주도해 온 신공공관리를 지양해 미래 국정 운영방식의 유력한 대안으로 부상하고 있다.

**Rhodes의 정책 네트워크 유형**

뉴거버넌스의 이론적 정향 가운데 가장 대표적이랄 수 있는 정책 네트워크론의 이론가 로데스(Rhodes, 1996)는 1979년 대처 집권 이후 영국 중앙정부의 변화를 분석하며, 기존에 중앙정부가 수행하였던 기능과 역할이 점차 지방정부와 사회 행위자들로 구성되는 조직 간 네트워크의 집합체로 전환되고 있다는 새로운 현실에 주목하였다. 그리고 정책 네트워크의 다양한 유형을 4개로 분류하였다.

먼저, 정부 참여의 수준에 따라 협력형과 위임형으로 구별한다. 전자는 제3섹터나 파트너십과 같이 문제해결을 위해 정부와 이해 관계자들이 공동으로 협력하는 방식이며, 후자는 집단적으로 해결해야 할 문제를 사적 이익 정부(사업자 단체) 또는 자발적 조직(비영리 시민단체)으로 하여금 대리하게 하거나 관할권을 이전하는 방식을 취한다. 다음으로, 연계 관계의 지속성 여부에 따라 크게 임시적인 이슈 네트워크(issue network)와 지속적인 정책 공동체(policy community)로 구분한다. 전자는 특정한 사안이 이슈화되었을 때 대중운동과 밀접한 연관을 맺으며 나타나는 유형이며, 후자는 특정 분야에서 안정적이고 지속적으로 형성되는 정책 참여자 집단 간의 네트워크를 지칭하는 유형이다.

정부혁신의 구현 논리로 이 같은 뉴거버넌스 또는 정책 네트워크가 중요하게 부각되는 것은 다음의 세 가지 이유에서 정책 과정의 민주성은 물론 효율성까지를 담보하는 미래지향적 조정기제로 기능할 수 있을 것으로 기대되기 때문이다(김정렬, 2001: 30－31).

(1) 정책 네트워크는 분권과를 통하여 중앙-지방정부 간 관계를 재정립함으로써 과도하게 비대해진 중앙정부의 부담을 덜고 현장의 필요에 더욱 밀접한 질 높은 공공 서비스를 제공할 수 있다.

(2) 정부-기업 간 관계의 측면에서 산업별 네트워크를 구축함으로써 시장을 활성화하고 산업 경쟁력을 활보할 수 있다.

(3) 정부-시민사회 간 관계를 재정립함으로써 각종 비영리 단체와 시민 단체를 활성화하여 복지 정책의 집행에 요구되는 정부의 부담을 완화할 수 있다.

이 같은 주장의 이면에는 복지 국가의 확장에 따라 발생한 재정 적자의 원인이 복지 프로그램 그 자체에 있는 것이 아니라, 복지 프로그램을 운영하는 정부조직과 운영방식의 비효율성 때문이라는 인식이 깔려 있다. 때문에 서구 복지국가들이 당면한 경쟁력 저하의 문제를 해결하기 위해서는 자유시장체제의 복귀가 아니라 참여와 협력을 근간으로 하는 정책 네트워크를 확산해야 한다고 주장한다.

## 제 5 절 미래로 열린 정부혁신

지금까지 살펴본 바와 같이 지난 시기에 이루어진 정부혁신에 이론적 기반을 제공했던 개혁 패러다임은 시대에 따라 나라에 따라 다양하게 전개되었다. 시대별로, 국가별로 일정한 편차를 드러내며 전개된 행정이론 패러다임은 주어진 한 시기에 나타나는 행정 현상의 결핍을 보충하고 잉여를 상쇄하기 위한 지난한 노력이었으며 그 자체로서 일정한 성과를 창출하였다.

이상과 같이 기존의 행정이론은 혁신과 관련해 무엇을 해야 하는가에 중점을 두어 왔지만, 향후 필요할 것은 '무엇을'과 '어떻게 할 것인가'에 초점을 두어야 한다. 이러한 반성은 정부가 근본적으로 실패한 것은 '어떻게'와 관련된 수단 때문이지 '무엇을'과 관련된 목표 때문이 아니었다는 지적을 고려해 볼 필요가 있다 (Osborne & Gaebler, 1992).

21세기 환경 변화와 시대의 도전은 지구상의 모든 국가, 모든 정부들에게 변화를 강요하고 있다. 스스로 변화하지 않으면 변화를 강요당하고 변화하지 않으면 몰

**표 4-3 행정이론에 의한 정부혁신의 가치추구와 시사점**

| 행정이론 | 가치추구 | 정부혁신에 대한 시사점 |
|---|---|---|
| 전통행정론(PA) | • 정당성 · 합리성<br>• 관료적 합리성 | • 근대적 행정체계와 운영 원리 제공 |
| 공공관리론(PM) | • 전문성<br>• 효율성 | • 합리적 행정관리 원칙 제공<br>• 행정 효율화 추구 |
| 신행정론(NPA) | • 책임성<br>• 공평성 · 중립성 | • 효율과 형평의 균형 추구<br>• 행정 책임성 원칙과 강화 방안 제시 |
| 신공공관리론(NPM) | • 탈규제<br>• 경쟁 · 효율 | • 작은 정부와 시장 경쟁 지향<br>• 다양한 효율성 제고 경영기법 도입 |
| 뉴거버넌스(NG) | • 반응성<br>• 참여 | • 참여 · 분권과 정책 네트워크 강조 |

락한다. 그러나 조금만 더 깊이 생각해 보면 그것이 비단 21세기의 경우에 한정된 것이 아니며, 지난 시기를 통하여 일관되게 유지되어 온 생존의 조건이었음을 알 수 있다.

우리에게 익숙한 '개량', '개선', '유신', '쇄신', '개혁' 등의 용어가 시사하는 바 도전에 대한 응전, 변화에 대한 대응은 우리가 흔히 생각하는 정도 이상으로 우리의 생활 도처에서 꾸준히 반복되어 왔다. 이는 그만큼 변화가 어려우며, 한 번의 변화로 모든 것을 해결할 수 없다는 반증이기도 하다.

그림 4-1 행정학의 변화흐름과 정부혁신

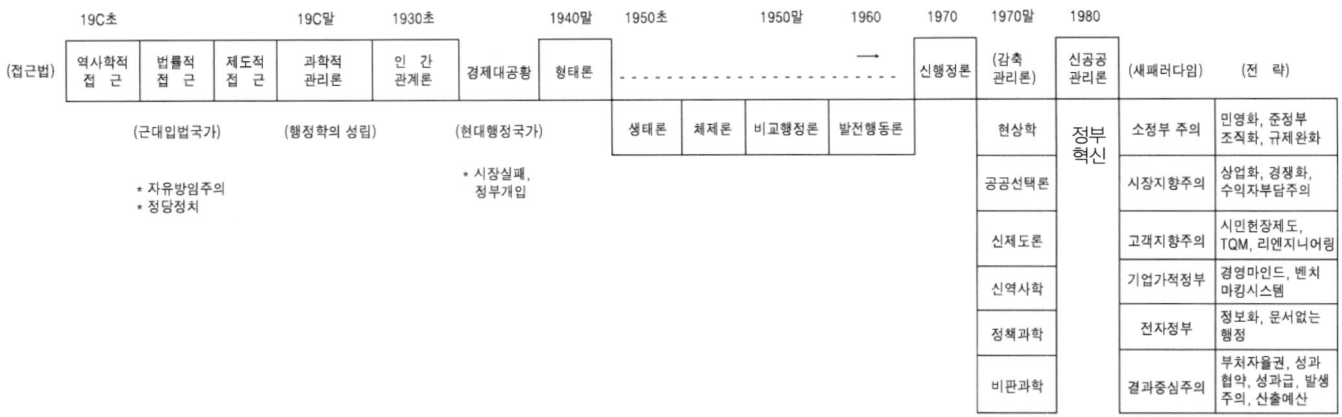


| 행정학과 | (행정학성립이전기, 행정이 정치학의 일분야로서 연구됨) | 비판과학 | | 기능(반발)적 행정학 | 현대행정학 | | | | | 후기산업사회의 행정학 | |
|---|---|---|---|---|---|---|---|---|---|---|---|
| | | 비판과학 | 비판과학 | | | | | | | | |
| 행정개념 | | 행정관리설 | | 통치관리설 | 행정행태설 | | | 발전가능설 | (정책화기능설) | 국정경영설(governance) | |
| 행정변수 | | 구조 | 인간 | | | 환경 | 기능 | 가치관.태도 | | | |
| 행정이념 | 합법성 | 능률성 → (사회적능률) | | 민주성 | | | | 효과성.<br>생산성 | 형평성 | 인식론적 상대주의<br>(능률성, 생산성, 민주성, 책임성, 대응성 등) | |
| 정치.행정 | 정치우위, 정치.행정미분화 | 정치행정이원론 | | 정행일원론 | 정치행정새이원론 | | | 새일원론 | | | 양면성 (관리성과 정치성) |
| 인사행정 | 엽관주의(Spoils System) | 실적주의<br>(소극설) | 적극적인사행정<br>(인간관계론 가미) | | 적극적인사행정 (대표관료제 가미) | | | | | 적극적인사행정 (개방형인사 가미) | |
| 행정관 | 입법국가, 작은정부(자유방임주의) | (행정국가 형성시작) | | 행정국가, 큰정부 (대공황이후 시장실패 치유) (성장제일주의)(복지제일주의) | | | | | | 작은정부, 복권화 (정부실패 사유) | |
| 유사학파 | 야경국가, A.Smith의 예정조화설 | 관료제이론<br>(M.Weber) | 사회학적 접근,<br>구조기능주의 | | 논리실증주의, 과학화 | 개방체제론, 정태적균형론, 구조기능주의, 행정연구의 국제주의 | | 동태적불균형론, 개도국 | 선진국, 탈행태론 | 자원난시대,<br>인본주의 | OECD 국가의 정부혁신 |

출처: 백승기 · 최창현 외(2011).

# 제 5 장 정부혁신의 모형

20세기 이후 정부에 대한 신뢰가 지속적으로 약화되는 현상은 세계의 많은 나라에서 관측되고 있다. 오늘날 대한민국 정부가 맞고 있는 위기도 일반 국민의 정부에 대한 신뢰 위기, 즉 불신으로 인한 위기이다. 그러나 정부에 대한 국민의 불신을 완벽하게 설명할 수 있는 것은 아무것도 없다. 그럼에도 불구하고 21세기 환경 변화와 시대의 도전은 지구상의 모든 국가, 모든 정부들에게 변화를 강요하고 있다. 스스로 변화하지 않으면 변화를 강요당하고 변화하지 않으면 몰락한다. 따라서 이 장에서는 정부혁신 관련 행정이론의 변천과정을 살펴보고, 대한민국 정부혁신의 어제와 오늘을 통해 정부혁신에 대해 알아본다(행정자치부, 2007).

## 제 1 절 정부혁신의 위기와 도전

현재 대한민국 정부가 당면한 위기 상황은 정부에 대한 일반 국민들의 신뢰 위기라 할 수 있다. 1997년의 국가 부도 위기 상황을 극복해 가는 과정에서 일반 국민들은 위기 초래의 원인을 둘러싼 책임 규명보다 우선해 대한민국 경제를 살리기 위해 모든 힘과 노력을 기울이고 고통을 분담했다. 이와 같은 한민족 특유의 단결력을 바탕으로 대한민국은 경제 위기 상황을 슬기롭게 극복하고, 오늘날 경제 규모 측면에서 세계 13위권의 국가로 재도약하였다. 그러나 정부를 비롯한 공공 부문 구조조정을 통해 일정 부분 기여했다는 안도의 한숨을 쉬기도 전에 새로운 양상의 정부 위기를 맞고 있다. 오늘날 대한민국 정부가 맞고 있는 위기는 일반 국민의 정부에 대한 신뢰 위기, 즉 불신(distrust)으로 인한 위기이다.

'신뢰(trust)'는 이미 21세기의 가장 중요한 가치로서 인식되고 있을 뿐만 아니라, 나아가서 바람직한 국정운영에 있어서 가장 중요한 사회자본(social capital)으로 평가되고 있다(Nye, 1995; Putnam, 1993). 과거에는 물리적 자본(hard capital)이 국가발전의 원동력으로 중시되었지만, 이제는 신뢰, 감성, 창조성 등과 같은 비물질적 자본(soft capital)이 가장 중요한 사회자원으로 인식되고 있다. 신뢰는 가치내재적이고, 문화적이고, 누적적인 것이기 때문에, 어느 한 순간에 의도적으로 형성될 수 있는 것은 아니다. 즉, 장기간에 걸친 지속적인 노력에 의해서만 형성 가능한 자원인 것이다. 이러한 신뢰의 형성을 통하여 바람직한 '신뢰 정부'가 구축되었을 때, 공공부문의 효과적인 개혁은 물론 다양한 분야에서의 공공정책에 대한 대국민 수용성이 제고될 수 있을 것이다(남궁근, 2007: 9-10).[1)]

국민이 정부를 신뢰하지 못하는 이유는 여러 가지로 해석이 가능하다. 나이(Nye, 2001)가 지적하듯이 경제 정책의 전이(轉移), 사회학적 가치관의 변화, 정치적인 불신과 좌절, 선정적인 언론 등 많은 설명이 가능하다. 그렇지만 이 가운데 어느 것 하나도 정부에 대한 국민의 불신을 완벽하게 설명할 수 있는 것은 없다. 그럼에도 불구하고 20세기 이후 정부에 대한 신뢰가 지속적으로 약화되는 현상은 세계의 많은 나라에서 관측되고 있다.

미국의 경우를 보더라도 정부에 대한 국민의 신뢰가 부분적으로 반등하는 경우도 있었지만, 정부에 대한 신뢰 수준은 전반적으로 하향 추세를 보이고 있다. 우리나라의 경우, 정부에 대한 국민의 신뢰 수준을 동일한 척도를 갖고 지속적으로 측정해 오지 않아 직접 비교는 어렵지만, 대체적으로 국민들의 정부에 대한 신뢰 수준이 과거에 비해 크게 저하되고 있는 것으로 보인다.

2003년 연구 결과에 따르면, 우리나라 정부에 대한 국민의 신뢰도는 전반적으로 매우 낮은 형편이다. 이 연구에 따르면, 정부에 대한 국민의 신뢰도는 5점 만점

1) 남궁근(2002). 참여정부 정부혁신의 이념과 목표, 한국행정학회.

기준 평균 2.40으로 부정적인 수준이며, 공무원의 신뢰도 또한 평균 3.18로써 보통 수준인 것으로 나타났다(김현구 외, 2003). 한편, 다국적 홍보컨설팅사인 에델만 코리아가 2005년 10월 한국・미국・일본・중국 등 11개국 여론 주도층 2,000명을 대상으로 '신뢰도지표조사'를 실시한 결과 일본은 41점, 미국은 38점이었다. 이에 비해, 한국은 29점을 받아 정부신뢰도 수준이 낮은 것으로 나타났다. 일부 여론 주도층을 대상으로 실시된 결과이기 때문에 전체 국민의 대정부 신뢰 수준을 정확히 보여준다고 보기 힘들지만, 최근의 사회 전반적인 추세를 반영하는 것으로 보인다. 이러한 일련의 조사 결과들은 한국 정부에 대한 국민들의 신뢰 수준이 현저히 저하되고 있으며, 일부는 불신의 수준까지 진전된 심각한 양상임을 알려준다.

이와 같이 오늘날 정부를 비롯한 공공조직이 당면한 가장 근본적인 문제가 바로 신뢰의 위기이다(Carnevale, 1995). 낮은 신뢰는 정부가 자신에게 대한 국민의 기대 수준에 미치지 못하는 성과(물질적인 성과만이 아니라 투명한・효율성・형평성 등 가치적인 부분도 포함)를 내고 있다는 것을 의미한다. 낮은 성과는 신뢰의 저하를 부르고, 낮은 신뢰는 다시 정부의 적절한 역할 수행과 자원 투입을 어렵게 만드는 악순환을 가져오기 때문에 문제해결을 어렵게 만든다(한국행정연구원, 2005). 그간 대한민국 정부도 많은 변화 노력을 기울여 왔으나 사회와 일반 국민의 정부에 대한 기대 변화 속도가 더욱 빠르게 변화해 왔다. 정부에 대한 기대와 정부의 반응 간 격차가 더욱 확대됨에 따라 정부에 대한 불신 문제[2)]가 부각되고 있다.

그래서 참여정부가 들어서면서부터는 국민의 정부 불신이 실질적인 정부 위기로 발전할 수 있다는 문제 인식이 커지고, 이를 극복하기 위해 정부 행정 시스템의 근본적인 변화와 혁신이 필요하다는 인식 또한 확산된다. 다만, 미국이나 영국과 같은 선진국이 경험했던 실질적인 정부 위기에서 촉발된 정부개혁 또는 정부혁신의 긴박성과는 다소 다른 사회경제적 배경을 지닌 것으로 보인다.

2) 국민의 불신이 현 정권에 대한 불신인가 아니면 정부 자체에 대한 불신인가에 대한 의문을 제기할 수도 있다. 최근 여론조사 결과를 보면 현 정권에 대한 국민 불신이 높아지고 있다는 결과를 언론에서 집중적으로 제기하고 있다. 문제는 국민의 입장에서는 현 정권에 대한 불신과 정부에 대한 불신을 구분하기 힘들다는 점이다. 일부에서는 정권만 교체되면 정부에 대한 국민 불신이 일거에 해소될 것이라 주장하기도 하지만, 한 번 형성된 불신은 사회적으로 쉽게 해소되지 않는다. 부분적으로 새롭게 집권하는 정권에 대한 국민들의 지지도가 일정 기간 높아질 수도 있지만, 이것을 정부 불신의 해소로 오해해서는 안 된다. 한 번 형성된 정부 불신은 근본적인 처방 없이 정부 신뢰로 전환되지 않는다는 점에 유의해야 한다.

미국의 경우, 주정부를 비롯한 연방정부 등 정부부문의 실제적인 위기 시발은 지속적인 재정 적자와 함께 1978년에 있었던 전국적인 조세저항운동에서 비롯되었다고 볼 수 있다. 즉, 물가 상승 및 공공 서비스 불만과 함께 1978년경부터 시작된 조세저항운동은 결국 1979년 6월 캘리포니아 주민의 지방재산세를 절반으로 깎아내린 '주민발의안 13호'를 통과시켰다. 이후 전국적으로 확산된 조세저항운동은 시정부와 주정부의 재정난을 가속화시켜 기존 행정시스템의 존립 자체를 실질적으로 위협하게 되었다. 이후 정부부문에 대한 국민의 불신은 지속적으로 증가해 왔고, 1980년대를 거쳐 1990년대에 들면서 상황은 더욱 악화되었다. 주정부는 물론 시정부는 적자로 시달리고, 연방정부의 누적 재정 적자도 눈덩이처럼 커져만 갔다(Osborne & Gaebler, 1992). 이러한 상황 속에서 일부 시정부와 주정부를 중심으로 시작된 예산제도개혁, 교육개혁, 조직혁신, 공공 서비스 혁신 등 새로운 정부혁신운동이 후일 기업가적 정부를 핵심으로 삼는 정부재창조(Reinventing Government)운동의 시발점이 되었다.

한국에 있어서는 미국이나 영국과 같은 일부 선진국들이 경험했던 감당하기 힘들 정도의 누적 재정 적자 압박이 심하지 않으며, 또한 미국이 경험한 것과 같은 본격적인 조세저항운동도 벌어지지는 않고 있다. 그럼에도 불구하고 IMF 사태로 통칭되는 국가 부도 사태를 경험한 이후, 정부 및 정치권에 대한 일반 국민들의 불신 수준은 그 어떤 국가들보다 급격하게 높아지고 있다. 여기에 선진국 수준의 사회 복지를 달성하기 위한 막대한 국가 예산 지출, 자주 국방을 위한 국방 예산의 증대 필요성, 행정복합도시 건설 등 국가 균형 발전을 위한 재정 투자 확대, 초고속 고령화의 진전 등으로 국가 재정이 급속하게 악화될 경우 정부 불신은 현실적인 정부 위기로 전환될 것이다. 또한 아직까지는 준조세에 해당되는 국민연금에 대한 부분적 거부 운동에 그치고 있지만, 이것이 본격적인 조세저항운동으로 발전할 경우 기름통에 불을 지피는 것과 같은 양상으로 정부 위기가 중앙정부는 물론 지방자치단체로 급속하게 확산될 수도 있다.

만약 회복하기 힘든 만성 재정 적자나 조세저항운동에 기인한 실질적인 정부 위기 상황으로 발전할 경우, 정부를 비롯한 공공부문은 지금으로서는 상상하기조차 힘들 정도의 강한 구조조정의 압박을 받게 될 것이다. 문제는 이러한 뼈아픈 구조조정 노력에도 불구하고 영국이 이미 경험했듯이 정부부문이 국가 경제 발전의 저해 요인으로 지목받으면서 정부 위기는 상당 기간 동안 지속될 것이라는 점이다. 현시대를 살아가는 우리들이 진정으로 우려해야 하는 바는 정부 위기 그 자체보다 이것으로부터 촉발되는 대한민국 사회 경제 시스템 전체적인 위기이다. 정부는 제 기능을 발휘하지 못하게 됨으로써 파생되는 이러한 국가 위기 상황을 미연에 방지하기 위해 대한민국 정부는 뼈를 깎는 각오로 지속적으로 혁신해야만 한다.

## 제 2 절 정부혁신 행정이론 모형

과거의 국가와 정부가 직면해 왔던 도전과 위협은 오늘날에도 여전히 존재한다. 국가와 정부는 하나의 조직체로서 환경과 시대의 도전에 맞서 스스로 변해야 하며, 그렇지 않을 경우 역사의 뒤편으로 사라질 수밖에 없는 것이 냉엄한 역사의 철칙이다. 21세기라고 해도 그 예외는 아니며, 오히려 21세기에 들어서는 더더욱 혁자(革者)만이 생존할 수 있다는 냉엄한 철칙이 시대정신으로 자리 잡고 있다.

21세기는 메가트렌드(mega trends) 측면에서 세계화 · 정보화 · 지방화라는 세 가지 키워드가 우리의 생활양식을 지배하고 있다. 특히, 정보기술의 발전으로 세계는 점차 지구촌화되어 가고 있으며 개별 국가의 중요성도 점차 약화되고 있다. 풀뿌리 민주주의의 강화로 인해 정부에 대한 국민의 영향력은 갈수록 증대되고 있으며, 국민의 의사에 반하는 정책은 정당성을 확보하기가 어렵게 되었다. 세계화 · 정보화 · 지방화가 상호 영향을 주고받으면서, 이제 정부의 행정 환경은 한 치 앞도 예측할 수 없는 빛의 속도로 빠르게 변화하고 있다.

세계화 · 정보화 · 지방화가 진전됨에 따라 점점 더 복잡해지고 다기화되는 사회문제가 발생하고 있다. 이러한 문제에 대하여 기존의 중앙집권적이고 획일적인 행정 업무 처리 방식이 더 이상 효율적인 해결 방안을 제공할 수 없으며, 정책집행 시 이해당사자 간 갈등 비용만 기하급수적으로 증가시키는 악순환을 초래한다. 국민들 역시 세계화의 급류 속에서 일개 민족 국가에 귀속된 '국민'으로서가 아니라 세계 속에서 존재하는 '시민'이라는 의식을 가지게 되었다.

이러한 변화에 따라 오늘날 대다수 국가의 국민들은 정부의 능력이나 문제해결

방식을 불신하고, 더 나아가 행정을 직접적으로 통제하고자 하는 다양한 시도를 행하고 있다. 정부의 위상도 과거 통치자의 위상에서 수탁자 또는 관리자로서의 위상으로 변모하였고, 오늘날에 이르러서는 거버넌스 관점에서 국민의 요구에 적극적으로 대응해야 하는 존재로 변했다.

과거부터 오늘날에 이르기까지 시민과 정부의 역할, 그리고 그들 간의 상호작용의 유형이 어떻게 진화하고 변모해 왔는지를 보여준다(Vigoda, 2002).

과거 권위주의 정부에서는 정부가 지배자로서, 시민은 피지배자로서의 역할을 수행하였다.

거대한 환경 변화의 흐름과 이에 따른 정부 역할 모형의 변화 요구에 적극적으로 대응하기 위해서는 과거의 정부 역할이나 기능, 과거의 행정 방식이나 문제해결 방법론 등을 협력과 동반자 의식에 기반을 둔 거버넌스 관점에서 새롭게 변화시켜 나가야 한다. 이러한 변화 요구는 일순간의 구조 개편이나 기능 조정을 통해 이루어질 수 없기 때문에 새로운 정부 운영 원리를 재정립한다는 방향성 위에서 지속적으로 정부를 혁신시켜 나가야 한다. 이러한 정부 역할 변화 및 전방위적 개혁의 필요성은 오늘날 특정 국가에만 해당되지 않는 전 세계적 과제이다. 이런 측면에서 글로벌공공관리혁명(global public management revolution)이 필요하다는 주장이 제기되고 있다(Kettl, 2000). 따라서 앞으로 정부-시민관계는 더욱 변화하여 시민의 경우 동반자 혹은 주인으로서의 역할이, 정부의 경우에는 동반자 혹은 피지배자로서의 역할로 나아갈 것이 기대된다(Vigoda, 2002).

대한민국 정부는 당면한 현단계 신뢰의 위기에 대응해야 할 뿐만 아니라 세계화·정보화·지방화와 같은 거시 환경 변화에 따른 새로운 정부 도전에 효과적으로 대응해야 하는 이중의 과제를 안고 있다. 오늘날 대한민국 정부는 과거로부터 기인한 현재의 문제를 해결해야 할 뿐만 아니라 미래로부터 요청되는 새로운 문제에 대응해야 한다. 이 점에서 대한민국 정부는 과거의 정부나 다른 국가의 정부가 당면했던 문제보다 더욱 복잡하면서도 어려운 정부혁신 요구에 직면해 있다.

정부혁신은 국정 운영의 중심적인 아젠다로 정부가 출현한 이래 끊임없이 추진되어 온 자기 변혁의 표현이자 산물이다. 때문에 혁신은 특정한 시대, 특정한 정부에만 국한된 것이 아니라 모든 시대, 모든 정부가 추구해 왔다. 혁신이 추진되는 매순간마다 주어진 국가 사회 안에서 정부의 역할이 무엇인가라는 질문을 통하여 정부의 기능을 재조정하려는 여러 가지 노력이 병행되었음도 주지의 사실이다.

정부혁신 패러다임이 이행되는 과정에서는 새로운 패러다임의 관점에서 그 이전 시기에 존재했던 정부의 기능이나 역할에 대한 비판적 고찰이 행해지고, 개혁이나 쇄신, 혁신이라는 이름 하에 기존 정부의 역할과 기능을 재조정하는 노력이 행해져 왔다.[3)]

아래에서는 지난 시기의 정부혁신을 주도한 이론적 패러다임을 발생 순서에 따라 ① 전통행정론, ② 공공관리론, ③ 신행정론, ④ 신공공관리론, ⑤ 뉴거버넌스론(정책네트워크) 다섯 가지로 분류하고, 각 패러다임이 채택한 주요 개혁 방안과 그들이 지향한 주요 가치가 무엇이었는지를 간략히 살펴보고자 한다.

**표 5-1** 정부혁신 행정이론 모형과 특징

| 구 분 | 전통행정론 | 공공관리론 | 신행정론 | 신공공관리론 | 정책네트워크 |
|---|---|---|---|---|---|
| 국가의 역할 | 통치와 지배 | 관리 | 분배 | 개발과 성장의 지원 | 복지와 서비스 |
| 주요 가치 | 질서, 통합 | 효율성 | 형평성 사회정의 | 능률과 효율성 | 책임성 공동체주의 |
| 정부관료제 | 계층적 | 계층적 | 탈계층제에 의한 문제해결 | 시장기제의 도입 | 수평적 교류 |
| 정책결정 | 권위적 | 과학적 | 권위적 | 거래적 | 호혜적 |
| 조정 메커니즘 | 보이는 손 | 보이는 손 | 분권화된 보이는 손 | 보이지 않는 손 | 맞잡은 손 |
| 예시적 정책수단 | 국유화, 규제 | 사무자동화 | 분권 | 감축, 민영화, 탈규제 | 파트너십, 분권 |

이를 통하여 현재까지 진행된 정부혁신의 성과와 한계를 살펴보며, 미래의 정부혁신이 가져야 할 덕목이 무엇인지를 밝혀보고자 한다.

3) 정부의 역할과 기능에 대한 질문은 그 자체로 국정을 어떻게 운영할 것인가, 곧 사회의 집단적 목표를 달성하고 공동의 문제를 해결하기 위해 어떤 수단을 동원할 것인가 하는 실천적인 질문을 내포하게 마련이다. 전자가 규범적인 질문이라면 후자는 전자의 질문을 통해 도출된 정부 역할에 대한 규범적인 지향을 어떻게 구현할 것인가 하는 국정 운영 양식에 관한 방법론적인 질문이다. 때문에 대부분의 연구자들은 자유주의(야경국가) 모델에서 복지국가 모델로, 복지국가 모델에서 후복지국가 모델로 정부의 역할 모델이 이행해오면서 국가의 목표를 달성하기 위해 선호되는 국정 운영 양식 또한 함께 변화해 왔음을 지적한다.

## 제 3 절 • 전통적 행정론(Public Administration)

지금은 비록 시간의 부침 속에 '전통적'이라는 수사가 따라 붙지만 전통행정론이 제시한 관료제 패러다임은 근대 행정의 초석을 놓은 중요한 개혁 패러다임이었다. 19세기 말, 20세기 초에 지도자에 대한 개인적 충성심으로 무장된 혈통 중심의 엘리트 귀족 집단을 능력에 따라 선발된 일단의 직업적 관료들로 대치함으로써(from blood-based system to merit-based system) 통치와 행정의 효율성을 높이고, 인격적 지배가 아닌 법적 지배로 통치구조를 바꿔(from personal authority to legal authority) 근대적 의미의 행정 체계를 확립시키는 데 커다란 공헌을 했기 때문이다.

### 관료제의 정의와 특성

관료제(bureaucracy)에 대한 정의는 논자에 따라 다양하지만, 이를 한마디로 정의하자면 "합리적으로 발전시킨 규칙에 의거하는 규정된 권위 관계의 체제(a system of authority relations)를 갖는 대규모의 조직"이라고 할 수 있다(김운태, 1985: 770-777). 이와 같은 관료제는 오늘날 전 세계 행정기관은 물론 군대나 민간 회사 등을 모두 포함하는 대규모 조직의 근간을 이룬다. 곧 관료제는 기존의 봉건제나 절대국가 체제와 다른 구조적 특징을 보이는데, 이를 정리하자면 다음과 같다(박수영 외, 2004: 101-102).

① 권한의 명확성: 관료의 직무 및 권한의 배분, 관료의 자격 요건 등이 명백히 법규에 규정되어 신분을 보장받는다.

② 계층제의 원리: 조직 내부 또는 조직 간의 상하 관계를 엄격히 확립한다. 하급기관은 상급기관의 통제와 감독을 받는다.

③ 문서주의: 행정 행위, 결정 및 규칙은 공식화되어 모든 업무를 문서로 처리한다.

④ 공공 사무와 사적 사무의 분리: 관청과 사택이 분리되듯이 직무상의 금전·설비와 관료의 사유물을 엄격히 구분한다.

⑤ 전문화: 특별한 교육 훈련을 받은 전문 지식인이나 기술인을 관료로 임용한다.

⑥ 직업화: 직무의 전념화를 요구한다. 직무 시간은 명확히 제한되어 있으며, 그 시간만큼은 전량 업무에 투입된다.

⑦ 법규에 의한 행정: 관료의 직무 집행은 명확하고 철저하며 숙지 가능한 일반 법

규에 따라 수행된다.

⑧ 고용 계약의 자유 계약성: 근대 관료제는 쌍방의 자유 의사에 따른 자유계약에 의거하여 고용을 결정한다.

관료제는 행정 이념으로서 합법성과 관료주의적 합리성을 주요 가치로 떠올리게 한 동력이었다. 합법성은 "행정 과정이 법률 적합성을 지녀야 하고, 합법적이어야 한다"는 것을 의미한다. 관료주의적 합리성이란 "행정 목적의 계획성과 행정 수단의 합목적성"을 의미한다(민진, 1993: 124). 이는 행정의 재량성이 아무리 강조되어도 법의 테두리를 벗어날 수 없으며, 주어진 목표를 달성하기 위해서는 그에 조응하는 수단을 동원해야 한다는 것을 의미한다. 합법성은 행정권의 자의적인 발동을 억제함으로써 국민의 권리 및 자유의 보장과 법적 안정을 찾으려 한 것이며, 관료주의적 합리성은 목표 달성에 필요한 최적의 행동 대안을 정확하게 계산하여 선택해야 한다는 원리의 선언이다.

오늘날 행정권의 강화, 위임 입법의 증대, 행정의 전문화에 기인하여 현대 행정국가에서 합법성이 최소의 준거로 인식되는 경향이 있지만, 합법성에 대한 이 같은 인식의 변화가 행정 이념으로서의 합법성의 가치를 떨어뜨리는 것은 아니다. 이러한 합법성의 개념도 형식적인 합법성에서 사회 변동에 적응할 수 있는 가치로서 실질적인 합법성의 개념으로 방향이 변화하고 있다(박수영 외, 2004: 89−90). 마찬가지로, 관료주의적 합리성 역시 초기의 절차적 합리성에서 내용적 합리성으로 그 함의가 점차 변하고 있다. 곧 행정 행위의 결과보다 과정에 중점을 두며, 주어진 행정 행위가 주어진 규정에 부합하는지 여부에 주목하는 대신 주어진 행정 행위가 주어진 목표를 성취하는 데 기여하는지 여부에 주목하고 있는 것이다.

## 제 4 절 신공공관리론(Public Management)

공공관리론이라 함은 일찍이 관료제의 형성으로 안정된 행정 체제를 구축한 유럽과 달리 아마추어리즘과 공직순환제, 엽관제의 폐해에 시달리는 1870년대의 미국에서 등장하여 1920년에 잭슨(A. Jackson)이 대통령에 당선되면서 선거에서 승리한 정당이 관직을 차지하는 엽관주의(spoilism)가 도입되어 전문성과는 관계없이 정당에 대한 충성을 기준으로 관직을 차지하는 과정에서 비효율과 낭비, 부패 등의 문제가 초래되고, 이에 따라 진보주의 운동이라는 공직 개혁 운동이 전개되었다.

이처럼 미국 행정학은 엽관제를 극복하고 효율적인 행정을 구축하기 위한 실천적인 정치개혁으로 출발하여 1920년대와 1930년대에 걸쳐 과학적 관리법 및 고전적 조직 이론과 접목되며 효율에 기초한 관리를 주장하는, 관리과학, 곧 공공관리론(public management)으로 성립되기에 이른다(이종수 · 윤영진, 2012: 122-123).

공공관리론은 크게 두 가지 계보를 통해 성립하는 데 첫 번째 계보는 테일러 시스템과 포드 시스템 등 과학적 관리법의 직접적인 영향을 받은 '사무관리론'이다. 이 계보는 각종 사무 표준화와 관련 제도를 마련했고, 태프트(R. A. Taft) 대통령이 1912년에 설치한 '절약과 효율에 관한 대통령위원회'에 참여하여 행정부 예산제도의 창설을 제안하기도 했다. 이 위원회에서 사용한 '절약과 효율(economy and efficiency)'이라는 개념은 행정관리의 성과를 평가하는 주요 가치 기준으로 자리 잡아 오늘에 이르고 있다.

행정관리의 두 번째 계보는 공 · 사 조직을 불문하고 공통으로 적용할 수 있는 일반적인 조직 편성 원리를 탐구했던 '조직관리론'이다. 분업의 원리, 명령 통일의 원리, 통솔 범위의 원리, 부 · 성화(部 · 省化)의 원리 등 다양한 조직 설계 원리를 제시하였다. 조직관리론에서 말하는 효율적인 관리 활동의 내용은 귤릭(L. Gulick)이 제시한 최고 관리층이 담당해야 할 관리 기능으로 기획 · 조직 · 인사 · 지휘 · 조정 · 보고 · 예산의 7대 기능을 의미한다.

공공관리론이 추구한 효율이란 최소의 비용과 노력, 시간으로 최대의 성과와 산출을 얻는 비율, 즉 투입 대 산출의 비율을 의미한다. 따라서 행정의 효율화라 함은 일정한 투입에 의해서 얻어진 성과 · 소득 · 편익을 극대화시키며, 제한된 차원으로 주어진 목표를 최대로 성취할 수 있는 대안의 선택을 의미한다. 요약컨대, 행정관리론을 중심으로 하는 행정 이론은 행정 고유의 영역에 속한 관리 활동의 효율화와 행정권의 통합 · 강화를 실천 목표로 삼고 가치중립적인 원리의 탐구를 통해 행정 행위의 합리성을 높이기 위해 노력함으로써 행정인들의 전문성을 높여 행정 행위의 효율성을 제고하는 데 기여했다고 할 수 있겠다.

# 제 6 장 정부혁신의 어제와 오늘[1)]

## 제 1 절 역대 정부혁신 방향과 특징

대한민국 정부는 시대적 요청에 맞추어 나름대로 변화와 혁신 노력을 기울여 왔다. 새로 등장한 정부는 언제나 그 정부가 담당해야 할 시대적 과제와 이를 수행하기 위한 수단의 하나로써 행정을 중심으로 한 정부개혁을 추진하였다. 비록 정부혁신이라는 명칭을 사용하지 않았지만, 역대 정부들은 행정쇄신, 정부개혁 등의 방법을 통해 정부에 거는 국민의 기대와 시대적 요청에 부응하는 변화와 혁신 노력을 기울여 왔다. 참여정부 이전의 정부혁신 변화 추세를 간단히 요약해 보면 <표 6-1>과 같다.

**표 6-1 역대 정부혁신의 특징**

| 역대 정부 | 강조 개념 | 추구가치 및 방법론적 특징 |
| --- | --- | --- |
| 문민정부 이전 | 행정개혁 등 | • 행정 합리와 및 효율성에 초점을 둔 발전 행정의 성격<br>• 권위주의적 개혁 방법론 활용 |

1) 이 부분은 주로 한국행정연구원(2005)의 연구를 참조해 재구성하였다. 이에 따라 별도의 주석 및 참고문헌 인용을 세부적으로 하지 않는다.

| | | |
|---|---|---|
| 문민정부<br>(1993~1998)<br>김영삼 정부 | 행정쇄신 | • 깨끗하고 작고 강한 정부, 민주적이고 효율적인 행정, 국민 편의 위주의 제도 개선<br>• 톱다운 방식의 정부조직 개편과 감축 시도<br>• 행정쇄신위원회 주도의 행정개혁 추진 |
| 국민의 정부<br>(1998~2003)<br>김대중 정부 | 정부개혁<br>(정부혁신 병행 사용) | • 작지만 효율적으로 봉사하는 정부 추구<br>• 초기 정부 및 공공부문의 대규모 구조조정을 추진했으나, 후반에 들어 감축 효과 상실<br>• 기획예산처, 정부혁신추진위원회 주도의 개혁 및 혁신 추진, 민간 경영 기법의 도입 |
| 참여정부<br>(2004~2009)<br>노무현 정부 | 정부기능 재설계 | • 조직 개편보다는 기능 재설계에 초점 |
| 박근혜 정부 | 안전을 강조한 정부혁신 | • 이명박 정부의 행정안전부를 안전행정부로, 식약청을 차관급의 식약처로 격상, 세월호 참사 이후 안전행정부를 행정자치부, 국민안전처, 인사혁신처 등의 3개 부처로 확대・개편하는 등 정부개혁이라기보다는 비정상적인 정부개악을 자행한 역사상 가장 부패하고 무능한 정부로 평가할 수 있음 |

한국에서 본격적으로 행정개혁을 위한 기구가 구성되기 시작한 것은 제3공화국 때부터이다. 당시의 행정개혁조사위원회는 집권화・능률화・효과성에 부합하는 개혁을 추진하였다. 제3공화국의 정부개혁은 근대적 관료 체제를 수립할 것을 목적으로 하였다. 제4공화국 시절에는 총리제가 실시되면서 총리실 산하에 행정개혁위원회가 설치되었으나, 제5공화국에 이르러서는 총무처 산하의 소규모 조사연구실로 축소되었다. 제5공화국 당시에는 정치적인 동기에서 비합법적인 방법에 의해 공직자 수의 감축이 이루어지는 등 체계적인 정부개혁의 움직임이 거의 없었다고 해도 과언이 아니다. 제6공화국 당시에는 행정개혁위원회가 다시 대통령자문기관으로 격상되어 14개월 동안 존속했으며, 그 성과로 '행정개혁에 관한 건의'를 출간하기도 했다. 그러나 당시의 개혁은 대부분 기구 개편에 치중한 것이었으며, 그나마 건의 내용 중 실천에 옮겨진 것은 거의 없었다. 다만, 당시의 개혁을 주도하며 정부조직의 전반적인 개선안을 작성한 주체가 민간인이었다는 점에 의의가 있다고 할 수 있겠다.

이처럼 1970년대와 1980년대를 지나는 한국의 행정개혁은 근대화 및 효율성에 목표를 두는 전형적인 발전 행정(development of administration)의 성격을 띠었다.

그러나 국민의 민주화 요구가 분출하는 노태우 정부 이후부터는 조금씩 그 개혁의 기조가 달라졌다. 특히, 문민정부부터는 군인 대통령이 이끄는 권위주의 정부의 시대가 종식되고, 민주화를 위한 개혁들이 본격적으로 시도되었다. 문민정부와 국민의 정부는 각각 '행정개혁'과 '경영혁신'을 주창하며 공히 신공공관리론의 관점에서 정부개혁의 밑불을 지피고 해외 선진국 정부들이 추진했던 현대적 의미의 정부개혁에 동참함으로써 발전 행정의 또 다른 한 축, 곧 국가 발전을 견인할 수 있는 행정의 역할을 제고하기 위해 노력하였다고 평가할 수 있을 것이다.

1948년 7월 17일에 공포된 정부조직법에 따라 골격을 갖춘 제1공화국(1948~1960) 이승만 정부의 중앙 정부기구는 해방 이후 최초로 구성된 근대적 정부구조라는 의미를 가진다. 독립주권국가로서의 외양을 갖추기 위해 외무부를 신설하고 미군정 시대의 통위부를 국방부로 개편한 것이 핵심적 변화에 해당된다. 그 밖의 기구는 일제시대의 식민통치체제와 미군정체제의 조직구조를 많은 부분 그대로 답습하였으며, 새로 추가되거나 강화된 기능은 별로 없었다.

## 제 2 절 문민정부(1993~1998)의 행정쇄신

김영삼 정부는 출범 초기부터 개혁의 수순으로 14부 5처 14청의 정부조직 개편을 단행하였다. 우선, 문화부와 체육청소년부를 통합하여 문화체육부를 설치하였고, 상공부와 동력자원부를 합쳐 상공자원부를 설치하였다. 과거에 경제 분야를 중심으로 불균형적으로 편성했던 것을 지양하고 정부조직을 통·폐합하는 데 초점을 맞추고 개혁을 추진하였다.

그중에서 가장 대규모적으로 실시되었던 것은 1994년 12월 3일에 단행된 정부조직 개편이다. 경제기획원과 재무부를 재정경제원으로 통합하여 국가재정정책과 예산기능의 연계성을 강화하고자 하였다. 건설부와 교통부를 통합하여 건설교통부로, 상공자원부를 통상산업부로, 체신부를 정보통신부로, 환경처를 환경부로, 보건사회부를 보건복지부로 개편하여 해방 이후 최대규모의 정부조직 개편을 단행했다. 또한 1996년에는 중소기업지원을 위한 중소기업청을 신설하였고, 여러 부처에 분산되어 있던 해양 관련 기능을 통합하여 해양수산부를 신설하는 동시에 해양경찰청을 외청으로 독립화하였다.

문민정부는 '행정쇄신'의 이름으로 대대적인 개혁 작업을 펼쳐 "깨끗한 정부, 튼튼한 경제, 건강한 사회"의 건설을 지향했다.

대한민국은 1987년 6월 항쟁으로 본격적인 민주화의 길로 접어들었고, 1992년의 대통령 선거는 30년 동안 지속된 권위주의 시대를 마감했다. 1992년 대선에서 장기간 야당 생활을 통하여 민주화 투쟁을 전개해 온 김영삼 후보가 대통령으로 당선되어 첫 민간인 대통령을 배출한 것이다. 김영삼 대통령은 집권 후 신속한 금융개혁과 정치개혁을 단행하였다. 공직자 재산 공개, 군에 대한 민주 통제, 금융실명제, 두려움의 대상이었던 2대 정보기관의 기능 축소, 정치 관계법의 개정 등을 취임 후 1년 내에 추진하였다. 또한 민주화가 절실히 요청되던 시기에 집권하였기 때문에 1993년 4월 행정쇄신위원회를 발족하여 1998년 2월까지 5년 동안 민주화와 함께 작은 정부를 지향하는 개혁을 단행하였다.

문민정부는 국정 목표로 '신한국 건설'을 설정하였으며, 이를 위한 하위 목표로 '깨끗한 정부', '튼튼한 경제', '건강한 사회'를 설정하였다. 행정개혁의 목표는 민간중심의 행정, 경쟁 체제의 도입, 작은 정부였고, 1995년에는 이에 세계화를 추가하였다. 한편, 행정쇄신의 기본 방향은 깨끗하며 작고 강한 정부 구축, 민주적이며 효율적인 행정 구현, 국민 편의 위주의 제도 관행 개선 등 세 가지였다. 당시의 행정개혁 노력은 두 가지로 나타났다. 하나는 통치권자의 결단에 의해 추진된 정부조직개편과 반부패 활동이며, 또 하나는 행정쇄신위원회의 건의로 추진된 과제들이었다.

우선, 조직 개편을 살펴보면 이는 비공개적으로 결정되어 전격적으로 발표되는 형식으로 이루어졌다. 또한 행정절차법과 정보공개법은 신속하고 과감하게 도입되었으며, 부패 척결을 위해 기존 정부들이 취하였던 개인적인 사정 방법과는 달리 금융실명제, 부동산실명제, 공직자 재산 공개 등의 제도적인 방법을 택하였고, 국민고충처리위원회의 및 각종 부정방지특별기구들이 설치되었다.

문민정부에서는 대통령 선거 공약 실천을 위해 임기 개시 직후(1993년 3월 6일)에 일부 행정부처 개편안을 시행(문화부와 체육청소년부, 상공부와 동력자원부를 통합하는 정부조직 축소, 국가안전기획부법의 개정 등이 단행)하였다. 이후 부처별로 자체적인 직제 개편안을 만들어 시행했으며, 1994년 12월 대대적인 추가 정부조직 개편을 단행하였다. 그럼에도 불구하고 김영삼 정부 전반 3년 간은 중앙행정기관 보고 기관이 8.5% 감축되었지만, 1994년 12월 이후에는 오히려 1.19%가 확장되었다. 특히, 공무원의 인사 적체를 해소하기 위해 복수직급제를 도입함으로써 엄청난 규모의 직급 상향을 초래하였다.

문민정부의 개혁 정책은 대통령 1인의 '결단'에 의하여 결정되고 국민의 의표를 찌르는 방식으로 공표되었다. 이 과정에서 내각과 정치권은 사실상 소외되었다. 또한 개혁 정책의 집행도 행정기구와 절차보다 대통령의 정치적 지도력과 여론의 지지도에 더 많이 의존하는 성향을 보였다. 김영삼 대통령은 1994년 12월의 정부조직 개편 과정에서 행정쇄신위원회 위원 중 일부만 비공식적으로 참여시키다가 최종 순간에는 그들마저도 배제하고 몇몇 청와대 비서진과 그 내용을 결정해 전격적으로 발표하였다. 소수에 의해 전격적으로 개혁이 이루어졌으며, 이로 인해 재정경제원이 탄생하였다.

한편, 행정쇄신위원회의 활동을 살펴보면 동 위원회는 5년 간 약 2,500건의 쇄신 과제를 결정하였다. 행정쇄신위원회는 1993년 4월 20일 출범한 대통령의 자문기구로 15인 전원이 민간인으로 구성되었으며 매주 회의를 개최하였다. 1993년 출범 시 1년 시한으로 시작하였고, 1년 연장 후 다시 3년 연장되어 5년 간 존속하게 되었다. 대통령자문기구로 의결한 내용은 권고의 성격이지만 대통령이 재가하고 집행하게 하므로 사실상 의결기구로서의 기능도 어느 정도 수행하였다.

한편, 행정쇄신위원회 산하에는 행정쇄신실무위원회, 행정실, 각 부처 및 시·도 단위에 각각 행정쇄신대책반이 구성되어 있었다. 행정쇄신실무위원회는 20인으로 구성되었고, 위원장은 행정조정실장이 담당하였다. 또한 산하에 소규모의 행정실이 총리실 직원과 여러 부처에서 파견된 직원으로 구성되어 있었다. 35인 미만의 인원으로 구성되었으며, 분야별로 6개 팀으로 이루어졌다. 한편, 각 부처 및 시·도 단위에 각각 행정쇄신대책반을 구성하고, 스스로 행정쇄신을 추진하도록 하되 스스로 해결하기 어려운 것은 행정쇄신위원회에 보내도록 함으로써 전 정부적인 쇄신 체계를 구축하여 그 해결을 도모하였다. 나아가 행정쇄신 과제를 선정함에 있어서는 각급 행정기관은 물론이고 민간단체, 기업, 일반 국민 개개인에 이르기까지 필요하다고 느끼는 과제를 제안할 수 있도록 하는 상향식 접근방법을 택하였다. 그러나 실질적으로 시민 참여는 제한적 내지는 산발적으로 이루어졌으며, 체계적이고 광범위한 참여는 이루어지지 못하는 한계를 보였다(이승종, 2003).

쇄신 과제의 선정은 3단계의 토론을 거쳐 이루어졌다. 1단계는 행정실에서, 2단계는 매주 수요일 오후 2시 실무위원회에서, 3단계는 매주 금요일 오후 2시 쇄신위원회에서 이루어졌다. 실무위원회의 심의에는 관계 부처 제안자, 이해 당사자 및 전문가들이 참여하였다. 실무위원회의 특징은 민·관이 대등한 입장에서 의견 교환을 하였다는 것이며, 언제나 이익 단체 대표들이 초청되어 같이 토론에 참여하였다는 것이다. 한편, 쇄신위원회에는 관련 행정기관, 이익 단체, 제안자, 전문가가 초청되어 토론이 전개되었다. 행정쇄신위원회가 주도한 개혁의 내용은 매년『행정쇄신백서』로 발간되었다.

행정쇄신위원회는 개별 과제와 기획 연구 과제로 나누어 쇄신 과제를 선정하였다. 개별 과제는 국민제안제도를 통해 제출받은 것이었으며, 기획 연구 과제는 주요 정책 분야 중 국민의 관심이 집중되어 있고 쇄신 파급 효과가 큰 58개 과제를 선정하여 결정하였다. 기획 연구 과제의 경우 과제별로 지도위원과 담당 과장을 지정하고, 학회·전문연구기관·시민단체 등과 함께 전문적인 연구를 통해 근원적이고 체계적인 제도 개선을 추진하였다. 행정쇄신위원회가 다룬 안건의 50% 이상은 경제 규제를 위시한 여러 분야의 규제 완화였으나 경제 담당 부서와 관료들의 저항으로 어려움에 봉착하였다. 특히, 금융과 토지 규제에 있어서 많은 어려움이 있었다. 행정쇄신위원회는 초기에 조직 개편을 심도 있게 다루지 않았으나 1994년 10월경부터는 이를 적극적으로 건의하기 시작하였다.

문민정부 당시에는 행정쇄신위원회 이외에도 각종 개혁 관련 기구들이 존재하였다. 경제행정규제개혁위원회, 세계화추진위원회, 기업활동규제심의위원회, 청와대규제완화점검단 등 추진 체계가 산만하게 분산되어 있었다. 특히, 1993년 김영삼 정부가 들어서면서 경제 규제 완화를 위한 위원회가 경제기획원에 설치되어 행정쇄신위원회가 발족하기 이전에 이미 작동하고 있었는데, 행정쇄신위원회와의 일원화를 위한 노력들이 행정쇄신위원회 발족 초기부터 계속적으로 이루어졌으나 이는 1997년 상반기까지 구현되지 못하였다.

문민정부 당시의 전격적인 개혁 조치들과 조직 개편은 공무원들의 불안과 복지부동을 야기하였다. 그리고 당시의 개혁 조치들은 보다 근원적이고 핵심적인 문제의 해결보다는 사소한 절차상의 문제를 붙들고 씨름해 왔다. 따라서 국민들이 피부로 느낄 만큼 실질적인 개혁을 이룩하지 못하고 규제의 절대적인 수준을 낮추지 못했다. 국민들에게도 행정쇄신위원회의 활동이 제대로 전달되지 못했고, 국민에 대한 홍보와 참여 증진 노력의 부족으로 국민들은 당시의 행정개혁을 체감하지 못하였다. 또한 대통령 중심의 일회적인 개혁으로 지속적인 혁신 시스템을 구축하지 못한 것이 한계로 남는다.

## 제 3 절 '국민의 정부(1998~2003)' 정부개혁

헌정사 최초의 평화적 정권교체를 이룩한 김대중 정부는 출범과 함께 18부 4처 6청의 '큰 정부' 조직 개편을 단행하였다. 조직 개편이 개혁의 첫 단추라는 정치상징적인 의미도 있지만, 변화된 내용의 대부분이 IMF 한파와 함께 온 국내·외적인 환경 변화에 부응하는 차원에서 이루어진 것으로 보인다.

재정경제원과 통일원을 부총리급에서 장관급으로 조정하였다. 외무부와 통상산업부를 통합하여 외교통상부를 신설하였다. 공보처를 폐지하고 총무처의 기능을 내무부로 이관하여 행정자치부로 개편하였다. 한편, 기획예산위원회를 대통령 직속으로 설치하고 재정과 관련된 장기기획을 수립하고 동시에, 행정개혁의 추진도 병행토록 하였다. 또한 기획예산위위원회는 재경부 산하의 예산청과 긴밀히 협조하게 되었는데, 예산편성에 관한 지침은 기획예산위원회가 마련하고 예산편성과 국회에 대한 책임은 재경부 장관이 지는 어색한 편제라는 지적도 있었다. 위의 개편으로 국무위원의 수는 21명에서 17명으로 되었고 부총리제도는 완전히 없어졌다.

국민의 정부는 정부개혁을 포함한 공공부문 개혁이라는 이름으로 정부구조와 공공부문 전체의 개혁을 지향하며 "작지만 효율적으로 봉사하는 정부 구현"을 추구했다.

국민의 정부는 "최초의 평화로운 정권 교체"로 이루어진 정부로서 전 정부에 비해 상대적으로 더 높은 수준의 사회적 정당성을 확보한 정부였다. 그러나 1997년 12월의 외환위기를 계기로 국가가 IMF 관리체제로 전환됨에 따라 이를 해결하여야 할 과제를 안고 출발하게 되었다. 김대중 대통령은 당선 직후 대통령직인수위원회의 부설기구격으로 정부조직개편심의위원회를 구성하였다. 정부조직개편심의위원회는 정치·행정·법조·언론·학계 등에 걸친 위원 14인으로 구성되었고, 그 밑에 9인으로 구성된 실행위원회를 두어 운영하였으며, 1998년 1월 7일부터 2월 24일까지 활동하였다.

국민의 정부의 국정 목표는 민주주의와 시장 경제의 병행 발전이었다. 특히, 외환위기 등에 봉착하여 시장 메커니즘의 회복을 통한 효율성 제고를 목표로 함으로써 전형적인 신공공관리론적 개혁의 성격을 띤다는 것이 일반적인 평가이다. 이 같은 정향은 '작지만 효율적으로 봉사하는 정부 구현'을 목표로 설정한 정부개혁의 내용을 살펴보면 더욱 쉽게 알 수 있다.[2)]

작은 정부, 효율적인 정부, 봉사하는 정부의 세 가지 큰 방향에서 개혁을 추진했다. 첫째는 하드웨어적인 구조조정 혁신이었으며, 둘째는 소프트웨어적인 운영시스템 개선이었고, 셋째는 대민 서비스 개선이었다. 또한 당시의 정부개혁은 명시적으로 기업형 정부를 목표로 하고 있었다. 즉, 정부와 시장과의 관계에서는 민간부문의 확대를 꾀하는 작은 정부를 목표로 하였으며, 정부조직 내부와 관련하여서는 정부를 기업처럼 운영하여야 한다는 기업형 정부를 추구하였다.

국민의 정부는 공공부문, 기업, 금융, 노동 등 4대 부문의 개혁 작업에 착수하여 경쟁과 개방을 통한 민간 주도의 시장 경제를 이룩하기 위해 노력하였다. 공공부문 전반에 걸친 개혁을 추진하여 중앙정부와 지방정부 외에 공기업과 산하기관에 관한 개혁도 시행하였다. 조직 및 인력 감축 등 하드웨어적인 개혁 외에 경쟁과 성과 원리를 도입하려는 시도들도 있었다. 당시의 구조개혁은 3차에 걸친 중앙정부기구의 개편 등으로 구체화되었다. 1차 정부조직 개편 작업은 국민의 정부 정식 출범 이전의 대통령직인수위원회가 추진하였으며, 2차 정부조직 개편은 당시의 기획예산위원회 위원장이 경영진단조정위원에게 임명장을 주어서 추진하였다. 또 3차 정부조직 개편은 행정자치부 장관이 정부기능조정위원을 임명함으로써 이루어졌다.

2) 국민의 정부의 개혁은 신공공관리론적인 개혁이었다는 것이 대체적인 평이다. 그러나 명시적으로 표방한 바와 달리 복지부문을 확대하는 등 실제로는 신공공관리적 성격이 별로 없었다는 견해도 있다(남궁근·이창원).

이렇듯 국민의 정부에서는 매번 조직 개편 작업을 추진하는 주체가 달라진다는 특징이 있다. 국민의 정부에서 처음으로 정부조직 개편을 공개리에 추진하였는데, 이 과정에서 막대한 로비에 시달리게 되었다. 또한 2차 정부조직 개편은 당시 40억 원을 들여 민간 전문 컨설팅 기관에 의뢰하여 이루어졌는데, 4개월 간 19개 진단팀이 9개 분야로 나누어 경영 진단을 실시하였다. 재미있는 것은 당시의 경영진단팀은 기획예산위원회가 기획예산처로 전환되는 것에 대해 부정적인 진단 결과를 제시하였다. 그런데 진단 결과와는 달리 기획예산위원회가 기획예산처로 바뀌게 되었다는 점이다. 또한 실제로 경영진단 도중 관이 진단 목표를 통해 진단 내용의 수정을 요구하는 등 관의 개입이 많았다는 비판이 제기되었다.

국민의 정부의 개혁 과제 명칭은 경영혁신 과제로, 당시에 추진된 정부개혁의 성격을 잘 보여주고 있다. 당시의 개혁 분위기는 민간부문을 공공부문보다 우수하다고 보고, 민간부문의 여러 원리들을 공공부문에도 도입하려는 상황으로 정부개혁 과제의 명칭도 경영혁신으로 선정하였던 것이다. 조직 개편 과정에서도 처음으로 민간 전문 컨설팅 기관에 정부의 조직 진단을 의뢰하는 등 민간기업에 의존하는 모습도 보여주고 있다. 국민의 정부는 이전 정부들과 달리 위원회 형식의 임시조직이 아닌 정식 정부기구로 공공개혁전담기구를 설치했다. 개혁전담정부기구는 처음에는 기획예산위원회로 시작되어 예산 기능까지 확보한 기획예산처로 확대 개편되었고, 이어서 범정부적 혁신을 추진하기 위해 정부혁신추진위원회를 기획예산처와 별도로 발족하였다.

기획예산위원회는 이전 정부의 민간자문기관과 같은 조직이 아니라 개혁을 직접 기획하고 추진할 권한을 갖춘 대통령 직속의 행정 관청이었다. 당초 예산 편성 기능까지 포함한 개편안이 검토되었으나 대통령에게 지나치게 권한이 집중될 수 있다는 우려로 예산 편성권은 재정경제부에 남겨둔 채 재정 기획 및 공공부문 개혁 기능만을 담당하는 별도의 조직으로 신설하였다. 기획예산위원회 산하의 정부개혁실에 재정개혁단, 행정개혁단, 공공관리단을 두고 단장 이하는 팀으로 구성하였다. 개방형 인사를 도입한다는 의미로 10명의 계약직을 포함해 모두 38명으로 구성하였다.

재경부에 소속되어 있던 예산청을 기획예산위원회와 통합하여 기획예산처를 발족함에 따라 기획예산위원회가 예산 기능을 확보하고, 대통령직속기관에서 중앙

행정기관으로 위상이 바뀐다. 그러나 확대 대편 이후 중앙의 여러 부처들 중 하나라는 한계로 공공 개혁 아젠다가 부처 수준의 과제에 그치고 전국적인 과제 혹은 대통령의 의제가 되지 못하였다.

관련 부처와의 협조 및 민간 의견 수렴 기능을 보다 원활히 할 수 있는 개혁 추진 체계의 보완 필요성이 제기되어 민·관 합동의 정부혁신추진위원회가 2000년 8월 대통령직속기구로 발족되었다. 시민단체, 언론계 등 사회 각 분야에서 선정된 민간위원 10인과 기획예산처 장관, 행정자치부 장관, 정보통신부 장관 등 정부 위원 7인으로 구성되었다. 또한 정부혁신추진위원회 산하에 실무위원회를 설치하였고, 분야별 작업반을 구성하여 신규 개혁 과제를 발굴하고 추진하였다.

국민의 정부에서의 개혁 과정에서는 점검 평가 체제를 운영하여 매 분기별로 평가를 실시하였으며, 이를 대외적으로 공개하고 그 결과를 예산 지원과 연계하여 개혁과 예산을 연계하고 있었다는 특징이 있다. 또한 감사원과 공조체제를 구축하여 감사에서 드러난 감사 방만 사례에 대해 해당 기관이 자체적으로 조치를 수립하고 개선토록 하고 기획예산처가 그 이행 실적을 점검하여 역시 이를 예산 지원과 연계하였다.

국민의 정부는 공공부문 혁신대회를 1999년부터 2002년까지 매년 개최하여 총 4회 개최하였다. 이 대회는 미국 클린턴(B. Clinton) 정부의 'The Hammer Awards'와 영국의 'Citizen's Mark'를 벤치마킹한 것이다. 또한 '공공개혁우수사례보고대회'를 2001년 5~11월 전국 5대 권역별로 개최하기도 하였다. 2000년과 2002년에는 공공개혁 국제포럼을 2차에 걸쳐 개최하였으며 『생각을 바꾸면 달라집니다』라는 사례집을 발간하기도 하였다.

국민의 정부는 작은 정부를 목표로 내세우고 개혁을 추진하였으나 없앴던 제도와 조직들을 다시 되살리는 모순을 보였다. 1차 조직 개편 시 '작은 정부론'의 상징처럼 강조했던 부총리제의 폐지가 3차 조직 개편에서 경제부총리와 교육부총리로 복원되었으며, 1차 조직 개편으로 폐지되었던 공보처가 2차 개편에서 277명의 대형 부처인 국정홍보처로 부활하였다. 폐지되었던 정부 제2장관실도 3차 개편에서 여성부로 부활하였다.

당시의 개혁 과정은 대통령의 권한 강화와 각 부처의 기구 축소에 중점을 두고 있었고, 실제 정부의 기능과 역할은 크게 변화하지 않았다. 부총리제의 폐지, 행정자치부 신설과 외교통상부로의 개편, 기획예산위원회와 예산청의 신설 등 정부 역할 및 기능에 대한 근본적인 재검토는 이루어지지 않았으며, 정부 출범 초기에 세력 재편의 방법으로 행정개혁을 시도한 것으로도 평가된다. 또한 국민의 정부개혁의 배경은 외환위기로 전반적으로 능률성이 강조되고 상대적으로 민주성과 형평성에 대한 고려는 부족한 것으로 평가된다.

**김대중 정부**

김대중 정부는 IMF 외환위기 극복이라는 시대적 과제를 안고 출범하였다.

따라서 외부환경에 위한 행정주체의 대응적 성격으로서의 개혁이 추진되었는 바 1990년대 이후 범세계적 개혁의 조류였던 신공공관리론적 개혁내용이 많이 도입·반영되었다.

개혁의 기조는 민주주의와 시장경제의 병행발전이라는 국정 목표 하에 우리나라 경제체질의 개선과 공공부문에 시장경쟁원리를 도입하는 것이었다. 이를 위해, 김대중 정부는 공공부문, 기업, 금융 노사의 4대 부문 개혁을 추진하였다. 이 중 공공부문 개혁의 주요 내용으로는 인력감축, 공기업민영화, 산하기관 폐지·통폐합 등 작은 정부의 구현 노력과, 정부의 운영시스템 혁신을 위하여 책임운영기관제, 개방형 직위제, 성과연봉상여금제 등 공공부문운영에 자율·경쟁·성과원리를 도입하였다. 한편으로 기금제도정비, 준조세정비, 예산절약인센티브제도, 성과주의 예산제도 및 복식부기회계제도 도입을 추진하였다. 또한 대국민 서비스 개선을 위하여 영국의 시민헌장 제도를 모방한 행정 서비스 헌장제도의 도입과 일하는 방식개선 및 민원서비스 혁신을 위한 전자정부를 구축하기 위해 노력하였다. 이를 위해 「전자정부구현을 위한 행정업무 등의 전자화 촉진에 관한 법률」을 제정하였다.

이러한 김대중 정부의 개혁 노력의 특징은 개혁 전담기구로 이전 정부가 취해왔던 위원회 등 임시기구가 아니라 기획예산위원회 산하에 정부개혁실을 설치하여 공식적 정부기구에 의한 개혁을 추진하였으나 후반기에 다시 민·관합동의 정부혁신추진위원회 형태로 환원되었다.

김대중 정부는 여러 차례 정부조직 개편을 추진하였다. 예컨대, 부총리제의 폐지와 부활, 공보처의 폐지와 국정홍보처로 확대부활, 행정자치부·외교통상부 개편 등으로 다분히 정권차원에서의 개혁이 이루어졌다. 김대중 정부의 개혁으로 특기할 만한 것은 과감한 규제완화와 규제등록제의 실시를 들 수 있으며 이를 위해 행정규제기본법을 제정하였다.

한편, 제2의 건국운동이라는 국가 및 사회개혁 운동을 추진했으나 그 포괄범위가 너무 광범위하고 국민적 호응을 불러일으키지 못함으로써 이른바 '그들만의 개혁'에 머물렀다.

## 제 4 절 참여정부(2003~2008)와 분권적 개혁

노무현 정부는 공공부문 개혁의 비전과 목표로 "국민과 함께하는 일 잘하는 정부"를 설정하였고, 이에 맞추어 하드웨어적 조직 개편보다는 소프트웨어적인 기능 재설계에 더 중점을 두었다. 노무현 정부는 정부조직 개편을 최소화하고 보건복지부의 보육서비스를 여성가족부로 기획예산처의 행정개혁 기능을 행정자치부로 이양했으며, 소방방재청과 방위사업청을 신설하였다. 김대중 정부에 이어 노무현 정부에서도 이전 정부와 비교할 때 위원회 조직의 활용이 많은 것이 특징이다.

정부조직 재설계의 원칙은 환경적응적 유연조직, 국정관리 및 조정역량 극대화, 열린 조직문화, 기능재배분 등으로, 정부조직에 대한 상시적 진단체제를 두고 분권형 조직설계를 지향하였다.

과거 국민의 정부는 공공부문 구조개혁, 국민 서비스 향상 등 Output 중심의 개혁을 추진하여 정부조직 및 인력 감축, 국민 서비스 수단의 다양화 등의 가시적 성과를 창출하였다.

그러나 공무원이라는 행정 주체와 행정 시스템의 근본적 변화를 수반하지 못한 외형 중시 개혁은 내생적 지속성을 갖지 못한다. 따라서 외부적 변화 압력이 약해지면 다시금 과거로 회귀하는 실패를 반복한다. 이 과정을 반복 경험하면서 공무원들 스스로 혁신 냉소주의에 빠져들어 내적인 변화 동인을 상실하게 된다.

참여정부는 단기적인 외형적 개혁성과에 집착하지 않고, 사람과 과정 중시 혁신 실천을 통해 근본적 원인을 치유하는 다소 어렵고 복잡한 혁신 여정을 선택하였다. 참여정부가 추진해 온 개괄적인 영역별 혁신 내용을 통해 알 수 있듯이 외형적으로 쉽게 표출될 수 있는 구조개혁보다는 가시적인 혁신성과와는 다소의 거리감이 존재하는 사람과 과정 중시 혁신에 역량을 집중해 왔다.

참여정부 혁신 시스템의 동인은 대통령을 위시한 장·차관 등 기관장의 혁신 리더십이라 할 수 있다. 대통령을 위시한 기관장의 혁신 리더십을 바탕으로 앞서 분야별 혁신 내용을 통해 볼 수 있듯, 한편으로는 일하는 방식 개선이라는 과정 혁신을 추진해 나가면서 동시에 교육과 학습을 통해 공무원의 의식과 행동을 변화시키려는 다양한 노력을 기울였다.

참여정부는 이러한 과정혁신과 사람혁신을 기반으로 제도와 문화에 뿌리를 내리는 체질화를 통해 쉽게 되돌릴 수 없는 시스템혁신의 수준으로 끌어올리기 위해 노력하였다. 예를 들면, e-지원 시스템에 근거한 비서실의 혁신적 업무 관행, 관세행정 정보 시스템과 성과관리 시스템에 기초한 관세청의 통합혁신 시스템 등이 바로 시스템혁신의 사례로 꼽을 수 있다. 시스템혁신의 단계에서는 배태성(embeddedness)의 원칙이 실현된다. 배태성은 본래 사회적 네트워크 이론에서 행위자가 속한 관계망이 그 속의 행위자의 행동에 영향을 미치게 됨을 설명하는 개념이다(김용학, 1992).

그라노베터(Granovetter, 1985)는 배태성 이론을 통해 행위자들의 상호작용의 연계성은 자신들의 행동을 통해 재생산되고 유지되며, 각 행위자들 간 연계의 전체적 형태가 행위자의 행동에 영향을 미친다고 주장하고 있다.

배태성을 혁신 관점에서 재해석해 본다면 개별 혁신 활동은 다른 혁신 활동과의 연계성 속에 존재하며, 이러한 혁신 활동 간의 연계 패턴이 개별 혁신에 영향을 미친다는 것이다(홍길표·장승권, 2000). 예를 들어, 전사적자원관리(ERP)와 프로세스 혁신(PI), 그리고 6시그마 품질관리 운동들은 개별적으로 추진된 것이 아니라 지식경영정보시스템을 통해 상호 긴밀한 연계성을 가지고 추진될 수 있다. 또한 그 속에 놓여진 구성원들은 배태성의 원칙에 따라 혁신하지 않으면 안 되는 행위 제약을 받게 된다. 즉, 그 조직에서 살아남기 위해서는 구조적으로 혁신할 수밖에 없는 상태를 만드는 것이다. 예를 들어, 뛰어난 인재가 삼성이라는 초일류기업을 만드는 것처럼 보여도, 실은 삼성이기 때문에 뛰어난 인재를 골라 뽑아 키울 수 있는 것이고, 그 속에서 살아남기 위해서는 각자 자신의 최대 역량을 발휘할 수밖에 없는 상태에 비유할 수 있다.

시스템혁신의 단계는 이런 측면에서 가장 바람직한 혁신 상태라 규정할 수 있지만 결코 쉽게 달성되지도 않는다. 또한 이와 같은 방식으로 동태적 균형을 달성하려는 혁신 방법론의 최대 약점은 혁신 주도권 행사 시점과 혁신성과의 본격적인 발현 시점 간 시간 격차가 존재한다는 점이다.

시스템혁신의 단계에 도달할 때까지는 본격적인 혁신성과가 창출되지 않는다. 오히려 혁신 추진 초기 단계에는 보이지 않는 성과 대비 과정혁신 및 사람혁신을 위해 선행적인 투입비용이 증대하기 때문에 조직 효율성은 오히려 감소되는 양상까지 보일 수 있다. 또한 새롭게 일을 하는 과정에서 성공보다는 실패에 노출될 가능성이 높아지기 때문에 과거의 방식보다 더 많은 문제점을 파생시킨다고 인식된다.

정정길 · 정준금(2005)은 이러한 현상을 행정의 시차적 접근의 관점에서 설명한다. 즉, 원인과 결과 간의 복잡한 인과 관계가 작동하기 위해서는 정책의 시간차를 고려해야 하며, 특히 새로운 특정 제도나 정책의 도입이 소기의 효과를 내기 위해서는 일정한 숙성 시간과 내 · 외적 정합성을 거쳐야 함을 강조한다. 이러한 숙성 기간 동안에는 제도 도입에 따른 비용이 효과를 상회할 수 있지만, 제도가 안착된 이후에는 기대 효과가 투입 비용을 초과할 가능성이 커지게 된다.

이것은 마치 R&D 투자와 R&D 성과와의 관계에서 볼 수 있듯이 일정 기간 R&D 투자를 통해 내부 역량과 시스템을 갖춘 이후에야 지속적인 R&D 성과 창출을 기대할 수 있는 것이다. 요행으로 한 번 정도 획기적인 기술을 개발할 수 있지만 지속적인 신기술 개발은 내부 역량과 시스템을 갖춘 3M이나 인텔 · 삼성과 같은 기업에서만 이루어진다는 교훈을 되새겨 볼 필요성이 있다. 『위대한 기업』의 저자 짐 콜린스(Jim Collins)는 이를 '플라이휠(flywheel) 효과'라고 부른다.

콜린스가 조사한 바에 따르면, 시장의 평균을 훨씬 뛰어넘는 엄청나고 위대한 기업들은 당장 효과를 보기 어려운 지속적인 혁신의 노력을 쌓아오면서 일정한 시점에서 폭발적인 성장을 하기 시작하고 이는 반짝하는 현상이 아니라 돌이킬 수 없는 대세로 굳어진다는 것이다. 반짝하는 기술적 발전과 혁신적인 상품 하나의 존재보다는 리더십과 열정, 우수한 인력의 확보, 냉철한 인식과 확고한 희망, 규율 잡힌 문화 등이 지속적으로 자산으로 쌓여 갈 때 위대한 기업이 되는 발판이 만들어진다는 것이다(Collins, 2001). 이와 같이 거시적이고 큰 변화를 수반하는 혁신 활동과 사소하고 작은 변화를 수반하는 혁신 활동들이 지속적으로 추구되고 쌓여갈 때, 이러한 혁신의 에너지는 지속적으로 축적되다가 어느 순간에 폭발적인 에너지로 변화하게 된다(한국행정연구원, 2005).

시스템혁신을 통해 공공 서비스 및 정책 효과성 개선, 정부 효율성 증대 등 혁신성과를 창출해 정부 신뢰가 회복되고, 이것의 피드백을 통해 혁신 리더십이 강화되는 자기 강화 루프(self reinforcement loop)가 작동되어야 동태적 균형을 이룬 혁신 시스템이 완성된다. 이 점에서 혁신 시스템의 안정적 지배구조를 확보하는 것이 핵심 성공 요인이라 할 수 있다. GE나 도요타·삼성 등의 사례에서 보듯 장기간 유지될 수 있는 안정적 혁신 리더십이 확보되어야 동태적 균형 상태에 도달할 수 있는 것이다.

이 점에서 우리나라와 같은 단임제 대통령제의 경우 안정적 혁신 리더십의 확보가 쉽지 않다. 정부혁신 활동과 체감형 성과 창출 간의 Time-lag 문제를 적기에 해소하지 못할 경우 정부혁신에 대한 국민적 지지가 약화되고, 정권의 정치적 부담이 증가하는 위험성을 내포하고 있기 때문이다. 이 점에서 참여정부의 혁신은 아직 끝나지 않은 진행형 혁신으로 다음 정권에 의해 반드시 계승될 필요성이 있다고 보았다.

## 제 5 절 '섬기는 정부(2008~2012)'와 개혁 방향[3)]

이명박 정부의 조직 개편은 정부 역할을 원점에서부터 재검토하여 정부가 꼭 해야 할 일 위주로 정예화하고, 정부조직 구성의 기본 원칙에 충실한 조직 개편이 되도록 하였다. 이명박 정부는 '작고 유능한 실용정부'라는 목표로 정부조직을 15부 2처 18청으로 축소하였다. 또 부총리제를 폐지하고 법제처, 국가보훈처장 직급을 차관급으로 조정하고, 기획예산처와 재정경제부를 '기획재정부'로 통합하였다. 그리고 지식경제부와 방송통신위원회를 신설하였다.

중앙정부는 정책개발·조정 등 본연의 역할에 충실하도록 하되, 민간이나 지방이 더 잘하는 것은 과감하게 이양·이관하며, 비대한 조직을 과감히 축소·조정하여 최소한으로 운영되도록 하였으며, 중복된 정부의 조직 편제를 기능위주로 단순

3) 김현석(2010). 이명박 정부 정책평가 및 선진화 과제: 정부개혁. '이명박 정부 정책평가와 선진화 과제' 세미나(2010.12.16), 한국경제연구원·한국규제학회 공동주관.

화하되, 미래를 준비하는 선도적 시스템 구축 등 거시적인 기획・조정 기능은 강화하도록 하였다.

이명박 정부는 선진화를 통한 세계일류국가 구현이라는 국가비전을 설정하고 행동규범으로 창조적 실용주의를 표방하면서 섬기는 정부, 활기찬 시장경제, 인재대국, 능동적 복지, 성숙된 세계국가 등 5개 국정지표로 구성된 신 발전 체제를 제시하였다. 국정개혁은 5대 국정지표를 토대로 2008년 2월 대통령직 인수위원회가 마련한 193개 국정과제를 근간으로 2008년 10월, 100대 국정과제를 제시하고 국정전반의 개혁을 추진했다.

정부개혁은 섬기는 정부의 구현을 목표로 설정하고, 이를 달성하기 위한 전략으로 알뜰하고 유능한 정부 구현, 지방분권 및 지역경제 활성화, 법과 원칙을 지키는 신뢰사회 구현, 안심하고 살 수 있는 안전한 나라 구현 등을 마련하였다.

정부개혁에 대한 중간평가는 총 9개 과제를 대상으로 하였다. 정부기능과 조직개편 및 국세행정선진화, 정부위원회 정비, U-정부 구현, 공공부문 성과 개선, 내실 있는 감사, 공무원 성과주의 인사제도, 지방행정체제 개편, 중앙권한 지방 이양 및 특별지방행정기관 정비, 공직자 부정부패 척결 및 투명성제고 등이 평가대상으로 선정한 9개 과제이다.

과제별 평가 결과 정부기능의 경우 청사진 부재, 기획재정부와 행정안전부 등 일부 부처의 통제가 강화된 문제가 발견되었다. 조직 개편의 경우에는 부처 수를 줄여 정부조직을 슬림화한 것은 긍정적으로 평가되지만 공감대 형성 미흡, 상시적이 아닌 일회성 조직개편, 통합이나 폐지되는 조직에 대한 후속 보완 장치 마련 미흡 등의 문제가 있었다.

국세행정선진화의 경우 인사개혁, 세무행정개혁, 납세자를 위한 사법해석 사전도입 및 탈세방지를 위한 전자세금계산서 도입 등은 긍정적으로 평가되지만 납세자 정보보호와 국세청 감사시스템에 대해서는 부정적인 평가가 많았다.

정부위원회 정비의 경우 위원회가 감축되고 있는 것은 바람직하지만 대통령 직속위원회의 숫자가 여전히 많으며, 일부 대통령 직속위원회의 경우 집행까지 관여함에 따라 해당 부처의 업무 수행상에 문제점이 나타나고 있다. 또한 공무원들의 책임회피 등의 목적으로 정부위원회가 신설되는 것을 근원적으로 예방할 수 있는 방안을 마련하지 못하고 있는 것도 문제점으로 지적할 수 있다.

U-정부 구현의 추진현황을 살펴본 결과 하드웨어 측면은 잘 구축되어 있으나 개인 정보보호 등에서는 여전히 미흡한 수준이며, 전자정부를 단순 정보화 수준에서 관련 사업이 추진되고 있다. 업무재설계(BPR)를 통한 후선 조직(back office)의 기능과 조직을 개편하는 구조적 차원, 일하는 방식과 같은 행태적 차원 등의 개혁은 거의 진행되고 있지 않아 전자정부 사업의 성과를 제대로 얻지 못하고 있다.

공공부문 성과평가는 총리실 주관으로 개별법에 난립한 각종 평가 제도를 정비하는 등 피평가기관의 평가 부담 문제를 해소하기 위해 노력하였으나, 중복평가의 근원적인 문제는 해소하지 못하고 있다고 판단된다. 평가준비 등으로 시간과 노력이 과다하게 투입되는 문제도 완전히 해소하지 못하고 있다.

내실 있는 감사의 경우 각급 감사기구의 독립성을 보장하고 '적극행정 면책제도'를 도입하는 등은 긍정적으로 평가되지만 외부 전문인력 영입 등 적극적인 감사역량 제고 방안 마련을 통한 실질적인 정책감사가 이루어지도록 하는 노력은 미흡하다고 판단된다.

공무원 성과주의 인사제도는 인사의 기관 자율성을 높이고, 외교관 인사에서 외부수혈을 확대하고 있는 점은 긍정적으로 평가되나 선발에서 퇴출에 이르기까지 공무원 인사의 전반에 대한 개혁프로그램을 마련하지 못한 채 부분적인 개선에 머무르고 있는 문제점을 갖고 있었다.

지방행정체제 개편은 자치단체 간 자율통합이라는 새로운 모델을 제시했다는 점은 긍정적으로 평가되나 명확한 목표 부재, 추진전략 및 세부적인 실행방안 부재, 추진과정에서의 핵심 이해 관계자들에 대한 체계적인 관리방안 부재 등은 문제점으로 지적할 수 있다.

중앙권한 지방이양 및 특별지방행정기관 정비는 지방분권의 기초자료인 사무총조사 실시, 특별지방행정기관 정비, 지방분권촉진위원회 출범에 따른 추진체계의 업그레이드, 지방이양 사무건수 급증 등은 의미 있는 성과라고 할 수 있다. 이러한 성과에도 불구하고 이양 확정된 사무들은 현재 기초자치단체 수준에서 위임받은 기관위임사무가 대부분이며, 전략산업 및 대형 인·허가권과 같은 실질적인 측면에서는 미흡하다. 또한 중앙권한을 이양할 경우에 기초자치단체가 수행할 수 있는 권한임에도 불구하고 광역자치단체로 이양하는 등의 문제점도 나타나고 있다.

마지막 과제인 공직자 부정부패 척결 및 투명성 제고의 경우 투명성 제고 등을 위한 법체계 수립, 반부패 국민운동 추진 등의 가시적인 성과가 있으나, 여전히 부패수준은 선진국 및 경쟁국들에 비해 높은 상태이며 부패척결도 아직 사후 처벌 중심에서 벗어나지 못하고 있다는 한계를 갖고 있다.

정부개혁 관련 9개 과제를 종합적으로 평가하면 개혁 초기에는 청와대를 중심으로 개혁에 박차를 가했기 때문에 하드웨어 측면에서 긍정적인 성과가 부분적으로 있었지만 개혁을 과제별로 접근하였고, 추진조직도 분산되어 있었기 때문에 의미 있는 성과를 거두지 못했다고 판단된다. 이명박 정부 전반기의 정부개혁은 정치적 소명에 급급하여 목표한 성과를 기대한 만큼 산출하지 못하였다. 과거와 같이 개혁과제들을 광범위하게 채택하고, 성실히 추진하였지만 변화조건을 갖추지 못한 상태에서 추진했기 때문에 기대대비 성과가 미흡하였다.

## 제 6 절 박근혜 정부(2012~2016)의 정부개혁

박근혜 정부의 조직 개편은 국민행복시대를 열기 위한 국민의 안전과 경제부흥이라는 국정철학과 실천의지를 담았다. 2008년 이명박 정부 출범과 함께 폐지되었다가 5년 만에 다시 살아난 경제부총리제와 사회부총리제(신설)가 필요하다는 판단 아래 정부조직을 개편하고 세월호 사고 이후 안전행정부를 행정자치부로 개편하고, 국민안전처(신설)로 하여금 국민안전과 재난에 대한 조정・총괄 기능을 강화하도록 하였다. 박근혜 정부는 17부 3처 17청(2012년 2월 기준)의 초기정부조직을 부처 간의 정부정책이 소통되고 연계되도록 17부 5처 16청으로 조직 개편을 단행하였다.

집권 초 국민행복과 문화융성 등을 국정기조로 삼았으나, 집권기간 내내 문화계 블랙리스트 사건과 유진룡 문화체육부 장관을 면직하고, 최순실씨 측근을 정부요직에 기용하는 등 실제로는 문화융성과 국민행복과는 정반대의 최악의 정부품질과 정부개악을 한 정부로 평가될 듯하다.

**중앙행정기관 박근혜 정부와 이명박 정부: 정부조직법 개정(2014.7)**

1) 17부

행정자치부(전 행정안전부), 기획재정부, 국방부, 교육부, 미래창조과학부(전 교육과학기술부), 보건복지부, 법무부, 통일부, 고용노동부, 문화체육관광부, 농림축산식품부, 산업통상자원부(전 지식경제부), 환경부, 국토교통부(전 국토해양부), 해양수산부(전 국토해양부), 외교부, 여성가족부

2) 5처

법제처, 국가보훈처, 국민안전처(신설), 식품의약품안전처(신설), 인사혁신처(신설)

3) 16청

검찰청, 국세청, 산림청, 기상청, 해양경찰청, 병무청, 문화재청, 조달청, 통계청, 농업진흥청, 중소기업청, 새만금개발청, 행복도시건설청[행정중심복합도시건설청] 등 중앙행정기관

# 제 7 장 미래정부와 혁신정책

다양한 혁신 방법론을 통해 혁신성과를 극대화하는 방안은 행정 패러다임의 변화에 따라 각국이 당면한 시대적 상황에 따라 변화해 왔다. 1980년대 중반 이후 영국이나 미국 등의 선진국들은 신공공관리론이라는 패러다임에 입각해 구조개혁을 중시하는 혁신 방법론을 발전시켜 왔다. 최근에 들어와 일부 선진국들은 거버넌스 패러다임에 입각해 국민 및 이해관계자의 참여를 제도화하고, 신속한 정부 대응을 촉진하는 과정 혁신을 강조하고 있다. 우리나라의 경우, '국민의 정부(1998~2003년)' 시절, 신자유주의 또는 신공공관리론의 패러다임을 받아들여 구조개혁 중시의 정부혁신을 추진한 바 있다. 참여정부(2003~2008년) 시절에는 사람과 과정을 통한 혁신을 근본적인 요소로 보는 혁신 방법론을 실천해 나가고 있으며, 이를 통한 혁신 시스템의 동태적 균형성을 달성하였다. 참여정부는 혁신 시스템의 동태적 균형성을 기반으로 지속적으로 혁신하는 정부를 만들려고 하였다.

역사적인 경험을 되돌아볼 때 시대와 상황을 초월한 우월성을 지닌 혁신 방법론은 존재하지 않는다. 시대적 상황과 해당 국가의 특수성을 감안한 최적의 혁신 방법론을 찾아 실천해 나가는 것이 중요하다.

이를 위해, 참여정부는 이전 정부가 채택한 신공공관리론에 입각한 혁신 방법론에 대한 냉철한 자기반성과 평가를 고찰할 필요가 있다.

## 제 1 절 정부 규모와 정부 효율성

과거 '국민의 정부'가 채택한 신공공관리론에서는 정부 규모 축소, 책임운영기관화, 민영화 등의 구조개혁 방법론에 주안점을 두었다. 이는 시장 친화적 구조개혁 주도권 행사를 통해 궁극적으로 서비스 개선과 정부 효율성을 달성하고자 하는 혁신 방법론이다.

신공공관리론은 민영화, 아웃소싱 등 시장 친화적 구조개혁 방법을 통해 정부조직의 규모를 축소함과 동시에 정부 내 시장원리를 도입하는 데 주안점을 둔다. 시장원리의 도입을 통해 정부 독점의 폐해를 근절시킬 수 있다는 측면에서 공공서비스를 개선할 수 있다고 가정하고 있으며, 조직 내 경쟁원리의 도입과 적자생존에 따른 공무원 퇴출 등을 통해 관료제를 타파해 정부 효율성을 증대시킬 수 있다고 가정한다. 만약 시장친화적 구조개혁을 통해 서비스 개선과 정부 효율성 증대를 기할 수만 있다면, 혁신 시스템 내 자기 강화 루프(self-reinforcement loop)에 따라 시장친화적 구조개혁은 더욱 큰 탄력을 받아 가속도가 붙을 것이다.

'국민의 정부'에 의한 실전적 경험, 미국이나 영국 · 뉴질랜드와 같은 선진국의 경험에 비추어 볼 때 신공공관리론의 패러다임이 실패했다고 단정지을 수는 없다. 이를 통해, 우리나라는 국가 경제 위기 상황을 빠른 시일 내에 극복하는 데 도움을 얻었다. 다른 국가의 경험을 통해 보듯 공공 분야의 규모 축소를 일정 정도 달성했고, 시장 경쟁원리의 도입을 통해 부분적으로 관료제의 병폐를 완화시킬 수 있었다. 그러나 신공공관리론에서 주장하듯 시장친화적 구조개혁이 과연 공공 서비스의 안정적 공급과 품질을 증대시켰는지 또한 규모 축소 및 성과주의 도입을 통해 정부 효율성을 지속적으로 개선하고 있는지, 더 나아가 정책의 효과성 제고를 통해 새롭게 제기되는 사회 · 경제적 문제 해결에 기여하고 있는지 등의 의문점에 대해 명쾌한 해답을 제시하지 못하고 있다.

한편, 정부 규모 축소를 통해 정부 효율성을 증대시키려던 신공공관리론적 개혁론은 2000년대에 들어 전 세계적으로 패러다임의 전환을 겪고 있는 것으로 보인다. '작은 정부론'의 시발점이 된 영국이나 미국계 국가들마저도 최근에 들어서는 정부 규모를 확대하는 경향이 있다. 1990년대 중반에 국가 공무원의 2/3를 감축한 바 있는 뉴질랜드의 경우 2001년을 기점으로 공무원 수가 지속적으로 증가하고 있다. 1980년대 대처 정부 시절 강력한 정부조직 축소에 돌입한 영국의 경우도 역시 1999년을 기점으로 지속적인 증가세를 유지하고 있다.

**표 7-1** 뉴질랜드 국가 공무원 연도별 변동 추세

(단위: 명)

| 1986년 | 1995년 | 1999년 | 2001년 | 2002년 | 2003년 | 2004년 |
|---|---|---|---|---|---|---|
| 89,1105 | 34,656 | 29,463 | 30,354 | 31,585 | 33,118 | 35,654 |

출처: 뉴질랜드 국가서비스 위원회 2004.

**표 7-2** 영국 국가 공무원 연도별 변동 추세

(단위: 천 명)

| 1989년 | 1994년 | 1997년 | 1999년 | 2000년 | 2001년 | 2002년 | 2003년 | 2004년 |
|---|---|---|---|---|---|---|---|---|
| 573 | 540 | 475 | 459 | 475 | 482 | 490 | 516 | 534 |

출처: 영국 총리실(인사통계) 2005.

더 나아가 한국의 특수성을 감안할 때 신공공관리론의 패러다임에 입각한 정부혁신 방법론이 미국이나 영국 등 선진국이 달성한 일정 정도 수준 이상의 성과를 창출할 수 있을지에 대해 다소 회의적이다.

선진국을 비롯한 각국은 자신들의 역사적 발전 과정과 당면한 상황 요인을 반영해 자신들에게 적합한 정부혁신을 추진해 왔다. 예를 들어, 베네트(Bennett, 1994)는 자원 배분 방식(정부와 시장과의 관계)과 정부 간 관계(중앙정부와 지방정부 사이의 관계)를 두 가지 축으로 삼아 각국에서 전개된 정부혁신의 궤적을 도식화하고 있다. 즉, 프랑스·스페인과 같은 단일제 국가는 독일·미국과 같은 연방제 국가보다 수직축에 가깝고, 전통적으로 국민 복지에 정책의 초점을 맞춰온 영국·스칸디나비아 국가들은 수평축에 가깝다.

특히, 미국의 경우는 역사적으로 분권적 관계에 기초해 시장 주도로 자원배분을 행해 오던 경향을 보이고 있다. 비록 베네트(Bennett, 1994)의 연구에서는 한국을 특별한 유형으로 지목해 그 위치를 제시하지 않았지만, 스페인·포르투갈 등과

같은 집권형－정부 주도 자원 배분형에 근접한다고 볼 수 있다(한국행정연구원, 2005). 즉, 국가 주도의 경제 발전을 추구하면서 강력한 공권력에 의존하는 규제와 촉진 행정을 펼치는 중앙 집권－정부 주도 특성을 견지해 왔다.

이와 같이 선진국을 비롯한 각국은 자신들의 역사적 발전 과정과 당면한 상황 요인을 반영해 자신들에게 적합한 정부혁신을 추진해 왔다. 이 점에서 역사적 발전 과정과 당면한 상황 요인이 다른 한국과 같은 국가에서 미국이나 영국 등이 추진한 혁신 방법론을 채택할 때 이들 국가들이 달성한 성과 수준을 유사하게 창출할 수 있을지에 대해 다소 회의적이다(Schick, 1998). 이와 관련해 국민의 정부가 추진해 온 구조개혁이 공무원, 행정조직 규모, 공기업 및 대규모 공공기관 규모를 일정 정도 축소한 성과를 보였지만, 감시의 대상에서 벗어난 산하기관을 포함한 공공부문은 오히려 확대되는 경향을 보이고 있다. 이러한 결과가 초래된 이유와 배경을 살펴보면 다음과 같다.

첫째, 자유시장 경쟁구조를 통해 국가 경제를 발전시킨 경험과 유산은 신공공관리론에 입각한 정부개혁 방법론의 효과성에 영향을 미친다. 미국이나 영국 등은 국가의 적극적 역할이 배제된 자유시장 경쟁구조를 통해 국가 경제를 발전시킨 경험과 유산을 지니고 있는 국가이다. 이에 비해, 한국은 해방 이후 1990년대까지 국가 주도의 경제 발전을 추구해 온 국가이다. 따라서 한국의 경제 시스템 내부에는 자생적인 자유시장 경쟁 메커니즘이 발전되어 있지 않다.

둘째, 민영화나 아웃소싱 등의 시장친화적 구조개혁이 그 효과성을 발휘하기 위해서는 정부를 대체할 민간시장과 산업이 충분히 발달해 있어야 한다. 국가 경제의 규모나 독과점적 산업구조로 인해 시장 내 사회적 분업구조가 발달하지 못한 한국과 같은 국가에서 성급한 민영화나 아웃소싱은 결과적으로 정부 보조를 받아 연명하는 준공공 분야를 확대할 수 있고, 국가 독점구조를 불완전한 민간독과점구조로 변형하는 수준에 그칠 수 있으며, 국내 자본의 취약성으로 공공 서비스 시장을 해외 자본에 의해 지배받게 만들 수도 있다. 불완전한 시장 대체는 결국 공공 서비스 공급 및 가격 대비 품질 문제를 야기한다.

셋째, 한국의 경우 공무원의 자연 퇴출이 가능한 노동시장 구조를 지니고 있는가의 문제점도 남아 있다. 최근 한국의 노동시장도 수평적 직장 이동이 다소 활발해지는 횡단적 노동시장 모습을 부분적으로 보이고 있다. 그러나 이 현상은 주로

20~30대를 주축으로 한 노동시장에 국한되어 있고, 40대 이후에 있어서는 퇴출이 반영구적인 실업 또는 비정규직화를 의미하는 연령분절적 노동시장 구조를 보이고 있다. 이 상황에서의 강제적인 공무원의 퇴출은 심각한 저항을 불러올 수 있고, 그 대안으로 공무원들은 사회적 필요성이 오히려 적은 산하기관을 더 만들어 이동하는 부작용을 초래할 수 있다.

넷째, 한국의 경우 국가에 대한 국민들의 높은 기대 수준을 충족시킬 수 있는지의 문제가 남는다. 일반 국민들의 경우 정부 축소에 대해서는 원론적으로 찬성하지만, 실제 자신들의 이해 관계가 걸린 공공 서비스의 축소나 폐지에 대해서는 적극적으로 이를 반대하는 이중성을 지니고 있다. 또한 새로운 사회·경제적 문제가 대두할 경우 이를 국가가 나서서 해결해야 한다는 여론이 언론이나 매스컴을 통해 양산되고 있다. 이 상황에서 일반 국민의 기대에 반하는 공공 서비스의 축소나 민영 대체는 상당한 위험을 내포한 정치적 선택 행위로 제약받는다.

## 제 2 절 정부혁신과 융합정책

참여정부가 추구해 온 혁신과 관련해 지속적으로 논란이 되고 있는 문제는 혁신과 정책의 융합 문제이다. 일부에서는 아직도 부처 본연의 사명과 다소 무관한 혁신을 추진하고 있다는 문제점을 제기하고 있다.

### 1 과정혁신과 내용혁신의 결합

우리들이 지금까지 다루어 온 정부혁신은 좁은 의미의 정부혁신이라 할 수 있다. 보다 넓은 의미의 정부혁신은 이러한 혁신 방법론들이 정부 정책이나 공공 서비스 혁신과 접목되어 추진되는 것을 의미한다. 효과적인 정책혁신이나 공공 서비스 혁신을 위해서는 내용혁신도 중요하지만 과정혁신도 중요하다. 흔히, 정책의 내용이 바뀌는 혁신을 '정책혁신'으로 한정해 이해하고 있지만, 바뀐 정책이 효과적으로 실행되기 위해서는 일련의 과정혁신이 반드시 수반되어야 한다.

통상, 전략이론에서는 다양한 전략이론들을 내용(contents)과 과정(process)으로 구분하고 있다. 다양한 전략 유형이나 전략적 행동의 특성 등 무엇인지를 규명하는 것이 내용지향적 전략이라면, 전략 수립 및 실행 과정 등 전략적 행동이 어떤 과정을 거쳐 일어나는지를 규명하는 것이 과정지향적 전략이다(Acar, Chaganti & Joglekar, 1995). 효과적으로 전략을 수립하고 실행해나가 종국적으로 성과를 높이기 위해서는 양쪽의 관점을 모두 이해하고 활용할 수 있어야 한다(Olson & Bokor, 1995). 이와 같이 효과적인 정책혁신을 위해서는 내용혁신도 중요하지만 과정혁신도 중요하다. 흔히, 정책의 내용이 바뀌는 혁신을 '정책혁신'으로 한정해 이해하고 있지만, 바뀐 정책이 효과적으로 실행되기 위해서는 과정혁신이 반드시 수반되어야 한다.

정책의 내용을 혁신했다고 정책이 성공하는 것은 아니다. 과거와는 다른 정책이 발표되면 새로운 양상의 문제들이 발생한다. 특히, 과거 방식으로 새로운 내용의 정책을 추진할 경우 예기치 못한 반발이나 갈등, 부작용 등으로 인해 당초 의도한 정책 목표가 약화되거나 실종되는 사태가 발생한다.

우리들이 잘 알고 있는 부안 방폐장 유치 실패 사례, 새만금간척사업 등에서 보듯이 정책의 방향이나 내용이 잘못되지 않은 사업도 잘못된 과정 관리로 부작용이 증폭되는 경우가 많다. 이로 인해, 내용상 그 방향성이 맞는 정책혁신도 제대로 과정 관리가 되지 않으면, 그 정책이 실행되지도 못한 상태로 표류하거나 당초의 정책 목표와는 다른 방향으로 정책이 왜곡되는 현상이 나타난다.

새로운 내용의 정책이 성공적으로 실행되고 그 본래의 목적을 달성하기 위해서는 새로운 정책 내용에 부합하는 과정관리가 효과적으로 이루어져야 한다. 새로운 정책 아젠다를 제대로 설정하기 위해서는 창의성을 촉진하는 방법론과 함께 정보의제관리 등과 같은 업무관리시스템의 도움이 필요하다. 새로운 정책을 수립하고 실행하는 과정에서 예기치 않은 마찰과 갈등을 줄이기 위해서는 사전 부처 기획된 정책홍보관리가 이루어져야 하며, 각 단계별로 예상되는 마찰이나 갈등에 대응하기 위한 체계적인 갈등관리가 이루어져야 한다. 이와 동시에 수립 및 실행 과정 전반을 총체적으로 점검하고 지원하기 위한 지식관리, 기록관리, 성과관리, 정책품질관리 등이 뒷받침될 필요성이 있다.

따라서 공통 혁신 과제, 즉 정보의제관리, 갈등관리, 정책품질관리, 지식관리 등의 과정혁신 방법론은 일을 더 어렵고 복잡하게 만드는 것이 아니라 새롭게 시도하는 일을 보다 효과적으로 수행하도록 지원해 주는 것으로 보여야 한다. 정책과 혁신의 융합은 이러한 과정혁신의 방법론을 체득한 상태에서 새로운 내용의 정책을 효과적으로 추진할 때 실현되는 것으로 이해해야 한다.

예를 들어, 민간부문의 대표적인 혁신기법의 하나인 6시그마의 경우 본질적인 내용혁신에 도전하기에 앞서 일정 기간 품질관리 및 품질 측정을 위한 기초통계분석방법론, Fish-born analysis와 같은 체계적인 원인분석방법론, mind-mapping과 같은 창의적 아이디어 도출 방법론 등을 학습한다. 본인의 선정 과제에 대한 도전은 이러한 방법론 학습의 기초 위에서 행해지며, 이를 통해 근본적인 원인을 치유하는 획기적인 혁신성과를 기대할 수 있다.

성공적인 정책혁신을 위해서도 과정혁신의 기초 위에서 내용혁신을 추진해 나가는 것이 긴요하다.

## 제 3 절 정책혁신과 예산혁신

정책혁신이 제대로 이루어지기 위해서는 공직 내부의 각종 규제를 철폐해야 한다. 정부 내에 존재하는 누적해 온 각종 규칙과 규정들을 찾아내어 제거해야 새로운 행동을 촉진할 수 있다. 이것과 관련해 인사 규정이나 조직 규정 등은 눈에 보이기라도 하지만 예산은 잘 눈에 보이지 않는다. 특히, 기존의 정부예산 시스템은 눈에 잘 보이지 않는 가장 큰 제약을 가하는 요인이다(Osborne & Gaebler, 1992).

대부분의 공공 예산은 기관의 비용을 세부항목별 예산이라 불리는 수십 개의 분리 계정으로 통제하고 있다. 이것이 처음부터 모든 분야에서 관료들을 포위하는 것이다. 위원회나 의회 · 정부가 예산 항목을 규정한 이상 관료들은 이것을 벗어나 행동하기 힘들다. 또 한편, 기존의 예산시스템은 차년도 예산 규모를 유지 또는 확대하기 위해 예산 절감은 뒤로 하고 당해연도 예산을 조기 소진 또는 과다 지출하도록 하는 내부 유인 체계가 작동해 정부부문의 불필요한 팽창을 촉진한다.

이 부문과 관련된 정책혁신과 예산혁신 간의 치밀하면서도 완벽한 조율이 이루어지지 않으면 의도한 정책혁신은 활성화되지 못한다. 참여정부도 국민의 정부에 이어 국가예산시스템의 개선을 위한 다각도의 노력을 기울이고 있지만 아직도 진행형으로 완성되지 못했다.

미국의 일부 주정부에서 시도되고 있는 지출통제예산제도와 같은 사명지향적 예산제도는 예산 절감의 유인, 새로운 사업으로의 예산 활용 자율성 부여, 예산 결정 과정의 단순화 등과 같은 효과를 창출한다. 예산제도의 운영은 기관 차원의 보상 및 유인 기능을 보유하고 있다. 문제는 기존의 예산 심의 및 배정 메커니즘이 성공에 대해 보상을 해주는 것이 아니라 오히려 실패에 대해 보상해 준다는 점에 있다(Osborne & Gaebler, 1992). 예를 들어, 기존의 예산으로 치안 문제를 잘 해결한 지역과 기존의 예산으로 치안 문제를 제대로 해결하지 못한 지역이 있다면, 현재의 시스템은 치안 문제를 제대로 해결하지 못해 범죄율이 높아지는 지역에 결과적으로 더 많은 예산을 배정하게 만든다. 경우에 따라서는 범죄율이 낮은 지역의 예산을 줄이고, 그 만큼 범죄율이 높은 지역의 예산을 늘리는 방식으로 예산 배정을 하기도 한다. 물론, 기관장은 치안 문제를 효과적으로 해결함으로써 인사상 우대를 받을 수 있지만, 기관의 입장에서는 더 적은 예산으로 치안 문제에 대응해야 한다. 이러한 경험을 하게 되면 다음 해 관련 예산을 유지하거나 늘리기 위해서는 범죄율을 더 이상 줄여서는 안 되는 기묘한 상황에 빠지게 된다.

정부는 예산제도를 포함한 국가재정시스템 혁신을 위해 부단한 노력을 기울이고 있다. 참여정부에 들어와서 재정사업의 목표와 성과지표를 설정하고 지표에 의한 평가 결과를 재정 운영에 반영하는 재정사업의 성과관리제도를 추진하고 있으며, 2005년부터는 각 부처가 재정사업을 매년 1/3씩 자체 평가하여 예산 편성에 활용하는 재정사업자율평가제도를 도입하였다. 또한 정부부문의 예산 편성·집행·회계 결산·성과관리 등 재정 활동 전 과정의 정보를 포괄하는 통합재정정보시스템으로서 디지털예산회계시스템을 추진하고 있다. 이는 현재 서로 상이한 제도로 단절적으로 운용되었던 중앙과 지방 재정, 예산과 결산 체제를 결합하여 국가 차원의 전략적 배분을 근본적으로 가능하게 한다는 점에서 국가재정혁신의 오래된 숙원 사업이었다. 여기에 당해연도 위주의 재정운용 방식을 보완하고 중·장기적인 시각에서 재정운용이 이루어지도록 하기 위한 국가재정운용계획을 수립해 나가고 있다.

이는 향후 5년 동안 국가 재정의 기본적인 운용 방향과 주요 분야별 재원 배분 및 투자 계획 등을 제시하는 국가재정운용의 청사진을 제시하는 것이다. 이와 같이 다방면에 걸친 정부 예산 및 국가재정시스템을 혁신하려는 노력이 기울여지고 있지만, 아직 전 정부적으로 확산되고 정착되지 못해 그 효과를 보지 못하고 있다.

## 제 4 절 혁신성과와 성과관리

정부혁신 노력이 전략적 사고와 혁신 로드맵을 설정하여 미리 설계된 계획을 바탕으로 매우 체계적으로 추진되어 왔음에도 불구하고 일반 국민들이 피부로 느끼는 정부혁신 성과는 아직 크지 않다. 이로 인해, 행정학계와 공직사회 일부에서 현 정부가 추진해 온 혁신방법론에 대해 회의적인 평가를 내리는 경우도 생기고 있다. 이와 같은 회의적 시각이 확산될 경우 자칫 차기 정부로까지 이어져 지속되어야 할 혁신이 혹여 단절될 수도 있다는 우려도 있다. 이 점과 관련해 몇 가지 논의해 보고 넘어갈 사항이 있다.

### 1 정부혁신의 투입비용

혁신은 진공 상태에서 이루어지지 않는다. 혁신을 추진하기 위해서는 그에 상응하는 각종 자원과 노력이 투입된다. 투입되는 각종 자원과 노력은 혁신의 투입비용을 구성한다. 공공 분야 혁신 추진 과정에서 흔히 관찰할 수 있는 특징 중의 하나는 결과에 대해서는 민감하면서도 투입, 특히 공무원이라는 인적자원의 투입에 대해서는 다소 둔감하다는 점이다.[1)] 예를 들어, 최종 결과 대비 투입을 산출함에

1) 민간에서는 기회비용의 관점에서 투입된 인적자원의 양을 매우 중요한 비용 요소로 고려함에 비해, 공공 분야에서는 이러한 기회비용의 개념을 잘 인정하지 않는다. 반면에, 민간에서는 이 일을 안했다면 그 시간에 다른 일을 통해 조직에 기여할 수 있다고 본다. 그러기 때문에 기회비용 관점에서 접근한다. 그러나 정부조직에서는 해당 공무원이 이 일을 하도록 되어 있으므로, 이 일을 안 한다고 다른 일을 할 필요성이 반드시 있는 것은 아니라고 본다. 따라서 정부부문에서는 기회비용의 개념이 잘 적용되지 않는다.

있어 인적자원의 투입량을 충분히 고려하지 않는 경향이 있다.

공무원이라는 인적자원의 투입 측면에서 양적 측면과 질적 측면을 구분하는 것이 중요하다. 양적 투입은 동원되는 공무원의 숫자와 그들이 혁신 과정에서 소비하는 업무 시간의 크기이다. 양적 투입의 특징은 소비적이며 확정적이라는 데 있다. 반면, 질적 투입은 혁신 과정에서 소모하는 정신적 에너지와 자신이 보유한 지식과 역량의 활용 정도 등을 지칭한다. 질적 투입의 결과는 행위적 측면에서 혁신 피로감, 냉소주의, 성취감, 과업 수행 자신감, 창의성 등과 같은 부정적 또는 긍정적 심리 상태를 불러온다. 위와 같은 질적 투입의 결과는 혁신 활동 이외의 다른 업무에 파급효과를 미친다는 면에서 가변적이다. 즉, 혁신 피로감이나 냉소주의와 같은 부정적 심리 상태는 양적 투입 이상의 비용이 혁신 과정에서 소모된다는 것을 뜻한다. 반면, 성취감, 과업 수행 자신감, 창의성 등과 같은 긍정적 심리 상태는 그 자체로 조직의 유효성을 증대시켜 주는 생산적 기능을 발휘하기 때문에 양적 투입비용을 질적인 측면에서 상쇄하는 효과를 보인다.

정부혁신의 성과를 올바로 평가하기 위해서는 최종적인 결과물만 갖고 볼 수 없으며, 혁신을 추진하기 위해서 투입되는 각종 자원과 노력을 반드시 고려해야 한다. 이 부분과 관련해 참여정부는 물론 과거의 정부들이 정부혁신이나 정부개혁을 위해 어느 정도의 자원 투입을 행하였는지를 알 수 있는 자료나 정보가 체계적으로 축적되지 않고 있다. 이 점에서 민간에서 시테크(時-tech)라는 생소한 개념까지 만들어가면서 업무혁신을 추진했던 경험과 노하우를 되돌아 볼 필요가 있다.

## 2 정부혁신의 성과 측정

대다수 조직혁신 연구에서는 혁신 수준 또는 조직혁신성과(output)로 잡는 변수를 통상 혁신의 채택이나 실행에 초점을 두고 있다(Wolfe, 1994; Fichman, 2001). 그러나 정부가 혁신을 하고자 하는 이유는 혁신 과제의 채택 및 실행을 통해 조직의 효과성을 제고하고 성과를 향상하는 데 있다. 따라서 혁신의 1차 결과라 할 수 있는 혁신 과제의 채택 및 실행도를 넘어서 이를 통한 2차적 결과인 혁신성과(outcome)를 측정할 필요성이 있다.

민간부문에서 혁신의 최종 결과물인 성과로 잡는 지표들로는 3년 이내 도입된 신제품 수, 신제품 매출/수익 비율, 채택된 새로운 아이디어 수, 개발 과정의 실패율, 고객만족도지수, 타부문 대비 제품비용이나 품질, 신제품당 Man-hour, 평균 신제품 양산 리드타임, 3년 이내 채택된 새로운 Process 수 등이 있다(Tidd, Bessant & Pavitt, 2001). 공공부문, 특히 정부조직에 있어서의 어려움은 민간부문과 같은 혁신성과지표를 쉽게 잡기 어렵고 그 측정도 어렵다는 데 있다.

정부혁신의 최종 성과를 어떻게 측정할 수 있을 것인가는 공공분야에 혁신의 개념과 기법을 적용하면서 부딪치는 근본적인 문제이면서 동시에 가장 풀기 어려운 과제 중의 하나이다.

일반적으로 혁신 성과를 측정하는 간단한 논리를 소개하면 다음과 같다. 정해진 일을 기존에 해오던 A라는 방식으로 수행하면 $a$라는 비용이 투입되고, 그 결과 $c$라는 성과가 산출됨에 비해, 만약 이 일을 새로운 B라는 방식으로 수행하면 $b$라는 비용이 투입되고, 그 결과 $d$라는 성과가 산출된다고 가정해 보자. 이때 $(d-c)$는 혁신으로 인한 성과 변동분이 되고, $(b-a)$는 혁신으로 인한 투입 변동분이 된다. 만약 $(d-c)>(b-a)$라면 그 차이만큼이 1회 실행을 전제로 한 혁신의 혜택이 된다.[2)]

이 혁신 활동이 일정 기간 $f$ 횟수로 시행된다면 혁신의 혜택은 단순 산술 측면에서 $(d-c-b+a)\times f$ 만큼의 혁신 혜택으로 확대된다.

문제는 정부부문에 이와 같은 혁신성과 측정방법을 적용하기 어렵다는 데 있다. 그 이유로 통상 다음과 같은 요인을 들 수 있다. 첫째, 공공부문에서는 산출된 성과를 측정하기 어렵다. 둘째, 비용 및 성과와 관련된 기초 정보를 산출하기 힘들거나 관리하지 않는다. 셋째, 기회비용의 개념을 잘 인정하지 않는다. 공공부문에서도 첫 번째와 두 번째와 같은 문제는 측정방법 및 성과 관리시스템의 발전 여하에 따라 해결될 수도 있는 문제이다.

먼저, 최종 성과를 측정하기 어렵다는 문제는 지속적인 측정 노력을 통해 개선될 수 있다. 공공조직은 일반적으로 성과를 측정한다는 것 자체에 대해 부정적이며, 또한 측정한다고 하더라도 정책을 통해 생성되는 활동의 양과 동시에 이를 통한 직접적인 산출물의 양을 측정하는 것을 선호한다. 예를 들어, 실업자 대상 교육

2) B안이 A안에 비해 더 생산적이라는 조건, 예를 들어 B안의 생산성($d/c$)이 A안의 생산성($b/a$)보다 높다는 조건에서는 혁신의 긍정적 혜택이 되며, 그 반대의 경우라면 혁신으로 인한 손실이 된다.

을 시행하는 경우 실제 행해진 교육 활동과 이를 정상적으로 이수한 교육생의 수로 정책의 효과를 측정하고자 한다. 그러나 실업자 대상 교육사업을 추진한 근본적 이유는 이를 통해 실업자의 재고용을 촉진하고자 한 데에 있다. 문제는 이수한 학생의 재고용 여부가 교육의 순수한 효과인지 아니면 개인의 역량 차이로 인해 발생한 것인지의 인과성을 밝히기 어렵다는 데에 있다. 이러한 이유를 들어 대다수의 실업자 대상 교육사업은 실제 행해진 교육활동과 이를 정상적으로 이수한 교육생의 수로 그 효과를 측정한다. 문제는 실업률이 높아질수록 교육의 실질적 효과 성과는 관계없이 교육사업의 규모는 증대해야 한다는 자기모순에 빠지게 된다. 이와 같이 공공조직이 최종 성과를 측정하기 어렵다는 이유를 들어 활동의 양과 이를 통한 직접적인 산출물의 양만을 측정하고자 할 때 발생한다. 이로 인해, 노동시장의 실제 수요를 반영하지 않아도 되는 실업자 교육 그 자체만 열심히 하면 정책적으로는 아무런 문제가 되지 않는다.

이 문제와 관련해 정부재창조론을 주창한 오스본과 개블러(Osborne & Gaebler, 1992)는 완벽하지는 않더라도 최종 성과에 가장 가까운 근사치를 측정하고자 하는 노력이 필요함을 강조하고 있다. 즉, 완전하지 못한 측정 수단도 측정하지 않는 것보다는 낫다는 것이다. 완전하지 못한 측정 수단은 자체의 필요성에 따라 점차 완전한 방향으로 개선될 수 있기 때문이다. 이를 통해, 최종 성과와 유리된 방향으로 전개될 수 있는 자원의 낭비를 예방할 수 있기 때문이다.

두 번째로 제기된 비용 및 성과와 관련된 기초 정보를 산출하기 힘들거나 관리하지 않는다는 문제점도 각종 행정정보시스템 및 성과관리시스템의 발전에 따라 점차 개선될 수 있다. 공공분야에서 성과지표 개발 과정에서 흔히 부딪치는 문제점은 과거 자료가 부족해 효과적인 측정지표를 개발하는 데 기간이 많이 소요된다는 점이다(Popovich, 1998). 그러나 오늘날 정보기술과 이에 따른 정보시스템의 발전은 과거에는 상상할 수 없을 정도로 각종 관리 과정을 변화시키고 있으며, 활동 내용을 디지털화된 각종 정보로 전환해 체계적으로 관리하고 있다는 점이다. 특히, 한국과 같이 정보통신 기술이 발전해 각종 디지털 행정 시스템 개발 및 확산 속도가 빠른 국가에서는 디지털 자료의 축적이 매우 용이하다. 특히, 디지털 컨버전스(digital convergence) 추세에 따라 각종 시스템 정보가 상호 연계되어 활용될 수 있는 상황에서 더 이상 기초 자료의 부족은 공공부문 성과 측정의 장애요인이 되지 않을 것이다.

그러나 세 번째의 문제, 즉 기회비용의 개념을 활용한 혁신성과의 측정 및 성과 인정 문제는 정부 자체의 노력으로만 해결되기 어렵다. 행정을 감시하고 견제하도록 되어 있는 감사원·국회·시민단체·언론 등이 사회적으로 합의를 해주어야 해결될 수 있는 문제이다. 이와 더불어 정부 성과의 측정 문제와 관련해 제기된 양적·질적 분석의 병행 필요성, 올바른 측정법을 개발하기 위한 정보 제공자와 공무원의 참여 촉진, 측정방식의 지속적인 검토와 수정, 적정한 수의 측정방법 활용, 측정기관의 공정성, 성과 자료의 활용 최대화 등의 원칙(Osborne & Gaebler, 1992)을 추가적으로 고려해야 한다.

## 3 시차와 정책적 효과성

참여정부 혁신의 가장 큰 문제는 방법론 그 자체가 안고 있는 내적 한계이다. 참여정부는 자율성을 바탕으로 공직문화와 행정시스템혁신을 기반으로 한 정부의 근본적 변화를 시작했지만, 5년이라는 대통령 임기 내에(좀 더 정확하게 표현하면 4년 이내에) 정부를 비롯한 공공부문 전체적으로 국민이 체감할 수 있는 획기적인 혁신성과를 창출하는 단계까지 올리기는 한계를 갖고 있다.

참여정부 혁신이 주로 혁신 인프라의 구축과 행태 및 문화의 변화에 중점을 두어 추진되었다는 것은 그만큼 혁신의 성과나 효과가 나타나려면 상당한 시간이 흘러야 함을 시사한다. 또한 인프라의 개선·행태·문화의 변화와 혁신이 행정 서비스의 개선으로 연결되는 인과 관계의 설정이 쉽지 않다는 것도 참여정부의 정부혁신의 성과가 일반 국민들에게 크게 느껴지지 못하는 이유가 된다.

참여정부 혁신은 방법론상 자율성을 바탕으로 혁신을 통해 본질적인 성과 향상에 도전하는 대표적 성공 사례를 창출하고, 이를 정부 전체적으로 확산함으로써 본연의 정부혁신을 완성하고자 하였다. 이 점에서 관세청 등 일부 부처는 참여정부에 들어와 혁신을 통해 정부부문에서는 좀처럼 기대하기 힘든 정책 및 서비스 성과를 창출하고 있으며, 지속적 혁신 기반을 강화해 나가고 있다. 이러한 성공이 정부 내부적으로 자연적으로 확산될 때 정부 전체적인 혁신이 완성되는 것이다. 문제는 이러한 확산 이전 단계에 혁신 추진 열기가 대통령 임기나 정치적 환경 문제 등으로 인해 식어버릴 가능성이 있다는 점이다.

민간부문의 혁신성과는 공공부문에 비해 상대적으로 단기간에 확인된다. 민간부문에는 시장의 반응아리는 성과 확인 메커니즘이 작동하기 때문이다. 이에 비해, 정부혁신의 성과가 정책적 효과로 나타나기 위해서는 시간적 요인을 충분히 고려해야 한다. 『행정의 시차적 접근』(정정길 외, 2005)에서는 정책과 제도의 변화과정 및 제도개혁과 성과와의 관계를 연구함에 있어 시간차(time lag)를 다각적으로 반영해야 한다는 점을 강조하고 있다.

# 제 3 편

# 국가경쟁력, 국력, 그리고 좋은 정부

제 1 장

# 국가경쟁력

한국은 아시아 금융위기를 겪으면서 경쟁력 제고의 중요성을 깨닫게 되었으며, 경쟁력을 향상시키기 위해 각종 경제개혁을 지속적으로 시도해 오고 있다. 그동안 많은 노력으로 국가경쟁력 평가 결과가 상당 부문 상승하였지만, 우리의 노력에 비해 평가기관들의 평가 결과는 '아직 부진하다'는 평가가 있다. 이는 우리의 자체 노력에 대해 과도하게 평가한 측면도 있고, 외국인들이 아직 우리의 개혁 노력을 이해하지 못한 점도 있다.

국가경쟁력을 평가하는 기관은 각 분야별로 다양하게 있다. IMD, WEF 등과 같은 종합경쟁력 평가 전문기관부터, World Bank, OECD, UNDP 등과 같은 국제기구, CATO, Heritage 재단, IPS와 같은 연구소, Moody's나 S&P 같은 신용평가기관, A.T. Kearney, Pricewaterhouse Coopers(PWC) 등과 같은 컨설팅회사, 그리고 국제투명성위원회(Transparency International: TI)와 같은 국제 NGO 등 매우 다양하다. 이들 기관들은 모두 경제전반 내지 사회 주요부문의 경쟁력과 이를 지원해 주는 제도 내지 정책의 질을 평가하고 있다. 이 가운데 우리에게 가장 잘 알려진 평가기관이 IMD, WEF이며 이 두 기관은 종합국가경쟁력 지수를 통해 국가별 순위를 매년 발표함으로써 국가 간 단순비교가 용이하여 활용도가 높다.

IMF 위기 이후 이 두 기관의 순위 상승과 하락에 따라 당해연도 정부정책의 성과를 판단할 정도로 평가 결과에 대한 국민, 정부의 반응은 뜨겁다. 그러나 그 등

락의 원인 규명이 불투명하고 설문조사에 크게 의존하고 있는 평가 결과에 뜨겁게 반응하는 것은 한편으로 소모적인 논란에 불과할 수 있다. 많은 국제사회평가기관들을 살펴보면, 같은 분야일지라도 평가방법과 평가요소가 상이하기 때문에 서로 다른 결과가 나올 수도 있다.

이 장에서는 IMD, WEF를 포함하여 각종 해외 국제평가기관들을 분야별로 분류, 그 평가방법을 소개하고 한국의 평가 결과를 종합적으로 짚어봄으로써 한국의 경쟁력 현황을 정확히 파악하고자 한다. 이 장에서는 각기 다른 분야를 평가하고 있는 12개 기관에서 발간한 16개의 국제경쟁력 평가보고서의 개요 및 평가방법, 한국의 평가 결과를 소개하고자 한다.

## 제 1 절 국가경쟁력의 개념

국가(國家, Nation, State)란 통치조직을 가지고 일정한 영토에 정주(定住)하는 다수인으로 이루어진 단체를 말한다. 국가경쟁력이란 좁은 의미로는 경제적 측면에서의 국가의 생산성 또는 국민 소득을 키울 능력과 잠재적인 성장 능력 등을 말한다. 좀 더 넓은 의미에서는 한 나라 국민들의 교육 수준, 경제력, 정치 구조 등 국가의 공공과 민간부문을 모두 합한 경쟁력을 말한다.[1] 하지만, 국가경쟁력에 대한 개념은 연구기관 및 학자들에 따라 다양하게 정의되고 있다.

국가경쟁력 개념은 IMD(2009)에 따르면, "국가경쟁력이란 기업의 경쟁력을 지속가능하게 해주는 환경을 창출하고 유지해나가는 국가의 능력", WEF(2008)에 따르면, "한 국가의 생산성 수준을 결정하는 제도, 정책 및 요소들의 집합체"라고 정의되고 있으며 경제수준을 중요한 요소로 다루고 있다. 하지만, 기존의 국가경쟁력 개념이 기업하기 좋은 국가라는 시각에 국한되어 있으며 정부의 역할을 간과했다는 점을 지적하면서, "국가가 주어진 제약을 바탕으로 국내·외 자원을 동원하여 사회적·경제적·문화적 조건들을 향상시키고, 전체적으로는 그 사회의 질을 제고하여 미래의 바람직한 방향으로 이끌어 내는 힘"으로 정의되는 국가경쟁력 개념이

1) 한국행정학회 행정용어사전 '국가경쟁력', www://http. Kapa21.org.kr

제시된 바 있다. '제약'을 바탕으로, 자원을 '동원'하여, 바람직한 방향으로 이끌어내는 '힘'은 일종의 정부의 '능력'을 의미하는 개념적 구성물(construct)이다. 즉, 어떤 나라의 특정시점에서 일어난 국가 역량을 다른 나라의 그것과 비교하는 개념이다.[2)]

WEF는 국가경쟁력을 한 국가의 생산성 수준을 결정짓는 요소(factors), 정책(policies), 기관(institutions)의 집합으로 이해할 수 있는 개념으로 규정하고, 한 국가가 이루어낼 수 있는 경제적 번영의 수준은 국가경쟁력에 의해 결정된다고 주장한다(WEF, 2005: 3).

IMD(International Institute of Management Development)는 국가경쟁력을 경제이론의 한 분야로 파악하면서 자국내 기업이 더 많은 부가가치를 창조하고 국민들이 더 나은 경제적 번영을 지속할 수 있는 환경을 조성・유지하는 국가의 능력으로 정의하면서 이러한 국가의 능력과 관련된 일련의 사실(facts)과 정책에 대한 분석에 초점을 두고 있다(IMD, 2005: 609). 국가경쟁력에 대한 연구를 보다 체계화한 포터(Porter, 1990: 6)는 국가수준의 경쟁력에 대해 접근할 수 있는 유일한 개념은 생산성이라고 지적하고 국가의 가장 중요한 목적은 국민들에게 높은 생활수준을 제공하고 이를 지속적으로 향상시키는 것이라고 주장한다. 반면, IPS(The Institute for Industrial Policy Studies)는 국가경쟁력을 논의하는 과정에서는 단지 생산성의 절대값이 아니라 국제시장에서의 상대적 경쟁위치의 중요성을 강조하고 국가경쟁력은 국제시장에서 경쟁하는 유사한 경쟁력과 규모를 지닌 국가들 중에서 특정 국가가 차지하는 상대적 경쟁위치로 정의하고 있다(IPS, 2005: 69). 또한 안국신(2005: 314)은 국가경쟁력을 한 나라의 잠재성장률을 안정적으로 실현시켜 나가고 확충할 수 있는 국가의 능력으로 정의하고 있다.

이상의 논의들을 종합하면 국가경쟁력 개념은 연구초점과 범위를 어디에 두느냐에 따라 상이하게 정의되고 있고, 코헨(Cohen, 1994)이 언급한 바와 같이 국가경쟁력 개념은 여러 가지 변수를 동시에 고려해야 그 실체를 파악할 수 있는 다차원적인 개념으로 이해될 수 있다.

2) 임도빈 외(2013). 정부경쟁력의 국제비교: 구성지표와 평가, 한국비교정부학보, 17(2): 95-124.

## 제 2 절 국가경쟁력지수[3)]

국가경쟁력의 중요성에 따라 다양한 연구자 및 연구기관에 의해 국가경쟁력을 평가하기 위한 지수들이 개발되어 국가경쟁력 평가에 활용되고 있다. 대표적인 연구자로 포터(Porter, 1990)는 국가경쟁력의 결정요인으로 생산요소조건(production factor conditions), 시장수요조건(market demand conditions), 관련 및 지원산업(related and supporting industries), 기업의 전략, 구조, 경쟁관계(firm strategy, structure, and rivalry) 등으로 구성된 다이아몬드 모델을 제시하였다.[4)] 이들 4가지 속성은 각각 하나의 시스템으로서 국가경쟁력의 '다이아몬드'를 형성하는데, 이 다이아몬드는 한 국가가 자국의 산업을 만들어준 경쟁 활동의 무대와 같은 역할을 한다. 이를 통해 *The Competitive Advantage of Nations*에서 세계 주요 10개국의 경쟁력을 분석했는데, 이 가운데에는 한국도 포함된다. 포터(Porter, 1990)는 국가경쟁력을 결정짓는 상기의 요소들은 독립적이지만 서로 다른 요소에 영향을 미치고 결국 특정 국가의 경쟁력을 결정한다고 주장하고 있다. 또한 맥아더와 사치스(McArthur & Sachs, 2002)는 성장이론을 바탕으로 세계 각국의 통계자료와 기업인들에 대한 설문자료를 이용하여 기술지수, 거시경제 환경지수, 공적제도지수를 종합하여 성장경쟁력지수(growth competitiveness index)를 개발하였다. 기술지수는 혁신지수와 ICT 지수로, 거시경제 환경지수는 거시경제안정성지수, 국가신용등급지수, 낭비성 정부지출지수로, 공적제도지수는 계약 및 법지수, 부패지수의 세부지수(subindex)로 구성되고 있다.

대표적인 국가경쟁력 평가기관으로 IMD는 1989년부터 *The World Competitiveness Yearbook*을 통해 세계 주요국들의 국가경쟁력을 발표하고 있다. IMD는 각국의 종합적인 경쟁력 평가를 위해 경제운영성과, 정부행정효율, 기업경영효율, 발전

3) www://http.mosf.go.kr. 경제백서, 2012, p.179, 정책기획관 김영돈 사무관.

4) 생산요소조건은 해당 산업에서 경쟁하는 데 필요한 숙련 인력이나 인프라와 같이 생산요소의 관점에서의 국가의 지위를 의미하고, 시장수요조건은 해당 산업의 상품이나 서비스에 대한 국내시장 수요의 본질을 의미한다. 관련 및 지원산업은 국제적으로 경쟁력 있는 공급 산업 및 기타 관련 산업이 국내에 존재하는지 여부를 의미하고, 기업의 전략, 구조, 경쟁관계는 국내 경쟁관계의 본질과 기업의 설립, 조직, 관리 등을 관할하는 국내 여건을 의미한다(Porter, 1990).

인프라분야로 구분하고 각 분야를 다시 5대 부문으로 나누어 총 20개 부문을 분석하고 있다.[5] IMD의 국가경쟁력 평가요소에 대한 내용은 <표 1-1>과 같다.

**표 1-1** IMD 국가경쟁력 평가요소

| 분 야 | 내 용 | 세부부문 |
|---|---|---|
| 경제운영성과 | 국내 경제의 거시경제적 평가 | 국내경제, 국제무역, 국제투자, 고용, 가격 |
| 정부행정효율 | 정부정책의 경쟁력 기여도 평가 | 생산성·효율성, 노동시장, 금융, 경영활동, 형태·가치 |
| 기업경영효율 | 기업의 혁신성·수익성·책임성 평가 | 공공재정, 재정정책, 제도적 여건, 기업관련법, 사회적 제반여건 |
| 발전인프라 | 기업의 필요를 충족시키는 기본적·기술적·과학적 인프라와 인적자원 평가 | 기본인프라, 기술인프라, 과학인프라 보건 및 환경, 교육 |

또한 WEF는 1976년부터 *The Competitiveness Report*를 통해 국가경쟁력 관련 평가를 실시한 이래 1987년부터 1995년까지는 IMD와 공동으로 *World Competitiveness Yearbook*을 발표하였다. 이후 1996년부터는 *The Global Competitiveness Report*의 발표를 통해 독립적인 평가를 실시하고 있다. WEF의 경쟁력 평가체계는 수차례에 걸친 수정 보완과정을 거쳐 최근 2006년 9월에 국제경쟁력지수(GCI)를 발표하고 각국의 경쟁력을 평가하고 있다.

WEF의 경쟁력평가지수는 1996~1997년에는 경쟁력지수(Competitiveness Index: CI)를 통해 단일종합순위를 발표하였다. 이후 1998년부터는 미시경쟁력지수(Micro Industrial CI: MICI)를 추가적으로 개발하여 기존의 경쟁력지수(CI)와 이원체계를 구성하였다. 미시경쟁력지수(MICI)는 단기적인 거시환경의 변화에 영향을 상대적으로 적게 받는 경쟁력 지수로써 WEF는 이의 개발을 통해 경쟁력의 거시 성장론적 측면과 미시 생산적 측면을 구분하여 종합적인 경쟁력 평가를 시도하였다. 2000년부터는 미시경쟁력지수(MICI)의 명칭을 경상경쟁력지수(Current CI: CCI)로 변경하는 한편, 종래의 경쟁력지수(CI) 대신 새롭게 개발한 성장경쟁력지수(Growth CI: GCI)로 대체하였다. 이 중 성장경쟁력지수(Growth CI)는 한 국가가 중·장기적으로

5) IMD의 평가지표 중 경성자료는 객관적인 사실에 근거한 통계자료이며, 설문자료는 경제활동에 참여하고 있는 주체인 기업가들의 주관적 판단과 정서에 근거한 지수이다.

안정적인 경제성장을 달성하는 데 필요한 요소를 얼마나 갖추고 있는가를 측정하는 잠재적 지표인 반면, 경상경쟁력지수(Current CI)는 현시점에서의 국가경쟁력을 파악할 수 있는 상황적 지표이다. 2003년부터는 경상경쟁력지수(CCI)를 기업경쟁력지수(Business CI: BCI)로 다시 변경하였다. 이후 2006년에는 기존 성장잠재력지수를 국제경쟁력지수(Global CI: GCI)로 변경하였다(조병구, 2006). <표 1-2>는 1996년부터 2006년까지의 WEF 경쟁력 평가체제의 변화내용을 보여주고 있다.[6)]

**표 1-2** WEF의 경쟁력 평가체제의 변화

| 연 도 | 경쟁력 평가체제 | |
|---|---|---|
| 1996년 | 경쟁력지수(Competitiveness Index: CI) | |
| 1998년 | 경쟁력지수(CI) | 미시경쟁력지수(Micro Industrial CI) |
| 2000년 | 성장경쟁력지수(Growth CI) | 경상경쟁력지수(Current CI) |
| 2003년 | 성장경쟁력지수(Growth CI) | 기업경쟁력지수(Business CI) |
| 2006년 | 국제경쟁력지수(Global CI) | 기업경쟁력지수(Business CI) |

평가체제의 변화와 함께 경쟁력 평가요소도 지속적으로 변화되어 왔다(<표 1-3> 참조). WEF의 평가요소 구성은 1996~1999년까지는 개방성, 정부, 금융, 기업경영, 사회간접자본, 기술, 노동 등 8개 부문으로 당시의 IMD와 유사한 구성이었다. 이 당시 WEF는 경제성장론에 근거하여 개방성, 정부, 금융, 노동 등 4개 요인에 다른 4개의 요인보다 더 높은 가중치를 부여하였는데, 이는 사회간접자본, 기술, 경영, 제도 등이 경제성장에 미치는 효과를 측정하기가 어렵고 나머지 요인보다 중장기적인 효과가 나타난다고 판단하였기 때문이다. 이후 2000년에는 기존의 정부와 기업경영 부문을 보다 세분화하고 환경정책 부문 등을 포함시켜 12개 부문으로 확대하였다. 2001년에는 거시경제지표, 계약 및 법률, 부패, 집단발달 등을 포함시키는 한편, 기술 부문을 기술혁신 및 확산, 정보통신기술 등으로 세분화하여 평가요소를 재구성하였다.

6) 차용진 · 이홍재(2006). 「2006 글로벌경쟁력지수(GCI)에 대한 고찰」, GCI 모형의 타당도 및 신뢰도 검토, 정책분석평가학회보, 17(3): 113-138.

**표 1-3** WEF의 부문별 평가 구성요소 변화: Global CI 기준

| 연 도 | 평가 구성요소 |
|---|---|
| 1996~1999년 | 개방, 정부, 금융, 기업경영, 제도, 인프라, 기술, 노동 |
| 2000년 | 대외개방, 국민경제성과, 정부 및 재정, 금융, 기업특성, 기업활동 및 전략, 국내 경쟁, 환경정책, 제도, 인프라 인적자원, 기술 |
| 2001년 | 국민경제성과, 거시경제지표, 계약 및 법률, 부패, 국내시장 경쟁도, 기업활동 및 전략, 집단발달, 환경정책, 기술혁신 및 확산, 정보통신기술, 인프라 |
| 2005년 | 거시경제안정성, 국가신용등급, 재정비효율성, 계약 및 사법제도, 부패지수, 기업혁신, 기술이전, 정보통신기술 |
| 2006년 | 제도, 인프라, 거시경제, 보건 및 초등교육, 고등교육 및 훈련, 시장효율성, 과학기술수준, 기업활동 성숙도, 기업혁신 |

2005년에는 거시경제(거시경제안정성, 국가신용등급, 재정비효율성), 공공기관(계약 및 사법제도, 부패지수), 기술(기업혁신, 기술이전, 정보통신기술) 등 3대 분야, 8개 부문으로 구분하였다. 특히, 2005년의 경우 3대 분야 중 미래 성장 잠재력을 나타내는 기술분야에 50%(거시경제와 공공기관은 각각 25%)의 비중을 둠으로써 경쟁력 평가과정에서 기술분야를 강조하였다. 이후 2006년에는 평가대상 범위를 확대하여 국가경쟁력을 보다 넓은 관점에서 평가할 수 있도록 기본요건(제도, 인프라, 거시경제, 보건 및 초등교육), 효율성 증진(고등교육 및 훈련, 시장효율성, 과학기술수준), 혁신(기업활동 성숙도, 기업혁신) 등 3대 분야, 9개 부문으로 확대 개편하였다.

앞에서 살펴본 바와 같이 국가경쟁력은 다차원적인 개념이며, 국가경쟁력 평가기관에 따라 평가체계는 상이하게 나타나고 있다. IMD의 국가경쟁력 평가지표들은 한 국가의 전반적인 능력보다는 협의의 개념이며, 기업의 부가가치 창출과 관련된 여건들이 주요 평가대상이다.

## 제 3 절 주요 국가경쟁력 지표

아래 <표 1-4>는 국가경쟁력을 평가하는 기관들과 평가방법들을 예시해 두

고 있다. IMD는 세계경쟁력의 종합적인 평가를 위해 매년 5월 전 세계 61개 국가 및 권역의 세계경쟁력지표(WCS: World Competitiveness Scoreboard)를 평가·발표하고 있다. WEF는 매년 130여 개 나라를 대상으로 *Global Competitiveness Report*를 발표한다. 국제경쟁력지표(GCI: Global Competitiveness Index)는 거시환경, 공공부문, 기술의 3개 부문으로 나누며, 이는 다시 8개 항목으로 평가한다. 산업정책연구원과 국제경쟁력연구원은 IPS 국가경쟁력순위(NCR: National Competitiveness Rankings)를 발표한다. 지표로는 물적요소 및 인적요소 8개 부문의 23개 하위부문과 그 하위 275개 세부항목을 평가한다.

중국 사회과학원에서는 이미 1980년대 초부터 국가기관인 사회과학원이 중심이 되어 중국, 한국, 미국, 일본, 러시아, 인도 등 주요 국가들의 종합국력을 측정해 오고 있다. 경제성장률과 1인당 GDP(국내총생산), 상품 및 서비스 수출, 노동생산성 등을 자체 개발한 모형에 대입, 국가경쟁력 순위를 평가 매번 그 조사 결과는 중국의 국무원을 비롯한 중국의 주요 국가 기구들의 중·장기 국가발전 전략의 기초자료로 활용되고 있다.

**표 1-4** 주요 기관의 국가경쟁력

| 평가기관 국가경쟁력 | 주요평가부문 | 평가국가 | 평가방법 |
|---|---|---|---|
| IMD(2013)<br>세계경쟁력지표<br>(World Competitiveness Scoreboard) | 경제성과<br>정부효율성<br>경영효율성<br>사회인프라 | 61개 국가 | 126개 통계자료와 113개 분야 설문자료를 분야별로 점수화 |
| WEF(2013)<br>국제경쟁력보고서<br>(Global Competitiveness Report) | 거시환경<br>공공부문<br>기술부문 | 130개 국가<br>(144개 국가) | 거시환경, 공공부문, 기술의 3개 부문으로 나누며, 이는 다시 8개 항목으로 평가 |
| IPS<br>(산업정책연구원, 2006)<br>IPS 국가경쟁력순위(National Competitiveness Rankings) | 물적요소<br>(4개부문)<br>인적요소<br>(4개부문) | 66개 국가 | 물적요소 및 인적요소 8개 부문의 23개 하위부문과 그 하위 275개 세부항목 평가 |
| CASS<br>(중국사회과학원, 2006)<br>종합국력(Comprehensive National Power) | 경제성장률<br>수출<br>노동생산성<br>1인당 GDP | 100개 국가 | 경제성장률과 1인당 GDP(국내총생산), 상품 및 서비스 수출, 노동생산성 등을 자체 개발한 모형에 대입, 국가경쟁력 순위를 평가 |

## 1 세계경쟁력지수(WCS Scoreboard)

국제경영대학원(IMD)는 세계경쟁력을 "기업의 경쟁력을 지속시킬 수 있는 제반 여건을 창출하고 유지할 수 있는 국가의 능력"으로 정의하고, 경쟁력 분야를 크게 경제운영성과, 정부행정효율, 기업경영효율, 발전인프라 등 4가지로 구분하고 다시 각 분야를 5개 부문으로 분류하여 총 20개 부문에 대하여 314개 항목을 가지고 평가하고 있다(2005년 기준). 이 중 241개 항목은 128개 통계자료(hard data, 54%)와 113개의 설문조사(survey, 46%)로 구성하여 직접 반영하고, 나머지 73개 항목은 보조 자료를 활용하고 있다. 4대 분야에 관련한 설문항목은 각각이 차지하는 비율이 달라 경제운영성과 분야와 발전인프라 분야는 거시총량과 하드웨어 투자부문으로 설문비중이 각각 11%, 37% 수준으로 상대적으로 적은 편이다. 반면, 정부행정효율 분야와 기업경영효율 분야는 제도와 시스템 부문으로 설문항목이 각각 66%, 63%나 차지하는 등 설문비중을 높게 평가하고 있다.

## 2 국제경쟁력지수(GCI)[7)]

세계경제포럼(WEF)은 국가경쟁력을 지속적 경제성장과 장기적인 번영을 가능하게 하는 정책 제도 및 제반요소로 정의하고(WEF, 2006), 2006년부터 국제경쟁력지수(GCI)를 적용하여 각국의 국가경쟁력을 측정하고 있다.

국제경쟁력지수(GCI)는 기본요건, 효율성 증진, 혁신요인의 3개 구성요인으로 구성되어 있고, 각각의 구성요인은 2~4개 지표로 다시 세분화되어 총 9개 지표로 구성되어 있다(<표 1-5> 참조). 기본요건의 경우 4개의 지표(제도, 인프라, 거시경제, 보건 및 초등교육), 효율성 증진은 3개의 지표(고등교육 및 훈련, 시장효율성, 과학기술수준), 혁신요인은 3개의 지표(기업활동 성숙도, 혁신)로 구성되어 있다.

7) 세계경제포럼(WEF)의 세계경쟁력보고서, 2013~2014 분석, -과학기술 관련 부문중심으로-.

**표 1-5 국제경쟁력지수(GCI)의 핵심 구성요소 및 지표**

| 구 분 | 구성요소 | 지 표 |
|---|---|---|
| 국제경쟁력지수(GCI) | 기본요건 | 제도, 인프라, 거시경제, 보건 및 초등교육 |
| | 효율성 증진 | 고등교육 및 훈련, 시장효율성, 과학기술수준 |
| | 혁신요인 | 기업활동 성숙도, 혁신 |

WEF의 국제경쟁력지수(GCI)에서는 9개 지표들의 측정을 위해 다양한 자료를 활용하고 있다. 이러한 자료는 경성자료(1/3)와 설문자료(2/3)로 구성되어 있다. WEF는 경성자료인 통계자료로 IMF, World Bank, UN, ITU, WHO 등 국제기구의 통계를 직접 수집·활용하고 있으며, 설문자료의 경우에는 각국의 파트너 기관이 WEF에서 정한 기준에 따라 선정한 기업의 CEO를 대상으로 설문조사를 실시하여 수집 활용하고 있다(WEF, 2006).

조사대상의 선정 기준으로 국가크기, 지표 및 변수의 적용범위 등을 고려하여 총 125개국을 선정하여 분석하였고, GCI 산출방법에 있어서 각국의 경제발전단계에 따라 조사대상 125개 국가를 1인당 GDP 기준으로 기존요건주도형(factor-driven; <$2,000), 효율성주도형(efficiency-driven; $3,000~$9,000), 혁신주도형(innovation-driven; >$17,000)의 경제체제로 분류하여 단계별로 측정지표에 가중치를 차별화하여 산정하고 있다(WEF, 2006).

## 3 국가경쟁력 순위(NCR: National Competitiveness Rankings)

산업정책연구원(The Institute for Industrial Policy Studies: IPS)은 마이클 포터(Michael Porter) 교수의 다이아몬드 모델을 근간으로 한 9-factors 모델에서 발전된 모델을 바탕으로 하고 있다. IPS 국가경쟁력연구보고서[8]의 연구방법론은 자체개발한 평가모델, 국가군 분류, 경쟁전략 시뮬레이션, 최적전략모델(Optimal Strategy

8) IPS 국가경쟁력연구 2006년 보고서는 275개의 방대한 통계 및 각 항목별 국가경쟁력 순위 등의 자료뿐만 아니라 분석 모델, 국가군 분류, 경쟁 전략 시뮬레이션, 최적 전략 모델(Optimal Strategy Mix) 등 국가경쟁력을 평가하고 분석하여 이를 발전시키기 위한 정책적 제안을 도출하는 일련의 모든 과정을 집대성한 종합 보고서라 할 수 있다.

Mix)의 네 가지 측면에서 타 보고서와 구별되는 차별성을 보이고 있다.

특히, 올해에는 기존의 9-팩터 모델(9-Factor Model)을 보완하여 국가경쟁력에 영향을 미치는 국제적인 요소를 포함하는 이중더블다이아몬드 모델(Double Diamond Model, DDD)을 적용하여 평가 결과의 설명력을 높였다(산업정책연구원, 2014).[9]

IPS 국가경쟁력연구는 생산조건, 수요조건, 관련 산업, 경영여건, 근로자, 정치가 및 관료, 기업가, 전문가, 기회요인의 총 9개의 지표로 구성되어 있으며, 윤리경영과 지속가능경영의 전반에 대한 수준을 알 수 있는 지표를 포괄하고 있어, 조사결과를 통해 각 국가의 윤리 및 지속가능경영의 수준을 알 수 있다. 구체적으로는 물적 요소 4개(생산요소, 시장수요, 관련 및 지원산업, 경영여건)와 인적 요소 4개(근로자, 정치가 및 행정관료, 기업가, 전문가), 그리고 외생요소로 이뤄진 9개 부문으로 구성되어 있으며, 이를 23개의 하위 부문, 275개 항목(138개의 설문자료, 137개의 경성자료)을 적용하여 평가하고 있다. 138개의 설문자료는 KOTRA(대한무역투자진흥공사)의 105개 해외무역관을 통해 일괄 수집되며, 137개의 경성자료는 국내·외 정부기관 및 국제기구의 통계자료를 이용하고 있다.

## 제 4 절 한국의 국가경쟁력 현황

우리나라가 국제경쟁력을 지속적으로 높여나가기 위해서는 약점의 보완과 함께 위협요인에 대한 적극적 대비가 필요하다. 무엇보다도 후발국의 추격과 선진국 기업들과의 경쟁의 틈새에서 발전을 이루려면 국가적 역량을 집중하여 차세대 성장동력의 창출이 절실한 시점이다. 이러한 상황에서 신성장 동력산업을 합리화하고 발전시키기 위해서는 '정부혁신'과 '환경 변화에 신속히 대응'한다는 측면에서 새로운 패러다임의 정립과 이를 실현하기 위한 노력을 기울여야 한다.

우리나라의 국가경쟁력 요소를 전략적 분석도구인 SWOT 분석(강점: Strength,

9) 이는 기존의 수직적인 순위 비교를 통한 국가경쟁력 평가 방법론의 문제점을 인식하고 산업정책연구원과 국제경쟁력연구원이 개발한 평가모델로, 더블다이아몬드(Double Diamond)를 기반으로 한 9-팩터 모델을 통해 국가경쟁력을 측정한다.

약점: Weakness, 기회: Opportunity, 위협: Threat)을 통해 정리해 보면 다음의 <표 1-6>과 같다.

**표 1-6** 한국의 국가경쟁력에 대한 SWOT 분석

| (강점) | (약점) |
|---|---|
| • 세계적 수준의 제조생산 기술보유<br>• 세계 최고의 IT 인프라 보유<br>• 우수한 인적자원 | • 질적 경쟁력 미흡<br>• 기업 경영환경 열악 |
| **(기회)** | **(위협)** |
| • 글로벌 경쟁 심화<br>• 동북아 등 지역 협력 강화<br>• IT 기술의 광범위한 활용, 융합기술의 등장 | • 경제성장과 분배에 대한 갈등확산<br>• 고령화 사회 진전, 이공계 기피현상<br>• 중국 등 후발국의 급격한 추격 |

이외에도 WTO의 출범과 공산권의 붕괴는 세계경제의 통합을 가속화시키고 있으며 FTA 체결 등 차별적 무역장벽이 사라지는 상황이 전개되고 있어 한국뿐만 아니라 전 세계 모든 국가와 기업들이 무한경쟁의 시대에 돌입하게 되었다. 또한 무한경쟁에 대응하기 위한 국가 간 블록화도 진행되고 있는데, 한 · 중 · 일 등 동북아 국가 간의 협력강화도 심화되는 경쟁력에 대처하기 위한 대표적인 대응전략 사례라고 볼 수 있다. 하지만, 이렇듯 급변하는 사회경제 환경은 우리에게 위협이 될 수도 있지만, 우리가 어떻게 대응하는가에 따라서 기회의 장이 될 수 있음도 간과해서는 안 될 것이다.

## 1 WEF의 국가경쟁력 평가

WEF의 2016 글로벌경쟁력지수(GCI) 평가 결과는 <표 1-7>과 같다.

국가별 순위에서 스위스(5.8), 싱가포르(5.7), 미국(5.6), 독일(5.5), 네덜란드(5.5), 일본(5.5), 홍콩(5.5), 핀란드(5.5) 등이 최상위 그룹으로 평가되고 있으며, 미얀마(3.3), 베네수엘라(3.3), 모잠비크(3.2), 아이티(3.2), 말라위(3.2), 부룬디(3.1) 등이 최하위 그룹으로 평가되고 있다.

**표 1-7** 2016 국제경쟁력지수(GCI) 평가 결과: 국가별 순위 및 점수

| 순 위 | 국가명 | 점 수 | 국 가 | 국가명 | 점 수 |
|---|---|---|---|---|---|
| 1 | 스위스 | 5.8 | 22 | 프랑스 | 5.1 |
| 2 | 싱가포르 | 5.7 | 23 | 오스트리아 | 5.1 |
| 3 | 미국 | 5.6 | 24 | 아일랜드 | 5.1 |
| 4 | 독일 | 5.5 | 25 | 사우디아라비아 | 5.1 |
| 5 | 네덜란드 | 5.5 | 26 | 한국 | 5.0 |
| 6 | 일본 | 5.5 | 27 | 이스라엘 | 5.0 |
| 7 | 홍콩 | 5.5 | 28 | 중국 | 4.9 |
| 8 | 핀란드 | 5.5 | 29 | 아이슬란드 | 4.8 |
| 9 | 스웨덴 | 5.4 | 30 | 에스토니아 | 4.7 |
| 10 | 영국 | 5.4 | 31 | 체코 | 4.7 |
| 11 | 노르웨이 | 5.4 | 32 | 태국 | 4.6 |
| 12 | 덴마크 | 5.3 | 33 | 스페인 | 4.6 |
| 13 | 캐나다 | 5.3 | 34 | 쿠웨이트 | 4.6 |
| 14 | 카타르 | 5.3 | 35 | 칠레 | 4.6 |
| 15 | 대만 | 5.3 | 36 | 리투아니아 | 4.5 |
| 16 | 뉴질랜드 | 5.3 | 37 | 인도네시아 | 4.5 |
| 17 | 아랍에미리트 | 5.2 | 38 | 포르투갈 | 4.5 |
| 18 | 말레이시아 | 5.2 | 39 | 바레인 | 4.5 |
| 19 | 벨기에 | 5.2 | 40 | 아제르바이잔 | 4.5 |
| 20 | 룩셈부르크 | 5.2 | 41 | 폴란드 | 4.5 |
| 21 | 호주 | 5.1 | 42 | 카자흐스탄 | 4.5 |

한국은 26위(5.0)로 평가되어 140개국 중 중상위그룹을 형성하고 있다. 구성요인별 한국의 순위는 기본요건 분야는 18위(5.7), 효율성 증진 분야는 25위(4.8), 혁신요인 분야는 22위(4.8)로 나타났다(<표 1-8> 참조).

**표 1-8** 구성요소별 한국의 순위 및 점수

| 구성요소 | 순 위 | 점 수 |
|---|---|---|
| 기본요건 | 18 | 5.7 |
| 효율성 증진 | 25 | 4.8 |
| 혁신요인 | 22 | 4.8 |

12개 지표별로는 10위권 내에 한 분야는 단 한 분야이며, 거시경제(5위: 6.6), 시장규모(13위: 5.6)는 상대적으로 강점을 가지고 있다고 평가되었으나, 금융시장 발전(87위: 3.6), 시장효율성(83위: 4.1)은 다른 부문에 비해 매우 취약한 것으로 평가되었다(<표 1-9>와 [그림 1-1] 참조).

**표 1-9 지표별 한국의 점수**

| 구성요소 | 지 표 | 순 위 | 점 수 |
|---|---|---|---|
| 기본요건 | 제도 | 69 | 3.9 |
| | 사회기반시설 | 13 | 5.8 |
| | 거시경제 | 5 | 6.6 |
| | 보건 및 초등교육 | 23 | 6.3 |
| 효율성 증진 | 고등교육 및 훈련 | 23 | 5.4 |
| | 시장효율성 | 26 | 4.8 |
| | 노동시장효율성 | 83 | 4.1 |
| | 금융시장 발전 | 87 | 3.6 |
| | 과학기술수준 | 27 | 5.5 |
| | 시장규모 | 13 | 5.6 |
| 혁신요인 | 기업활동 성숙도 | 26 | 4.8 |
| | 혁신 | 19 | 4.8 |

**그림 1-1 지표별 한국의 점수**

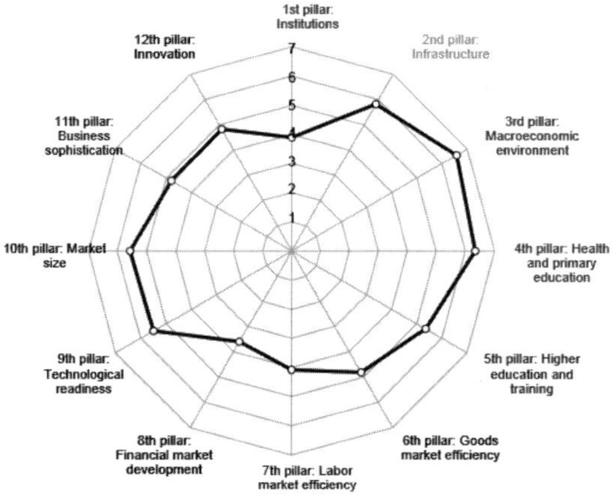

## 2 IMD의 국가경쟁력 평가

한국은 1997년 IMD 조사 이후 최고 수준인 국가경쟁력을 2012년에도 유지하고 있다. 우리나라의 세계경쟁력은 2008년 이후 3년 연속(2008년 31위→2009년 27위→2010년 23위→2011년 22위) 상승하고 있다. 이는 기업효율성의 향상이 경쟁력 유지에 주요 요인이라고 볼 수 있다. 특히, 재정수지, 일반 정부 부채 등 공공재정(16위→10위)과 종업원의 직업훈련 정도 등 노동시장(34위→24위) 등의 개선이 주요 상승 요인으로 작용하고 있다.

우리나라의 국가경쟁력을 경제성과, 정부효율성, 기업효율성, 그리고 인프라 분야의 4대 주요 분야별로 살펴보고자 한다. 분야별 평가의 경우, 기업효율성(26위→25위)이 개선된 반면, 경제성과(25위→27위)와 정부효율성(22위→25위)이 다소 하락하였다. 인프라 분야는 전년도와 동일한 수준(20위→20위)을 유지하고 있다.

먼저, 경제성과 분야(25위→27위)는 전년도 대비 두 단계 하락하였다. 주요 변동 요인을 살펴보면, 국제투자 분야(53위→42위)는 개선되었으나, 국제무역 분야(16위→30위)의 악화 등이 주요 하락 요인으로 나타난다. 기타 부문은 국내경제(12위→16위), 고용(6위→8위), 물가(52위→54위) 등에서 하락하였다. 강점/약점 요인 분석에서 청년실업률이 13위로 양호하게 평가되고 경제 다변화정도, 상품수출액 등은 강점요인이나, 해외 직접투자 유입액, R&D 시설 재배치 위험 등 국제투자 분야와 교역조건 지수 등 국제무역 부문이 약점요인으로 평가된다. 이를 아래 <표 1-10>과 같이 정리하여 설명할 수 있다.

**표 1-10 경제성과 분야의 국가경쟁력 요인 분석**

| 중간분야 | 강점(세부항목) | 순 위 | 중간분야 | 약점(세부항목) | 순 위 |
|---|---|---|---|---|---|
| 고용 | 장기실업률 | 1 | 국제투자 | 직접투자 유입액/GDP | 55 |
| | 실업률 | 6 | | R&D 시설 재배치위험(설문) | 52 |
| | 청년실업률 | 13 | | 주식 직접투자 유입액/GDP | 53 |
| 국내경제 | 경제 다변화정도(설문) | 3 | 국제무역 | 교역조건 지수 | 53 |
| 국제무역 | 상품 수출액 | 7 | 국내경제 | 생계비 지수 | 50 |

정부효율성 분야(22위→25위)는 전년도 대비 세 단계 하락하였다. 주요 변동 요인을 살펴보면, 공공재정(16위→10위), 사회적 여건(38위→32위) 등이 개선되었으나, 재정정책(11위→19위) 등이 하락하였다. 한편, 기타 부문으로 제도적 여건(23위→23위), 기업 관련 법규(44위→42위)는 유지되거나 일부 개선되고 있다.

공공재정 분야는 재정흑자/적자, 정부 부채 등이 세부 항목으로 반영되어 있고, 재정정책 분야는 조세수입, 사회보장 부담 등이 반영되어 있다. 강점/약점 요인 분석에서 정부 보조금, 사회응집력 등은 강점인 반면, 이민법의 외국인 근로자 고용저해 정도, 관세 장벽 등은 약점으로 작용하고 있다. 이를 아래 <표 1-11>과 같이 정리하여 설명할 수 있다.

**표 1-11** 정부효율성 분야의 국가경쟁력 요인 분석

| 중간분야 | 강점(세부항목) | 순 위 | 중간분야 | 약점(세부항목) | 순 위 |
|---|---|---|---|---|---|
| 기업 관련 법규 | 정부보조금/GDP | 3 | 기업 관련 법규 | 이민법의 외국인 근로자 고용저해 정도(설문) | 58 |
| 사회적 여건 | 사회응집력(설문) | 4 | | 관세 장벽 | 54 |
| 공공재정 | 재정수지/GDP | 5 | | 해고 비용 | 50 |
| 제도적 여건 | 외환보유고 | 7 | 사회적 여건 | 정치적 불안정(설문) | 52 |
| | 단기 실질이자율 | 8 | | 노령화(설문) | 52 |

기업효율성 분야(26위→25위)는 전년도 대비 한 단계 상승하였다. 주요 변동 요인을 살펴보면, 노동시장(34위→24위) 등이 크게 개선되었으나, 생산성·효율성(26위→32위), 행태가치(18위→22위)는 하락하였다. 기타 부문은 금융부문(28위→25위), 경영활동 부문(29위→26위) 등이 각각 세 단계씩 개선되었다. 강점/약점 요인 분석에서 고객만족도 강조, 인재유치·직원 교육에 대한 기업의 우선순위, 연평균 근로시간 등은 강점이나, 이사회의 경영감시 기능, 노사관계 생산성, 중소기업의 국제표준 효과성 등은 약점으로 작용하였다. 이를 아래 <표 1-12>와 같이 정리하여 설명할 수 있다.

**표 1-12** 기업효율성 분야의 국가경쟁력 요인 분석

| 중간분야 | 강점(세부항목) | 순 위 | 중간분야 | 약점(세부항목) | 순 위 |
|---|---|---|---|---|---|
| 노동시장 | 인재 유치에 대한 기업의 우선순위(설문) | 1 | 경영활동 | 이사회의 경영감시 기능(설문) | 56 |
| | 연간 평균 근로시간 | 2 | 생산성 | 중소기업 효과성(설문) | 51 |
| | 종업원의 직업훈련(설문) | 6 | 노동시장 | 노사관계 생산성(설문) | 53 |
| 경영활동 | 고객 만족도 강조여부(설문) | 1 | | 고위 간부의 경쟁력(설문) | 49 |
| 생산성 | 기업 생산성(설문) | 8 | | 두뇌유출로 인한 제약정도(설문) | 49 |

인프라 분야(20위→20위)는 전년도 수준을 유지하고 있다. 주요 변동 요인을 살펴보면, 기본인프라(19위→21위), 교육인프라(29위→31위) 부문이 하락하였고 기타 부문은 작년과 유사하다. 기타 부문은 기술인프라(14위→14위), 과학인프라(5위→5위), 보건 및 환경(28위→28위)으로 유지되고 있다. 강점/약점 주요 분석에서는 기업의 R&D 지출, 고등교육 이수율, 지속가능한 개발에 대한 우선순위 등이 강점이나, 초·중등학교 교사 1인당 학생 수, 경영학 교육 적합성 등이 약점으로 작용되고 있다. 이를 아래 <표 1-13>과 같이 정리하여 설명할 수 있다.

**표 1-13** 인프라 분야의 국가경쟁력 요인 분석

| 중간분야 | 강점(세부항목) | 순 위 | 중간분야 | 약점(세부항목) | 순 위 |
|---|---|---|---|---|---|
| 과학 | 기업의 R&D 투자/GDP | 2 | 교육 | 중등교사 1인당 학생 수 | 53 |
| | 총 R&D 투자/GDP | 3 | | 초등교사 1인당 학생 수 | 50 |
| 건강 및 환경 | 지속가능한 개발에 대한 기업의 우선순위(설문) | 2 | | 경영학 교육 적합성(설문) | 43 |
| 교육 | 고등교육 이수율 | 2 | 기술 | 인터넷 대역폭 속도 | 42 |
| 기술 | 연결성(통신, IT)(설문) | 4 | | 숙련엔지니어 보유정도(설문) | 48 |

이를 329개의 세부항목 중에서 도출하여 보면, 우리나라는 장기실업률(1위→1위), 고등교육 수학률(2위→2위) 등 26개 항목이 59개국 중 5위 이내의 상위권에 포함되고 있다. 반면, 이민법의 외국인 고용제약(56위→58위), 노사관계 생산성(53위→53위) 등 25개 항목이 50위 이하의 하위권이어서 개선이 시급한 것으로 나타

났다. 하위권에 머물러 있는 외국인 직접투자 유치(46위→55위), 기업 이사회 감시정도(55위→56위), 초·중등 교사 1인당 학생 수(초등: 51위→50위, 중등: 53위→53위) 등에 대한 개선방안 마련이 필요한 것으로 나타났다.

이를 기반으로 IMD가 제시한 2012년 한국의 정책과제는 ① 세계 재정위기에 대한 선제적 대응, ② 인플레이션의 완화, ③ 일자리의 질 향상과 청년 실업의 완화, ④ FTA 확대와 이로 인해 부정적 영향을 받는 산업의 강화, ⑤ 사회자본을 포함한 투자의 확대로 인식하고 있다.

한편, '2014년 국가경쟁력 평가'에서는 한국은 60개국 가운데 26위로, 2013년보다 4단계 하락했다. IMD가 제시한 2014년 한국의 정책과제로는 ① 투자, 국내소비 촉진 등을 통한 잠재성장률 유지, ② 양질의 일자리 창출을 통한 소득불균형 심화 축소, ③ 남북관계 관리, ④ 창조경제를 위한 우호적 여건 강화, ⑤ 동아시아의 다양한 지역 무역협정 대처 등을 제시했다. 이는 개인정보 유출 사건 등 사회적 이슈와 함께, 공공기관 정상화 및 규제개혁 추진과정에서의 과거 누적된 문제점이 부각된 부분이 부정적인 영향을 미친 것으로 보인다. 이를 위해, 앞으로 경제혁신 3개년 계획, 비정상의 정상화, 공직사회 개혁 등을 강도 높게 추진해 우리 사회의 체질을 근본적으로 바꾸고 국가경쟁력을 높여가야 한다.[10]

## 3 IPS의 국가경쟁력 평가

IPS는 평가대상국가를 규모와 경쟁력의 정도로 분류하고, 각 분류별로 최적 전략을 제시하고 있다. 우리나라에 대한 평가 결과를 살펴보면, 한국의 경우, 2001년 이후 줄곧 하락세를 보인 후 2005년 처음으로 상승세를 보였으나 2006년에는 종합순위 22위로 변동이 없었다. 부문별 순위를 자세히 살펴보면 근로자(54위, ▲7), 시장수요조건(13위, ▲5), 전문가(15위, ▲2)와 경영여건(30위, ▲2) 부문에서 상승세를 보였고, 정치가 및 행정관료(37위, ▼5), 기업가(14위, ▼3), 생산요소조건(59위, ▼2), 관련 및 지원산업(23위, ▼1) 부문에서는 하락세를 보였다. 특히, 시장수요조건과 전문가 부문의 순위는 최근 몇 년 간 지속적으로 순위가 향상되는 양상을 보

10) 2014년 IMD 발표 결과, 기획재정부 경제정책국 정책기획과(044-215-2813) 자료 분석.

이고 있다. 2012년 조사 결과 우리나라는 62개국 중 18위로, 하위부분을 살펴보면 경영상황과 관련하여 내부거래(5위→7위), 공정한 대우(10위), 윤리적 관행(9위→32위), 사회적 책임(17위→39위), 임직원 안전 및 보건(12위→24위)으로 전반적으로 하락하여 경영상황에 있어서의 윤리적 상황이 악화되었음을 알 수 있었으며, 정치 및 관료 부분의 윤리 수준도 정치인의 뇌물수수와 부패(48위→40위), 관료의 뇌물수수와 부패(23위→30위)로 나타나 정치 및 관료의 윤리수준이 상당히 취약함을 알 수 있었다.

선진국일수록 부가가치를 높일 수 있는 시장수요조건과 전문가 부문의 경쟁력이 중요시되는데 한국이 최근 몇 년 간 이 부문에서 강세를 보이고 있으며, 이는 한국의 경쟁력 구조가 선진국형 경쟁력 구조로 바뀌고 있음을 의미한다.

# 제 2 장 국 력

## 제 1 절 국력의 개념

국력의 개념은 “한 국가가 이루고자 하는 것을 실현해내는 능력”을 의미한다. 보다 구체적으로는 한 국가가 강제적이든 평화적이든 다양한 설득 수단과 방법을 동원하여 다른 나라들로부터 지원과 협력을 얻어 자국의 정책과 전략을 실천에 옮겨 소기의 국가 목표와 비전을 실현해내는 국가의 능력이라고 정의할 수 있다. 종합적으로 국력은 한 국가가 이런 의미의 국력을 소지할 수 있게 하는 제반 요소 능력들의 합(合)이라고 정의할 수 있다.

즉, 국민의 생명과 재산, 영토를 보호하고, 다른 나라들로부터 협력을 이끌어내어 평화상태를 유지할 수 있게 한다. 한국적 상황에 적용하여 정의하면 대한민국의 국력은 한반도를 통일하고 통일된 국가 이익을 추구하는 데 필요한 제반 요소 능력들의 총체라고 할 수 있다. 종합국력이 어떤 요소 능력들로 구성되느냐 하는 것은 국력을 정의코자 하는 사람들마다 달리 판단될 수 있다. 한선재단의 경우, 13가지의 개별 요소 능력으로 구성되는 것을 ‘종합국력’으로 이해하였다. 그리고 이들 요소 능력들은 크게 두 가지 유형의 국력으로 구분하고 있다. 즉, 물질적이고 구매가능한 자원이라고 정의할 수 있는 ‘경성국력’과 비물질적이고 구매가 사실상 불가능하며, 경성국력 요소들이 제대로 작동할 수 있게 여건을 조성해주고 구축된 국력을 타국에 대하여 효과적으로 행사할 수 있게 하는 능력이라고 정의할 수 있는 '연성국력'으로 구별한다.

국가능력에 관한 분석은 일반적으로 생활수준, 경제성장, 사회적 안전, 합법적 통치 등 정상적인 국가에 대해 기대되는 임무 수행능력을 평가하는 데 그 초점이 맞추어져 있다.

다음 <표 2-1>은 국력평가에 대한 다양한 시각들과 지수들에 대한 내용을 정리한 것이다.

**표 2-1** 국력평가에 대한 지수

| 학 자 | 지 수 |
|---|---|
| 클라인 | 인구와 영토 / 경제력(에너지 자립도와 의존도) / 군사력(핵억제력과 재래식 군사력) / 국가전략 + 국민의지(국민적 통합, 지도력의 정도 등) |
| 오간스키 | 인구크기 / 정부구조의 효율성 / 경제 발전의 정도 |
| 코틀러 | 정부지도력, 국가의 문화, 사고방식 및 가치관, 국가의 사회적 결속 |
| 라이스 패트릭 | 경제부문(1인당 국민총소득, 국내총생산, 소득불균형, 시장규제)<br>통치부문(정부 효율성, 법에 의한 지배, 정부 신뢰도, 부정부패)<br>안보부문(분쟁의 강도, 정치적 안정성, 쿠데타, 인권침해, 영토분쟁)<br>사회복지부문(유아사망률, 초등교육, 영양실조 발생률, 기대수명) |
| 한선재단 | ▸ 경성국력(7개 부문)<br>= ① 기초국력(국토 · 인구 · 천연자원 · 식량 등 모든 생산 활동의 기본이 되는 하드웨어의 양과 질) + 강제력(= ② 국방력) + 핵심 자원 생산력(③ 경제력 = 경제적 부 생산력; ④ 과학기술력 = 과학 지식 및 기술 자원 생산력; ⑤ 교육력 = 인적자원 생산력; ⑥ 정보력 = 정보자원 생산력) + 국토 내 생명체의 생존 가능성을 높이는 능력(= ⑦ 환경관리력)<br><br>▸ 연성국력(6개 부문)<br>= ① 국정관리력 + ② 정치력 + ③ 외교력 + ④ 문화력 + ⑤ 사회자본력(= 대인 및 국가기관 신뢰도) + ⑥ 거시변화 대처력(복잡계 이론에서 말하는 모든 사회체계의 자율적 요동에 의한 새 질서 창조력) |

출처: 2009 한선 종합국력 지수(2009 Hansun TNP INDEX) 분석 결과.

## 제 2 절 경성국력(Hardpower)

한 국가가 실현코자 하는 것을 실현해내는 능력으로서의 종합국력을 우리는 크게 경성국력과 연성국력으로 나누어서 살펴볼 수 있다. 종합국력에서 물적·기술적 기초를 이루는 경성국력은 기초국력, 국방력, 경제력, 과학기술력, 교육력, 환경관리력, 정보력으로 구분한다. 한선재단 연구진은 교육력, 환경관리력, 정보력 등이 연성국력에 속하는 측면도 있음을 인정하면서도 경성국력 분야에서 다루는 것이 보다 적절한 것으로 판단한다.

### 1 기초국력

한 나라의 국력을 구성하는 요소 중에는 인위적으로 어떻게 해볼 수 없는 주어진 운명과도 같은 것이 있다. 바로 그 나라의 국토와 그 국토에 속한 인적자원과 물적자원의 양과 질이다. 이런 요소들은 한 나라가 지닐 수 있는 최대 국력의 크기와 질에 제약 요인을 작용할 수도 있고 기회요인으로 작용할 수도 있다. 그래서 우리는 한 나라의 종합국력을 측정함에 있어 이것을 국가의 '기초국력'이라고 또는 '기본 조건'이라고 부른다.

국토는 그 크기도 중요하지만, 경작 가능 면적과 같은 국토의 질도 그 나라의 국력에 중요한 영향을 미친다. 인적자원으로서의 인구 역시 총 인원수와 같은 양적 규모도 중요하지만 인구의 질적인 측면, 즉 그 나라의 인구가 얼마나 생물학적으로 건강한 사람들로 넘쳐나는가도 그에 못지않게 중요한 요소가 된다. 일본의 공공연구기관인 종합연구개발기구(NIRA)가 일본의 종합국력 연구에 착수하게 된 중요한 배경 중 하나도 바로 일본 인구의 감소 문제와 노령화 문제였다. 우리나라도 이 부분을 크게 우려해야 할 시점에 다다랐다. 물적자원으로는 석유나 천연가스, 전력과 같은 에너지 자원과 식량 등 기초 생필품들을 얼마나 용이하게 확보될 수 있느냐가 중요한 요소가 된다.

## 2 국방력

국방력은 특정 국가가 외부의 침략으로부터 국가의 독립을 유지하고, 영토와 주권을 보전하며, 국민들의 생명과 재산을 보호할 수 있는 능력을 말한다. 국가의 기본적인 사명 중의 하나가 외침으로부터 국토를 보전하고, 국민들의 생명과 재산을 보호하는 것이기 때문에 전체 국력에서 국방력이 차지하는 비중은 당연히 적지 않다. 외국의 침략을 받을 경우 국방력이 열세이면 다른 분야가 아무리 강해도 소용이 없기 때문이다. 전쟁이 발생하거나 임박하였다고 할 경우 국방력은 국력과 거의 동일시될 수 있다. 그렇기 때문에 전체 국력에서 국방비가 차지하는 비중은 특정 국가가 처한 안보위협의 정도에 따라서 달라진다. 안보위협이 크면 국방력의 비중이 커져야 할 것이고, 반대면 국방력의 비중이 적어져야 할 것이다. 다만, 다수의 국가들을 비교하고자 할 경우 국방력의 비중을 국가마다 다르게 할 수 없기 때문에 통일된 비율을 적용해야할 것인데, 현재의 세계적 상황이 전쟁에 의존하는 정도가 그다지 크지 않다고 하더라도 가장 높은 비중을 갖는 분야 중의 하나여야 하는 것은 분명하다.

평소에는 잘 활용되지 않을 수도 있지만, 국가의 이익이나 정책이 극단적으로 충돌되었을 경우에는 이의 우열이 국가의 존망을 좌우할 수도 있기 때문에 대부분의 국가는 평화 시에도 충분한 국방력을 유지하고자 노력한다.

국방력에 대한 객관적인 평가나 비교가 용이하지도 않지만, 절대적인 의미를 갖는다고 보기는 어렵다. 국방력의 경우에도 계량화가 어려운 질적인 측면이 차지하는 비중이 적지 않고, 실제적인 강약은 전쟁이 발생하여 군사작전이 수행된 결과가 나타나야 궁극적으로 판별되는 것이기 때문이다. 전쟁사를 보면 양적 군사력에서 미흡한 국가가 승리한 경우도 적지 않고, 수적으로 열세한 부대가 승리하기도 한다. 국가마다 무기 및 장비의 종류와 질이 다양하여 양적인 비교가 쉽지 않고, 지휘관의 지략이나 장병들의 훈련 정도와 같은 질적인 요소를 고려하면 비교는 더욱 어려워진다. 총력전의 상황에서는 국민들의 안보의식 등 측정하기 어려운 사항도 국방력에서 차지하는 비중이 적지 않다. 그럼에도 불구하고 특정 국가의 국방력에 대한 평가나 국가별 비교를 위한 기초자료로서 양적인 비교의 유용성을 전혀 무시할 수는 없다. 단정적인 결론을 내리기는 어렵고, 계량화의 오류가 적지 않은 것은 아니지만, 어느 정도의 윤곽이나 흐름은 파악할 수 있기 때문이다. 특히, 수년에 걸쳐 점진적으로 개량해 나가면서 일관성있게 평가나 비교할 경우 유용성은 더욱 커질 수 있다. 국방에 대한 양적 평가는 과신해서도 곤란하지만, 지나치게 부정할 필요도 없다고 할 것이다.

현대의 국방력은 국가의 경제적 능력과 상당한 관련을 갖는다. 국방의 핵심이라고 할 수 있는 군대의 유지, 무기 및 장비의 획득, 훈련 등에 막대한 비용이 소요되기 때문이다. 따라서 병력, 무기 및 장비를 국방분야의 산출(output)로 본다면, 국방예산을 투입(input)으로 봐도 큰 무리가 없을 것이다. 그 외에도 국방력은 국가의 영토와 인구를 비롯한 국가의 기초국력과 긴밀한 관련을 갖고, 결국 국가 간의 문제를 해결하는 수단이라는 측면에서 외교와도 밀접한 관련을 갖는다.[1)]

## 3 경제력

한 국가가 소지하거나 발휘할 수 있는 국력의 최대 크기는 그 나라가 지닌 경제력의 수준을 넘어서기가 쉽지 않은 것이 일반적이다. 경제력을 결정하는 투입요소 중 많은 것은 종합국력의 다른 구성요소에서 다루어진다.

한 나라의 경제력을 가장 잘 나타내는 지표는 그 나라의 GDP 규모라 할 수 있다. 국력의 한 구성요소로서의 경제력은 아마도 한 국가의 전체 GDP를 통해 가장 잘 측정될 수 있을 것이다. GDP는 한 나라에서 생산된, 따라서 분배되고 소비될 수 있는 모든 가치 있는 재화와 용역을 포괄하여 측정하고자 하기 때문이다.

그러면 한 나라의 GDP는 어떻게 결정되는가? 경제학에서는 일반적으로 다음과 같은 생산함수를 제시한다.

$$Y=F(K,\ L,\ A)$$

여기에서 $K$는 토지, 건물, 기계, 원료 등을 포함하는 것으로서 (물적)자본이라

1) Military Balance(2013). IISS(International Institute of Strategic Studies), England, *World Factbook* (2013). CIA.

할 수 있다. *L*은 노동력을 나타낸다. 교육·훈련 등을 통해 노동의 질이 좋아지면 같은 노동시간이 투입되더라도 *L*의 크기는 증가하게 된다. *A*는 기술력을 나타내는데, 생산요소인 *K*와 *L*을 결합해서 제품을 만들어내는 일체의 노하우를 가리킨다. 이러한 생산함수를 통해서 보면, 경제가 성장하기 위해서는 자본이 축적되고, 노동의 양과 질이 증가하고, 기술력이 향상되어야 함을 알 수 있다.

국가들의 경제력은 GDP 등 산출 측면의 지표를 사용하여 측정한다. GDP가 가장 중심적인 산출지표라 하겠지만, 경제의 성장성, 안정성, 소득분배 상태 등을 나타내는 산출지표도 일정 정도 반영하여 경제력지수를 산출할 것이다. 즉, ① 한 나라의 전체 GDP에 가장 큰 가중치를 두고 경제력을 측정하되, ② 최근 5년 간의 성장률을 경제력 지수의 계산에 반영하고, ③ 최근 5년 간의 물가상승률을 반영하며, ④ 소득분배의 지니계수를 반영하기로 한다. 경제력을 측정하기 위한 지표를 그 가중치와 함께 요약하여 제시하면 다음과 같다.

- GDP(가중치 90.0%)
- 최근 5년 간의 성장률(5.0%)
- 최근 5년 간의 물가상승률(2.5%)
- 소득분배의 지니계수(2.5%)

경제적으로 본 우리의 국력은 지난 1960년대 이후 크게 발전하였다. 선진국 문턱에 들어섰다는 평가이다. 그럼에도 불구하고 국민소득 1만 달러에 도달한지 10년이 넘도록 2만 달러 벽을 넘지 못하였고 경제 규모 또한 10위를 정점으로 계속 뒤처져 왔다. 우리나라 경제력의 순위가 올라가기 위해서는 다른 나라들보다 더 빠르게 성장해야 한다. 성장을 위해서는 인적·물적 자본의 축적과 기술의 도입·개발이 필요하고, 또 이를 보다 원활하게 하는 정책과 제도의 개선이 이루어져야 한다.

## 4 과학기술력

최근 들어 국가발전 전략으로 활발하게 논의되고 응용되고 있는 "지식경제(knowledge economy)"의 관점에서 과학기술력을 정의하는 것이 바람직하다. 이러한 관점에서 본 이유는 구소련의 경우, 강력한 과학기술적 성과를 만들어냈음에도 불구하고 그것을 경제사회 발전으로 연결시키지 못한 것은 창출된 지식과 정보를 사회 전반에 확산하고 활용하는 능력을 갖추지 못하였기 때문이다.

이는 지식정보사회에서 한 국가의 경쟁력은 새로운 지식/정보의 창출, 확산/흡수, 그리고 경제사회적 목적을 위한 활용 능력이 결정한다는 것이다. 따라서 과학기술력은 새로운 지식과 정보를 만들어내고 이를 흡수/확산하며 사회경제적 발전을 위해 활용하는 사회의 능력을 의미한다. '과학기술력'은 과학기술 정보창출력, 정보확산력, 정보활용력 등을 통칭한다고 할 수 있으며, 과학기술 선진화 수준 혹은 과학기술 경쟁력과는 다른 개념이다. 과학기술 선진화 혹은 과학기술 경쟁력이 과학기술의 질적 측면 혹은 효율성을 강조한다면 과학기술력은 질적, 효율적 측면뿐 아니라 양적 규모까지 포함하는 그야말로 과학기술에 있어서의 '힘(power)'을 의미한다고 하겠다. 이러한 의미에서 과학기술력은 "새로운 지식과 정보를 효율적으로 창출·확산하고 이를 사회경제적으로 유익한 제품 혹은 서비스로 전환하고 활용하는 국가사회의 능력"이라고 정의한다.

과학기술력을 측정하기 위해서는 그 나라가 과학기술에 상대적으로 얼마나 많은 자원을 투입하느냐(R&D 투자의 GDP 비중 등)도 중요하지만 사회 구성원의 교육수준, 정보 유통 기반, 기술혁신과 관련된 규제제도 등 다양한 요소들을 평가하여야 할 것이다.

## 5 교육력

1948년에 창설된 유네스코(UNESCO)는 인류문명사적 사명으로 반세기 넘게 세계인의 문해율 향상과 초등교육 보편 취학 달성 약속을 1980년까지, 1990년까지, 또 2000년까지 10년 계획 혹은 밀레니엄계획 형태(EFA: Education for All, UPA: Universal Primary education for All)로 수차례 천명해왔다. 그러나 유네스코 창설 반세기를 넘고 21세기에 진입된지 20년이 가까운 이 시점에서도 전 세계인의 문맹률은 50%를 넘고, 전 세계 아동의 초등교육 취학률도 50%에 못 미치고 있다. 그리고 빈곤과 전쟁의 역사는 그칠 줄 모르고 있다.

100$ 미만 최빈국 대한민국이 반세기 만에 20,000$ 선진국 클럽에 진입하는 기적은 이와 같이 정확하게 국가 교육력의 기록적 성장과 궤를 같이한다. 따라서 교육력을 나타내는 제1지표는 단연 문해력이라고 할 수 있다. 교육력은 학생 1인당 교육비 등의 투입요소와 성인의 교육 수준 등의 산출요소로 구분해서 한 국가의 국민의 교육 관련 능력이라 할 수 있다.

일반적으로 교육력에 관한 선행 연구들이 제시하고 있는 교육지표들은 크게 투입지표와 성과지표로 나누어진다. 즉, 교육의 경쟁력을 재기 위한 지표로서 교육의 투입지표와 성과지표가 매우 중요하고, 어떠한 투입요소가 교육의 질적 향상을 가져올 수 있는지 분석하는 데 초점이 두어져 왔다고 본다. 또한 국제비교가 가능한 투입지표의 국가 간 비교를 통해서 각 나라 교육의 질적 수준을 객관적으로 평가하려는 시도가 이루어져 왔다. 이는 대체로 교육의 질이 투입과 성과 측면에서 측정 가능하다고 본다는 의미이며, 교육에 투입되는 자원과 이를 통해 산출되는 교육의 질적 성과 간에는 안정적인 관계가 있음이 여러 연구들을 통해 밝혀져 왔으며, 교육의 질적 성과는 가정요소와 학교의 학생 일인당 투입자원의 결합과 그 외 교육의 질에 영향을 미치는 기타 요소의 합으로 이루어졌다고 해석되어 왔다는 의미이다. 그동안 몇몇 중요 국제기구들에서 논의되어 온 교육력 관련 지표를 투입과 산출지표로 구분하여 살펴보면 아래 <표 2-2>와 같다.[2)]

**표 2-2** 주요 국제기구별 교육력 지표 체계 비교

| | 투입지표 | 산출지표 |
|---|---|---|
| UNDP | | 성인문맹률, 총진학률 |
| WEF | 교육비 지출, 초등교육의 질, 교육체제의 질, 수학과 과학교육의 질, 경영학 교육의 질, 학교에서의 인터넷 접근성 | 중등교육 총취학률(%)<br>고등교육 총취학률(%)<br>초등교육 취학률(%) |
| IMD | 공교육 투자, 1인당 공교육 비용, 초등학생/교사비율, 중등학생/교사비율, 교육제도 | 중등학교 진학률, 고등교육 이수율, 학업성취도, 영어숙달도, 문맹률 |
| OECD 인적자산 지표 | GDP나 총공공지출에 대한 총공공교육지출 비율, 학생 1인당 연간 총공적·사적 교육투자, 고등학교나 그 이상의 고등교육 졸업을 위한 총공적·사적 교육비, GDP에 | 성인인구 중 최종학력수준 및 재학연수, 성인인구의 능력평가 평균점수(literacy scores), 9~14세 학생의 능력평가 평균점수, 최종학력 이수비율, 성인인구 중 실업 및 최종학력 |

2) 최창현(2014). OECD(2013), Education at a Glance World Factbook(2013), CIA.

| | 대한 기업 및 가계의 총교육비 지출, GDP 나 총공공지출에 대한 총공공직업훈련 지출 비율 | 이수비율, 성인인구 중 최종학력 이수자의 평균 소득수준, 교육투자에 대한 사적 수익률 추정치(기업체 훈련의 제외) |
|---|---|---|
| Kid-Friendly | 초등학교 입학률, 중등학교 입학률, 중앙정부의 예산 중 교육에 대한 지출 비율 | 15세 이상 인구의 문해율 |
| 인재개발 경쟁력지수 | 교원 1인당 학생 수, GDP 대비 교육기관 교육비, GDP 대비 공부담 교육비, 학생 1인당 연간교육비 | 3~4세 연령별 취학률, 5~14세 연령별 취학률, 중등학교 취학률, 고등교육(A타입) 취학률, 기대교육년수, 평균 교육년수, 고등교육이수(25~34세), PISA(수학), 취업률(후기중등 미만), 취업률(고등교육) |
| OECD EAG | 학생 1인당 교육비, 교육에 투자된 국가재정의 비율, 교육에 대한 공적·사적 투자 규모, 공교육비 규모, 고등교육 학습자의 수업료와 공공보조금, 교육기관 교육비, 학생-교사의 비율과 학급 크기, 교사의 교수 시간 | 성인의 교육 수준, 15세 학습자의 과학 성취, 교육 참여가 노동시장 참여에 미치는 영향, 고등교육 졸업자 수, 교육의 경제적 수혜(교육수준과 임금), 교육 투자에 대한 인센티브 |
| OECD Factbook | 고등교육 교육비, 공공부담 및 민간부담 공교육비 | 최근 이민자들의 교육적 성취도, 학업성취도, 고등교육 이수율, 졸업과 소득의 관계 |
| UNESCO | GDP 대비 교육기관 비용, 교육비용과 공교육비용, 교사 | 성인과 청소년 문해율, 평균 교육년수, 고등교육/학문분야별 졸업률 |
| 경제성장 관련 연구들 | 교육비·공교육비 비중, 교원봉급비율, 교육투자비율, 국민소득에 대한 공교육비 비율, 초·중등학교 등록률, GDP 중 정부지출비율 | 문자해독률, 중등교육 인구비율, 평균 교육년수, 교육수준, 각급학교 취학률 |

출처: 최창현(2014). OECD(2013). Education at a Glance World Factbook(2013). CIA.

## 6 환경관리력

국력의 한 구성요소로서의 환경관리력을 환경성과지수(EPI: Environmental Performance Index)에 의거하여 측정할 수 있다.3) 환경평가지수는 각국의 환경개선정도(Performance)를 계량화한 지수로 국가별 환경개선노력을 평가하는 지표이다. 환경성과지수(EPI)는 미국 예일대 환경법·정책센터 및 컬럼비아대 국제지구과학정보

3) Yale University의 Center for Environmental Law and Policy와 Columbia University의 Center for International Earth Science Information Network(CIESIN)가 공동으로 2014년 1월 2014 ENVIRONMENTAL PERFORMANCE INDEX를 발간하여 발표하였다.

센터가 공동으로 각 국가별 환경보건, 대기오염, 물, 종 다양성 및 서식지, 자연자원, 기후변화 등 6가지 환경 관련 분야 20여 개 평가지표를 활용해 국가별 지속가능성을 평가, 2년마다 WEF를 통해 발표한다. 각 분야의 목표치 대비 국가별 달성률을 표시함으로써 각 국가들이 환경오염을 줄이도록 하고 있다.

이 연구에서 내어놓은 환경성과지수(EPI: Environmental Performance Index)는 각국이 환경적 위해로부터 인간의 건강을 얼마나 잘 지켜내는지에 대한 환경보건(Environmental Health), 그리고 생태계의 활력을 얼마나 잘 보호하고 자원을 얼마나 잘 관리하는지에 대한 생태계 건전성(Ecosystem Vitality)을 측정하기 위한 것이다. 환경보건(Environmental Health) 영역은 영아사망률로 측정되는 환경성 질병부담(Health Impacts, etc.,), 대기와 실내공기의 오염도를 나타내는 환경성 대기보건(Air Quality, etc.,), 음용식수의 가용성과 하수시설의 보급정도를 측정하는 물보건(Water and Sanitation, etc.,) 등 3개 정책 범주를 포괄한다. 생태계 건전성(Ecosystem Vitality) 영역은 온실가스 배출량의 정도로 측정되는 대기오염(Green Gas Emissions, etc.,), 하수의 정화 정도로 측정되는 수질·수량(Water Resources, etc.,) 생물다양성과 서식지 보호를 측정하기 위한 생물다양성(Biodiversity and Habitat, etc.,), 임야면적의 변화를 측정하기 위한 삼림(Forests), 연안 고기잡이가 바다생태계에 미치는 영향을 측정하는 어업(Fisheries), 환경에 압박요인으로 작용하는 농업보조금의 정도와 농약 관련 규제의 적절성을 측정하는 농업(Agriculture), 이산화탄소 배출 감축 능력을 측정하기 위한 기후변화(Climate and Energy, etc.,) 등 6개 정책 범주를 포괄한다.

환경관리력 지표 산정 방식은 평가 시마다 구성항목을 변경한다. 각 항목별 가중치를 부여하고, 항목별 목표의 달성수준을 100점 만점으로 환산·종합하여 국가별 순위를 측정한다.

환경관리 분야의 종합적 지표로서 국가 간 비교가 가능하고 WEF에서 발표함으로써 인지도가 높아 활용 가능성이 크다고 할 수 있다.[4)]

---

4) 최창현(2014). 2012 Environmental Sustainability Index, 미국 컬럼비아대학.

**표 2-3 환경성과지표(EPI) 범주와 지표**

| | 범 주 | 지 표 |
|---|---|---|
| 환경보건 | 환경성 질병부담 | 영유아사망률 |
| | 대기보건 | 실내공기오염 |
| | | 미세먼지(PM2.5) |
| | 물보건 | 식수 접근성 |
| | | 물위생 |
| 생태계 건전성 | 대기오염 | 일인당 $SO_2$ |
| | | GDP당 $SO_2$ |
| | 수질 · 수량 | 수량변화 |
| | 생물다양성 | 생물군보호 |
| | | 해양보호 |
| | | 주요서식처보호 |
| | 삼림 | 입목축적변화 |
| | | 삼림지역 |
| | | 산림손실 |
| | 해양/어업 | 어업강도 |
| | | 초과어획량 |
| | 농업 | 농업보조금 |
| | | 농약규제 |
| | 기후변화 | 일인당 $CO_2$ 배출량 |
| | | kWh당 $CO_2$ 배출량 |
| | | GDP당 $CO_2$ 배출량 |
| | | 재생에너지 |

출처: 2012 Environmental Sustainability Index, Columbia, USA.

## 7 국가정보력

국가정보력의 개념 정의는 크게 국내 차원의 헌법수호 관점과 해외 불확실성 제거 차원으로 분류할 수 있다. 일반적인 내부모순이 존재하는 상황에 급격한 외부 충격이 가해지면 국가적 위기 상황이 발생한다고 한다. 그래서 국가정보력 정의도 두 가지 관점에서 정의할 수 있다. 첫째, 헌법수호 관점에서의 국가정보력을 정의

할 수 있다. '국가의무'를 국민의 생명, 그리고 국민과 국가 이익을 보호하고, 국가 정체성(헌법)을 지키는 것이고, '국가정보'는 헌법수호 차원, 특히 '국가안보'에 관한 '정보력'을 말한다. 이는 국가정체성을 부인하고 국가전복이나 반체제 세력 또는 잠재적 적국의 국익을 위해 활동하는 세력 대한 국내·외 정보활동 능력을 말한다.

둘째, 불확실성 관점에서의 국가정보력을 정의할 수 있다. '국가정보력'은 국가 최고통치자가 국가안위에 대한 정확한 판단과 최종 결심을 할 때, "국가차원에서 정보를 수집하고 분석-종합-해석하여 불확실성을 제거하여 올바른 판단을 할 수 있도록 제공하는 능력"이다. 국가정보력의 핵심은 국가위기 상황을 사전에 경보하는 선견지명 능력이다. 이 경우는 주요 적국이나 가상의 적국으로부터 군사적 공격을 사전에 감지하기 위한 정보활동 능력이다.

국가정보력의 기능 관점에서 살펴보면, 일반적으로 '국가정보'는 국가안보에 관한 '조기경보'와 전략적 판단을 요하는 '장기 전망'과 안보 관련 '정책지원', 그리고 국가비밀을 유지하는 '비밀보호'로 구성된다.

미국은 국가정보를 정치정보, 경제정보, 군사정보, 과학기술정보, 인물정보와 네트워크정보로 기능중심으로 세분화한다. 반면, 우리나라는 해외정보, 국내정보, 북한정보, 경제·통상정보, 안보사범 수사, 테러정보, 산업정보, 국제범죄 차단, 보안·방첩 활동, 기술정보활동, 사이버안전 활동 등으로 지역과 기능을 혼합하여 세분화한다.

국력 관점에서의 정보력은 자국의 정책과 전략을 타국이 알 수 없도록 '비밀'을 유지하며 실현해내는 능력이다. '정보(intelligence)'에는 비밀(secret)이란 의미를 내포하고 있다.

국력에는 공개적으로 보여줄 수 있는 파워뿐만 아니라 비밀활동을 통해 자국의 전략을 타국에 실현해낼 수 있는 능력도 존재한다. '비밀파워'는 국력을 구성하는 정치, 경제, 외교, 문화, 정보통신 및 과학기술, 그리고 국방력 등 여러 영역에 분포하고 있으나 '비밀파워' 성격 자체가 비공개이며 측정하기 어렵다는 특성을 가진다. 이렇듯 '비밀파워'는 모든 국가가 보유하고 있는 실재하는 파워이다. 그러나 기존 '정보력' 측정은 'intelligence power'가 아닌 'information communication telecommunication power(ICT power)', 즉 정보통신력을 주로 측정했다. 기존 정보통신력만으로는 '비밀파워'를 측정할 수는 없다. 그래서 국가정보력 측정에서는 보이지 않는 힘인 비밀파워를 측정하고자 노력을 했다.

'비밀파워'를 측정하는 데 발생한 문제점은 직접측정에 사용할 수 있는 자료가 거의 없다는 것이다. 이를 극복하기 위해 휴리스틱(heuristic) 방법론으로 간접지표를 선정하여 측정하며, 간접측정을 통해 보이지 않는 힘, '비밀파워'의 실체를 측정하고자 노력했다.[5)]

## 제 3 절 연성국력(Softpower)

### 1 연성국력의 개념

연성국력은 "경성국력의 요소들이 제대로 작동할 수 있게 여건을 조성해주고 구축된 국력을 타국에 대하여 효과적으로 행사하는 능력"이라고 정의할 수 있다.

국가발전론의 경우, 국력은 경제 및 산업발전이라는 국가정책 목표를 달성하기 위해 정치·사회적 역량을 결집시켜 나가는 국정관리력과 동일시되는 경향이 있다. 시대 변화에 맞춰 이제는 과거 군사적 제국주의나 경제적 제국주의 시대에 강조되어온 국방력이나 경제력 등의 경성국력적인 요소뿐 아니라 국정관리력, 정치력, 외교력, 문화력, 사회자본력, 그리고 변화대처력 등의 연성국력적인 요소도 중요한 시대가 되었다.

연성국력은 국력을 구성하는 경성국력에 대응하는 개념으로서 상대방을 매료시켜 상대방이 자발적으로 마음을 바꾸어 원하는 바를 얻어 내는 능력이다(Nye, 2004). 한 국가의 국력의 상당 부분을 차지하는 연성국력은 정부, 시장, 그리고 시민의 거버넌스를 통한 국정관리력, 이들 3자 간의 권위적 권력 분배를 담당하는 정치력, 타국가와의 관계를 담당하는 외교력, 창의력이 중요한 사회에 절실한 문화력, 사람들 간의 관계에서 발생하는 힘 등의 무형자산을 의미하는 사회자본력, 그

5) 최창현(2014). Military Balance(2013). IISS(International Institute of Strategic Studies), England World Factbook(2013). CIA IMD(2013). World Competitiveness Yearbook.

리고 급변하는 국제 환경에 장기적인 안목으로 능동적으로 대처할 수 있는 변화대처력 등으로 구성되어 있고, 국가가 추구하는 목표를 실제로 구현할 수 있는 능력을 말한다. 결국은 이러한 제반 능력들을 잘 조정하고 통합하는 것이 국가전략이라고 볼 수도 있다.

연성국력은 경성국력과는 달리, 국가적 이슈를 풀어가는 단기적이고 눈에 보이는 역량을 표현하기보다는 국민 개개인, 분야의 전문성, 다원화된 사회의 각 요소가 가진 힘을 서로 융합하고 응집하여 국가적인 힘을 단단하게 하는 측면을 강조한다([그림 2-1] 참조).

**그림 2-1** 연성국력(Softpower)으로서의 국력 요소들

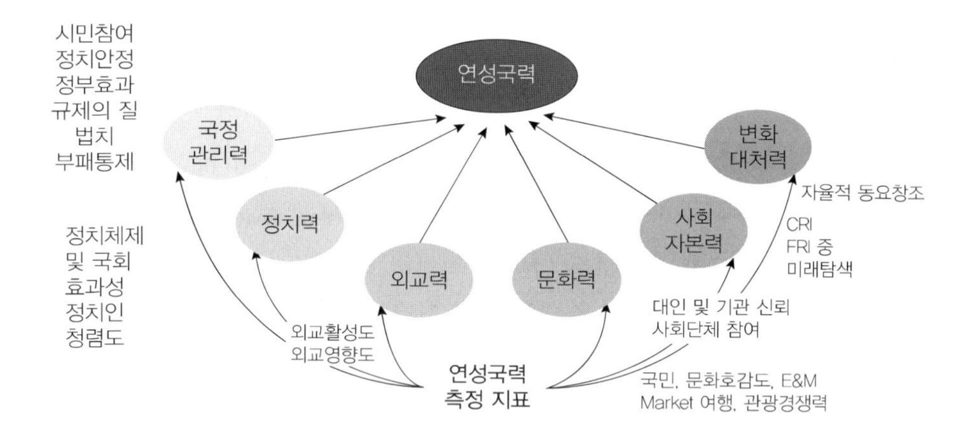


한선재단에서 정의하는 연성국력은 사회, 문화, 외교, 정치, 국정관리 메가트렌드에 대한 대처 측면 등의 영역에서 국가가 추구하는 목표를 실제로 구현할 수 있는 능력을 말한다.

따라서 한 국가의 힘을 표현하는 근본을 구성하고 경성국력의 밑거름이 된다. 단기적으로 변화하는 것이 용이하지 않고 중·장기적인 전략이 필요한 영역으로 간주하고 있다.[6]

6) 통일연구원(2011). 중국의 G2 부상과 한반도 평화통일 추진전략, 남북협력연구센터, 2011.12.

## 2 국정관리력

국정관리력(Governance Power)이 중요한 개념으로 대두되고 있지만 기존의 국력 개념은 주로 경제력, 국방력, 인구, 영토 등의 경성국력(Hardpower)적 요소들로 구성되어 있어, 주로 기업, 정부, 시장 부문의 국력을 독립적으로 반영하는 요소들로 이루어져 있다. 그러나 기업, 시장, 정부 간의 상호작용적 시너지효과를 창조해 줄 수 있는 창발적 능력이라 할 수 있는 거버넌스를 통한 국정관리력은 반영되어 있지 않다.

국정관리력은 6가지의 형태로 설명될 수 있다(World Bank, 2013). 이들 형태는 시민의 참여와 책임성(voice and accountability), 정치적 안정성과 무폭력(political stability/no violence), 정부효과성(government effectiveness), 규제의 질(regulatory quality), 법치(rule of law), 부패의 통제(control of corruption)로 세분화할 수 있다(Kaufmann et al., 2002).

첫째, 시민의 참여와 책임성(voice and accountability)은 시민권(civil liberties)과 정치적 권리(political rights) 등을 말하며 시민의 참여(paticipation)를 강조하는 참여적 정부를 반영한다. 참여란 모든 남녀가 직접적으로 혹은 자신들의 이해를 대표하며 정통성을 가진 중간 단체들을 통해 정책결정에 목소리를 가져야 한다는 것을 의미한다. 이 지표를 측정하기 위해서는 정치적 위험도(political risk index), 정치권리(political rights), 시민권(civil liberties), 민주적 책임성(democratic accountability), 기업의 의견 표명도(Business have voice to express) 등의 자료를 활용할 수 있다.

둘째, 정치적 안정성과 무폭력(political stability/no violence)은 그 나라 정부의 능력이나 힘으로 정치적 불안정, 테러나 폭력 등으로 인한 국민들의 생계나 삶에 대한 안정성을 반영하여 설명한다. 이 지표를 측정하기 위해서는 국내정치 위험도(Domestic Political Risk) 등의 자료를 활용할 수 있다. 이 두 지표는 시민의 참여 상태를 살펴볼 수 있는 지표이다.

셋째, 정부효과성(government effectiveness)은 정부의 서비스에 대한 인식으로 관료제의 질(quality of bureaucracy)을 설명한다. 이러한 정부효과성은 오스본과 개블러(Osborne & Gaebler)의 10가지 정부 형태 중 결과지향적 정부의 성격을 가지고 있으며, 모든 제도들과 과정들이 자원을 최상으로 이용하면서 욕구를 충족시키는 결과를 생산해야 한다. 이 지표를 측정하기 위해서는 관료제적 지연도(bureaucratic delays), 공무원 능력(competence of public sector personnel), 정부지출의 낭비(wasteful government expenditure), 관료제 관리시간(management time spent with bureaucracy), 정부효과성 인식도(percent who believe the government is efficient), 관료제의 질(bureaucratic quality) 등의 자료를 활용할 수 있다.

넷째, 규제의 질(regulatory quality)은 시장지향적 정부의 성격을 가지고 있는데 기존의 관료제적인 규제와 규제의 완화를 통한 자유로운 창의성과 활동성을 지향하는 규제완화형 정부운영모형과 생각을 같이할 수 있다. 이는 규제가 얼마나 발전지향의 모습을 가졌는지 나타낸다. 이 지표를 측정하기 위해서는 행정규제(administrative regulations), 정부개입(government intervention), 외국투자(foreign investment) 등의 자료를 활용할 수 있다.

정부효과성(government effectiveness), 규제의 질(regulatory quality)은 정부의 정책형성 및 집행 능력을 알아볼 수 있다.

다섯째, 법치(rule of law)는 그 나라의 법적·제도적 장치가 얼마나 잘되어 있는지를 반영한다. 적절한 법과 제도의 마련은 폭력과 범죄로부터 효과적인 사회의 안정을 가져올 수 있어야 한다. 또한 법 앞에 평등하고 공정한 판결로서 경제와 사회의 발전적인 환경이 조성되도록 해야 한다는 데 인식을 가진 지표이며 법적 준거 틀이 공정하고, 특히 인권에 대해서는 편파적이지 않게 집행되어야 한다. 이는 법적·제도적 장치가 얼마나 잘되어 있는가를 반영하는 지표라 할 수 있다. 이 지표를 측정하기 위해서는 계약 강제도(enforceability of contracts), 조세회피수준(extent of tax evasion), 사법부 독립성(independence of the judiciary), 범죄수준에 대한 관심(concern with level of crime), 암시장(black market), 법 준수도(law and order) 등의 자료를 활용할 수 있다.

여섯째, 부패의 통제(control of corruption)는 사회에 만연해 있는 국민의 부패에 대한 인식(perception of corruption)의 지표로서 나타난다. 이러한 부패의 정도를 통해 경쟁적 정부에서의 거버넌스가 잘 이루어질 수 있는지를 가늠할 수 있는 지표이다. 또한 투명성이 부패의 통제에 있어 확보되어야 하는데 투명성은 정보의 자유로운 흐름에 기초하는 것으로, 과정, 제도 및 정보가 이것들에 관심을 갖는 사람들에게 직접적으로 접근 가능한 것이 되어야 한다. 법치(rule of law)와 부패의 통제(control of corruption)의 지표는 법과 제도에 대한 국가적 능력을 알아볼 수 있는 지표이다.7)

## 3 정치력

정치능력이란 한 나라에 속한 정치인들과 정치기구들의 우수성과 건전성이라고 정의할 수 있다. 정치의 본질적 기능은 한 국가가 지향해야 할 가치와 방향을 정하고 국가의 자원을 사회의 어느 부분에 얼마만큼 배분할 것인지를 결정하는 역할을 하는 것이다. 따라서 이런 역할을 수행하는 한 나라의 정치인들과 정치기구들의 능력은 그 나라 국력의 질과 양을 결정하는 매우 핵심적인 능력이 된다. 과거 산업화시대와는 전혀 다른 삶의 방식과 새로운 질서로의 재편을 야기하는 오늘날과 같은 급격한 구조적 변화의 시대에서는 우수하고 건전한 정치인과 정치기구들의 이런 방향 설정역할이 대단히 중요하다.

한 국가의 정치능력은 정치시스템, 정치집단, 정치인의 수준으로 파악할 수 있다. 즉, 정치시스템의 작동이 효율적일수록, 정치시스템 하에서 활동하는 정치집단에 대한 국민의 신뢰가 클수록, 그리고 정치집단에 속한 정치인들의 수준이 높을수록 한 국가의 정치가 제대로 이루어질 수 있으며, 이때 그 국가의 정치능력이 크다고 할 수 있을 것이다. 따라서 이러한 정치능력을 측정하기 위해 8개의 지표로 설명할 수 있다.

우선, 국가의 정치시스템의 전반적인 역량을 평가하기 위해 ① 정치시스템의 안정성과 효과성, ② 국회 입법 활동의 효과성을 지표로 설정할 수 있다. 그리고 정치 집단에 대한 국민들의 신뢰를 파악하기 위해, ③ 국회에 대한 신뢰, ④ 정당에 대한 신뢰, ⑤ 국민들이 정치인들을 중요한 사회지도자라고 생각하는 정도 등으로 설정할 수 있다.

끝으로, 정치인들의 수준을 평가하기 위한 지표로, ⑥ 정치인들의 교육 수준,

---

7) 최창현 · 김명하(2014). 국정관리가 국가성공에 미치는 영향 분석: 한국과 북한을 중심으로 한 50개 국가의 비교 분석, 한국보훈논총, 13(1); 최창현(2003). 국가간 거버넌스(governance)의 실증적 비교분석, 행정논총.

**표 2-4 정치력의 구성요소**

| 정치 시스템의 안정성과 효과성 | 국회 입법 활동의 효과성 | 국회에 대한 신뢰 | 정당에 대한 신뢰 | 국민들이 정치인들을 중요한 사회지도자라고 생각하는 정도 | 정치인들의 교육 수준 | 정치인들의 국제적 경험 | 정치인들의 청렴성 |
|---|---|---|---|---|---|---|---|

⑦ 정치인들의 국제적 경험, ⑧ 정치인들의 청렴성 등으로 설명할 수 있다.[8)]

## 4 외교력

외교란 한 국가가 자국이 원하는 바를 실제로 실현하기 위해 그 나라의 국력을 구성하는 여타 요소 국력들을 국제무대에서 실제로 행사하는 행위라고 할 수 있다. 외교력이란 바로 이런 행위를 효과적으로 해낼 수 있게 하는 한 나라의 힘이다. 외교력 여하에 따라 그 나라 국력의 실제 영향력은 크게 다르게 발휘될 수 있다. 외교력이 좋으면 실제 하드웨어적 국력의 크기가 작더라도 국제무대에서 상대를 효과적으로 설득하고 이겨낼 수 있다.

역사적으로 볼 때 한반도 주변에 패권적 국제 관계가 형성되었을 때 한반도는 예외 없이 고통을 당했었다. 이런 파국을 미연에 방지하고, 한반도 주변에 평화와 협력, 상생의 국제 관계가 조성되도록 하는 것은 향후 대한민국의 생사가 걸린 대단히 중요한 과제다. 대한민국의 특수한 지정학적 조건으로부터 야기되고 있는 이런 근본적 제약점을 고려할 때 외교력은 대한민국 종합국력 측정에서 매우 중요한 위치를 차지한다.

외교력이 좋다는 것은 '외교 활동의 영향도', 즉 상대 국가를 설득하여 지원이나 동의, 양해와 협조를 잘 받아낼 수 있다는 것을 의미한다. 이런 외교 활동의 영향도가 높아지기 위해서는 필요조건으로서 '외교 활동의 활성도', 즉 한 나라가 여러 나라들과 평소 다양한 연대를 통해 활발한 외교적 의사소통을 할 수 있는 조건

8) 최창현(2014). Hayden, Craig(2012). The Rhetoric of Soft Power: Public Diplomacy in Global Contexts, Lexington Books, Maryland IMD(2013). World Competitiveness Yearbook.

도 잘 갖추고 있다는 것을 의미한다.

외교력의 측정지표는 크게 외교 활동의 영향도와 외교 활동의 활성도로 구분해 볼 수 있다. 외교 활동의 영향도를 측정하는 지표로 ① 각국의 UN 분담금 비율, ② 자국민이 기관장으로 있는 주요 국제기구의 수, ③ 해외 원조 금액 등 세 가지로 설명해볼 수 있다. 외교 활동의 활성도를 측정하는 지표로는 ④ UN, OECD, NATO 등 61대 주요 국제기구들 중 해당 국가가 가입하고 있는 기구의 수와, ⑤ UN, EU 등 61대 주요 국제기구 및 그 산하 기관들 중 본부가 해당국에 위치하고 있는 기관의 수로 설명해볼 수 있다.[9]

## 5 문화력

문화는 인간 상호 간의 소통의 핵심이자 인간의 삶의 질과 행복에 큰 영향을 끼치는 유무형의 환경이자 활동이다. 문화는 인간의 삶과 의식과 밀접한 관계를 형성하고 있다. 뿐만 아니라 문화는 복지, 지역교류, 평생교육, 국제외교, 산업 진흥의 필요조건으로서 우리 사회의 통합과 성장을 위한 중심 동력으로 부각되고 있다. 최근에는 문화의 중요성이 더욱 부각되고 있다. 왜냐하면, 문화의 가치는 문화 창의성을 북돋고, 국민 모두가 문화를 누리는 문화 복지를 달성하며 각종 사회 갈등을 문화로 치유하여 경제 · 사회 · 일상의 가치 곳곳에 문화경쟁력을 만들어 이미지를 만들기 때문이다. 따라서 문화의 융성측면에서 문화력이란 문화산업 · 예술 · 관광 · 체육 등 문화 분야 역량이 향상되고, 문화 창작의 자유, 문화를 누리는 권리가 확대되며 문화콘텐츠의 성장 여건을 조성하는 개념의 포함은 물론 다른 사회 분야에 확산되고 발전에 기여하며, 문화의 인적 · 물적 자원이 창조적 국가성장의 중요한 동력으로 활용되는 것을 의미한다.

문화력은 국민호감도, 문화호감도, 문화산업(E&M)경쟁력 지수, 체육경쟁력 지수, 관광(T&T)경쟁력 지수를 지표로 측정할 수 있다.

문화력과 연계하여 소르망(Sorman, 2008)은 문화혁신을 통해 문화 · 관광 · 창

9) 최창현(2014). Hayden, Craig(2012). The Rhetoric of Soft Power: Public Diplomacy in Global Contexts, Lexington Books, Maryland.

조산업을 성장시키는 전략을 추진해야 목표치 수준의 성장을 이룰 수 있고, 앞으로는 문화경쟁력이 국가발전을 결정짓는 주요 변수로, "지식분야를 많이 소유한 국가도 연성국력(Softpower) 관점에서 강대국이 될 것이다"고 주장하고 있다(Nye, 2010). 결국, 문화는 그 국가와 그 국민이 갖는 '매력'이고 그것이 곧 국가의 브랜드 파워가 될 것이다. 문화력은 국가와 그 국민이 갖는 매력이고, 국가의 브랜드 파워이다. 또한 보이는 것보다 보이지 않는 부분에서 국가발전을 결정짓는 주요 변수이다.

국가 전략 측면에서 문화는 우리 사회의 통합과 성장을 위한 중심 동력이다. 사회가 갖는 문화경쟁력은 국가이미지의 표출한다는 점에서 우리는 아직 선진국에 비해 상대적으로 부족한 부분이 많다.

한국은 경제적 성공 이후 문화강국 달성이 국가적 미션인 만큼, 문화적 가치 확산의 필요성이 증대되고 있다. 아직 한국 문화 일반에 대한 열광이 전 지구적이라고 말하기에는 한계가 있지만, 과거에 비해 문화적 영향력이 커지고 글로벌한 수용자를 얻게 된 것은 부인할 수 없다.

우리는 몇 년 전까지만 해도 현실과 동떨어진 착시로 여겨졌던 문화력은 '잠재적' 한류를 계기로 '현재적' 한류로 점차 가시화되고 물질화되고 있다. 이는 경성국력으로서의 문화력이 국력 신장에 기여하고 있음을 보여준다.[10]

## 6 사회자본력

사회자본력(social capital power)은 한마디로 사람들 간의 관계에서 발생하는 힘 등의 무형자산을 의미한다. 사회자본은 사람들이 서로 만나서 대화하고 행동하는 가운데 발생하는 신뢰, 사회단체에의 참여(네트워크), 사회의 규범, 사회구조 등 크게 4개의 인간의 사회적 관계를 통합한 개념이다(이동원·장갑영 외, 2009). 세계은행에서는 지역사회와 국가 등이 발전되기 위해서 사회자본이 형성되어야 한다는 것을 전제로 사회자본에 관한 각종 연구를 지원하고 있다.

10) 최창현(2014). 한국문화관광연구원(2006), OECD 주요국가의 문화경쟁력 분석: PWC, Global Entertainment and Media Outlook: 2013~2017. http://www.pwc.com/gx/en/global-entertainment-media-outlook/index.jhtml

세계은행(World Bank)의 「국부는 어디서 창출되나」라는 보고서에 따르면 선진국들은 사회적 자본의 국부 창출 기여도가 81%에 달한다. 석유 · 천연가스 등 자연자본이나 기계 등 돈으로 만들어내는 자본보다도 사회적 신뢰에서 나오는 사회적 자본에서 국부 중 80% 이상이 창출되고 있다는 분석이다. 반면, 한국의 사회적 자본 기여도는 선진국의 3분의 1 수준에 불과한 것으로 조사되었다. 이 보고서는 왜 세계경제 10위권인 한국이 선진국으로 대접을 받지 못하고 있는가를 통계치로 여실히 보여주고 있다.

사회자본력의 측정지표는 연구자에 따라 달리 설명할 수 있다. 한선재단에서 측정한 지표는 부패와 법치 등의 사회규범과 관련된 지표, 신뢰와 네트워크 등으로 설명하였다(이동원 · 장갑영 외, 2009). 사회자본은 전 세계 국가를 대상으로 실시한 세계가치조사(World Values Survey) 자료와 정부, 기업, NGO, 그리고 미디어(신문, TV) 등 4개 분야의 기관신뢰를 설문조사한 에델만 신뢰지수(Edelman Trust Barometer: ETB) 등을 활용하여 측정할 수 있다.

신뢰는 ① 이웃신뢰, 아는 가족신뢰, 사람신뢰, 처음 만난 사람에 대한 신뢰, 종교가 다른 사람에 대한 신뢰, 다른 나라 사람에 대한 신뢰 등의 대인신뢰와, ② 정부, 기업, NGO, 그리고 미디어(신문, TV) 등 4개 분야의 기관신뢰를 설문조사한 에델만 신뢰지수(Edelman Trust Barometer: ETB)를 이용하여 기관신뢰, ③ 종교나 교회단체, 스포츠 및 레크리에이션, 예술, 음악, 교육문화, 노동단체, 정당, 환경보호단체, 전문가 조직, 인권 혹은 자선단체, 소비자 보호단체 등의 사회단체 가입률로 측정된 사회단체 참여(네트워크)로 측정할 수 있다.

사회자본력은 실제로 인간관계를 어떻게 형성하는가에 개인, 집단, 조직, 사회, 국가의 발전이 좌우된다. 집단 구성원의 개별적 능력이 뛰어나다 할지라도 집단으로서의 융합이 제대로 이루어지지 않으면 집단의 잠재력을 제대로 발휘할 수 없다. 역으로 집단구성원의 개인적 능력은 뛰어나지 않더라도 집단적 융합이 제대로 이루어지는 경우 큰 힘으로 발전되는 사례가 많다. 이렇게 집단의 규모가 작든, 크든 간에 구성원이 어떤 인간관계를 맺고, 어떻게 협력하느냐에 따라 그 집단의 잠재력이 발휘되기도 하고, 발휘될 수 없기도 한다.

지식 · 정보시대는 창의성과 아이디어가 중심인 사회라고 한다. 그러나 창의적 아이디어도 사람들 간에 소통되고 공유될 때 비로소 힘을 발휘할 수 있다. 인적 네트워크에 의해 조직화되어야 문제를 해결하고 경쟁력을 갖게 된다. 따라서 발전한 국가 및 사회일수록 인간관계가 중요해진다. 사람은 혼자서 할 수 있는 일이 별로 없다. 사적으로 아는 사람이 많을수록 일하기 편하고 능률도 오른다. 동시에 공적 제도도 사람들이 만든 것이고, 제도의 운영도 사람이 하는 것이기 때문에 공적 인간관계에 따라 한 국가의 경쟁력이 좌우되는 것이다. 따라서 인간관계, 즉 사회자본 없이는 국가경쟁력이 발휘될 수 없다.

일반적으로는 소득수준이 높은 선진국이 사회자본력도 높다. 그러나 사회자본력의 한 지표인 기관신뢰는 소득수준이 낮은 후진국이 높다. 한국도 후진국이었을 때 기관신뢰가 높았다. 한국이나 일본은 소득수준에 비해 사회자본이 취약한 국가로 분류되어 왔다.[11)]

## 7 변화대처력

세계화 시대의 국가 생존 전략으로서 현상 유지, 특히 위기 상황에서 이전의 안정적 평형상태로 이동하려는 전략은 실패로 귀결될 가능성이 크다. 과거의 성장과 성공사례에 안주해 기존 전략을 반복하는 전략은 개인과 조직의 자만, 나아가 국가 전체의 위기의식 결여로 이어져 국가는 균형을 잃고 오히려 위기를 악화시킬 수 있기 때문이다. 예측 가능성과 안정성을 특징으로 하는 과거 산업화 시대의 국가 운영 전략으로는 모든 면에서 경계가 없어지고 예측 불가한 국제 환경 변화를 수반하는 미래사회에 대처할 수 없다.

앞으로의 국가발전 전략은 안정적 질서 회복을 목표로 하는 전통적인 국가전략에서 과감히 탈피해야 한다. 정부가 배양해야 할 변화대처력과 국정관리력도 조직 내의 창조적 파괴를 기반으로 한 '자율적 요동'을 핵심으로 해야 한다. 자율적 요동이란 조직이나 체제가 위기에 맞닥뜨렸을 때 종전의 안정적 상황으로 돌아가는 데 안주할 게 아니라 스스로 안정을 깨는 창조적 파괴와 같은 충격을 줌으로써 새로운 변화를 이끌어낼 수 있다는 것이다.

---

11) 최창현(2014). 이동원 · 장갑영 외(2009). 제3의 자본: 사회적 자본은 어떻게 증진되는가?, 삼성경제연구소. http://www.edelman.com/insights/intellectual-property/2014-edelman-trust-barometer/about-trust/global-results/

국가 간의 경쟁과 국제화 등의 급격한 환경적 변화로 인해 혼돈과 복잡성, 그리고 불안정성이 가중되는 위기점, 즉 분기점에서 이에 적응치 못하는 국가는 파산할 것이며 이에 적응하면 엄청난 성장의 기회를 잡을 것이다. 이러한 분기점에 직면하기 전에 국가들은 국가의 효과성을 제고하기 위한 자율적 요동을 통한 변화대처력이 필요하다.

한 국가의 변화대처력(CRI: Change Readiness Index)은 기업의 능력(enterprise capability), 정부의 능력(government capability), 시민사회의 능력(civil society capability) 등 <표 2-5>와 같이 세 가지 부분으로 구성되어 설명할 수 있다.

**표 2-5** 변화대처력(CRI: Change Readiness Index)의 지표

| 기업의 변화대처력 | 정부의 변화대처력 | 시민사회의 변화대처력 |
|---|---|---|
| 개인 및 국영기업의 광범위한 능력에 관한 지표 | 정부 및 공공규제기관의 능력에 관한 지표 | 개인적, 사회적, 문화적 결정요인에 관한 지표 |
| 노동시장 | 거시경제의 뼈대 | 인적자본 |
| 경제 다양성 | 행정과 기업의 관계 | 기업가정신 |
| 경제 개방성 | | 시민사회 |
| 혁신과 연구개발 | 규제 | 안전망 |
| 기업환경 | 재정 및 예산 | 기술 |
| 재정부분 | 법치 | 성별 |
| 하부구조 | 정부의 전략적 기획과 수평적인 탐색 | 성장의 포괄성 |
| 비공식부문 | | 인구통계 |
| | 환경 | 정보 접근성 |
| | 식량과 에너지 확보 | 건강 |
| 변화대처력 | | |

국가의 변화대처력이 중요한 이유는 복잡계이론에서 말하는 분기점에서의 자율적 요동의 창조를 통한 새로운 질서로 들어가는 관건이 바로 변화대처력에 달려 있기 때문이다. 세계화 시대의 국가 생존 전략으로서 현상 유지, 특히 위기 상황에서 이전의 안정적 평형상태로 이동하려는 전략은 실패로 귀결될 가능성이 크다.

과거의 성장과 성공사례에 안주해 기존 전략을 반복하는 전략은 개인과 조직의 자만, 나아가 국가 전체의 위기의식 결여로 이어져 국가는 균형을 잃고 오히려 위

기를 악화시킬 수 있기 때문이다. 예측 가능성과 안정성을 특징으로 하는 과거 산업화 시대의 국가운영전략으로는 모든 면에서 경계가 없어지고 예측 불가한 환경 변화를 수반하는 미래사회에 대처할 수 없다.

앞으로의 국가발전 전략은 안정적 질서 회복을 목표로 하는 전통적인 국가전략에서 과감히 탈피해야 한다. 정부가 배양해야 할 변화대처력도 국가 내의 창조적 파괴를 기반으로 한 자율적 요동을 핵심으로 해야 한다. 자율적 요동의 창조란 국가나 체제가 위기에 맞닥뜨렸을 때 종전의 안정적 상황으로 돌아가는 데 안주하는 것이 아니라 스스로 안정을 깨는 창조적 파괴와 같은 충격을 줌으로써 새로운 변화를 이끌어낼 수 있는 중요한 요소이다.

산업혁명이라는 거대한 분기점에 다다르기 전에 자율적 요동의 창조 등을 통해 급변하는 국제 환경의 흐름에 대처할 수 있는 변화대처력을 길러온 국가는 산업화를 통해 선진국으로 진입했고, 변화대처력을 키우지 못한 구한말 조선이라는 국가는 후진국으로 전락했다. 다행히 제3의 물결인 정보혁명에 대한 변화대처력을 키운 덕분에 산업사회 시대의 후진국에서 탈피해 정보사회에서는 선진국의 문턱에 접근하였다. 앞으로 닥칠 제4의 물결인 창조혁명에 여하히 대처하느냐에 따라 4만 달러를 달성해 통일 한국으로서 선진국에 진입할지 아니면 분단의 고착화로 제2의 IMF를 맞을지가 결정되는 또 다른 분기점에 직면하게 될 것이다.[12)]

## 제 4 절 현명한 국력(Smartpower)

### 1 현명한 국력의 등장배경

2009년 1월에 출범한 이래 미국의 오바마(Barack Obama) 행정부는 이전에 부시(G. W. Bush) 행정부가 추진했던 '테러와의 전쟁'과는 다른 기조의 외교정책을

12) 최창현(2014). 최창현(2010). 신과학 복잡계 이야기: 카오스를 넘어 신과학 복잡계로, 종이거울; 최창현(2005). 복잡계로 바라본 조직관리(SERI 연구에세이 37), 삼성경제연구소; KPMG INTERNATIONAL, Oxford Economics(2013). 2013 Change Readiness Index: Assessing Countries' Ability to Manage Change and Cultivate Opportunity, KPMG INTERNATIONAL.

선보이고 있다. 이러한 정책 선회의 기저에는 미국에 대한 국제사회의 부정적 여론이 미국의 리더십을 위협하는 수준에 이르렀다는 인식이 깔려 있다. 사실 2001년 9·11 테러 이후 미국이 벌인 '테러와의 전쟁'은 미국이 보유한 군사력의 위력을 여지없이 보여 준 반면, 세계적으로 미국에 대한 호감을 떨어뜨린 대표적 사건이었다.[13] 오바마 대통령은 그의 당선이 확정되고 난 직후 행한 연설에서부터 "미국의 진정한 힘은 우리가 지닌 무기의 위력이나 부의 규모에서 나오는 것이 아니라 항구적인 우리의 이상, 즉 민주주의, 자유, 기회, 불굴의 희망으로부터 나오는 것"이라고 역설하면서 외교정책 기조의 변화를 암시한 바 있다.[14] 게다가, 2008년 후반기에 밀어닥친 미국 발(發) 세계 금융위기의 충격은 이러한 외교정책의 변화를 한층 더 부추기고 있다.

오바마 행정부가 내건 현명한 정부(Smartpower)의 구상은 이러한 변화를 배경으로 한다. 군사력과 경제력에 주로 의지하는 경성국력(Hardpower)만으로는 더 이상 세계를 이끌기 어렵다는 현실적 판단이 상대방을 설득하여 동의를 얻어내는 연성국력(Softpower)에 대한 관심을 이끌어냈다. '현명한 정부'란 경성국력과 연성국력을 적절히 결합해 미국이 보유하고 있는 힘을 가장 효과적으로 사용하겠다는 구상이다. 쉽게 말해, '완력'만을 내세우던 기존의 방식을 탈피하여 '실력'과 '매력'을 겸비한 '똑똑한 힘'의 전략을 펼치겠다는 것이다.

경성국력에 대비되는 연성국력, 그리고 이 둘을 적절히 섞는 '현명한 정부'라는 용어는 미국의 국제정치학자 조지프 나이(Joseph S. Nye, Jr.)가 처음으로 고안하여 학계와 정책서클에 소개하였다.[15] 사실 권력이론의 관점에서 보면, '현명한 정부'보다는 연성국력의 개념이 좀 더 의미 있는 개념적 혁신이다. 실제로, 국제정치학계에서 연성국력은 개념적으로 그리 엄밀하지 않은 용어임에도 불구하고 모든 세계 국가들이 공감하는 현상 그 자체이다. 무엇보다도 연성국력이 크게 공감대를 형성

13) Joseph S. Nye, "Smart Power and the 'War on Terror.'" 한국국제교류재단. 동아시아연구원. 중앙일보 공동주최 초청강연회 강연원고(2008.2.12). <http://www.eai.or.kr/korean/upfile/project/pjcontent/Joseph%20Nye%20강연원고.pdf> (검색일: 2008년 12월 10일).

14) Obama Victory Speech. New York Times(Nov. 5, 2008). <http://elections.nytimes.com/2008/results/president/speeches/obama-victory-speech.html#> (검색일: 2008년 12월 11일).

15) Joseph S. Nye, Bound to Lead: The Changing Nature of American Power(Basic Books, 1991); Joseph S. Nye, Soft Power: The Means to Success in World Politics(New York: Public Affairs, 2004).

하면서 성공할 수 있었던 이유는 경성국력으로부터 연성국력으로의 이동이라는, 일반 대중이 이해하기 쉬운 도식을 사용한 것에서 찾아야 할 것 같다. 일반적으로, 이해하기에 '딱딱할(hard)' 수밖에 없는 '권력(power)'이라는 용어에다가 '부드럽다(soft)'는 형용사를 결합시켜, '연성국력(Softpower)'라고 부른, 다소 모순적인 조어(造語)의 상상력이 세간의 주목을 끌었다. 궁극적으로는 '딱딱한 힘'이 아닌 '부드러운 힘'이라는 개념의 렌즈를 동원하지 않고서는 이해할 수 없는 현실의 변화가 연성국력의 성공을 설명한다. 그렇지만 아무리 '부드러운 힘'을 강조하더라도 여전히 '딱딱한 힘'을 무시해서는 살아남을 수 없는 권력세계의 현실은 나이로 하여금 '똑똑한 힘', 즉 '현명한 국력'이라고 하는 또 다른 히트작을 고안케 했다.16)

'현명한 정부'라는 말은 미국의 세계전략이라는 실천적 문제를 염두에 두고 사용된 정책개념의 성격이 강해서, 엄밀한 의미에서 보면, 분석적인 학술개념이라고 보기에는 다소 무리가 있다. '현명한 국력'을 개념으로 삼아서 무언가를 설명하기보다는 '현명한 국력'이라는 말 그 자체가 설명되어야 할 대상이다. 결과론의 영토인 권력의 게임에서 성공한 권력은 '똑똑한 권력'으로 평가되지만, 아무리 똑똑하게 구사되었다고 해도 실패하면 '멍청한 권력'으로 취급받을 수밖에 없다. "성공하면 충신, 실패하면 역적"으로 인식되는 권력게임의 영역에서 어떻게 사전(事前)에 똑똑한 권력을 구별해 낼 수 있을까? '현명한 국력'이 권력론이 아니라 전략론 또는 외교론이라는 비판을 받는 것은 바로 이러한 이유 때문이다. 또한 나이의 개념들은 '개념으로서의 권력'보다는 '은유로서의 권력'이라는 외양을 취하고 있어서 매우 포괄적으로 적용될 여지가 많다. 미국의 실천적 문제의식을 '현명한 국력'이라는 은유의 베일에 싸놓고 있어서 비강대국의 입장에서 그 베일을 걷어내고 제대로 모방

---

16) 이른바 경성국력을 넘어서는 21세기 권력 개념에 대한 연구는 지난 수십 여 년 동안 매우 광범위하게 진행되고 있다. 그중에서 최근 국제정치학에서 진행된 있는 대표적인 작업들만 뽑아보면, Robert O. Keohane & Joseph S. Nye Jr., Power and Interdependence: World Politics in Transition (Boston: Little, Brown, 1977); Nye, Bound to Lead; Nye, Soft Power; Wendy Larner & William Walters, eds., Global Governmentality: Governing International Spaces(New York: Routledge, 2004); Michael Barnet & Raymond Duvall. eds., Power in Global Governance (Cambridge and New York: Cambridge University Press, 2005). Ulrich Beck. Power in the Global Age: A New Global Political Economy(Cambridge, UK: Polity, 2005); Felix Berenskoetter & M. J. Williams, eds., Power in World Politics(London and New York: Routledge, 2007) 등을 들 수 있다. 권력 개념에 대한 논의를 포함하여 세계정치 전반의 변화를 이해하려는 국내의 시도로는 하영선 · 김상배 편, 『네트워크 지식국가: 21세기 세계정치의 변환』(을유문화사, 2006)을 참조.

하기란 쉽지 않아 보인다. 게다가, 이들 개념은 후술하는 바와 같이 그 인식론적 편향으로 인해서 새롭게 등장하고 있는 권력의 현실을 입체적으로 잡아내기에는 다소 미흡한 것이 사실이다.

그럼에도 불구하고 우리가 '현명한 국력'이라는 개념에 주목해야 하는 이유는, 최근 오바마 행정부의 외교안보팀에 의해 적극적으로 채택되면서, '단순한 개념'이 아니라, 우리의 국제정치적 삶에 영향을 미치는 '엄연한 현실'로서 부상했기 때문이다. 힐러리 클린턴(Hillary R. Clinton) 미 국무장관이나 로버트 게이츠(Robert M. Gates) 미 국방장관 등과 같은 오바마 행정부의 외교안보정책 실세들은 향후 미국의 외교안보정책이 경성국력과 연성국력을 적절히 섞는 '현명한 국력'을 지향할 것임을 명시적으로 천명한 바 있다. '현명한 국력'의 개념과 정책은 앞으로 미국의 세계전략 전반의 변화뿐만 아니라 동아시아 정책, 좀 더 구체적으로는 북한의 핵무기 개발과 미사일 발사 문제에 대응하는 대북정책의 방향을 주도할 것으로 예견된다. 또한 한국의 대북정책이나 외교정책에서도 '현명한 국력'의 개념을 수용하고 관련 정책을 모방하려는 과정이 발생할 가능성이 크다. 이러한 맥락에서 '현명한 국력'의 개념과 정책을 검토하는 작업은 한반도를 둘러싸고 벌어지고 있는 동아시아 국제정치의 현재와 미래를 제대로 읽어낸다는 점에서 나름대로의 의미가 있다.

본격적인 논의에 앞서 '현명한 국력'에 대한 한 가지 오해를 짚고 넘어 가야겠다. '현명한 국력'이 아무리 정책지향적이고 은유적인 개념이라고 하더라도 그 개념을 단순히 강경과 온건의 정책을 혼합하는 것으로만 이해해서는 곤란하다. 만일 단순한 정책혼합만을 의미한다면 굳이 '현명한 국력'라는 새로운 용어를 사용할 것까지도 없다. 당근과 채찍을 동시에 구사한다는 것은 국제정치의 기본이기 때문이다. 사실 나이가 제기한 '현명한 국력'에 대한 논의는 21세기 세계정치에서 발견되는 권력변환에 대한 미국식 논의의 표현이다. 이러한 점에서 나이의 권력 개념은 국제정치학계에서 벌어지고 있는 21세기 권력론의 두 가지 고민을 반영한다. 하나는 군사력이나 경제력으로 환원되지 않는 비물질적 권력, 특히 '지식권력'의 중요성에 대한 고민이다. 실제로 나이의 최근 논의에는 인지적, 감성적, 정치적, 사회적 차원에서 인식된 다양한 '지성(intelligence)'의 권력적 함의에 대한 논의가 부쩍 많이 등장한다.[17] 나이가 다루고 있는 다른 하나의 고민은, 21세기 권력이 더 이상

17) Joseph S. Nye(2008). The Powers to Lead, Oxford and New York: Oxford University Press.

행위자의 속성이나 보유자원에서 우러나오는 것이 아니라 행위자들이 구성하는 '관계적 맥락'에서 발생하는 것으로 이해해야 한다는 것이다. 실제로 나이가 그려내고 있는 연성국력이나 '현명한 국력'의 개념은 자신의 능력이나 보유한 자원으로 측정되는, 그래서 그 효과가 고정된 것으로 파악되는 권력이 아니라, 상대방이 누구인지에 따라서 그 효과가 유동적인 종류의 권력이다. 따라서 만약에 '현명한 국력'의 개념과 정책에 대한 논의를 펼치려고 한다면, 통상적인 강경과 온건의 정책에 대한 논의가 아니라, 바로 이러한 대목에서부터 시작해야 한다.

이러한 논의의 바탕에 깔린 궁극적인 궁금증은 '현명한 국력'의 개념과 정책을 한반도를 둘러싼 동아시아 국제정치의 변환과 이에 대응하는 한국의 외교정책에도 적용할 수 있는지를 살펴보는 데 있다.[18] 한국과 같은 '중견국(middle power)'[19]이 행사할 수 있는 '현명한 국력'라는 것이 있다면 그 내용은 무엇일까? 미국과 같은 강대국에 견줄 만한 경성국력도 없고, 하물며 연성국력은 더 모자란 한국이 똑똑한 힘을 발휘하기 위해서는 어떠한 '지성'을 갖추어야 할까? 상대적으로 물리적 힘이 훨씬 더 센 주변국가들에 둘러싸여 있으면서도 중견국인 한국이 똑똑한 힘을 행사하려면 동아시아 국제정치의 '관계적 맥락'을 어떻게 풀어가야 할까? 이러한 질문들에 대한 답을 구하는 과정에서 이 책이 중견국의 '현명한 국력'을 개념화하기 위해서 원용한 것은 '네트워크 세계정치이론(Network Theory of World Politics: NTWP)'의 시각이었다.[20]

---

18) 이러한 문제의식을 가지고 한국적인 맥락에서 소프트 파워(또는 스마트 파워)의 개념적 발전을 꾀한 작업들로는 평화포럼21편, 『매력국가 만들기: 소프트 파워의 미래전략』(21세기평화재단 평화연구소, 2005); 손열 편, 『매력으로 엮는 동아시아』(지식마당, 2007); 김상배 편, 『인터넷권력의 해부』(한울, 2008); 김상배 외, 『지식질서와 동아시아: 정보화시대 세계정치의 변환』(한울, 2008); 김상배, "네트워크 권력의 세계정치: 전통적인 국제정치 권력이론을 넘어서." 『한국정치학회보』 42(4), (2008, 겨울), pp.397－408; 김상배 편, 『소프트 파워와 21세기 권력: 네트워크 권력론의 모색』(한울, 2009) 등을 들 수 있다.

19) 최근 국내학계에서 관심을 끌고 있는 '중견국'의 개념과 그 시사점에 대한 소개로는 김치욱, "국제정치의 분석단위로서 중견국가(middle power): 그 개념화와 시사점." 『국제정치논총』 49(1), 2009, pp.7－36을 참조.

20) 김상배, "네트워크 세계정치이론의 모색: 현실주의 국제정치이론의 세 가지 가정을 넘어서." 『국제정치논총』 48(4), 2008, pp.35－61.

## 2 '현명한 국력'의 개념적 이해

'현명한 국력(Smartpower)'의 개념은 경성국력과 대비되는 의미에서 출현한 연성국력의 개념에 대한 논의를 배경으로 한다. 나이(Nye, 1991)의 연성국력에 대한 논의는 1980년대 후반을 국제정치적 배경으로 하여 처음으로 등장하였다. 나이는 1991년에 출간된 *Bound to Lead: The Changing Nature of American Power*라는 책에서 당시 국제정치학계의 화두였던 미국의 패권쇠퇴론에 대한 반론을 피력하였다.[21] 나이에 따르면, 미국의 패권이 군사력이나 경제력을 지표로 해서는 상대적으로 쇠퇴하고 있는 것이 사실이지만, 연성국력이라는 개념의 잣대로 보면 여전히 미국이 세계를 주도해 갈 역량을 갖추고 있다는 것이었다. 그러고 나서 13년이 지난 2004년에 이르러 나이는 그동안의 연성국력에 대한 논의를 발전시켜서 *Soft Power: The Means to Success in World Politics*라는 단행본을 내게 된다.[22] 그런데 2004년의 책이 대상으로 삼고 있는 2000년대 초반 국제정치의 현실은 1980년 후반의 것과는 정반대의 상황으로 연출되었다. 부시(G. W. Bush) 행정부의 세계전략을 보면, 미국이 세계 최강의 경성국력을 지닌 유일 강대국임은 분명했지만 세계전략을 원활히 수행할 연성국력을 지니고 있느냐는 의심받는 상황이 창출되었던 것이다. 예를 들어, 9·11 테러 이후에 '테러와의 전쟁'을 수행하는 과정에서, 특히 이라크 전쟁을 수행하는 과정에서 미국이 내세우는 개입 논리의 정당성에 대한 비판이 제기되었기 때문이다.

나이가 주장하는 바의 핵심은 21세기를 맞이하여 권력의 속성이 크게 바뀌고 있음에도 불구하고 부시 행정부의 지도자들은 권력현실의 변화에 매우 둔감하다는 것이다. 나이에 따르면, 미국이 단극화된 세계에서 유일무이한 초강대국으로 군림하고 있는 것처럼 보이지만, 전반적인 상황은 겉보기와는 달리 훨씬 복잡한 양상으로 드러난다고 주장한다. 21세기 세계정치는 수평적 게임뿐만 아니라 수직적 게임도 함께 펼쳐야 하는 3차원의 체스게임에 비유된다. 맨 위의 체스판에서는 단극적인 군사력 게임이 벌어지고, 중간의 체스판에서는 다극적인 경제력 게임이 벌어진다. 맨 아래의 체스판에서는 테러, 국제범죄, 기후변화, 전염병 확산 등의 초국가적

21) Nye, Bound to Lead.
22) Nye, Soft Power.

이슈들이 전개되는데, 여기서는 단극이나 다극을 넘어서 권력이 매우 광범위하게 분산될 뿐만 아니라 국가와 비국가 행위자들이 벌이는 복합적인 게임의 양상이 드러난다는 것이다. 특히, 국제사회의 성숙과 정보화에 따른 지식과 네트워크의 확산으로 인해서 21세기 세계정치의 체스판은 3단계에 접어들었다는 것이다. 이러한 맥락에서 군사력이나 경제력과 같은 경성국력으로부터 문화·이념·외교 등과 같은 연성국력으로 권력이 이동하고 있다는 나이의 주장이 근거를 찾고 있다.[23)]

나이가 그려내는 경성국력으로부터 연성국력으로의 권력이동은 행위의 스펙트럼을 따라서 명령으로부터 동조에 이르는 과정으로 나타나는데, 이는 ① 강제, ② 회유, ③ 의제설정, ④ 매력 등의 네 단계를 거친다. 또한 이들 네 단계는 각각의 행위에 친화적인 자원을 활용하게 되는데, 이들은 ① 무력과 제재, ② 보상과 매수, ③ 제도, ④ 가치와 문화 및 정책 등이다(김성태, 2008).[24)]

이러한 나이의 권력에 대한 도식을 보면, 경성국력과 연성국력의 개념은 기본적으로 로버트 달(Robert A. Dahl)[25)]류의 행태주의적 권력관과 국제정치학의 주류 진영이 채택하고 있는 자원 중심의 도구적 권력관이 적절히 조합된 형식이라고 할 수 있다. 이러한 시각에서 보면 권력이란 "특정한 자원의 보유를 바탕으로 타인의 행동에 영향을 미쳐 자신의 원하는 결과를 얻는 능력"으로서 그려진다. 그러나 이상의 두 가지 권력관을 단순히 수용하는 차원에서 좀 더 나아가, 권력이 생성되고 작동하는 '비물질적 측면'과 '관계적 맥락'에 대해서 좀 더 많은 관심을 가진다는 점은 나이의 권력 개념이 지니는 큰 특징이다.

나이의 개념적 도식에서 연성국력이란 "강제나 보상보다는 사람의 마음을 사로잡아 원하는 것을 얻어내는 능력"이다. 특히, 국제적 차원에서 연성국력은 한 나라의 문화나 민주주의·인권·개인적 기회의 보장 등과 같이 그 나라가 추구하는 정치적 목표와 제반 정책 등에서 우러나오는 매력과 관련된다. 연성국력이란 어느 나라의 가치체계를 존중하고 그 나라의 본을 따르고자 하며, 또한 번영과 개방성의

23) Nye, Soft Power, p.4.
24) Nye, Soft Power, p.8.
25) 로버트 달(Robert A. Dahl)은 완벽한 민주주의란 이상적 유토피아에 가까운 것이라 보고, 민주주의에 가장 가까운 정치체제로서 서로 경쟁하고 절충하며 일해야 하는 다양한 범주의 엘리트층에 의한 '다수의 지배'라는 개념의 폴리아키(Polyarchy)를 제시하는 등 평생을 민주주의 이론을 정립하는 데 힘썼다.

수준을 동경케 함으로써 그 나라를 뒤따르게 하는 권력이다. 연성국력은 국제정치 무대에서 의제를 설정하는 능력이고, 국가행위의 정당성과 도덕성에 기반을 두는 권력이다. 또한 연성국력은 경성국력의 정당한 행사나 보편적인 국제규범의 추구 등과도 밀접한 관련이 있다. 나이는 이러한 연성국력의 제 측면을 문화·정치적 가치, 외교의 세 부분으로 요약해서 이해하고 있다.

연성국력에 대한 논의를 펼치는 나이의 궁극적인 관심은 외교정책의 역할로 귀결된다. 미국은 이라크 전쟁을 계기로 연성국력에 심각한 훼손을 입었지만, 미국이 안고 있는 문제는 미국의 문화나 가치, 이념의 실추에 따른 것이 아니라 특정한 외교정책상 오류에서 발생한 것이라 판단하기 때문이다. 나이의 인식 속에서 냉전기까지 미국의 연성국력은 상대적으로 성공한 작품이었다. 연성국력의 전쟁이라는 관점에서 보았을 때 미국이 제2차 세계대전에서 승리하고 냉전을 거치면서 소련의 붕괴를 유도해낼 수 있었다는 것이다. 그러나 냉전이 끝나자 미국 정부에서는 연성국력에 대한 관심이 저하되고 공공외교에 대한 노력을 경시하게 되었다고 비판한다.[26] 나이에 따르면, 21세기의 정보화시대는 단순한 선전을 넘어서는 공공외교의 필요성이 더욱 강조되는 시기임에도 불구하고, 부시 행정부는 오히려 연성국력의 외교를 소홀히 취급했다는 것이다. 이러한 시각에서 보면, 최근 중동과 중앙아시아 문제는 미국의 연성국력 외교가 안고 있는 난제를 반영하는 사례임이 분명하다. 21세기의 첫 계단에서 세계적으로 일고 있는 반미주의는 미국이 연성국력을 경시한 결과라는 것이다.[27] 외교정책의 일환으로서 연성국력에 접근하는 나이의 논의에서 유의할 점은 그가 연성국력의 자율성을 강조하면서도 경성국력의 중요성을 무시하지는 않는다는 사실이다.[28] 바로 이 대목에서 나이의 '현명한 국력' 개념이 진가를 발휘한다.

나이는 경성국력을 바탕으로 하지 않은 연성국력은 없다는 세간의 지적에 적극적으로 대응이라도 하듯이, '현명한 국력'이라는 개념을 좀 더 빈번히 동원하여 경성국력과 연성국력 양자의 관계를 대체관계가 아닌 보완관계라고 주장한다(Nye, 2004).[29] 나이가 개념화하는 '현명한 국력'이란 경성국력과 연성국력을 잘 조합하여

26) Nye, Soft Power, pp.99–125.
27) Nye, Soft Power, pp.117–147; Nye, "Smart Power and the 'War on Terror.'"
28) Nye, Soft Power, p.147.
29) Nye, "Smart Power and the 'War on Terror.'"

성공적인 전략을 도출하는 권력이다. 일정한 경성국력의 자원을 보유한 상황에서 연성국력이 성공적으로 행사될 경우, 이는 다시 경성국력을 행사하는 데 유리한 연성국력의 환경을 만들어 줄 수 있다는 것이다. 결국, 경성국력과 연성국력은 양자를 절묘하게 결합하고 활용한다는 '현명한 국력'의 메커니즘을 통해서 서로 상호작용하면서 신장된다. 이러한 시각에서 보면 나이의 '현명한 국력'이라는 개념은 경성국력이나 연성국력의 개념과는 별개의 범주로 구분되는 '제3의 권력'이라고 보기는 어렵다. 오히려 양자를 엮어내는 권력, 이를테면 '권력에 대한 권력(power about power)', 즉 '메타 권력(meta-power)'의 범주에 속한다고 볼 수 있다.

## 제 5 절 한국 국력 현황

### 1 국력의 현황

한선재단 2009년 조사에서 종합국력 13위로 평가되었던 대한민국이 2014년 조사에서는 4단계 상승된 9위로 평가되어 10위권 내로 진입하였다. 한선재단은 총 2종의 국력 유형과 13대 국력, 그리고 종합국력 점수 산정 시 적용되는 각 국력 유형 및 국력 측정 부문 간의 상대적 비중이 적시된 '한선 종합국력지수 측정 모형(The Hansun TNP Index)'[30]을 개발하여 G20 국가[31]들을 대상으로 적용한다.

한국의 국력 현황을 측정한 결과에 의하면, 전체평가부문에서 순위가 상승한 국력은 변화대처력(10위→6위), 환경관리력(15위→11위), 국방력(8위→5위), 정

30) '한선 종합국력지수 측정 모형(The Hansun TNP Index: TNP=Total National Power)'.

31) G20 국가란 미국발 금융위기 발생 직후인 2008년 11월 15일 개최된 "금융시장 및 세계경제에 관한 정상회의"에 참석했던 G7 국가(미국, 일본, 영국, 프랑스, 독일, 캐나다, 이탈리아)와 전 세계의 지역적 안배가 고려되어 초청된 한국, 중국, 인도를 비롯한 12개 개도국, 그리고 초청 대상인 EU의 의장국인 프랑스가 G7 국가에 이미 들어 있으므로 EU의 추천으로 프랑스 대신 초청된 스페인과 네덜란드 중 우리나라와 여러 면에서 유사한 여건을 지닌 스페인을 포함시켜 총 20개국을 종합국력 측정대상국으로 선정하였다. 이 20개 국가를 대상으로 하게 된 데에는 IMF와 World Bank 등의 개편을 초래하고 있는 세계 금융 위기뿐만 아니라 향후의 글로벌 경제위기 및 국제금융체계의 새로운 질서로의 재편에 결정적인 영향을 끼치게 될 국제협력의 중심체로 역할하게 될 것이 바로 이 20개 국가들이라고 판단하였기 때문이다.

보력(11위→9위), 경제력(11위→10위), 교육력(11위→10위), 국정관리력(10위→9위) 등으로, 전체 13개 평가 부문의 반이 넘는 7개 부문에서 순위가 상승한 것으로 나타났다.

[그림 2-2]는 우리나라의 개별 요소별로 비교하여 다음과 같이 설명하고 있다.

**그림 2-2** 대한민국의 국력 순위 비교(2009~2014년)

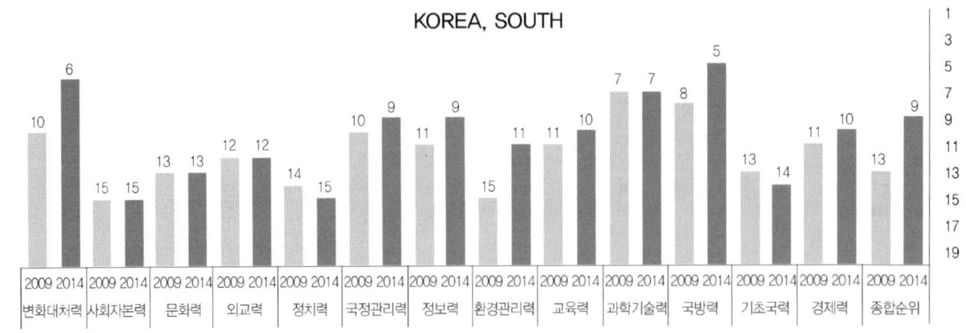


한편, 과학기술력과 외교력, 문화력, 사회자본력은 2009년에 비해 순위 변화가 없는 것으로 나타났으며, 정치력과 기초국력의 경우에는 각각 14위에서 15위, 13위에서 14위로 한 단계씩 하락한 것으로 나타났다.

전반적으로 볼 때 대한민국의 경성국력은 2009년에 비해 한 단계 하락한 10위로, 연성국력은 한 단계 상승한 11위로 평가되었다. 이처럼 전반적으로 볼 때는 대한민국은 경성국력과 연성국력이 균형을 이룬 듯 보이지만, 개별 요소 국력별 순위를 종합해 보면 2009년과 마찬가지로 여전히 연성국력보다는 경성국력이 더 강한 국가인 것으로 분석된다.

한 국가가 소지하거나 발휘할 수 있는 국력의 최대 크기는 그 나라가 지닌 경제력의 수준을 넘어서기가 쉽지 않은 것이 일반적이다. 이런 점에서 경제력 수준을 상회하는 순위를 나타낸 요소국력을 그 나라의 강점이라고 할 수 있다. 2014년 대한민국의 경제력 수준(10위)에 비해 월등한 수준을 보인 개별 요소들은 국방력(5위), 과학기술력(7위), 변화대처력(6위)인 것으로 나타났다. 바로 이 부분이 향후 중장기 국가 발전 전략에 있어 승산 있는 영역이라고 할 수 있다. 반면, 대한민국

**그림 2-3** 대한민국의 종합 및 요소 국력 순위(2014년)

의 경제력 수준에 비해 낮은 순위를 보인 부문은 향후 국가 발전 전략을 구사함에 있어 이 부문에 특히 큰 분발이 있어야 할 부분이다.

우리나라 국토의 전체 크기는 가장 작고, 경작가능면적도 작아 국토의 열악성(19위)은 일본 다음으로 열악한 조건을 가지고 있다. 그럼에도 불구하고 우리나라가 기본 조건 면에서 종합 13위를 했다는 것은 다른 요소들에서의 선전으로 다소 극복되었다는 것을 의미한다. 그것은 주로 기대수명, 영아사망률로 역산한 인구의 건강성, 그리고 식량 등 기초 생필품 확보의 용이도 등에 의해 이루어졌다. 그러나 에너지 부문에서는 에너지 기반 시설의 우수성과 미래 에너지 확보 정도 면에서만 다소 긍정적인 모습을 찾을 수 있을 뿐이고, 나머지 요소들에서는 특기할 만한 긍정적인 모습을 찾기 어렵다. 부정적인 모습에 오히려 특기할 만한 점이 확인되었는데, 그것은 바로 전체 필요 에너지의 국내 생산율로 측정되는 에너지 자급도(18위)가 심각한 수준으로 나타났다는 점이다.

## 2 한국 국력 향상의 과제

정부수립 다음 해인 1949년과 비교하여 보면, 지난 약 60년에 걸쳐 종합국력의 기본 조건에도 많은 변화가 있었다. 간척지 개간 사업으로 인해 국토 면적이 93,634km² 에서 99,720km²로 넓어져 그 동안 제주도만한 면적이 3개나 생겼고, 인구는 2,019만 명에서 4,861만 명으로 두 배 이상 증가하였다.

한국의 경제와 사회는 지난 반세기 동안 양적으로 엄청난 성장을 경험하였다. 1949년 2,019만 명이었던 남한의 인구는 2007년에는 그 2.4배인 4,846만 명으로 증가되었다. GDP는 1953년 13억 달러였던 것이 1972년에 100억 달러, 1986년 1,000억 달러, 1995년 5,000억 달러, 그리고 2007년에는 1조 달러가 되었다.

1953~2007년 기간 동안 GDP는 명목 달러로 보면 750배, 달러가치의 변화를 감안하여 실질가치로 환산하면 100배 증가하였다. 한편, 1인당 소득은 1953년 67달러였던 것이 1977년 1천 달러, 1987년 5천 달러, 1995년 1만 달러를 거쳐 2007년에는 2만 달러를 넘어서게 되었다. 1953~2007년 기간 동안 1인당 소득은 명목 달러로 보면 300배, 실질가치로 환산하면 40배 정도 증가하였다. 총 무역액(수출액+수입액)은 1960년 3.8억 달러에서 1980년 400억 달러, 2007년 7,300억 달러로 증가하였으며, 실업률[경제활동인구(취업자+실업자)에서 실업자가 차지하는 비율]은 1963년 8.1%에서 2007년 3.0%로 감소하였고, 고용률(만 15세 이상 인구 중 취업자가 차지하는 비율)은 1963년 52.0%에서 2007년 59.8%로 증가하였다.

산업 구조도 급격한 변화를 겪어 농림어업, 광업·제조업, 서비스업이 GDP 창출에 기여한 비중은 1953년 각각 47.3%, 10.1%, 42.6%이던 것이 2007년에는 각각 3.0%, 28.3%, 68.7%로 변화하였다. 제조업 구조도 1953년 경공업 중심(1953년 경공업 비중 78.9%)에서 중공업 중심(2007년 중공업 비중 83.1%)으로 변화하였다. 수출상품 구조도 크게 변화하였는데, 1960년에는 1차 산업 수출품이 45.4%, 경공업 제품이 45.4%를 차지하여 중화학 제품의 수출비중이 9.2%이던 것이 2007년에는 중화학 제품의 수출비중이 91.5%를 차지하게 되었다.

이러한 고도의 양적 성장은 급격한 질적·구조적 변화를 수반하였다. 기대수명은 1970년 61.9세에서 2006년 79.2세로 늘어났으며, 국민 전체의 중위연령은 1970

년 18.5세에서 2006년 35.4세로 높아졌다. 출산율은 1970년 가임여성 한 명당 4.53명에서 2007년 1.26명으로 감소하였고, 노령화 지수(15세 미만 인구 대비 65세 이상 인구의 백분율)는 1970년 7.2에서 2007년 55.1로 높아졌다. 이는 1955년과 2007년 기간 동안을 비교해 볼 때, 60년 전에 비해 인구의 활성도가 크게 저하되고 노인 복지의 문제가 국력 신장의 저해요인으로 등장하고 있다는 점, 그리고 에너지 부족 문제는 60년 전이나 지금이나 여전히 해결하지 못하고 있다는 점 등이 과거에 비해 달라진 부정적인 변화들이다.

요컨대, 지난 반세기 동안 세계의 최빈국의 한 국가에서 중진국의 선두주자로 부상하였다. 여기에서 우리나라의 교육력은 오늘날의 경제부흥을 가져오는 데 큰 시금석이 되었다. 국민소득 100$ 미만이었던 대한민국이 반세기 만에 20,000$ 선진국 클럽에 진입하는 기적은 국가 교육력의 기록적 성장과 궤를 같이하고 있다. 그러나 이러한 성공 스토리가 앞으로도 지속되리라고 단언하기 어렵다. 역사적 경험을 보면, 한 나라의 성장률이 불변인 것은 아니며, 선진국 문턱에 도달했던 나라가 뒷걸음질 친 경우도 많이 있었다. 더욱이, 우리나라는 현재 지속적인 성장에 장애가 될 많은 부정적 요인들을 안고 있는 것도 사실이다.[32)]

이런 변화들을 놓고 볼 때, 향후 중·장기 국가발전 전략 수립에 있어 국가의 기본 조건 신장과 관련하여, 특히 신재생 에너지 개발 분야라든지, 해외에서의 자원 확보 외교, 그리고 기존 에너지 시스템의 고효율화 및 에너지 절약 노력이 중요한 과제로 부각된다. 또한 전체 인구 감소로 심각한 수준에 있는 낮은 출생률을 높이기 위한 행·재정적 노력과 사회자본력을 높이기 위한 사회 환경 개선, 노령화 사회에 대비한 다양한 사회 활력 회복 프로젝트들이 중요한 전략적 과제로 주목된다.

32) 최창현(2014). 김경환·김종석 역, 맨큐의 경제학, 교보문고: IMD(2013). World Competitiveness Yearbook.

# 제3장 좋은 정부란 무엇인가?[1)]

## 제1절 좋은 정부의 필요성

정부의 필요성은 성악설, 성선설을 따지든 간에, 그리고 다른 어떤 견해를 따르든 간에 일단 사회 속에서의 인간은 욕구를 가지고 있고 그로 인하여 욕구, 욕심을 충족시키기 위해 수단과 방법을 가리는 사람도 있지만 순자(荀子)의 성악설과 홉스(T. Hobbes)의 만인의 만인에 대한 투쟁(war of all against all)처럼 수단과 방법을 가리지 않는 사람도 존재하게 된다. 수단과 방법을 가리지 않는 대상이 일반 개인이 될 수도 있고 한 국가가 될 수도 있다. 성악설에 따르면, 인간은 사악하여 도덕과 상식을 지키지 않으려 한다. 따라서 인위적인 법률 등이 필요하다. 정부라는 것은 국민의 공동체적 집단으로서 정부로 인해서 자신의 이익을 침해하고 빼앗으려는 타인에게서 보호받기 위해서 만든 인위적인 법률 등을 통한 관료제적 통제 집단이다. '보이지 않는 손(invisible hand)'에 의한 가격기구가 작동하는 경우 시장기구로 운영될 수 있지만 시장실패(market failure)가 발생하는 경우 보이는 손이라 할 수 있는 관료제적 정부 개입이 필요하다는 점에서 정부의 존립 근거를 말할 수

1) 한세억(2012). 『좋은 정부란 무엇인가?』 좋은 정부의 프락시스, 한반도선진화재단. 좋은정부연구회 편, 한국학술정보(주).

있다.

반면에, 정부가 불필요하다는 근거는 성선설에 기반을 두고 있다. 인간은 근본적으로 착하니 자발적인 도덕률이나 보이지 않는 손인 시장기구를 통해 사회질서가 잘 유지될 수 있다고 본다.

**표 3-1 정부의 필요성**

| 구 분 | 정 부 | 무정부 |
|---|---|---|
| 인간본성<br>자연상태 | • 순자 성악설<br>• 홉스(T. Hobbes)의 Leviathan<br>• 만인의 만인에 대한 투쟁<br>(war of all against all) | • 맹자 성선설<br>• 루소 평화상태<br>• 플라톤(Plato) 철인정부 |
| 질서유형 | • 인위적 | • 자발적 |
| 지배형태 | • 법률 | • 도덕률 |
| 존립근거 | • 시장실패<br>• 정부개입<br>• 보이는 손 = 관료제 | • 시장성공<br>• 완전경쟁, 자유진입 등<br>• 보이지 않는 손 = 시장기구 |
| 재화 | • 공공재 | • 개인재 |
| 통제 | • 관료제적 통제 | • 머피의 법칙(Murphy's Law)<br>• 다운즈(Downs)의 불완전 통제법칙<br>(Law of Imperfect Control) |

이와 같이 정부에 대한 인식 역시 시대와 학자에 따라 다양하다. 미국의 정치학자 리프먼(W. Lippman)은 "가장 적게 정치하는 정부가 가장 좋은 정부라는 진리는 18세기에 속하며, 가장 많이 공급해 주는 정부가 가장 좋은 정부라는 진리는 20세기에 속한다"고 하였다. 그러면 21세기의 가장 좋은 정부는 어떠한 모습일까? 이러한 의문에 대한 해제탐색을 위해 행정이론가 및 실천가들의 노력이 끊임없이 이어져 왔다. 특히, 개발도상국가를 중심으로 1990년대 들어서 행정적·제도적 능력을 중심으로 한 국가능력의 재건을 위한 개혁을 외치며 좋은 정부 구현이 개혁목표로 설정되었다(Heredia & Schneider, 1998). 좋은 정부를 향한 노력과 성과에 대한 국민의 평가는 엇갈린다.

좋은 정부는 국민들의 평가에 의해 드리워지는 것이라는 점에서 수요자인 국민들의 인식과 체감이 중요하다. 이런 점에서 급격한 환경변화의 세기를 사는 국민들은 정부로부터 얼마나 만족감을 느끼는가? 나아가 만족을 넘어 행복감을 느낄 것인가? 정부에 대한 만족, 선호 등을 둘러싼 질문에 대해 다수의 국민들은 만족과 행복보다는 불만과 불편감이 팽배하는 듯하다. 그래서 갈수록 반정부신드롬이 심화되고 있다. 그 까닭은 정부가 많은 권력을 잘못된 방식으로 행사하고 비효율적이며 낭비적일 뿐 아니라 시민들의 삶과 문제를 거의 배려하지 못한 데서 기인한다(셰릴 짐렐 킹 외, 2001). 이런 현상은 비단 특정 국가에 특유한 것은 아니다. 하지만, 정작 문제는 각국의 정부마다 끊임없이 개혁, 쇄신, 혁신을 추구하고 있건만 그 결과는 국민과 기업에 체감되지 못하고 있다는 사실이다. 실제로 행정현상에 표출된 부정적 인식의 편린들은 심각성을 드러낸다. 정부성과에 대한 신뢰가 감소하면서 정부에 대한 국민정서는 냉소적이다.

반면에, 정부혁신과 조직지능을 고도화시키기 위한 여건은 날로 개선되고 있다. 산업시대의 관료제정부의 한계를 극복하고 바람직한 정부로서 전자정부를 넘어 지식정부, 스마트정부가 제시되었다. 그렇다면 과연 스마트정부가 바람직하며 좋은 정부로 가는 길인가? 그래서 국민행복을 보장할 것인가? 하지만, 아직까지 희망적이라 볼 수 없다.

오늘날 인식되는 정부는 "오로지 국민의 복리를 위해서만 존재한다"는 머콜리(T. Macauley)의 주장이나 "통치의 목적은 인류의 행복에 있다"는 로크(J. Locke)의 명언에 비추어 볼 때 괴리감이나 공허감을 안겨 준다는 점[2)]에서 분명 현재의 정부는 '좋은 정부(good government)'와 거리가 있다. 이러한 문제 상황은 정부기능과 역할에 대한 재평가와 함께 새로운 정립의 필요성을 시사한다. 물론, 산업사회를 지나 지식정보사회를 향하는 변화흐름에서 정부가 행했던 역할에 대한 재평가가 이루어지고 있다. 특히, 지식정보사회의 정부역할을 둘러싸고 정부기능을 축소해야 한다는 논의와 함께 반대의 의견도 있다. 절충적 입장에서 역할의 양적 변화보다는 질적 변화가 더 중요하다고 보는 견해도 있다. 하지만, 산업시대의 발전과정에서

2) 지난해 갤럽이 공표한 세계 155개국 국민의 행복도 조사결과, 한국은 56위였다. 국민 100명 가운데 72명은 자신이 불행하다고 생각했다(매일경제신문, 2010년 8월 4일자). 또한 2011년 OECD는 창설 50주년을 기념해 각국의 생활환경과 삶의 질을 측정해 수치화한 '행복지수(The Better Life Index)'에서 한국은 34개 회원국 가운데 26위를 차지했다(조선일보 2011년 5월 25일자). 이처럼 행복하지 못한 원인이 워낙 복잡다단하여 단정할 수 없다. 그러나 국민행복에 존재 이유가 있다는 정부와 전혀 무관하다 단언하기도 어렵다.

정부가 주도하고 통제하던 관료주의적 정부를 벗어나야 하며 지식정보사회에서는 조정 또는 후원자로서 역할을 담당해야 한다는 점에서 공감대가 확산되고 있다.

이 책은 거시담론으로서 지식정보사회의 관점에서 좋은 정부를 지성적 정부를 바람직한 정부모습으로 상정하고자 한다. 외부 비판이나 내부 성찰을 통해 끊임없이 문제를 해결하고 가치를 창출해 가는 정부모습을 실천하는 정부를 의미한다.

즉, 산업화 시기의 정부역할 및 기능에 대한 비판을 중심으로 살펴보고 지식정보사회로의 진전과 성숙에 조응하는 좋은 정부의 조건으로 지성적 기반으로 인식을 어떻게 형성할 것인지에 대해 논의하고자 한다.

## 제 2 절 좋은 정부의 개념

국가란 정당한 권위를 행사하고 결정을 행하는 것에 의해 공동체를 보호하고 그것에 적응하는 개인들의 집단이다. 이러한 국가에 대한 시각으로써 두 가지가 있는데 하나는 기계론에 입각한 시각이며, 다른 하나는 유기체론 근거한 시각이다.

기계론에 입각한 정부에 대한 시각에 의하면 사회는 경쟁적이고 상호작용하는 이익들로 구성되며, 이러한 경쟁적인 이익들은 갈등을 발생시키게 된다. 따라서 정부는 이러한 갈등을 완화시키고 해결자의 역할을 하는 조정기제로서 간주된다. 또한 갈등이 있을 때에만 역할을 하게 되는 소극적인 정부의 역할을 암시하고 있다. 이러한 시각은 서구 민주주의 정부에 가장 잘 반영되어 있으며, 특히 자연법에 근거한 사유재산권과 제한된 정부를 강조했던 로크의 자유주의 사상에 기초한다.

반면, 유기체론에 입각한 시각은 정부의 적극적 역할을 강조하게 된다. 이와 같은 시각에 의하면 개인의 역할보다 공동체의 역할을 더욱 중요시하게 된다. 이는 인간을 더욱 완성적으로 만드는 도구로서의 공동체를 의미하게 된다. 따라서 유기체적 입장에서는 개인의 자유나 권리보다 그것을 초월하는 '공공'의 의미를 강조하게 되며 이와 같은 공동체를 더욱 더 나은 방향으로 이끌어나가는 것이 정부가 해야 할 가장 중요한 역할로서 간주된다. 따라서 정부는 사회를 변화시키는 원동력이며, 사회의 많은 것이 정부에 의해서 결정된다. 이러한 시각의 사상적 기초는 공동체의 중요성을 강조했던 플라톤(Plato)과 아리스토텔레스(Aristoteles)의 정부에 대한 시각이다.

하지만, 두 시각 모두 공통적으로 '법의 지배'를 강조하고 있다. 최소한의 정부 역할을 요구하는 기계론적 시각에서는 정부의 조정자의 역할과 권리침해에 대한 처벌권을 개인들로부터 위임받았으며, 이를 성문화시킨 법에 근거하여 권한을 행사해야 한다는 것을 주장한다. 이에 반해, 유기체적 입장에서는 정부의 강력한 역할을 강조하는 반면, 이와 같이 강력한 권한을 행사하는 정부에 대한 견제장치로서 법에 의한 지배를 강조한다.

한편, 최근의 급변하는 정치 · 경제 · 사회적 환경에서 좋은 정부를 위한 전략으로서 고전적인 두 가지의 시각은 한계를 가질 수밖에 없다. 따라서 유기체적 정부론과 유사하지만 조금은 변형된 정부에 대한 시각으로써 복잡계적 사고에 근거한 창조적 정부론을 제시할 수 있다. 격심해지는 국제경쟁에서 생존하기 위해서는 유동적이고 창조적인 국가로 탈바꿈해야 한다.

창조적 정부론은 국가가 급변하는 복잡한 환경 속에서 생존하기 위해 다음과 같은 전략을 제시한다. 첫째는 "적응하기보다 창조하라"이다. 둘째는 "안정적 평형을 회피하라"이다. 마지막으로, "복잡적응계(CAS)로서의 국가를 만들라"이다. 복잡성이론의 관점에서 보면, 기존의 관점과는 달리 안정적이고 응집력이 강한 조직은 오히려 쇠퇴하는 반면, 긴장과 역설, 그리고 갈등이 공존하는 역동적인 조직은 보다 발전적이고 창조적이다. 혼돈상태 하에서 자기조직성이 발현되어 창조적 조직

**표 3-2** '좋은 정부'의 의미

| | 기계론적 정부론 | 유기체론적 정부론 | 창조적 정부론 |
|---|---|---|---|
| 차이점 | – 최소한의 정부 역할<br>– 사유재산제도의 절대적 보장<br>– 개인의 자유 보장 및 정부의 개입 최소화 | – 주도적인 정부역할<br>– 사유재산제도의 제한<br>– 부패방지<br>– 시민참여 | – 혼돈의 경계상황<br>– 정부의 적극적 역할<br>– 고도의 적응국가<br>– 전문화, 수평 · 수직적 분권화 정부 |
| 공통점 | 법의 지배 | | |

이 될 수 있는 것이다. 따라서 혼돈의 경계에서만 자기조직화가 가능하다. 즉, 적응이 가능한 것이다.

이상과 같이 좋은 정부는 시간의 흐름에 따라 혹은 주장하는 구체적인 내용에 따라 상이함을 알 수 있다.

## 제 3 절 산업시대에서의 좋은 정부

역사적으로 정부형태는 다양하게 출현했다. 사회의 기초질서 유지만 챙기고 나머지는 민간자율에 맡기는 자유방임형에서부터 정부 또는 국가가 모든 것을 통제하고 간섭하는 전제형에 이르기까지 다양한 정부형태가 존재하였고 그 성과도 천차만별이다. 물론, 정부역할에 대해서는 오랜 기간 동안 두 축의 논리구조가 대립해 왔다. 자유주의적 관점은 시장기능을 중시하며 정부역할에 대한 축소지향 논리를 전개해 왔다. 반면, 국가주의적 입장에서는 이상적 복지사회를 지향하면서 정부기능 확대를 강조하였다. 시장 중심을 강조하며 정부개입의 한계를 비판하는 시장주의자들이나 합리적 계획국가의 운영을 통해 바람직한 사회질서를 확보하려는 국가주의자들은 서로의 문제점을 지적, 견제하면서 국가사회 발전을 이끌어 왔다.

### 1 개념과 성격

산업사회에서 좋은 정부는 작은 정부를 의미하였다. 가령, 노자(老子)의 소국과민(小國過民) 사상과 야경국가론의 공통점은 국민들에게 최소한의 간섭을 추구한다는 점에서 맥락이 통했다. 노자는 큰 나라 다스리기를 작은 생선 지지듯 해야 한다고 하였다(治大國若烹小鮮). 생선은 지질 때 자꾸 건드리면 살이 다 떨어지게 되어 가시만 드러나게 된다.

그러므로 될수록 생선을 건드리지 말아야 한다. 이러한 이치에서 백성들에 대한 규제와 간섭을 최소화하고 백성들이 자유, 자치케 해야 한다. 이것은 민주정치의 기본정신이기도 하다. 다만, 노자의 경우 최대한 작은 국가를 지향하는 데 반해서, 야경국가론은 팽창주의적이고 거대한 국가를 꿈꾸는 제국주의 열강들의 국가론과 밀접하며 이전의 일반적인 국가들과 연관이 있기 때문에 추구하는 국가의 규모에서 구분된다.

그러면 국민이 원하는 좋은 정부란 어떤 정부인가? 먼저, 좋은 정부라는 개념은 정부가 국민에게 어떠한 형태의 행복을 보장해야 하는지에 대한 목적론의 관점이 견지된다. 또한 그 목적을 이루기 위한 방법과 수단은 무엇인가 하는 방법론적 입장을 포괄하는 복합적 개념이다. 그렇다면 개별적 존재인 개인들이 모여서 형성하는 전체사회를 통제, 관리하는 정부는 개인과 전체의 관계에서 어느 쪽에 무게 중심을 두어야 할 것인가? 또한 좋은 정부의 이상과 역할은 체제와 이념에 따라 어떻게 달라지는가? 좋은 정부의 사회문화적 조건은 어떠한가 등 개념과 성격을 둘러싸고 다양한 관점에서 논의될 수 있다(곽재석, 2001).

먼저, 개인을 중심으로 생각할 때 좋은 정부란 개인이 자신의 행복을 마음껏 추구할 수 있는 조건을 확보해 주는 정부일 것이다. 또한 편한 정부, 신뢰받는 정부 등 다양한 의미를 함축하기에 정의도 간단하지 않다. 사람마다 추구하는 가치도 다양하기에 명료하게 규정하기가 쉽지 않다. 앞서 루소(J. J. Rousseau)가 설파하였듯이 좋은 정부는 국가마다 다양하게 나타날 수 있다. 이는 인간욕구의 다양성과 복잡성에 기인한다.[3)] 그렇기에 좋은 정부는 국민의 기본적 욕구충족뿐만 아니라 자기성취 등의 차원 높은 욕구의 실현에 조력해야 할 것이다. 그런데 다양한 개인의 행복은 사회 전체의 이익이나 욕구와 긴밀히 연관되기 때문에 이들과 갈등을 일으키기도 한다. 따라서 정부는 개인의 행복과 사회의 전체이익을 조화시켜야 하는 어려운 역할도 부여받고 있다. 그러면 개인과 전체와의 관계에서 볼 때 좋은 정부는 개인에게 주어진 인간으로서의 고유의 권리, 자유, 또는 행복을 우선할 것인가, 아니면 사회공동체의 이익을 우선할 것인가? 즉, 국가정책에서 개인의 행복증대를 중시하는 개인 중심의 원칙과 사회 전체의 보존과 안녕, 복지 등의 공동체적 가치를 강조하는 공동체 중심의 원칙 간 조화의 문제가 대두된다. 자유주의적 정부는 개인

3) 가령, 매슬로우(A. Maslow)의 욕구단계론에서 볼 때, 인간의 행복은 가장 기본적인 욕구인 물질적 풍요에서 시작해 안정, 인격적 자존심이나 명예, 그리고 인간적 존엄성의 보장, 유희와 쾌락, 그리고 높은 단계로서 자기성취 또는 내적 보상 등의 위계적 구조로 형성된다(Murray, 1994).

의 주권과 자율성을 사회진보의 동인이라고 본다. 따라서 국가는 개인에 대한 간섭을 최소화해야 한다고 주장한다. 반면에, 공동체주의자들은 사적 이익에 내재된 반사회성은 공동체의 공동선이나 집단가치에 해악일 뿐이라고 주장하며 개인에 대한 국가의 적극적 개입과 통제를 정당화한다. 이같이 상충하는 두 개념으로부터 다양한 정치사회적 이념들이 파생·대립하고 있다(곽재석, 2001).

## 2 좋은 정부의 가치논쟁

좋은 정부의 논쟁과 관련해서 아시아적 가치논쟁은 독특하다. 아시아적 가치에서 좋은 정부란 서구의 타락한 자유주의적 민주주의를 배격하고 아시아 특유의 공동체주의적 민주주의를 옹호한다(Lee, 1992). 반면, 서구의 자유주의는 개인의 주권, 자율성, 그리고 사회적 가치의 다양성을 제약하는 공동체주의는 전체주의적 성격을 지닌다고 폄하한다.[4] 그러나 좋은 정부는 정치이념과의 정합성이 유지되지 않을 수 있다. 왜냐하면, '좋은 정치이념'이 반드시 좋은 정부의 가늠자가 아니기 때문이다. 실제로, 정부현상에서 부패와 불신이 팽배하면서도 좋은 이념으로 위장된 정부가 있을 수 있다. 따라서 좋은 정부에 대한 기준은 실제 정부가 국민들을 위해 어떠한 정책을 어떻게 운용하고 있는가 하는 기능적 관점에서 모색될 수 있다(곽재석, 2001).

이러한 입장에서 좋은 정부는 국민들의 필요와 요구를 얼마나 잘 정책에 반영하고 있는가를 측정하는 반응성(responsiveness), 최소의 비용으로 설정한 정책목표를 얼마나 잘 수행했는가를 측정하는 효율성(efficiency), 그리고 정부의 정책이 기대한 효과를 적절하게 산출했는가를 판단하는 효과성(effectiveness) 등의 구체적인 기준에 따라 평가될 수 있다. 이는 좋은 정부란 국민들의 요구를 적절하게 충족시켜 주어야 한다는 수요자 중심의 철학과 연관된다. 달리 생산과 마케팅의 시장경제논리를 공공영역에 도입함으로써 정책의 경제적 최적점을 도출하려는 의도가 깔려 있다. 즉, 수요자인 시민이 공급자인 정부가 제공하는 정책 서비스에 대해 갖는

4) 리콴유·자카리아, 『문화는 숙명이다-리콴유와의 대담』, <아시아적 가치>(서울: 전통과 현대, 1999), 1장. 이 대담은 Foreign Affairs, 1994년 3·4월호에 실린 것이다.

효용과 만족의 극대화를 도모한다. 기능적 관점에서 구체적으로 살펴보면 좋은 정부는 다음의 세 범주로 함축한다.

첫째, 관료들이 시민들의 필요에 즉각적으로 반응하는 시스템을 구축하는 것이다. 선출된 정부라면 자신을 지지해 준 투표자들의 요구에 부응하는 책임성을 갖추어야 한다.

둘째, 정부낭비를 제거함으로써 효율적이고 생산적인 정부를 만드는 것이다. 국민으로부터 거둔 자원을 최적으로 활용하는 것이다.

셋째, 적절한 권한을 시민 또는 관료들에게 부여하는 것 등이다(Tendler, 1997). 이러한 목적을 달성하기 위하여 정부능력과 관련된 여러 지표들이 복합적으로 사용될 수 있다.[5] 다른 한편, 아시아적 공동체주의를 강조하는 입장에서는 민주주의적 보편가치보다는 현실적이며 실용적 가치를 강조한다.[6] 이를테면, 깨끗하고 효과적인 공공행정, 국민연대감, 성공적인 가족계획, 경제정책의 실용성, 경제활동의 자유, 좋은 교육, 결과 중심적인 정치 등의 가치가 좋은 정부의 조건으로 열거되고 있다(Lee, 1993). 제아무리 민주적 절차와 제도적 민주성을 갖추었다 하더라도 국민의 요구에 부응하는 성과를 산출하지 못하면 좋은 정부라 할 수 없다. 절충적 입장에서 볼 때 좋은 정부는 선거과정에서 나타난 변화에 대한 열망을 담아 실제로 사회를 변화시킬 수 있는 좋은 개혁을 입안하고 수행할 수 있는, "민주적이면서도 능력 있는" 정부를 의미한다.

이런 맥락에서 우리는 수차례의 민주화의 실험에서 등장했던 민주정부들이 좋은 정부를 만드는 일에 실패했다(최장집, 2003). 데이빗 소로우(D. Thoreau)는 "가장 좋은 정부는 가장 적게 다스리는 정부(that government is best which governs least)"라 하였다. 존 스튜어트 밀(J. S. Mill)의 경우, 좋은 정부는 모든 사람이 명실상부하게 참여할 수 있는 기회를 보장하는 정치체제로 이해한다. 구체적 방법으로 비례대표제 도입과 대의민주주의 실시다. 경제활동에서 자유방임주의를 지지하는

5) 좋은 정부는 다양한 물질적 또는 비물질적 지표를 통해 국민들에게 실질적인 향상을 가져다주어야 한다. 민주주의적 절차에 따른 선거와 정권 이양, 그리고 이를 통해 확보된 정부의 정통성, 정치적 반대여론의 존재, 정부정책의 대표성 및 책무성, 권력분립, 효과적인 정책감사, 저수준의 부패, 정실주의, 유능한 관료, 정책의 현실성, 낮은 국방비율, 인권보장과 종교.집회의 자유, 사법제도의 공정성, 그리고 정부권력의 비자의성 등이 제시된다(British Council, 1993).

6) 이러한 국가로서 싱가포르가 대표적인데, 싱가포르는 정부주도적 발전으로 세계경쟁력의 상위국가로 선진국 수준을 유지하고 있다.

밀이 정부개입을 반대하는 까닭은 민간기업이 정부보다 효율적이기 때문이다. 설령, 정부가 민간보다 유능하더라도 정부에 맡기지 말아야 한다. 민간부문이 스스로 하는 과정에서 국민의식이 발전하는 교육적 효과를 무시할 수 없기 때문이다. 또한 다른 의견을 용납하지 못하는 풍토와 독선적 정치행태는 비판의 자유와 관용을 말하는 밀의 시각과 견해를 통해 교정될 필요가 있다(이근식 · 서병훈, 2007).

근대의 좋은 정부에 대한 논의들은 각기 다른 이념과 체제에도 불구하고 공통적으로 국가 중심적 발전주의에 기초한다. 전 세계적인 산업화와 자본주의의 발달 속에서 좋은 정부에 대한 논의들은 주로 국가와 시장의 역할을 중심으로 행정관료제, 경제적 자본주의, 그리고 정치적 민주주의라는 세 가지 기획의 연합을 통한 국가성장과 사회 발전을 위한 방법론이라고 할 수 있다. 관료제를 통한 행정효율성 제고, 시장의 발달을 통한 경제적 성장, 민주주의의 성숙으로 인한 체제의 정통성과 안정을 추구하는 것이다. 그리고 이러한 발전주의적 기획의 중추적 역할을 국가가 담당한다. 물론, 이와 대조적으로 국가에 대응하는 시장권력이 사회발전의 핵심으로 보는 견해도 있다. 하지만, 자유주의적 자본주의시장도 실제로는 국가권력과의 긴밀한 결탁과 후원을 배경으로 성장하였다. 근대의 다양한 이념들은 단지 국가발전에 이르는 방법론의 다양성을 표명하는 것이며 좋은 정부에 대한 근대적 담론들은 기본적으로 국가 중심의 발전과 성장 패러다임에 기반을 둔다. 여기서 국가로부터 자유로운 개인이나 다양한 이익을 대변하는 시민단체의 자발적 참여와 협조는 국가이익 밑에서만 존재할 수 있었다(곽재석, 2001). 이러한 맥락에서 한국도 예외는 아니었다.

해방 이후 역대 정부의 정책목표와 발전전략은 근대국가의 발전 중심 패러다임에 속한다. 특히, 1960~1970년대 한국의 근대화 과정은 정부가 중심이 되어 사회경제적 변화와 성장을 추진하였다. 동 기간 동안에 행정부 수반의 시정연설을 통해 나타난 정부의 정책가치를 분석한 바에 따르면 국가사회 발전은 어느 시대에나 높은 강도로 추구되었다.

특히, 1960년대부터 성장이 최고의 가치로 추구되어 왔다(유완빈 외, 1993). 그런데 이러한 근대의 좋은 정부의 패러다임이 이룬 성공의 이면에 역기능을 배태하고 있었다. 첫째, 패러다임 자체에 내재하는 모순으로서 근대화의 진행에 따라 사적 영역의 확대가 이루어지고 시민사회가 성장함에 따라 근대적 좋은 정부의 기획에 잠재한 한계들이 노정된 것이다. 둘째, 패러다임을 둘러싼 환경의 변화로 인해 현실과 체제 간의 부조화가 발생한 것이다. 즉, 지식정보사회로의 전이에 따라 근대적 패러다임은 사회변동의 추동력을 상실하게 되었다.

## 제 4 절 산업시대 좋은 정부의 한계

근대에 풍미했던 발전주의 패러다임은 자체모순을 지녔다. 동 시기의 행정은 효율성과 합리성을 원칙으로 하는 관료적 통제와 강력한 법치행정을 그 기조로 한다. 이러한 바탕에서 분업, 전문성, 공식화 등을 기반으로 정부의 의사결정과 정책집행이 이루어졌다. 근대적 행정패러다임에서 합리성은 발전을 위한 장기적이고 안정적인 예측 가능성을 보유한다. 효율성 역시 희소한 자원의 조직화하는 등의 장점을 지닌다. 하지만, 근대적 패러다임은 '정부실패'에 대한 보완기제를 결여하고 있다(이병천, 1998).

즉, 국가의 정책, 통제, 규율의 기능을 제대로 발휘하지 못하는 경우 이를 보완하거나 대체하는 기능이 결여되어 있다. 왜냐하면, 국가가 사회의 모든 부분을 간섭, 통제하였기에 사회 각 부문이 자율성과 독립성이 제대로 확보될 수 없었기 때문이다. 그래서 정부실패의 경우, 사회는 혼란과 재기 불능의 붕괴를 초래할 가능성이 크다. 뿐만 아니라 정부실패는 사회적 불안정과 부정부패로 인한 도덕적 해이와 경제적 위기 등으로 나타났다.

근대화 과정에서 국가 발전이라는 목표가 다른 가치보다 우선시되면서 국가 발전을 저해하는 가치들은 통제와 억압의 대상이 되었다. 특히, 국가 폭력의 증대는 사회적 의사결정 과정에서 시민의 정당한 참여를 배제함으로써 사회적 응집성을 약화시켰다. 나아가 국가권력과 결탁한 소수 특권계급의 부정부패가 노정되었다. 외견상 공익추구를 표방하면서도 사적 이익을 옹호하는 경향이 강했다. 국가가 권위주의화되고 정치적 독재와 부패로 치닫지만 이를 통제할 수 있는 세력이 없으므로 사회에 도덕적 해이가 확산되고 경제적 위기를 초래하게 된다.

국가에 의한 통제체제는 자유로운 시민사회의 창의성과 자율성을 위축시키고 사회 전반적으로 무규범성을 확산시킨다(김동춘, 2000). 이러한 부작용의 확산과 국가 중심적 발전패러다임의 위험성 최소화를 위해 좋은 정부의 근대적 패러다임에 대한 반성과 함께 새로운 기제의 필요성을 인식하게 되었다. 더구나 국민들이 잘살기 위해서는 경제위기에서 벗어나도록 시장의 기능에 맡겨야 하는가? 아니면 경제위기를 연장할 수도 있는 사회정책을 펼쳐야 하는가? 더군다나 주기적인 경기 침체가 왔을 때 합리적인 정부가 해야 할 일은 무엇인가? 이러한 상황에서는 무차별적인 개입을 시도하지 않고 안정적인 제도를 유지하는 일이 무엇보다 필요하다.

시장경제는 좋은 정부 없인 제대로 기능할 수가 없다. 이러한 예는 아르헨티나 경험을 통해 알 수 있다. 20세기 초까지만 해도 10위 경제 대국 안에 들던 아르헨티나가 페론주의(peronism)라는 포퓰리즘(populism) 정책으로 통화량을 남발해 인플레이션과 쿠데타 등 정쟁으로 인해 아주 못사는 나라로 전락하였다. 특히, 중앙은행의 독립성과 통화량 발행 억제의 필요성을 시사한다. 이처럼 국가의 역할은 매 순간 경제에 개입하는 것이 아니라 지속적으로 트렌드를 유지케 해주는 것이다. 그리고 트렌드의 지속성은 무엇보다 좋은 제도와 그 제도의 안정성에 달려 있다.[7)]

무릇 정부는 국민 한 사람 한 사람의 생명과 재산을 보호해야 할 의무가 있다. 자기 땅에 들어와 있는 외국인의 생명과 재산까지도 보호해 준다면 더욱 훌륭한 정부다. 오랜 기간 동안 번영을 누렸던 국가는 그러한 정부를 유지하였다. 가령, 로마가 그토록 오래 번영을 이룰 수 있었던 이유 중의 하나는 자기가 정복한 나라 사람들에게까지 자국민과 동일한 시민권을 주었기 때문이다. 정부가 국민 각자의 출신이나 생김새, 피부색, 종교, 돈의 많고 적음 등을 이유로 차별하지 않는 것은 법치주의의 기본 요소이기도 하다. 정부는 차별 없는 법을 만들고 그 법을 차별 없이 집행해야 한다. 법을 어기는 사람이라면 그 사람이 누구든 예외 없이 공정하게 처벌하는 것이 국민을 바르게 대하는 방법이다.

자유는 그런 환경 속에서만 생겨날 수 있다. 그러나 차별을 없앤다고 모든 사람을 똑같이 만들라는 것은 아니다. 각자에게 주어진 자유를 가지고 무엇을 성취할 것인지는 각자의 노력과 선택과 운에 달려 있다. 성공이든 실패든 자신의 행동에

---

7) 가령, 독립적인 중앙은행이라든지, 예측 가능한 경영 시스템, 인플레이션을 유발하는 통화 발행의 억제, 믿을 만하고 비용이 덜 드는 사법제도, 매매의 자유 등 시장 기능을 방해하지 않는 일관성 있는 세법이나 사회법 등이 트렌드를 유지해 주는 좋은 제도라고 할 수 있다.

따르는 결과도 각자가 책임을 져야 비로소 진정한 자유의 의미를 가진다. 다른 누군가에게 나눠 주기 위해 누군가의 것을 빼앗는 정부는 또 다른 차별을 조장하는 것이다. 국민 개개인의 생명과 재산을 보호해 주는 일, 그것이 정부에게 주어진 가장 중요한 임무이다(소르망, 2008).

# 제 4 장 지식정보시대에서의 정부

근대 정부패러다임이 추구한 관리지향 정부는 지식정보사회에서 좋은 정부로서 작동할 수가 없다.[1] 근대의 발전국가 패러다임의 한계를 극복하고 지식정보화 시대에 적합한 정부로 탈바꿈해야 한다. 지식정보사회의 정치·행정 패러다임은 기존과 근본적으로 상이하다. 종래 국정관리가 통치방식(governing)이 중심이었다면 이제 지식정보사회에서는 시민사회가 함께 참여해 정치사회 공동체 운영체제, 제도, 메커니즘 및 운영양식의 전반에 걸쳐 협력하여 운영하는 통치양식(governance)의 입장에서 접근되어야 한다(김석준 외, 2000).

## 제 1 절 지식정보사회의 정부기능

지식정보사회의 진전으로 지식의 개발과 활용이 노동·자본 등과 같은 실물생

---

1) 레만(J. P. Lehmann)은 정부의 통치방식을 관리형, 코치형, 레프리형으로 분류한다. 관리형은 국가주의와 보호주의 아래 국가가 개인과 시장영역에 간섭·통제하며, 코치형은 정부가 기업을 지도·지원하고, 레프리형은 중립적 입장에서 기업과 개인의 위법을 감시한다. Jean-Piere Lehmann, "Government-Business Interface in the Age of Globalisation," EWC/KDI Conference on Restructuring the National Economy, held by East-West Center, Honolulu, August 7-8, 1997.

산 요소보다 가치 있는 것으로 인식되고 있다. 지식정보의 중요성 증가, 기업 간의 지식정보 경쟁의 심화, 그리고 새로운 IT 기술 출현 등 지식기반 환경변화는 전 지구적으로 현상으로 나타나고 있다(장석인, 1999). 이에 따라 기존 국가중심의 발전 패러다임으로는 급변하는 환경과 다양한 시민의 요구, 정보기술의 발달에 따르는 사회변동에 적절하게 대응할 수 없게 되었다. 미국을 비롯한 선진국들은 이런 변화에 따라 기존의 행정운용방식을 탈피하고 시민사회의 자유롭고 창의적인 아이디어와 요구를 적극적으로 반영하는 시민참여, 시민중심의 효율적 행정으로 재창조하는 노력을 기울이며 지식국가를 지향하고 있다.

지식정보사회에 부합하는 지식국가란 구성주체들이 지식을 보유·활용하고, 학습·공유·인프라 확충 등을 통해서 지식을 배양(knowledge cultivating)하는 국가로서 지식을 기반으로 한 경제시스템과 문제해결 능력을 보유하며 정부, 산업, 기업, 개인 등 개별 주체가 능동적으로 지식을 창조·활용하고 주체들의 지식활동이 유기적으로 연계되는 국가를 의미한다. 즉, 지식이 국가 내에서, 그리고 타국가와의 상호작용 하에 창조, 활용, 학습, 축적, 공유된 국가이다. 지식국가의 구현을 위해 축적된 지식의 관리와 지식활동을 지원하는 인프라(제도, 가치, 문화 등)가 정비되어야 한다.

여기서 정부는 스스로 지식경영을 하며 지식역량의 배양에 중점을 두어야 한다. 즉, 정부역할은 지시자(director), 배분자(allocator)에서 촉진자(initiator), 조정자(coordinator) 역할로 변모하며 지식국가에 적합한 운영원리와 모델을 개발을 통해 정부의 지식화를 촉진하며 지식인프라 구축 등을 통해 개인, 기업, 산업이 지식을 원활히 창출·활용할 수 있도록 촉매역할의 수행이 강조된다.

이러한 역할변화가 공공정책을 성공으로 이끌 수 있다(IBM, 2007). 이를 위하여 정부는 급속한 환경변화에 대응해 행정기능과 과정을 끊임없이 변화시키는 유연성을 갖추어야 한다. 또한 사회의 지속적인 발전과 주민의 삶의 질의 고양, 기업혁신을 지원하기 위해 정부가 새로운 지식을 창출하는 데 주도적 역할을 담당해야 한다. 획일적·단편적 지식을 추구하고 설계하는 것이 아니라 유연하고 대응적인 지식을 지속적으로 창출·확산·활용해 정부의 유용성과 가치를 극대화해야 한다. 왜냐하면, 시장의 성공과 정치사회 시스템의 진보 가능성과 효율성이 지식정보에 달려 있으며 정보와 지식의 수집, 공유와 관련된 구조혁신이 필요하기 때문이다

(World Bank, 1998).

## 제 2 절 지식정보사회에서의 정부

지식정보사회에서 좋은 정부란 국민들에게 의무와 부담은 적게 하고 권리와 혜택을 크게 해주는 정부를 목적으로 한다. 거둔 것보다 양질의 서비스를 많이 제공하는 정부이다. 이를 실현하기 위한 방법으로 국민 부담을 줄이기 위해서는 업무처리 절차와 관행의 혁신을 통하여 비용을 절감해야 하며, 국민의 혜택을 늘리기 위해서는 정책과정에 대한 국민의 참여와 통제권을 확대하고 신속하고 편리한 공공서비스를 제공해야 한다. 또한 자기규제 역량을 갖춘 정부, 자기주도적 학습이 가능한 정부, 보다 적극적으로 실패에 의한 학습보다는 통찰과 예지를 통한 창조적 학습능력을 갖춘 정부다. 이러한 정부모습으로 지능적 정부가 그려지고 있다.

보다 구체적으로 살펴보면, 첫째, 지식정보사회의 정부 패러다임은 정부와 민간의 긴밀한 상호 작용과 시민참여를 바탕으로 정부의 정당성, 책임성, 그리고 민주성을 확보하고, 효율성과 함께 지속 가능한 발전을 중심적 가치로 삼는 거버넌스이어야 한다.[2] 이러한 패러다임은 이미 선진국에서는 시작되었다. 이른바 지식혁명, 국가자본주의의 쇠퇴, 인권, 환경운동 등의 새로운 시민사회의 문화운동에 의한 환경변화는 기존 정부기능과 역할에 커다란 변화를 촉발시켜 왔다(World Bank Group, 1999/2000). ① 시민사회의 다양한 집단들에 의한 정치활동이 활발하게 일어남으로써 이전에 국가가 누렸던 자율성이 감소되고 정부는 시민사회의 감시와 견제, 그리고 참여와 타협을 통한 정책을 추진하게 되었다. ② 공공영역의 개방성이 사회전체로 파급되면서 정보공개와 정부투명성이 증대되고, 개인 간 정보교류와 활동이 촉진됨으로써 경제의 효율성 증대와 활성화를 가져오고 있다. ③ 공공영역과 개인영역의 경계가 흐려지고 시민사회의 참여와 모니터링이 이루어짐으로써

---

2) UNDP, "Participatory Evaluation in programes involving Governance Decentralization," Management Development and Governance Division, Revised 22, 1996; UNDP, "Developing Capacity for Effective Governance," A Workshop for UNDP Offices, 1997; World Bank, Governance: the World Bank's Experience(Washington D.C.: World Bank, 1994).

불필요한 관료적 간섭으로 인한 사회적 비용이 점차적으로 개선되고 있다. ④ 시민사회의 참여증대는 사회적 분권화를 촉진한다. 특히, 중앙과 지방정부 간 역할분담이 이루어지면서 지방은 지역특색에 맞는 정책을 수행한다. 지방정부는 자율성을 가지고 고객인 지역주민의 요구에 부응하기 위해 신속하고 안정적인 행정체제를 갖추게 된다.

둘째, 지식정보사회의 좋은 정부는 지식·정보의 창출과 활용을 통해 사회발전과 경쟁력을 지속적으로 유지하고 행정서비스의 질적 향상을 위해 노력하는 정부다(이동기, 2000). 정부가 체계적으로 지식자원을 창출할 뿐만 아니라 구성원들이 학습·공유하게 함으로써 주어진 문제를 효율적으로 해결할 수 있는 능력과 기술을 향상시킨다. 이러한 무형의 자산은 지식정보사회의 중요한 사회적 자원이며 국가경쟁력의 원천이다. 그런데 지식창출과 활용을 위한 정부노력은 모든 구성원들의 자발적이며 평등한 참여를 통해 이루어져야 한다. 급변하는 지식환경에서는 소수엘리트들만으로는 성과가 제약될 수밖에 없기 때문이다. 지식창출은 시민과 공직자들의 상호 이해, 협조, 필요에 의한 자발적인 호응과 폭넓은 참여가 있을 때 비로소 성공될 수 있다. 지식정보사회의 좋은 정부는 지식창출과 활용을 통해 사회의 발전을 유도해야 한다. 물론, 1950년대 이후의 발전주의 행정도 적극적으로 사회적 변화를 선도하는 '변화촉매제'의 역할을 담당해 왔다. 그러나 더 이상 그 힘을 상실하고 있다. 1990년대 들어 일본 경제가 침체를 보인 반면, 미국 경제가 고도성장을 한 이면에는 일본 정부가 지식, 정보의 중요성을 인식하지 못하고 과거의 발전전략에 집착했기 때문이라고 분석되었다(Kumon Shunpei, 1999). 한때 일본은 미국을 추월하기 위해서 정부시스템을 디지털화하고 경제구조까지도 개혁하는 혁신전략을 추진하고 있다.

정부의 관료주의와 비효율을 완전히 없애고 행정의 생산성을 높이기 위한 전자서비스 시스템을 도입하는 등 지식·전자정부(knowledge electronic government)의 구축을 서둘렀다.[3] 하지만, 여전히 관료주의 병폐에서 시달리고 있다. 이젠 유비쿼터스(ubiquitous) 정부가 모색되고 있다. 이러한 흐름은 정부혁신을 선도하지 않은 상태에서 국가경쟁력의 제고는 불가능하다는 판단 때문이다. 디지털시대에는 과거의 낡은 정부형태가 더 이상 유용하지 않다. 행정과 경제 분야의 인적·물적 단위

3) Japan Times, August 31, 2000.

를 정부가 규제, 감시하는 것만으로는 이미 빛의 속도로 변화하는 기업이나 개인들의 움직임을 뒤따르는 것이 어렵기 때문이다.

셋째, 발전주의 패러다임의 정책목표가 물질 성장이었다면 지식정보사회에서 좋은 정부가 지향하는 정책목표는 인간개발과 삶의 질 향상이다. 정보기술의 발전으로 시작된 지식정보혁명이 산업자본주의를 대체하면서 지식 관련 산업의 중요성이 커지고 있다. 지식생산성이 국가의 경제·사회적 성공뿐만 아니라 삶의 질 향상 등에 결정적 요인이 되고 있다. 따라서 과거 산업화시대에 적합하던 인적자원으로는 새로운 변화요구에 적응할 수 없다. 지식정보사회에 대비하고 지식기반경제를 구축하기 위해서 사회 각 부문에서 활동하는 개인들의 인간개발이 필수적이다. 이에 따라 좋은 정부는 지식기반산업의 육성, 정부부문의 지식화 등 여러 과제를 효과적으로 해결하기 위해 개인의 지식능력의 개발과 향상을 도모해야 한다.

## 제 3 절 스마트(창조적)시대에서의 정부

지식정보화의 성숙에 따른 현상의 하나로서 스마트는 객관적으로 정의될 수 있거나 정형화된 형태를 지칭하지 않는다. 시민에게 가장 최선을 제공하는 것이 스마트화라면 시민마다 원하는 정부모습도 다를 수 있다. 가령, 시민의 수준, 입장과 욕구, 취향에 따라 행정에 대한 니즈가 달라질 수 있다. 스마트시대에서 경쟁은 객관의 게임이 아니라 주관의 게임이다. 지금까지 정부가 기준과 원칙을 정해 놓은 규칙에 시민을 끼워 넣고 통제하는 식이나 공통으로 정해진 객관적 목표 수준을 지향하는 것은 스마트시대에는 맞지 않다. 오히려, 시민 각자가 그리는 이상적이고 직관적인 세계를 이해하려는 노력이 요구된다.

시민 니즈(needs)나 희망에 따라 정부서비스나 제공형태도 다양해질 수 있다. 더구나 스마트화는 현재진행형이기에 스마트시대 좋은 정부의 모습은 명확하지 않다. 어쩌면 좋은 정부의 모습은 행정서비스 이용자인 시민에게 있다. 정부가 제시하는 것이 아니라 시민들이 원하는 모습의 탐색과정에서 스마트시대의 정부모습이 그려지는 것이다. 좋은 정부는 시민과 그를 지원하는 혁신자들이 만나는 공간에서 그 모습이 구체화될 것이다(한세억, 2011). 이러한 맥락에서 스마트시대의 좋은 정부는 창조성이 강한 정부다. 새로운 서비스나 기존의 문제를 해결하는 성과물을 통해 시민을 만족시키며 감동을 준다.

창조적 정부(creativement)의 개념을 한마디로 정의하기는 어렵지만 정부가 추구하는 궁극적인 모습은 문제해결 중심적이면서 가치창출지향적인 정부다. 끊임없는 정부 재창조 작업을 통하여 국민에 대한 서비스, 책임성 등을 향상시키는 정부다. 정부는 일종의 유기체로서 시간과 환경변화에 대응하여 진화하면서 단계와 차원을 달리한다. 이처럼 일신우일신(日新友日新)하는 정부를 위해 지속적인 혁신노력이 필요하다. 국민이나 기업의 니즈와 기대를 반영하는 정부로 변신해야 한다. 국민생활 패턴이나 기업의 비즈니스 패턴에 맞추고, 부처 간 장벽이 없는 하나의 통합된 정부를 지향해야 한다.

지식정보시대의 바람직한 기능은 지식화의 기반구축이 선행되어야 한다. 이른바, 법과 제도의 개선, 지식정보 인프라의 고도화, 과학기술 혁신능력의 강화, 지식기반 신산업의 육성, 창의가 충만한 인재의 양성, 지식정보 격차의 사전 차단 등을 필요 기반으로 제시된다(재정경제부 외, 2000). 또는 정부지식지도의 제작, 인적자본에 대한 투자의 체계화, 지식검증체계의 확립, 지식정부의 구현, 지식 민주화 등을 요구하기도 한다(황성돈, 2000). 이러한 논의를 요약하면, 기술적 기반, 법적·제도적 기반, 의식·문화적 기반 등 세 가지로 대별된다.

이러한 여건이 충족될 때, 좋은 정부의 역할이 수행될 수 있다.

## 1 건강한 국가정책 지식생태의 조성

지식정보사회는 모든 구성원이 골고루 지식기반 및 지식활용의 편익을 공유해야 한다. 먼저, 정보통신기술 접근 및 활용에서 지역적·경제적·신체적 차이에 따른 격차를 해소하여 소외계층이 불편 없이 일상생활을 영위하고 사회참여를 할 수 있는 기술적 기반을 제공해야 한다. 지식 인프라로서 정보기술 및 기반 구축에서 보편적 서비스와 보편적 설계는 중요한 기본원칙이다. 시간, 공간, 대상을 초월해 공동체의 구성원 모두에게 지식의 편익을 누릴 수 있도록 기술적 뒷받침이 이루어져야 한다. 예를 들면, 국가의 정보기반구조로서 정보통신망의 구축으로 인해 지역, 계층의 구분 없이 골고루 서비스의 보편화가 이루어지는 것이다. 이러한 보편적 서비스를 위해서는 국민 개인 간에 존재하는 신체적 · 정신적 능력과 특성의 차이에 관계없이 누구나 쉽게 지식정보사회가 제공하는 혜택을 향유할 수 있도록 기기, 서비스, 환경을 뒷받침해야 한다. 아울러, 지식순환프로세스가 원활하게 작동될 수 있도록 지식 인프라도 확충해야 한다. 이러한 지식정보 인프라는 건강한 국가정책지식생태를 위해 필요하다.

## 2 창의적 법 · 제도

과거 관료주도의 국가중심적 발전주의 패러다임 아래 형성된 각종 낡은 제도와 관행들은 지식정보사회로의 원활한 이행에 장애물이다. 따라서 정부는 지식정보화 패러다임에 부합하도록 기존의 법적 · 제도적 시스템을 조정하거나 새롭게 정비해야 한다. 지식기반사회로의 이행을 촉진하고 새롭게 주어지는 사회발전과 혁신의 기회를 잘 활용하기 위해서는 지식정보활동을 촉진하는 인센티브, 창조적 마인드 확산 등 적절한 여건을 마련해야 한다. 또한 경쟁력 있고 개방적인 사회를 구축하기 위해 신속하고 적절한 지적 재산권의 보호, 경쟁촉진을 통한 환경개선 및 정책의 개선 등도 필요하다. 사실 법 · 제도는 정부의 주요한 활동에 의한 산물이다. 정부를 비롯한 공공부문은 법 · 제도를 통해 국민이 원하는 가치를 창출해야 한다. 사회변화 흐름을 반영함은 물론 바람직한 사회변화를 유도하는 방향에서 국민이 원하는 최고의 가치를 지향해야 한다.

## 3 신뢰 기반 확보

행정이 궁극적으로 기반을 두는 것은 시민이다. 그러므로 행정이 시민으로부터 높은 신뢰를 받아야 바람직한 행정이 된다. 행정이 만일 실현 불가능한 정책을 약속하고 슬그머니 철회하며, 시류나 인기에 영합해 갈팡질팡하거나, 현실을 도외시한 탁상행정을 펴 나간다면 국민은 정부를 신뢰하지 않을 것이다. 신뢰행정은 절차적인 면에서 행정과정이 투명하며, 국민의 참여확대와 자유로운 접근이 보장되고, 실체적인 면에서 국민요구와 환경변화에 응답적인 성과(performance)를 산출하며, 그 결과에 대해 국민들이 기대하는 공정성, 형평성이 구현되는 행정을 의미한다(한세억, 1999). 지식정보사회에서는 지식정보의 창출, 공유, 학습을 위한 참여성, 투명성, 접근성, 공개성 등이 중요한 가치이다. 지식정보의 자유로운 흐름이 보장되고 왜곡 없이 구성원들에게 공유될 때, 행정서비스에 대한 수준 향상 및 평가가 가능하다.

따라서 지식정보사회의 원활한 형성을 위해서는 법적·제도적·기술적 기반과 함께 적합한 문화적 기반이 중요하다. 특히, 문화적 기반으로서 ① 개방성, ② 시장성, ③ 협조성, ④ 기록성, ⑤ 권력분산성, ⑥ 비정의성, ⑦ 신뢰성 등이 중요한 조건으로 거론된다(박우순, 1999). 이러한 조건들은 지식정보사회에서 지식의 관리와 공유, 학습과 활용 등을 위한 창의적이고 혁신적인 환경을 촉진하며 협력과 상호의존성을 향상시키는 역할을 한다. 그런데 다양한 문화적 조건 가운데 무엇보다도 중요한 것은 신뢰이다(한세억, 2000). 왜냐하면, 지식정보사회는 근본적으로 구성원 간 신뢰를 중심으로 하는 지식공동체이기 때문이다.

지식은 독점보다는 공유하는 것이 개인은 물론 조직에 유용하다는 상호 간의 믿음이 능률적·생산적·혁신적 지식정보환경의 기본조건이다. 지식정보사회에서의 구성원 간 상호 신뢰는 반드시 지식거래를 통한 경제적 이익을 위해서만 필요한 것이 아니다. 지식공헌자의 지식공유 활동이 지식수혜자에게 뿐만 아니라 다른 조직구성원들에게도 드러나고 이로 인한 보상이 주어질 수 있다는 경제적 의미의 신뢰가 중요하다. 또한 지식의 창출, 공유, 활용의 역동적 지식순환과정 속에서 형성되는 구성원들의 자발적 참여, 창의성, 즐거움, 보람, 삶의 질 등이 중요한 가치기준이 된다. 따라서 지식정보사회에서 좋은 정부는 지식거래에서 부정한 방법을 통한 어떠한 무임승차도 불가능하며 오직 지식정보의 자유로운 소통을 통한 투명한 경쟁만이 보장되는 사회적 시스템을 형성함으로써 지식패러다임에 대한 신뢰를 진작시켜야 한다(곽재석, 2001).

# 제 5 장 국력과 부패의 관계

## 제 1 절 부패와 투명성의 관계

부패는 이를 연구하는 학자들마다 현상을 바라보는 시각, 관점, 기준 및 접근 방법들이 다르기 때문에 부패에 대한 정의 또한 다양하게 나타난다.[1] 일반적으로 공직부패에서 부패의 개념은 "사적 이익을 위한 공적 권한의 오용(misuse of public power for private gain)"이라고 할 수 있다(Berlinski, 2009: 73; Svensson, 2005: 20; Ackerman, 1999: 91; 윤태범, 2000: 196).[2] 하이덴하이머(Heidenheimer, 1978)는 공공선(public good)에 반대하여 개인의 사욕을 위해 불법 수단으로 부나 권력을 획득하는 행위와 행동으로 정의하고 있다. 하이덴하이머는 직무중심(public－office－centered), 시장중심(market－centered), 공익중심(public－interest－centered)으로 3가지 관점에서 구분하여 정의하고 있다.

먼저, 직무중심의 정의는 공직의 개념에서 정의하는 입장으로 부패는 공직에

1) 라틴어인 'corruptus'를 어원으로 하는 부패(corruption)는 부러뜨림(break)을 의미하는 것으로, 이는 부패가 사회조직을 파괴하는 효과가 있다는 점과 공무원의 신뢰를 깨뜨린다는 의미를 내포하고 있다.

2) 조일형 · 이현철 · 권기헌(2013). 공직부패 유발 요인에 관한 연구: 기업 및 사업자의 인식을 중심으로, 한국행정연구, 제23권 제1호, 2014.

근무하는 자가 직무에 관련된 규정이나 의무사항을 벗어나 자신의 이익을 추구하거나 그 직책을 이용하여 부당하게 다른 사람에게 영향력을 행사함으로써 사회적·공적 신뢰를 저해하는 행위를 말한다(장지원, 2010: 15). 시장중심의 정의는 공무원이 공직을 자신의 수입을 극대화하는 업무로 간주한다는 입장이다. 즉, 부패는 공직에 근무하는 자가 직무수행을 하나의 사업으로 보고 직무수행을 통한 부의 축적과 수입의 수단으로 이용하는 것이다. 공익중심 정의의 부패는 공직자가 직무집행 시에 공익에 침해되는 행위로 사회 전체 또는 대다수 국민에게 공공이익을 침해하는 행위로 본다. 이러한 정의는 공무원이 공익에 반해서 특정 개인에게 특별혜택이나 편익을 제공하는 행위로 가장 폭넓은 개념정의라 할 수 있다(Heidenheimer, 1970: 5-6).

한편, 우리나라의 부패방지 및 국민권익위원회의 설치와 운영에 관한 법률 제2조 제3호에 따르면, 공직부패란 "공직자가 직무와 관련하여 그 지위 또는 권한을 남용하거나 법령을 위반하여 자기 또는 제3자의 이익을 도모하거나 공공기관에 대하여 재산상 손해를 가하는 행위 혹은 그 행위나 그 은폐를 강요, 권고, 제의, 유인하는 행위"라고 따로 정의하고 있다.

오늘날 부패 영역의 관심은 공직중심에서 시장중심과 공익중심의 관점으로 변화되고 있는 추세이다. 여기서 말하는 행정의 '투명성'이란 행정기관이 갖고 있는 정보가 무엇이 있으며 결정은 어떠한 과정을 거쳐서 이루어지는지를 외부에서 분명히 파악할 수 있는 상태를 의미한다고 하겠다.

프랜시스 베이컨(Francis Bacon)은 시민을 배제시키고 공직자만이 정보를 독점하고 행정에 비밀주의가 만연된다면 공직자의 권력은 비대해지고 시민은 공직자에 대해 효과적으로 통제할 수 없게 된다고 하였다. 민주주의를 가능케 하는 것은 정부의 활동에 대해 충분한 정보공개가 먼저 이루어져야 시민이 행정과정에 참여할 수 있고, 공직자에 대한 민주적 통제를 통하여 시민의 권리보호가 가능해진다. 미국의 제헌국부(國父) 중 한 사람인 제임스 매디슨(James Madison)은 대중이 정부에 대한 정보가 없거나 혹은 정보를 얻는 수단을 갖지 않는 국가에서는 민주정부가 불가능하며 민주정부의 국민이 되기 위해서는 반드시 정부에 대한 지식으로 무장해야 한다고 말했다.[3] 오늘날 국민의 '알 권리(right to know)'는 기본권으로 인정

3) Letter from James Madison to W. T. Barry, August 4, 1822, in Jeremy Pope(ed.), The TI Source

되고 정보공개청구권이 법적으로 보장되고 있다.

정부의 행정서비스는 민간기업과 달리 독점적 형태로 제공되기 때문에 의사결정에 재량권이 많고 정보를 독점하여 행정인과 시민 사이에 정보의 불균형이 일어날 수 있다.

공직자가 스스로 정보의 공개를 꺼려하는 비밀주의는 공개할 경우 있을지도 모르는 공직자의 실수가 드러나는 것을 막으려는 데서 생겨난다. 이상형 관료제를 주창하며 관료제의 논의를 처음 시작한 막스 베버(Max Weber)도 일찍이 비밀주의에 빠지기 쉬운 공직자의 속성을 간파하였다.[4)]

또한 공직자가 행정과정을 숨기려하는 이유는 이권추구와 부패에 대한 유혹 때문일 수 있다. 특히, 우리나라는 가족주의적 가치관에 따라 지연, 혈연, 학연을 통한 이권청탁이나 민원인과의 상호유착이 있을 경우 행정처리 과정을 더욱 숨기려할 것이다. 부패는 어두운 곳에서 자라나게 된다.

클릿가드(R. Klitgaard)에 따르면, 부패에 대한 다음의 공식이 성립한다.

**그림 5-1** Klitgaard의 부패 공식

부패 = 독점 + 재량권 − 책임성

공직자가 권력을 독점하고 재량권이 많을수록 부패가능성이 높아지며 통제수단을 통하여 책임성을 높일수록 부패는 줄어든다.[5)]

행정처리 과정에 대한 정보공개를 통하여 행정을 투명하게 한다면 재량권을 줄이고 시민감시를 통하여 책임성을 높임으로써 부패를 효과적으로 통제할 수 있을 것이다.

질병에 걸리고 나서 치료하는 것보다 사전에 예방하는 것이 더 나은 것처럼 부

Book(Berlin: Transparency International, 1999), p.75.

4) Max Weber, "Bureaucracy", in Dean L. Yarwood(ed.), Public Administration, Politics and the People(New York: Longman, Inc, 1987), pp.16−17.

5) Robert Klitgaard, "Controlling Corruption", in Kimberly Ann Elliott(ed.), Corruption and the Global Economy(Washington, DC: Institute for International Economics, 1997), pp.181−185.

패가 발생된 이후 사후통제보다 사전에 투명한 행정을 만들어 부패를 차단하는 것이 더 낫다. 공개행정은 사회와 산업의 질병을 치료하며 햇빛은 최고의 살균제라고 말해진다.

공공정보의 공개는 행정의 투명성을 높이고 경보체제를 작동시키므로 부패억제에 효과적이다.[6] 정보공개에서 공개의 최대의 목적은 국정이 공정하게 행해지도록 국민이 감시하는 기능을 가지며 국민이 행정의 비리에 감시의 눈을 구석구석까지 미치고 유리처럼 투명한 행정을 실현시키고자 하는 것이다.[7] 정보공개를 통한 투명행정은 시민의 알 권리를 충족시켜 민주행정을 가능케 하며 공직자의 권력남용과 부패를 방지할 수 있는 수단이 된다.

그러면 여기서 부패와 행정의 '투명성(transparency)'을 살펴보기로 한다. 행정의 투명성은 행정의 의사결정 및 행정서비스 제공과 관련된 적절한 모든 정보를 시민 누구나 적시에 접근가능하고 정보가 자유롭게 유통되는 정도라고 할 수 있다. 투명성의 상태에는 다음 세 가지 요소가 포함되어 있다. 첫째, 누구든지 평등하게 정보에 쉽게 접근 가능해야 한다. 둘째, 시민이 정보를 얻고자 하는 분야에서 타당하고 적절한 모든 정보가 빠짐없이 제공되어야 한다. 셋째, 정보가 제공되어야 할 시기에 질 높은 정보가 신뢰성 있게 제공되어야 한다.

지금 세계는 컴퓨터와 인터넷을 통하여 디지털 혁명이 급속히 진행되고 있어 획기적으로 변하고 있으며 국민의 행정도 이러한 정보기술을 활용하여 행정의 혁신을 가져왔다.

이와 같이 정보가 공개되고 행정 내부의 절차가 분명해져 누가 결정하였는지를 알 수 있게 되면 행정부패나 행정불신이 크게 개선될 수 있을 것이 기대되고 어떻게 보면 행정발전에 가장 효과적인 방안이라고 할 수 있겠다. 이를 돕는 제도적 장치로서는 행정정보공개법, 행정절차법 및 부패방지법 등이 있다. 행정정보공개법, 행정절차법은 1996년에 제정되어 1998년부터 적용되고 있으며, 부패방지법도 2001년에 제정되었다. 이러한 법들의 내용 자체에 약간의 미비한 점도 있지만 보다 근본적으로는 공직자의 투명화의 의지 및 시민의 이의 중요성에 대한 인식과 강한

6) 경건, 정보공개청구제도에 관한 연구(서울대학교 대학원 법학박사 학위논문, 1998). pp.33-34.
7) Tara Vishwanath & Daniel Kaufmann, "Towards Transparency in Finance and Governance", (The World Bank, September 6, 1999), pp.3-4.

요청이 있어야 하는데 상당한 정도 미흡하다고 하겠다. 그러나 민도와 급속한 정보화는 이러한 법령의 내실을 갖추고 행정의 투명화를 위한 진전이 느리지만 있을 것이 기대된다.8)

## 제 2 절 부패인식지수(CPI: Corruption Perceptions Index)

국제투명성기구(Transparency International: TI)가 1993년 독일의 베를린에 본부를 두고 부패에 대항하여 싸우고 있는 세계 비영리, 비정치 연합체로 1995년에 이후 매년 부패인식지수(CPI: Corruption Perceptions Index)를 발표하고 있다.

CPI의 부패란 “공무원에 대한 뇌물공여, 정부 조달 사업에서의 리베이트, 공적 자금의 횡령을 포함하는 사적이익을 위한 공권력의 남용”으로 정의된다. 현재 조사되는 대표적인 부패인식지수는 TI에서 매년 각 국가별로 공무원과 정치인들 사이에서 부패가 어느 정도 존재하는가에 대한 기업인, 애널리스트들의 인식 정도를 발표한다. ‘부패 수준’이란 용어는 최소한 두 가지 측면을 포함하고 있다. 첫째는 부패의 빈도이고, 둘째는 지불된 뇌물의 총 가치이다. 이 두 가지 측면은 보통 공통적으로 나타나게 되는데, 뇌물공여 및 발생 빈도가 높은 국가들이 기업 수익의 많은 부분을 뇌물로 제공하고 있다.

CPI에 사용된 지수는 다양한 국제적 기관들에 의해 수행된 다양한 설문조사들 가운데에서 부패와 관련된 자료만을 집계하여 지수로 산출하고 있다. 사용된 지수는 주로 공공부문에서의 부패에 초점을 맞추고 있으며, 대부분 사적 이익을 위한 공적 권력의 남용과 오용에 관련된 질문들이다.

CPI 평가방법은 과거 3년 간의 데이터를 기반으로 하여 계산되며, 기본적으로 7개의 서로 다른 기관으로부터 14개의 데이터 소스를 바탕으로 도출되는 합성지수이다. CPI의 장점은 단일 지수에 다중 데이터 소스를 조합하여 개별 국가의 점수에 대한 신뢰도를 향상시킨 점에 있으며, 가용한 신뢰성 있는 데이터가 세 개 이하인

8) 박동서(2001). 『한국행정론』, 서울: 법문사; 오준근 · 박영도 · 김명연(1996). 『경제규제행정의 투명성 제고를 위한 법제정비방안』, 서울: 한국법제연구원; 김찬곤(역)(1999). 『부패방지는 시스템 개념으로』, 서울: 국제투명성기구.

경우에는 해당 국가를 평가에서 제외시킨다. CPI의 데이터 소스로 포함되기 위한 조건으로는 첫째, 국가들이 순위를 제공해야 하고, 둘째, 전반적인 부패 수준을 측정해야만 한다. 각각의 소스는 제공되는 국가 순위가 다양할 수 있는데, 이러한 문제를 TI는 개별 국가 점수의 표준 편차를 구하여 해결한다. 표준 편차가 낮으면 낮을수록 개별 소스 간의 높은 일치성이 존재하게 되는 것이다. CPI에 포함되는 14개의 데이터의 가중치는 신뢰성과 전문성이라는 기준을 충족시키기 위해 동일한 가중치를 부여한다.

**표 5-1 TI의 CPI 설문조사 출처**

| 출처 기관 | 출처 자료명 | 출처 기관의 설문 질문 |
|---|---|---|
| PERC | Asian Intelligence Issue | 외국회사에 대한 사업 환경을 저하시키는 부패의 정도<br>전반적인 주거 및 작업 환경에 미치는 영향 또는 부패의 질에 의한 부패 평가 방법 |
| IMD | World Competitiveness Yearbook | 공공부문에 있어서 뇌물 공여 및 부패 존재 여부 |
| World Bank | World Business Environment Survey | 뇌물 공여 빈도 및 사업에 대한 제한요인으로서 부패 |
| Pricewaterhouse Coopers | Opacity Index | 다양한 부문(예를 들면, 수출입 허가 또는 보조금 획득, 세금 포탈)에서 부패 빈도 |
| EIU | Country Risk Service and Country Forecast | 정치인 및 공무원들의 부패 만연 정도 평가 |
| Freedom House | Nations in Transit | 부패 수준(level) |
| WEF | Africa Competitiveness Report | 부패가 문제가 되는 정도, 비정기적인 추가 지불이 필요한지 여부, 뇌물의 양 |
| | Global Competitiveness Report | 수출입 허가, 공익사업 및 계약, 사업 면허 취득, 세금 지불 또는 대출 신청과 관련된 부정기적인 추가 지불이 통상적인지의 여부 |

TI는 PERC를 자료를 인용하면서 대부분의 아시아 국가들이 금융위기에도 불구

하고 여전히 부패가 심각한 것으로 지적했다. 경기침체로 가장 타격을 받은 아시아 기업들은 대부분 공개경쟁보다는 부정한 타협에 의존하고 있다는 것이다. 그러나 한국과 일본을 예로 들면서, 그동안 아시아 국가들에서 기술 및 건전한 사업 계획과 관련하여 만연되어 왔던 유착관계가 더 이상 밀착되지는 않았다고 평가했다.

한국의 CPI 평가를 TI의 연도별 CPI 순위(한국)로 살펴보면, 2000년 48위, 2001년 42위, 2002년 40위로 개선되다가, 2003년 국민의 정부 정권이양 시기에 50위로 하락하였다가, 2004년 47위, 2005년 40위를 유지하고 있다. 2006년 조사 결과에서는 42위로 나타난다.

국가별 CPI의 연도별로 변화하는 것은 국가의 성과에 대한 인식의 변화뿐만 아니라 조사 표본이나 방법론 및 지수를 구성하는 원자료 등이 바뀌는 것으로부터도 변화가 올 수 있다. 그러나 람스돌프(Johann Graf Lambsdorff)는 1995년부터 2005년까지의 CPI와 사용된 자료를 검토한 결과에서 60개 국가에서 국가별로 일반적인 추세변화를 찾아냈다. 그리고 국가별 CPI는 국민 일인당 GDP와 상관관계가 있다고 밝혀지고 있다(Kaufmann, 2004; 남궁근, 2005).

2002년부터 국가청렴위원회는 부패방지법에 근거하여 공공기관 청렴도를 측정하여 발표하고 있다. 공공기관 청렴도는 민원인의 입장에서 공무원이 부패행위를 하지 않고 객관적이고 공정하게 업무처리한 정도로 정의하고 있으며, 공무원의 부패행위와 관련된 체감청렴도와 부패를 유발시키는 요인과 관련된 잠재청렴도의 두 가지 측면에서 조사하고 있다.

일반적으로 부패정도를 측정하는 방법에는 부패유발요인지수, 부패수준인식지수, 부패처벌지수 등으로 다양하다. 부패유발지수로는 부패의 원인을 평가할 수 있으며, 부패수준인식지수는 피평가자의 인식도를 조사하는 것이다. 부패징계 및 처벌지수는 적발된 징계나 사법처리현황이다. 총체적인 부패정도는 이 세 가지 지수가 함께 고려된다.[9]

9) 라영재(2001). 부패방지위원회(2004). 「국제투명성기구 부패인식지수의 집계방식 및 시사점 분석」; 부패방지위원회(2004). 「2004년도 공공기관 주요민원업무 청렴도 측정결과 보고서」; 공기업투명사회협약실천협의회(2005). 「간부직원에 대한 청렴도 측정 표준 모델 개발 보고서」; KICAC(2005). 「2005 APEC Anti－Corruption & Transparency Symposium」.

## 제 3 절 뇌물공여지수(BPI: Bribe Payers Index)

TI는 1993년 반부패 국제 비영리, 비정부 단체로 설립되었고, 비즈니스 관련 부패 방지를 전문으로 활동한다. TI의 주요 활동은 국제기구 반부패 노력에 대한 민간파트너로서의 역할이다. OECD 협약(OECD Convention on Combating Bribery of Foreign Public Officials)을 비롯하여, 유럽연합, 미주기구(Organization of American States: OAS) 등의 국제 상거래 관련 반뇌물 협약을 회원국들이 적절히 이행하고 있는지 점검·감시하고, 각국 정부 조달 행정에서의 투명성, 책임성 향상을 위한 프로그램 개발, 후진국 국민들의 반부패의 중요성에 대한 자각 활동 등을 한다. 이 중에서 TI의 부패인지지수(CPI), 뇌물지수(BPI)의 작성과 공개는 가장 주목받는 활동이다.[10] 2013년 전 세계 177개국을 대상으로 여러 국제평가기관에서 국내·외 기업경영자, 국가분석전문가(애널리스트)를 대상으로 실시한 부패 관련 인식조사 결과를 집계하여 발표해오고 있다.

TI의 CPI가 수요측면에서의 부패를 측정한다면, 뇌물공여지수(BPI: Bribe Payers Index)는 뇌물을 공여하는 국제적인 기업들의 상대적인 성향, 즉 공급측면을 측정하는 지수이다. "경험상 당신의 나라에서 활동하는 외국기업이 비자금을 조성하거나 뇌물을 제공하는 정도"를 질문하여 조사한 결과이다. BPI는 기업들이 해외에서 뇌물을 지불하고 있는 것으로 인지되는 정도에 따라 19개 주요 수출국들을 대상으로 순위를 매겼다.

TI는 수출 주도국 기업들이 해외에서 뇌물을 제공하는 경향에 대한 조사로서 뇌물공여지수(BPI)를 발표하였다.

GIA는 비 OECD 국가의 모든 수입품의 60% 이상을 차지하는 14개 주요 신흥시장 경제들—아르헨티나, 브라질, 콜롬비아, 헝가리, 인도, 인도네시아, 모로코, 나이지리아, 필리핀, 폴란드, 러시아, 남아프리카 공화국, 한국 및 태국—에서 활동하는 779 민간부문 리더들에 대한 인터뷰를 실시하여 개별 국가별로 약 55명이 인

10) 박홍식(2000). 해외 반부패 NGO 활동의 현황과 의미, 박재창(편), [정부와 NGO], pp.268–298, 서울: 법문사.

터뷰에 참가하였다. 점수는 0~10점으로 수치화되어 점수가 높을수록 뇌물제공 가능성이 낮음을 의미한다. 즉, 뇌물지수도 수치가 낮을수록 그만큼 더 뇌물을 많이 준다는 것을 뜻한다.

2006년 BPI 발표 결과, 한국은 10점 만점에 5.83점으로, 조사대상인 세계수출주도 30개국 중 21위를 차지하여 아직 미흡한 수준이지만, 기업들의 청렴도가 개선되고 있는 긍정적인 모습을 발견하였다. 한국의 BPI는 1999년 3.4점, 2002년 3.9점이었으나, 2006년에는 5.83점으로 상승하였다. 이에 따라 2002년 점수와 단순 비교한 개선도는 1.9점으로, 조사대상국 중 러시아(2.0점)에 이어 두 번째로 높았다. 1999년과 2002년에는 각각 19개국 중 18위, 21개국 중 18위를 차지하여 최하위 수준이었으나, 2006년에는 30개국 중 21위를 차지하여 최하위그룹에서 벗어났다.

TI는 2006년 BPI에 따라 30개 국가를 4개 그룹으로 나누었는데, 한국은 홍콩, 이스라엘, 이탈리아, 브라질, 말레이시아 등과 함께 제3그룹에 포함된다. BPI가 가장 높은 제1그룹에는 스위스(전체 1위, 7.81점), 스웨덴, 호주, 네덜란드, 미국, 일본 등이 포함되었고, 가장 낮은 제4그룹에는 대만, 터키, 러시아, 중국, 인도 등이 포함되었다.

아시아 국가 중 한국과 청렴도 경쟁상대인 말레이시아(5.59점, 25위), 대만(5.41점, 26위)보다 우리기업들이 더 청렴한 것으로 나타났다.

## 제 4 절 분야별 국가경쟁력 평가기관

### 1 PWC(Pricewaterhouse Coopers): 불투명지수(The Opacity Index)

세계적인 비즈니스 서비스 기구인 PWC는 2001년부터 2004년까지 「불투명지수 보고서」를 통해 금융시장 내 자본비용과 유용성에 영향을 미칠 수 있는 불투명성 정도를 평가하였다.[11)]

11) 프라이스워터하우스쿠퍼스(Pricewaterhouse Coopers: PWC)는 전문적인 서비스 기구로써, 인터넷 사용이 가능한 150개국 15만 명 이상의 지식과 기술들을 동원하여 비즈니스상의 복잡한 문제해

PWC가 규정하고 있는 불투명(opacity)이란 "기업, 금융, 정부가 접촉하는 광범한 분야에서 명확성(clear), 정확성(accurate), 공식성(formal), 인식의 용이성(easily discernible), 광범위하게 수용될 수 있는 관행(widely accepted practices)의 부족"으로 정의하고 있다. 즉, 불투명성은 한 국가의 경제적 발전을 저해하는 걸림돌이 될 수 있는 것이다.

PWC는 각국의 불투명성을 측정하기 위해 설문자료와 통계자료, 그리고 각국 정부 및 국제기관의 연구자료 등을 이용하고 있다. PWC의 구체적인 평가는 "O-Factor", "유사조세(tax equivalent)", "리스크 프리미엄" 등 3가지 항목을 종합하여 평가한다. O-Factor는 PWC가 매년 발표하는 불투명 지수로서 자본시장에 영향을 미치는 ① 부패, ② 법률체제, ③ 경제 및 재정정책, ④ 회계기준과 관행, ⑤ 규제체제 등 5가지 변수를 측정한다.

예를 들면, 나라에 따라 공직자들의 부패로 인해 뇌물이 존재하기도 한다. 공직자의 부패로 인해 정치적으로 유착된 대출이 경제적 요인에 기초한 대출을 가로막아 기업의 자본조달 비용을 상승시킬 수 있다. 그리고 주주에 대한 보호정도, 예측가능한 법률구조, 규제 및 소유권의 보호정도에 따라 외국인직접투자와 포트폴리오 투자 등이 영향을 받을 수 있다.

또한 재정, 금융, 외환정책 등 정부의 정책이 예측가능하지 않고 임의적이면, 결국 투자자들을 불안하게 하여 위험부담률(risk premium)을 증가시킨다. 이로 인해, 회계기준의 투명화로 기업의 회계정보가 투명하게 발표되고 공개되면 투자가들은 상대적으로 투자위험도를 미리 예측할 수 있기 때문에 투자유인이 될 수 있다. 이 밖에도 각종 영업규제가 자의적이고 임의적으로 변경되지 않고 일관성 있게 수립되고 적용된다면 투자가들이 안심하고 투자할 수 있을 것이다.

유사조세는 불투명성의 영향으로 인해 잠재적 세금(hidden tax)과 같이 추가적으로 발생하는 비용을 의미하는데, 결국 이는 불투명성으로 인한 손실로 이해될 수 있다. PWC는 유사조세값을 평가함에 있어 싱가포르를 벤치마크의 기준으로 하고 있으며 싱가포르의 유사조세값은 0으로 고정되어 있다.

따라서 PWC가 평가하는 유사조세의 값이 30이라면 이는 한 나라의 불투명성

---

결과 가치 창출, 리스크 관리, 그리고 업무 수행 능력을 향상시키기 위한 기관이다. (http://www.pwcglobal.com)

으로 인해 기업 소득세(corporate income tax)가 싱가포르보다 30% 추가적으로 징수되고 있다는 것을 의미한다. 결국, 이는 불투명성으로 인한 손실로 이해될 수 있다.

마지막으로, PWC는 리스크 프리미엄을 계산하는데 이는 한 국가가 국내·외 자본시장에서 채권발행을 통해 자금을 조달할 때 불투명성으로 인해 추가적으로 부담하는 프리미엄이다.

예를 들어, 한 국가의 정부는 때로는 지출을 충당하거나 교육, 국방, 그리고 인프라 구축 등의 아젠다를 추구하기 위해 국제자본시장으로부터 자금을 얻기도 하는데, 이때 정부는 국채(sovereign bonds)를 발행하여 세계 여러 국가들과 거래를 하게 된다. 채권은 정부의 확실한 믿음과 신용으로 뒷받침하는 채권이므로 국가의 투명성에 의존하기 쉽다. 이러한 상황에서 일반적으로 좀 더 불투명한 관행을 보이는 국가는 투자자들에게 프리미엄을 지불하여 보상하여야 한다. 따라서 PWC는 자산의 가치가 리스크에 대한 시장평가를 반영한다고 했을 때, 이 가치는 불투명 요소로 인해 초래되는 프리미엄을 이해하기 위한 목적으로 자산 가격을 분석한 것이다.

**표 5-2** PWC의 불투명 정도 측정을 위한 항목들

| 주요항목 | 보고변수 | 세부변수 |
|---|---|---|
| O-Factor | 부패 | 자본비용에 끼치는 부패의 영향 |
| | 법률체계 | 주주 보호 사법상의 예측 가능성 법, 규제, 재산권 집행 |
| | 경제 및 재정정책 | 주주 보호 사법상의 예측 가능성 법, 규제, 재산권 집행 |
| | 회계기준과 관행 | 공개기준<br>공개적인 교역기업 정보 접근성 |
| | 규제체계 | 규제절차의 일관성 및 변경에 관한 규율 |
| 유사조세(tax equivalent) | 불투명성으로 인해 해외직접투자에 추가적으로 부과되는 비용 | |
| 리스크 프리미엄 | 한 국가가 국내·외 자본시장에서 채권발행을 통해 자금을 조달할 때 불투명성으로 인해 부담하는 프리미엄 | |

주) O-Factor는 주로 자본시장에 영향을 미치는 변수들의 합으로서 불투명지수를 의미한다.

한국에 대한 2004년 PWC 결과를 분석해 보면, 규제의 불투명성, 불확실성 및 자의성 항목에서 37점으로 평균 27.13점을 크게 상회했고, 전체 순위는 평가대상국

가 48개국 중 41위로 상당히 낮은 수준으로 평가되었다. 부분별로는 리스크 프리미엄값은 967로서 PWC의 계산 방법에 의하면, 9.67%의 추가이자율을 투자자들이 부담하고 있는 것으로 나타난다. 이는 다시 말하면, 국제자본시장에서 위험요소가 전혀 없는 국가로 평가된 싱가포르가 기채할 수 있는 이자율보다 한국은 9.67% 높은 위험요소를 추가 부담해야 함을 의미한다.

또한 한국의 유사조세의 값이 35포인트로 나타났는데, 이는 기업들이 불투명성으로 인해 법인세 등의 형식으로 추가적으로 35%의 세금을 추가적으로 부담하고 있음을 나타낸다. 특히, 회계부문에서는 한국이 48개국 중 가장 불투명한 국가라는 결과가 나타났는데, 한국의 조건부 회계(contingency accounting)가 가장 큰 문제라는 지적을 받았다.

## 2 평가기관 CATO: 경제자유도지수

미국 CATO 연구소는 미국의 기본 원리인 정부개입 축소, 개인의 자율성 보장, 시장경제 등 공공정책에 관한 연구를 수행하기 위해 1977년에 설립된 기관으로서 워싱턴 D.C.에 소재해 있다. CATO 연구소는 세계 각국의 경제적 자율성에 대해 평가하는 「세계 경제자유도(Economic Freedom of the World) 보고서」를 발표하고 있다. 경제자유도 보고서는 노벨상 수상자인 밀턴 프리드먼(Milton Friedman)의 후원과 전 세계 50여 개 연구기관으로부터 자료 지원을 받아 발간되고 있는데, 주로 7개 경제분야의 21개 변수를 기준으로 경제자유도지수를 산출하고 있다. 보고서는 경제자유도지수가 1인당 국민소득, 경제성장률, UN의 인간개발지수(HDI), 수명 등과 양(+)의 관계가 있으며, 부패, 빈곤 등과는 부(−)의 관계가 있음을 밝히고 있다. CATO 연구소는 경제자유도지수 외에 종합지수(Comprehensive Index), 무역개방지수(Trade Openness Index)[12]도 측정하여 발표하고 있다.

CATO는 경제자유도지수를 산출함에 있어서 평가 기준이 되는 7개 분야의 21

12) 무역개방지수는 CATO 연구소가 경제자유도지수에 추가적으로 1980~1998년 동안의 109개 국가의 무역정책을 검토하여 새로 산출한 지수이다. 무역개방지수는 관세율, 암시장에서의 환율 프리미엄, 자본이동의 제한, 교역 규모 등 4가지 변수를 이용하여 국제무역의 자유도 수준을 측정한 것이다.

**표 5-3** 경제자유도 평가의 기준이 되는 7개 분야

| | 분 야 | 주요변수 |
|---|---|---|
| 1 | 정부의 규모 | 정부의 소비지출, 양도 및 보조금 등 |
| 2 | 경제구조 및 시장여건 | 국영기업, 가격통제, 최고세율 등 |
| 3 | 통화정책 및 가격안정 | 통화공급 증가율, 인플레이션 변화율 등 |
| 4 | 대체통화 사용 정도 | 외국통화 보유, 암시장 환율 등 |
| 5 | 법률구조 및 사적재산권 보호 | 법적 보호, 법률 등 |
| 6 | 대외교역 | 평균관세율, 교역규모 등 |
| 7 | 금융 거래에 대한 자유 | 민간인의 은행 소유권, 민간부문의 신용한도, 외국인의 자본 거래 등 |

개 변수를 활용하고 있다.

경제자유도지수는 높을수록 제도 및 정책이 경제적 자유와 보다 일관성을 갖는 것을 말한다. 경제자유도지수의 범위는 0~10까지이며, 0은 자유도가 가장 낮은 경우이고, 10은 자유도가 가장 높은 경우이다. 각 변수의 실제값이 기준연도 최고값보다 크거나 같은 경우 10점이 주어지며, 실제값이 기준연도의 최소값보다 같거나 작을 경우에는 0점이 주어진다.

다만, 인플레이션, 정부의 규모 항목의 경우에는 <표 5-4>의 공식을 적용할 경우 숫자가 높을수록 경제적인 자유도가 낮은 것을 나타내므로 변형된 공식을 적용한다.

한국의 경제자유도 순위를 각 분야별로 <표 5-4>와 같이 살펴보면, 경제구조 및 시장 분야가 다른 분야에 비해 상대적으로 자유도가 많이 낮은 것으로 나타났다.

**표 5-4** 분야별 한국의 경제자유도(2006년 기준연도)

| | 정부 규모 | 경제구조/시장 | 통화정책/가격안정 | 대체통화 사용 | 법률구조/재산권 | 대외교역 | 자본시장 | 전 체 |
|---|---|---|---|---|---|---|---|---|
| 자유도 지수 | 8.1 | 3.5 | 8.9 | 7.5 | 6.8 | 7.7 | 8.0 | 7.1 |

한국의 종합지수(Comprehensive Index) 순위는 전체 조사대상국 130개국 중 35

위를 차지한 것으로 나타났다. 한국은 자본의 건전성 부문의 경제자유도가 높은 반면 정부, 법률, 금융, 기업 분야에서 자유도가 낮은 것으로 나타났다. <표 5-5>에서 분야별로 살펴보면, 소유재산권에 대한 법률 보장이 상대적으로 미흡하고, 은행·금융·자본시장 등에 대한 정부개입으로 인해 금융부분에서도 규제가 까다로운 것으로 분석된다. 또한 기업부문에서는 관료주의적이고 행정 규제적인 조치, 부패 만연 등으로 인해 기업의 공정한 경쟁과 자율적인 의사결정권이 침해받는 경우가 발생하는 등 사업여건이 제대로 조성되지 않은 점이 영향을 미친 것으로 분석된다. 종합지수의 범위는 0~10까지이며, 0은 자유도가 가장 낮은 경우이고, 10은 자유도가 가장 높은 경우를 말한다.

**표 5-5** 분야별 한국의 종합지수 현황

| | 정부 규모 | 법률구조/재산권 | 자본의 건전성 | 대외교역 | 금융/자본시장 | 노동시장 | 사업환경 | 전 체 |
|---|---|---|---|---|---|---|---|---|
| 자유도 지수 | 6.5 | 6.3 | 9.5 | 7.2 | 7.4 | 4.9 | 5.1 | 7.1 |
| 순위 | 50 | 43 | 27 | 48 | 72 | 79 | 52 | 35 |

주) 배열순위는 2006년 기준으로 130개국의 종합지수에 따른 나열임.

## 3 평가기관 Heritage 재단: 경제적 자유도지수

세계적인 공공정책 수립기관인 헤리티지(Heritage) 재단은 1973년 에드윈 풀너(Edwin Feulner)에 의해 설립되어 매년 「경제자유도지수 보고서」를 통해 전 세계 국가들의 경제적 자유도를 체계적이고 실증적으로 측정하여 발표해 오고 있다. 헤리티지 재단이 발표하는 경제적 자유란 "시민들의 자유를 보호하고 유지하기 위해 필요로 하는 수준을 넘어서서 상품 및 서비스의 생산, 분배, 소비 과정에서 정부의 강제 및 제약이 없는 상태"라고 정의한다.

헤리티지 재단은 경제적 자유도를 중요시하는 이유는 경제적 자유도가 경제적 번영과 연관되어 있다고 보고 있기 때문이다. 즉, 경제적 자유도를 통해 경제 발전 및 번영을 달성할 수 있다고 보고 있다. 실제로 보다 많은 경제자유도를 기록한 국가들이 보다 높은 장기 경제성장률이 높은 것으로 분석되고 있다.

2006년 헤리티지 재단의 「경제자유도지수 보고서」는 총 165개국을 대상으로 하였으며, 평가 항목은 크게는 10개의 대분류 항목과 이하 3~7개의 세분류 항목으로 나누어져 총 50개의 항목으로 구성되어 있다. 10개의 대분류는 무역정책, 정부재정 부담, 경제에 대한 정부개입, 통화정책, 자본흐름과 외국인 투자, 금융, 임금 및 물가, 재산권 보호, 규제, 그리고 암시장으로 구성되며, 경제자유도지수를 평가하는 데 있어 각각 동일한 비중을 갖는다.

10개의 항목에 대해서 각각 점수가 매겨지는데, 평가 점수는 1점에서부터 5점까지의 범위를 갖고, 1점이 가장 높은 경제적 자유도를 의미하고, 5점이 가장 낮은 경제적 자유도를 의미한다. 이렇게 매겨진 10개의 평가 점수를 더하여 평균을 구하면 해당 국가의 경제자유도 점수가 나오는데 한 국가의 경제자유도는 점수에 따라 4가지 범주로 분류된다.

**표 5-6** 점수에 따른 경제적 자유도의 범주

| 범 주 | 점수 범위 |
|---|---|
| 자유로움(Free) | 평균 점수가 1.95점 이하인 국가 |
| 거의 자유로움(Mostly free) | 평균 점수가 2.00에서 2.95까지인 국가 |
| 거의 억압적임(Mostly unfree) | 평균 점수가 3.00에서 3.95까지인 국가 |
| 억압적임(Repressed) | 평균 점수가 4.00점 이상인 국가 |

헤리티지 재단의 2006년 「경제자유도지수 보고서」에 따르면, 한국의 순위는 총 165개국 중에서 45위로 비교적 경제자유도가 높은 편이다. 그리고 평가 점수에 따른 분류 범주를 기준으로 볼 때 한국은 두 번째 범주인 "거의 자유로운 국가(Mostly free country)"로 평가받았다. 헤리티지의 한국의 경제적 자유도에 대한 평가(자유도 점수)는 2002년 2.54, 2004년 2.64, 2006년 2.65를 나타내고 있다.

부분별로는 통화정책, 재산권보호, 외국인 투자, 임금 및 물가에서 좋은 평가를 받았으나, 반면 무역정책, 금융, 규제, 암시장, 정부재정부담, 정부개입 등에서는 낮은 평가를 받았다. 특히, 헤리티지는 한국의 산업 구조조정은 노동자들의 극심한 반대를 극복하지 못했으며, 이로 인해 외환위기 이후 외국인 직접투자를 유치하는

**표 5-7** 부문별 자유도 점수

| 무 역 | 재정 부담 | 정부 간섭 | 통화 정책 | 외국인 투자 | 은 행 | 임금& 물가 | 지적 재산권 | 규 제 | 지하 시장 |
|---|---|---|---|---|---|---|---|---|---|
| 3.5 | 2.5 | 2.5 | 2.0 | 2.0 | 3.0 | 2.0 | 2.0 | 3.0 | 3.0 |

데 부담이 되고 있으며, 이 밖에도 번거로운 투자절차, 기업투명성의 부족, 그리고 노조 활동 등이 여전히 해결되지 않은 것으로 지적하였다.

## 4 A.T. Kearney: FDI 신뢰도지수

A.T. Kearney는 e-비지니스 컨설팅 회사 중 하나로 CEO들의 의사결정에 관련된 이슈나 경영자문을 목적으로 1930년에 설립되어 세계 각지에서 5,000여 명의 직원들이 활동하고 있다. 매년 전 세계 FDI의 대부분을 차지하고 있는 약 60여 개국을 대상으로 각 국가에 대한 투자자들의 선호도를 평가하는 「FDI 신뢰도지수(FDI Confidence Index)」를 발표해 오고 있다. A.T. Kearney가 평가하고 있는 대상국가 60여 개국은 전 세계 해외직접투자의 90% 이상을 흡수하고 있다.

A.T. Kearney의 설문지 조사 대상기업들은 모든 지역과 모든 산업 분야를 대표하는 세계 1,000여 개 기업으로서, 이들 기업은 전 세계 해외직접투자의 약 70%를 차지하고 있으며 연 매출액도 16조 달러에 이르는 큰 비중을 차지하는 기업들이다. A.T. Kearney의 FDI 신뢰도지수(FDI Confidence Index)는 "해외직접투자에 대한 정치, 경제, 그리고 규제변화의 영향분석과 세계 유수기업 내 CEO들의 FDI 선호 정도에 어떠한 영향을 주는지"를 나타내는 국제적인 기준표이다. A.T. Kearney의 FDI 신뢰도지수(FDI Confidence Index)는 현재의 관점에서 주요 다국적 기업들의 CEO가 각 국가의 FDI의 매력도에 대한 인상을 정리한 것이다.

FDI 신뢰도지수(FDI Confidence Index)는 세계 1000대 기업의 CEO와 CFO 등 선임 경영진에 대한 설문조사를 통해 1차 자료를 수집하였다. 설문조사 대상기업은 2004년 수익에 따른 Global 1000 기업이며 SIC 코드의 분류에 따르면 24개의 산업, 그리고 47개국에 대해 행해진다. 대상기업들은 전 세계 FDI 흐름의 70% 가량을 차지하였다. 지수는 향후 1~3년 간 직접 투자의 가능성에 대해 “높음”, “보통”, “낮음”, “없음”의 네 가지 대답에 대한 가중평균으로 구성한 국가의 지수값은 그 국가가 아닌 다른 국가의 기업들이 그 국가에 대한 직접투자와 관해 응답한 것을 기초로 계산된다. 지수값은 0에서 3까지의 범위로 계산되며, 3은 “매우 매력적(highly attractive)”임을 뜻하며 0은 “매력적이지 않음(not attractive)”을 뜻한다. 2차 자료는 유엔무역발전회의(UNCTAD), 세계은행(World Bank), 국제통화기금(IMF), 경제협력개발기구(OECD), 유럽부흥개발은행(EBRD), 유엔중남미경제위원회(UNECLAC), EIU (Economist Intelligence Unit), 각국의 투자진흥청, 중앙은행, 경제와 무역 관련 정부 부처 및 언론으로부터 얻는다. 2005년의 FDI 신뢰도지수(FDI Confidence Index)는 중국과 인도로 대표되는 신흥시장이 상위권을 차지했으며, 미국은 3위로 밀려났지만 여전히 매력적인 FDI 대상국이다. 영국을 제외한 서유럽 국가들은 신흥시장과의 경쟁으로 인해 순위가 하락했고, 러시아, 헝가리, 체코, 루마니아 및 터키의 약진이 두드러졌다. 브라질과 멕시코 또한 순위가 상승하였다.

그림 5-2 A.T. Kearney의 설문지 조사대상 분석

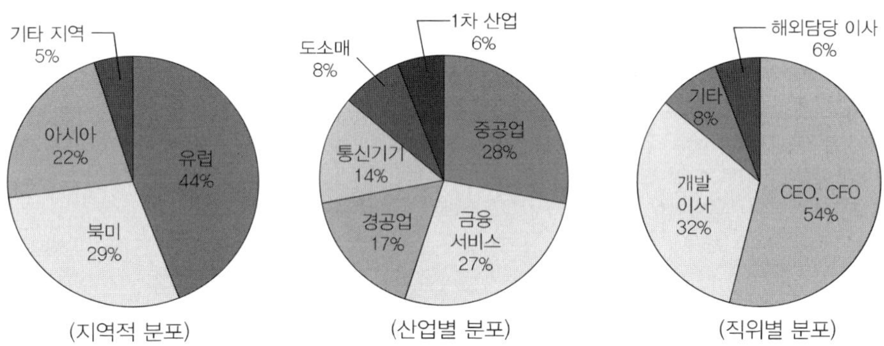


한국의 평가 결과를 보면, 세계 10위의 경제 규모, 발달된 내수 시장 및 기술경제의 주도력에도 불구하고 한국의 FDI 매력도는 꾸준한 하락 추세가 지속되었다(2003년 18위, 2004년 21위, 2005년 23위). 2004년 한국의 FDI는 77억 달러를 기록, 증가세를 보였으나 FDI 투자의 상당 부분은 M&A 거래로부터 기인한다. 규제 환경

은 아직 개선해야 할 여지가 많은 것으로 나타났으며 사모펀드들이 올린 상당한 면세수익은 외국인 투자자에 대한 반감을 불러일으켰으며, 벤처 캐피탈에 대한 인식도 나빠졌다.

은행 이사의 절반은 한국인이어야 한다는 규정과 같은 경영 의사결정에 대한 개입 또한 외국인 투자를 가로막는 요인이며, 재벌의 영향력을 제한하기 위한 개혁은 아직 많은 진전이 필요하다.

FDI 매력도, 특히 R&D 분야의 해외 투자를 촉진시키는 요인으로는 낮은 R&D 비용, 우수한 인적 자원, 지적재산권의 보호, 대학과 연구 센터 등 교육 및 연구 시스템, IT 인프라 및 규제 환경 등이 지적된다.

**표 5-8** FDI 신뢰도지수(FDI Confidence Index)의 상위 24개국

| | | |
|---|---|---|
| 1. 중국(1) | 9. 독일(5) | 17. 스페인(13) |
| 2. 인도(3) | 10. 홍콩(8) | 18. 싱가포르(18) |
| 3. 미국(2) | 11. 헝가리(19) | 19. 이탈리아(9) |
| 4. 영국(4) | 12. 체코(14) | 20. 태국(20) |
| 5. 폴란드(12) | 13. 터키(29) | 21. 캐나다(16) |
| 6. 러시아(11) | 14. 프랑스(6) | 22. 두바이/아랍에미리트(–)* |
| 7. 브라질(17) | 15. 일본(10) | 23. 한국(21) |
| 8. 호주(7) | 16. 멕시코(22) | 24. 중앙아시아**(27) |

출처: 2005 FDI Confidence Index ( ) 안은 2004년 순위.

* 두바이/아랍에미리트는 첫 진입.

** 중앙아시아는 아제르바이잔, 벨라루스, 카자흐스탄과 투르크메니스탄을 포함.

제 4 편

# 복잡적응체제와 국가전략

제 1 장

# 창조적 · 자율적 정부[1)]

20세기 후반부터 급변하는 국제환경과 국가 내부의 환경에 따라 여기에 적응하기 위한 세계 여러 국가들의 노력이 더욱 활발해지고 있다. 각국은 국가 내적으로 다양한 행정에 대한 수요와 효율적인 정부를 원하는 국민들의 요구에 반응하기 위해서, 또한 국가 외적으로는 무한 경쟁의 국제사회에서 국가가 살아남기 위한 경쟁력을 갖추기 위해서 다양한 방법과 방향을 가지고 정부개혁 혹은 정부혁신을 시도하고 있다.

우리나라 역시 예외가 아니어서 1997년 외환위기 이후 경제위기를 극복하는 과정에서 신자유주의 이념에 기초한 신공공관리적 행정개혁이 적극적으로 시도되었다(한종희, 2005). 특히, 여기에는 정부 규모 및 역할의 축소, 성과관리 및 평가, 경쟁을 통한 효율성과 정부의 질 제고 등이 정부혁신의 주요 내용으로 포함되었다.

이와 같은 노력은 매번 조직 및 인력감축, 통·폐합 등의 인위적인 하드웨어의 변화에 초점이 맞추어져 왔으며 불행하게도 그 결과는 성공적이라는 평가를 받지 못해 왔다. 개혁 혹은 혁신에 있어서 반복되는 실패는 '좋은 정부(good government)' 혹은 '더 나은 정부(the better government)'에 대한 깊이 있는 고민과 이론적 혹은 철학적 성찰은 간과한 채 겉으로 드러난 제도변화에 초점이 맞추어 진행된 결과라

1) 최창현(2012). 「좋은 정부란 무엇인가?」, 창조적 · 자율적 정부, 한반도선진화재단 좋은정부연구회 편, 한국학술정보(주).

고 할 수 있다. 이와 같은 한계를 극복하기 위해서는 '좋은 정부'에 대한 깊이 있는 이론적 고민이 필요하다.

## 제 1 절 유기체론 정부의 혁신

사회에서 개인에게 주어지는 자유는 매우 근본적이고 중요한 요소이지만 그것은 자신들이 좋아하는 무엇이든 할 수 있는 면허를 부여하는 것은 아니다. 자유를 지키는 방법은 행위의 규칙을 만들고 이를 규제할 필요가 있다. 따라서 정부는 그것 자체로 필요한 것은 아니지만 혼란을 발생시키지 않고 높은 수준의 개인적 자유를 허용하도록 하는 장치라는 점에서 중요하다. 이는 곧 정부가 사회를 구성하는 개인들의 자유를 지켜 주는 역할을 하기 위해 나타난 것으로 인식하며, 정부 자체의 중요성보다는 개인들이 가지는 자유의 중요성을 더욱 강조하는 것이다. 앱터(Apter, 1968)는 정당한 권위를 행사하고 결정을 행하는 것에 의해 공동체를 보호하고 그것에 적응하는 개인들의 집단을 국가로 정의한다. 또한 이러한 정부를 설명하는 두 가지의 이론적 시각을 제시하고 있는데 하나는 기계론(mechanistic theory)에 입각한 시각이며, 다른 하나는 유기체론(organic theory)에 근거한 시각이다.

### 1 정부에 대한 기계론적 시각

기계론에 입각한 정부에 대한 설명에 의하면 사회는 경쟁적이고 상호 작용하는 이익들로 구성되며, 이러한 경쟁적인 이익들은 갈등을 발생시키게 된다. 따라서 정부는 이러한 갈등을 완화시키고 해결하는 것을 주요 기능으로 한다(Apter, 1968). 이는 정부를, 갈등으로 야기된 긴장의 최고조에서 이에 대한 조정기제로서 인식하고 있으며, 갈등이 있을 때에만 역할을 하게 되는 소극적인 정부의 역할을 암시하고 있다. 이렇게 집단 간의 갈등에 대한 중재자로서의 정부역할을 수용하는 입장은 개인의 자유를 최우선시하게 된다. 즉, 초점은 개인에 있으며 개인 간의 자유로운 행동과 경쟁이 공동체를 구성하는 원리인 것이다. 다만, 이러한 자유와 경쟁 속에서 발생되는 개인 혹은 집단 간의 갈등을 해결하고 개인적 자유가 침해되지 않도록 질서를 유지해야 할 대표성을 가진 무엇인가가 필요하게 된다. 이것이 바로 정부가 해야 할 역할이다. 따라서 정부는 시민으로부터 갈등해결의 중재자와 질서유지자로서의 역할을 위임받는 것이고 동의에 의해서 대표성을 인정받게 된다. 여기에 정부가 가지고 있는 정당성과 그 한계가 존재하는 것이다.

이러한 시각은 서구 민주주의 정부에 가장 잘 반영되어 있으며, 과거로 거슬러 올라가면 로크(J. Locke), 루소(J. J. Rousseau), 그리고 흄(D. Hume) 등과 같은 정치사상가들이 가지고 있었던 정부에 대한 생각에서 찾아볼 수 있다. 특히, 자연법에 근거한 사유재산권과 제한된 정부를 강조했던 로크의 자유주의 사상은 이와 같은 정부에 대한 기계론적 시각을 상당 부분 반영하고 있다. 로크의 정부에 대한 논의의 출발점은 "정부는 왜 존재하는가?"라는 질문으로부터 시작한다(Cranston, 1966). 그는 국가가 생기기 이전 모든 사람들의 자유와 사적인 소유권이 보장된 상태를 '자연상태'라고 정의하였다. 이러한 자연상태에서 개인은 사적인 재산권을 가질 수 있으며 그것은 타인으로부터 침해될 수 없는 자연권으로서 보호되어야 할 것임을 강조하고 있다.

이상과 같이 기계론에 입각한 정부에 대한 설명은 정부의 역할이 매우 제한적이며 소극적임을 강조하게 된다. 즉, 개인의 자유와 개인들 간의 경쟁을 강조하게 되고 이러한 자유와 경쟁 속에서 사회가 운영되어질 때 가장 이상적이 된다. 또한 로크가 지적한 노동을 통한 소유권의 획득은 자본주의적 경제체제에 대한 지지를 암시하고 있다.

따라서 정부는 개인의 자유와 경쟁을 보장하고 노동이 이루어질 수 있는 환경을 조성해 주는 역할을 할 때, 그리고 개인의 자유를 지나치게 강조함으로써 나타나는 타인에 대한 자유나 권리의 침해 가능성과 그 결과 여러 가지 갈등상황에 대해서 이를 조정하고 해결해 줄 필요가 있을 때에 한하여 조정자로서 정부가 개입하는 것이 정당화될 수 있다. 즉, 정부의 사회에 대한 최소한의 개입과 활동이 가장 좋은 정부가 되기 위한 조건인 것이다. 이와 함께 기계론적인 시각에서는 로크의 지적처럼 정부의 자의적인 권한의 행사를 방지하기 위해서 누구에게나 불편부당하게 적용될 수 있는 법률에 의한 통치가 이루어지는 정부를 원하게 된다.

## 2 정부에 대한 유기체론적 시각

유기체론에 입각한 정부론은 정부의 역할을 강조하게 된다. 이와 같은 시각에 의하면 정부는 사회를 더욱 나은 방향으로 이끌어 가는 도구로서 간주된다. 또한 개인의 역할보다 공동체의 역할을 더욱 중요시하게 된다. 이는 인간을 더욱 완성적으로 만드는 도구로서의 공동체를 의미하게 된다. 따라서 유기체적 입장에서는 개인의 자유나 권리보다 그것을 초월하는 '공공(public)'의 의미를 강조하게 되며 이와 같은 공동체를 더욱더 나은 방향으로 이끌어 나가는 것이 정부가 해야 할 가장 중요한 역할로서 간주된다. 따라서 정부는 사회를 변화시키는 원동력이며, 사회의 많은 것이 정부에 의해서 결정된다.

또한 권한이 집중되어 있는 집권적인 구조와 개인보다 공동체 혹은 사회를 우선시하는 전체주의적인 경향을 보일 수도 있다. 이러한 시각은 혁명적인 변혁과 발전을 위해 정부의 역할을 강조하는 발전도상국들에게 정부의 행위를 정당화시키는 근거로서 적용될 수 있다(Apter, 1968). 이러한 시각의 사상적 기초를 살펴보면 플라톤(Plato)이나 아리스토텔레스(Aristoteles)의 정부에 대한 시각이 많이 반영되어 있다는 것을 알 수 있다.

플라톤과 아리스토텔레스는 공통적으로 공동체의 중요성을 강조하였다. 플라톤은 국가의 목적을 전체 국가의 행복을 최대한으로 만드는 것에 있다고 하였다. 아리스토텔레스는 각 국가들은 일종의 공동체이며 이러한 공동체는 어떤 선(some good)을 위해서 형성된다고 한다. 또한 그는 모든 공동체가 선을 목표로 한다면 모든 공동체의 가장 높은 곳에 위치하고 다른 것들을 포괄하는 정부 혹은 정치공동체 최고차원의 선을 목표로 한다고 주장한다(Jowett, 1943). 이는 모두 개인이 아닌 공동체로서의 정부 전체의 중요성을 강조하는 것이다. 따라서 이러한 시각에서 정부는 단순히 갈등의 중재자 혹은 해결사로서의 역할이 아닌 그 이상으로서 간주된다. 또한 정부는 정치공동체의 구성원들에게 더욱 향상되고, 고귀하며, 문명화된 삶을 만들 수 있도록 도움을 주어야 한다(Ketcham, 1985). 따라서 여기서는 개인보다 '공공'의 중요성이 더욱 강조되어야 하며, 좋은 사회를 위해서는 전체의 일반적인 목표를 위해 노력해야 하고, 국가 전체의 협력과 조화가 필수적이다. 이러한 국가의 목적을 달성하기 위해서 정부의 역할과 질이 근본적으로 강화되어야 한다. 이는 좋은 정부라는 것이 국가 전체의 행복과 선이라는 공동 목적을 달성하기 위해서 국민들을 이끌어 나갈 수 있는 역량을 갖춘 정부를 의미하는 것이다.

플라톤과 아리스토텔레스의 사상으로 대표되는 정부에 대한 유기체적 시각은 보다 강력한 정부의 역할을 요구하고 있다. 즉, 자유를 중시하고 개인에 초점을 맞추는 기계론적인 시각과 달리 개인보다 전체를 중요시하고 '공공'의 중요성을 부각시킴으로써 정부로 하여금 사회가 더욱 바람직한 방향으로 나아가도록 주도적인 역할을 할 것을 주장하고 있다. 따라서 정부는 이와 같은 역할을 하기 위한 역량을 길러야 하고, 정부의 더욱 강한 역할에 따른 자의적인 통치를 방지하기 위해서 법에 의한 통치를 주장하고 있으며, 소수의 특정 계층이나 집단 혹은 개인의 이익이 아닌 공공의 이익을 추구하기 위해 부패의 방지를 강조하고 있다. 이와 함께 국가의 구성원들이 시민으로서 국가의 일에 적극적으로 참여함으로써 전체로서의 공동체가 바람직한 방향으로 개선될 것을 요구하고 있기 때문에 정부는 이러한 시민들의 참여를 보장하고 활성화시킬 수 있도록 해야 한다. 이러한 요구를 정부가 잘 충족시킬 때 그 정부는 '좋은 정부'라고 할 수 있을 것이다.

위에서 살펴본 정부에 대한 두 가지 이론적 시각으로부터 정부의 역할과 좋은 정부의 의미가 상이하다는 점을 알 수 있다. 먼저, 두 이론적 시각의 차이점과 공통점을 살펴보면 로크의 사상적 기반을 중심으로 한 기계론적 정부론에서의 가장 좋은 정부는 최소한의 정부이다. 좋은 정부는 정부의 수동적이고 소극적인 정부역할과 사회에 대한 최소한의 정부개입을 그 내용으로 하고, 개인들의 자유로운 경제활동과 불가침의 권리로서 재산권에 대한 보장을 핵심으로 하고 있다. 이와 같은 상황에서 정부의 역할 및 개입은 제약될 수밖에 없다. 유기체적 정부론에서의 좋은 정부는 공공의 이익을 추구하는 정부이며, 이를 위해 사회를 주도적으로 이끌어 나가는 정부의 역량을 강조하게 된다. 또한 소수의 이익을 추구하는 것에 반대하고 이의 결과로서 나타나는 각종 부패를 방지하는 것과 시민참여 여건을 조성하는 것이 좋은 정부를 위한 요건이 된다.

반면, 기계론적 시각과 유기체론적 시각 모두 공통적으로 '법에 의한 지배(rule of law)'를 강조하고 있다. 최소한의 정부 역할을 요구하는 기계론적 시각에서는 정부의 조정자의 역할과 권리침해에 대한 처벌권을 개인들로부터 위임받았으며, 이를 성문화시킨 법에 근거하여 권한을 행사해야 한다는 것을 주장한다. 따라서 이는 정부 권한 행사의 정당성임과 동시에 한계로서의 역할을 한다. 이에 반해, 유기체적 입장에서는 정부의 강력한 역할을 강조하는 반면, 이와 같이 강력한 권한을 행사하는 정부에 대한 견제장치로서 법에 의한 지배를 강조한다. 따라서 법에 의한 통치는 양 이론 모두에게서 좋은 정부가 되기 위한 공통적인 조건이 된다고 할 수 있다.

## 제 2 절 지향적 정부개혁의 흐름

앞서 제시되었던 좋은 정부에 대한 두 가지 시각들을 기초로 세계적인 정부개혁의 흐름을 살펴보면 크게 정부역할의 강조에 따른 큰 정부로의 개혁과 정부역할의 축소와 작은 정부로의 개혁으로 나누어 볼 수 있다. 전후 신생독립국을 중심으로 국가 발전전략의 효율적인 달성을 위한 정부의 역할이 강조되었으며, 미국·소련 양 강대국들의 냉전 체제라는 국제적인 정치적 환경 속에서 미국을 비롯한 선진국들은 민주주의의 확산이라는 정치적인 목적을 위해 후진국들에게 정부의 역량 강화를 위한 지원을 아끼지 않았다. 이 시기의 신생독립국을 비롯한 후진국들은 정부의 역할에 매우 많이 의존을 하였으며 그만큼 발전전략의 수행자이자 문제해결자인 정부의 역량은 매우 중요하게 인식되었다. 따라서 정부혁신 역시 이를 위해 관료제화된 정부의 조직구조와 엘리트들의 역량 강화가 주요 내용이 되었다. 이와 같은 정부의 확대된 역할과 정부중심의 발전전략의 수행은 그로 하여금 강력한 통제 혹은 규제를 기반으로 한 정부 행위를 정당화시켰다. 이와 함께 서구 자본주의 국가들을 중심으로 한 복지국가의 발전 역시 정부역할의 확대를 가져온 계기가 되었다.

반면, 이러한 발전국가 혹은 복지국가를 위한 정부역할의 확장과 정부역량의 강화에 초점을 둔 정부개혁의 방향은 1980년대에 들어오면서 차츰 그 변화를 가져오게 되었다. 특히, 이는 복지국가의 위기와 함께 선진 OECD 국가들을 중심으로 강하고 비대해진 정부의 비민주성과 비효율성에 대한 반응으로 나타났다. 따라서 과거 강조되었던 확장된 정부역할과 이에 따른 큰 정부에 대한 수용은 점점 작은 정부의 변화를 강조하게 되었으며, 이러한 현상은 신자유주의 혹은 보수주의 이념에 기초한 정부개혁으로 이어졌다. 이와 같은 정부개혁의 방향은 1990년대 들어 더욱 강하게 나타났으며, 권위주의 정권이 붕괴되고 민주화의 경험에 이어 그 이후 경제위기를 경험한 국가들에서 이와 같은 정부개혁의 흐름에 동참함으로써 전 세계적으로 확산되었다. 또한 '신공공관리'라는 이론적 근거를 기초로 하여 정부의 축소, 경쟁을 통한 시장화, 민영화, 규제 완화 등을 강조하고 있다. 이는 곧 과거 일반적으로 수용되었던 좋은 정부 혹은 정부역할에 대한 근본적인 인식의 변화가 수반된 것이었다.

한편, 1980년대를 거쳐 그 이후 전 세계적인 유행처럼 번졌던 신자유주의적인 정부개혁의 노력은 앞서 살펴보았던 로크의 정부론으로 대표되는 기계론적 정부론에서 주장한 정부의 역할과 좋은 정부의 핵심내용을 주로 포함하고 있다. 즉, 로크의 정부론에서 정부가 해야 할 가장 중요한 역할은 개인의 재산과 자유로운 경제활동을 보호하는 것이며, 이것을 최선의 목표로 삼아야 한다. 또한 사유재산을 획득하기 위한 개인들의 자율적인 경제활동을 보장해야 하며, 그 이외의 어떠한 정부의 활동이나 개입은 바람직하지 않은 것이다. 따라서 로크의 정부론은 최소한의 정부개입과 함께 시장에서의 경쟁을 통한 사유재산제도의 보장과 개인의 자유를 보장하는 것을 정부의 역할 혹은 좋은 정부의 핵심내용으로 주장한다. 이는 1980년대 이후 전개된 정부개혁의 주요 내용이 민영화와 시장화, 정부규제의 축소 등 자율성과 정부개입의 최소화, 그리고 시장원리에 따른 경쟁의 강조 등을 포함한다는 점에서 로크의 정부론에서 주장한 정부역할의 내용과 일치한다. 이와 같은 점으로 미루어 정부개혁의 주요한 흐름이 되고 있는 신자유주의적 정부개혁은 이렇게 로크로 대변되는 고전적인 자유주의와 그에 따른 정부역할과의 연관성을 명확하게 나타내고 있다(김성우, 2001).

그러나 이러한 작은 정부에 대한 강조와 민영화 · 시장화 등 경쟁을 통한 시장원리만을 강조하는 신자유주의적인 정부개혁의 문제점을 지적하며 정부의 공정성과 부패의 척결 등을 강조하는 정부의 책임성(accountability) 역시 시장중심적인 정부개혁과 함께 균형적으로 추구되어야 할 정부개혁의 주요 내용으로 대두되었다. 여기서의 주장의 핵심은 정부의 공정성과 형평성, 그리고 부패방지의 문제이다. 이러한 주장 속에는 기계론적 정부론과 대비되면서 플라톤이나 아리스토텔레스의 정부론으로 대표되는 유기체적 정부론에서 주장하는 정부역할에 대한 의미가 일부 포함되어 있다. 즉, '공공(public)'을 강조하면서 정부는 주도적으로 그것을 형성해 나가고 더욱 나은 방향으로 이끌어 나가야 할 책임을 가진다. 이러한 주장에는 개인들의 자율성보다는 공공에 대한 중요성이 더욱 강조되며 여기에 각각의 개인들의 자율성은 제약받을 수 있다는 점을 시사한다. 여기서 강조되는 내용은 시민들의 참여와 정부의 부패방지, 그리고 공공의 발전을 위한 정부역량의 강화 등을 들 수 있다. 레인(Lane, 1997)은 경제적 효율성을 강조하는 것 못지않게 정부의 책임성에 대한 강조 역시 중요한 정부개혁의 내용으로 제시하고 있다. 이는 작은 정부를 주장하는 최근의 정부개혁과 상충되는 것 같지만 정부개혁의 큰 흐름 속에 정부의 사회적 불평등 해소와 사적이익에 대한 과도한 추구로 나타나는 각종 부패문제 등을 해결하기 위한 정부의 역할은 꾸준히 강조되고 있다는 점에서 그 의미를 갖는다. 이와 같이 1980년대 이후 신자유주의적 정부개혁의 흐름은 1990년대에도 지속되거나 더욱 강화 · 확산되어 가는 경향을 띠고 있지만, 동시에 정부의 공정성과 형평성, 부패문제에 대한 역할을 중시하는 책임성 역시 강조되고 있다.

그러나 1980년대와 1990년대를 걸쳐 맹위를 떨쳤던 신자유주의는 2000년대 이후 오히려 전 세계적인 금융위기를 겪으면서 오히려 그 주장이 위축되어 간 반면, 정부역할에 대한 중요성이 재차 강조되어 가는 경향을 나타내고 있다. 특히, 정부의 시장에 대한 관리능력과 책임성은 최근 정부의 역할에서 매우 중요한 요소로서 간주되고 있다.

궁극적으로 '좋은 정부' 혹은 '더욱 나은 정부'를 위한 최근의 정부개혁은 민영화, 시장화, 탈규제 등을 강조하는 작은 정부로의 노력과 부패, 공정성과 형평성 등을 강조하는 정부 책임성 모두를 포함하면서 진행되고 있다.[2)]

---

2) "글로벌 금융위기가 몰아치는 가운데 전 세계 금융시스템은 물론 경제 전체가 대변혁기를 맞고 있다. 금융회사들은 부실을 떨어내는 과정에서 소유권이 사실상 국가로 넘어가고 있다. 각국 정부는 금융회사에 대한 감독을 강화할 태세다. …(중략)… 그러나 그동안 규제 완화와 자유시장주의로 대변되는 미국 경제의 핵심적인 가치들이 일시에 새롭게 대체되기보다는 상호 보완 과정을 거치는 것이 필요한 것으로 지적된다. 국가 위상도 변경될 수 있는 대변혁기다(매일경제, 2009.3.23)." 본 기사를 통해 자유시장을 강조해 왔던 신자유주의의 정책지향이 다소 위축되는 최근의 현상을 알 수 있다. 반면, 기존 비효율과 경제적 위기의 원인으로 지목되었던 정부의 역할이 다시 부각되는 시점이다. 그러나 이러한 현상은 자유시장을 정부가 대체하는 것이 아닌 공존하는 개념

이는 과거 신자유주의의 이념 하에 민간부문이 정부를 대체하려고 했던 1980, 1990년대의 정부개혁의 흐름과는 차이가 있다. 즉, 어느 하나가 다른 하나를 대체하는 것이 아닌 서로 간의 공존을 전제로 하고 있기 때문이다. 따라서 향후 정부개혁 역시 기존의 정부의 효율성과 민간부문을 강조했던 특징이 사라지기보다는 그것을 활성화시키기 위한 정부의 역할이 더욱 강조되고 있는 것이다.

## 제 3 절 창조적 · 자율적 정부의 조건

위의 논의를 기초로 전 세계적으로 유행처럼 번져 왔던 '좋은 정부'를 위해 충족되어야 할 주요 내용과 향후 방향을 살펴보면 다음과 같다.

### 1 경제적 효율성

가장 먼저 제시되는 것은 경제적 효율성으로 이는 비례성(proportionality)의 원리가 적용된다. 정부개혁의 주요한 개념적 내용 중의 하나는 효율성, 특히 경제적 효율성이다. 레인(Lane, 1997)은 경제적 효율성을 정부의 비용과 편익 사이의 '비례성(proportionality)'으로 표현하고 있다. 이는 과거 정부재정에 있어서 지출과 수입 간의 불균형 문제에 직면했던 선진 자본주의 국가들을 중심으로 강조되었기 때문이다. 한편, 효율성은 정부의 재정문제뿐 아니라 서비스 전달에 대한 정부 혹은 정부 행정인과 시민 간의 관계에 있어서도 "최소의 세금으로 최대의 서비스"를 받도록 하는 것을 강조하고 있다. 이와 같은 의미에서 이는 신자유주의 정부개혁의 가장 핵심적인 개념적 내용이라고 할 수 있다. 경제적 효율성에 포함되는 정부개혁의 구체적인 내용으로는 대표적으로 레인이 제시한 DPM, 즉 정부의 간섭을 최소화하는 규제완화(deregulation), 민영화(privatization), 시장화(marketization)를 비롯하여 정부축소(down-sizing) 등이 있다.

---

으로 바라보아야 할 것이다. 따라서 '좋은 정부' 역시 자유시장과 민간부문을 강조하는 특징과 정부의 역할이 강화되는 특징을 동시에 추구해야 할 필요가 있을 것이다.

## 2 분권화

다음으로 논의될 수 있는 것은 분권화로서, 이는 정부의 복잡성을 관리하기 위한 중요한 전략이 될 수 있다(Lane, 1997). 또한 정부의 반응성과 책임성을 더욱 강화하기 위한 방법으로 사용된다. 토플러(A. Toffler)는 그의 책 *Anticipatory Democracy*에서 "현대 사회에서 복잡성 및 불확실성의 증가는 더욱 빠른 의사결정을 요구하게 된다"고 주장하며, 이를 위한 두 가지의 방법을 제시했는데 하나는 전문가, 공직자, 정치인 등을 추가시켜서 정부의 중심부를 더욱 강화시키도록 하는 것이며, 다른 하나는 과도한 부담을 가지고 있는 중앙에 결정을 집중시키는 대신 결정을 하부 혹은 주변부로 내려 보내는 것이라고 한다(Osborn & Gaebler, 1993). 전통적인 정부관료제 하에서는 전자를 선택하였으나 최근 이루어지고 있는 정부혁신을 통해 효율성을 추구하는 정부는 후자를 선택하게 된다. 권한이 중앙에 집중화된 기존의 정부관료제 하에서는 사회적 문제나 요구들에 대한 신속하고 적절한 대응이 곤란해진다. 따라서 정부관료제에서 나타나는 많은 병리현상들은 이러한 권한의 집중화에 기인하기 때문에 이를 해결하기 위한 방안은 집중되어 있는 권한을 분산시키는 분권화이다(Kaufman, 2001). 분권화는 두 가지의 유형으로 나누어질 수 있는데 하나는 정부 조직 내부의 관리적 분권화와 다른 하나는 정부 간 관계에 해당되는 분권화이다. 후자는 중앙정부에 집중되어 있는 권한을 하위정부(지방정부)에 대폭 위임(devolution)하는 것을 그 내용으로 한다. 놀란(Nolan, 2001)은 나라마다 분권화의 경향은 그 범위나 강도, 그리고 방법에 있어서 매우 다르게 나타난다는 점을 지적하며 뉴질랜드로 대표되는 전자에 해당되는 분권화는 지방정부에 대해서 호의적이지 않은 반면, 많은 유럽 국가들의 경우 중앙정부에 대한 복지국가 압력을 감소시키기 위한 수단으로서 하위정부 수준에서의 분권화를 강조하는 방향으로 진행되어 왔다. 특히, 중앙정부와 하위정부 간의 권한위임을 의미하는 분권화는 권위(authority) 혹은 권력(power)의 재분배를 의미하는 것이기 때문에 나라마다 매우 복잡한 경향을 나타내게 된다. 일부 국가에서의 분권화 노력은 하위정부에 정치적 권위와 재정적 자율성을 실질적으로 이양하는 반면, 다른 국가에서는 분권화가 지역 수준에서 선거를 통해 선출된 의회의 구성을 내용으로 하지만 정치적 권위와 자율성의 이양은 전자보다 완화된 방향으로 분권화의 노력이 이루어지고 있다. 또한 분권화를 중요한 권위나 자율성의 위임 없이 단순히 지역에 행정기관을 설립하는 것을 의미하는 나라들도 있다(Suleiman, 2003). 이러한 이유로 분권화 노력은 단순히 경제적인 효율성 제고를 위한 방법으로 제시되기보다 정치적인 고려에 의해서 행해지기도 한다. 이는 정부조직 내부에서 이루어지는 관리적인 분권화보다 중앙정부의 권위를 하위수준의 정부에 이양하고 그것의 자율성을 확대하는 것을 내용으로 하는 분권화에 초점을 둔다. 이는 후자의 분권화가 행정서비스의 고객인 시민들에 더욱 가까이 다가가는 '근린(neighborhood) 정부'(박종민, 1998)를 통해서 효율성을 제고할 뿐 아니라 권위 혹은 권력의 재분배를 통한 정치적 효과까지 포함하고 있다는 점에서 분권화에 대한 더욱 포괄적인 분석이 가능하다는 판단 때문이다.

## 3 책임성

책임성에서는 로스스타인과 테오렐(Rothstein & Teorell, 2005)이 제시한 불편부당성(impartialty)의 개념이 강조된다. 여기서 불편부당성이란 정책과 법을 집행할 때 공직자들은 사전에 정책과 법에 명기되지 않은 어떠한 것도 고려해서는 안 된다는 것이다(Rothstein & Teorell, 2005). 이는 곧 공정성의 개념과도 밀접한 관련성이 있다.

1980년대부터 나타나기 시작한 신자유주의적 정부개혁은 주로 정부의 효율성을 제고하기 위하여 시장원리를 바탕으로 한 민영화, 규제 완화, 그리고 경쟁 등과 같은 내용에 초점이 맞추어 왔다. 그러나 이와 같은 정부개혁의 방향이 지나치게 정부의 활동을 경제적 논리에 초점을 맞추어 운영하려 한다는 비판과 함께 이에 반응으로 정부개혁은 정부의 경제적 효율성 제고와 함께 책임성도 함께 강조되어야 한다는 주장이 주목을 받게 되었다. 즉, 시장중심적인 정부개혁은 정부의 책임성 부재를 유발시키며 이로 인한 사회적 불평등과 각종 부패문제가 심화된다는 것이다. 이와 같은 정부의 책임성 문제는 전통적인 행정에 있어서 매우 중요한 가치로 인식되었으며, 현재에도 좋은 정부를 위한 중요한 원칙으로 작용하고 있다(류춘호, 2003). 책임 있는 정부는 그들의 행위에 대해 일정한 의무를 가지는 것을 의미하며 국민의 요구에 신속히 반응하고 정부행위의 공정성과 예측가능성을 높임으로써 국민의 신뢰를 제고하는 것이다(Gregory, 1999; Romzek, 2000; Roberts, 2002; 박호숙, 1990). 이러한 정부의 책임성은 불편부당성(impartiality)과 인간의 권리에 대한 동등한 보호로 대표될 수 있다(Lane, 1997). 전자는 정부행위의 과정에서 어느 쪽에도 치우치지 않는 공정성을 의미하는 것이며, 후자는 민주주의 국가의 정부에서 개인의 권리에 대한 보장, 특히 사회적 소수자들에 대한 동등한 권리보장을 강조한다.

책임성의 목표는 세 가지의 측면으로 볼 수 있는데 그것은 첫째, 공적권위의 남용이나 오용에 대한 통제, 둘째, 법과 공공서비스의 가치를 준수하는 것, 셋째, 거버넌스와 공공관리에 있어서의 계속적인 개선이다(Aucoin & Heintzman, 2000). 이와 같은 목적에서 알 수 있듯이 정부의 책임성에는 정부가 얼마나 법에 의해 혹은 법을 준수하며 행동하는가를 의미하는 법의 지배와 부패를 방지를 통한 정부의 투명성 확보가 가장 대표적인 내용이 될 수 있다(Lane, 1997; Wolf, 2000).

법에 의한 통치를 확립하는 것은 선후진국을 막론하고 매우 중요한 국가 운영의 원리 중의 하나이다. 또한 정부 특히 좋은 정부에 대한 대조적인 시각을 가지고 있던 로크, 아리스토텔레스, 플라톤 등의 철학자들 역시 공통적으로 정부의 법에 의한 통치의 중요성을 강조하였다. 이는 정부운영에 있어서 법의 지배의 원칙이 시간과 공간, 그리고 다양한 사상적 기반을 초월하여 가장 기본적으로 지켜져야 할 원리임을 시사한다. 또한 법이 지배하는 정부를 위한 노력은 정치적 민주주의와 시장경제를 이루기 위한 밑거름이 되며, 자유로운 경쟁을 핵심으로 하는 시장중심적인 정부개혁을 성공적으로 이루기 위한 전제가 된다. 특히, 경제적 세계화 시대의 도래와 함께 세계 각국의 개혁을 지향하는 정부들은 투명성과 책임성, 그리고 안정성을 확보하기 위하여 법에 의한 지배의 원리를 더욱 강화하고 있으며, 이를 통해 범죄와 부패의 감소효과를 가져올 수 있다(Carothers, 1998).

오도넬(O'Donnell, 2004)은 민주적 법의 지배는 정치적 권리와 시민적 자유뿐 아니라 국가권력의 남용 가능성 및 모든 시민들의 정치적 평등성을 보장하는 정부의 책임성을 제고시킨다는 점을 강조한다. 하지만, 이와 같은 법의 지배는 그 개념상의 모호성으로 인해 명확하게 정의되기가 매우 어렵지만 법학이나 정치학자들을 중심으로 이를 위한 노력들이 이루어지고 있다. 법의 지배에 관한 가장 근대적인 의미를 제시한 다이시(Dicey, 1952)는 그것을 세 가지로 나누어 설명하고 있다. 첫째, 법의 지배는 자의적인 권력의 행사에 반대하는 공식적인 법의 절대적 우위를 의미한다. 또한 정부의 자의성과 특권, 그리고 광범위한 재량적 권위를 배제하는 것을 내용으로 한다. 허친슨과 모나한(Hutchinson & Monahan, 1987)은 법의 지배의 핵심은 개인을 구속하고 규제하는 것에 있어서 그것을 행하는 주체가 사람이 아닌 법에 의해야 한다는 점을 강조한다. 이러한 주장 역시 법의 절대적 우위를 강조하는 것이다. 둘째, 법의 지배는 법 앞의 평등을 의미한다. 즉, 모든 시민들은 계층이나 지위에 상관없이 일반법원에 의해 집행되는 정규법에 의해 구속되어야 한다는 것이다. 바인가스트(Weingast, 1997) 역시 "모든 시민에게 불편부당하게 적용되는 안정적인 정치적 규칙과 권리들의 집합"으로 법의 지배를 정의하고 있다. 이는 법의 지배가 "법 앞의 평등" 원리를 구체화시키는 것이라는 것을 의미하며, 또한 여기에는 필연적으로 "공정성(fairness)"의 개념이 수반된다(O'Donnell, 2004). 셋째, 법의 지배에 담겨져 있는 의미는 헌법(law of the constitution)은 법원에 의해서 정의되고 집행되는 개인 권리의 근원이 아닌 결과라는 것이다. 즉, 개인의 권리는 특정한 사례에서 사적인 권리를 결정하는 법원판결의 결과이기 때문에 이러한 개인의 권리를 포함하는 헌법적 원리는 그것을 발생시키는 것이 아니라 그것을 보장함으로써 발생되는 것이다. 이와 같은 다이시(A. V. Dicey)가 세 가지의 의미를 통해서 법의 지배의 개념 속에는 '법률우위', '법 앞의 평등' 혹은 '법 적용의 공정성', 그리고 '개인 권리 보장의 결과물'이라는 내용이 포함되어 있음을 알 수 있다. 한편, 로즈(Rose, 2004)는 법의 지배에 대한 이론적 개념을 정립하기 위한 다양한 학자들의 노력을 정리하면서 그것의 개념적 범위를 두 가지의 범주로 나누어 설명하고 있다. 즉, 법의 지배를 바라보는 시각은 협의와 광의로 나누어질 수 있으며 전자는 그것을 가치가 배제된 절차 중심적(procedure-oriented)인 것으로 한정하여 이해해야 한다고 주장하는 반면, 후자는 절차 중심적인 것과 함께 내용 중심적(contentoriented)인 것까지 고려해야 한다는 것이다. 전자를 주장하는 학자들은 법의 지배는 자의적인 정부행위를 방지하고 개인적 권리를 보호하는 것에 초점을 두면서 본질적으로 절차적인 측면을 강조한다. 법의 지배에 대한 이와 같은 개념은 그것의 도덕적 가치를 배제한 채 절차 중심적 혹은 공식적 측면만을 강조함으로써 매우 제한적으로 이해하는 것이다. 많은 법철학자나 정치이론가들은 이와 같은 좁은 의미의 법의 지배 개념을 지지하고 있다(Fuller, 1969; Raz, 1979; Scalia, 1989; Summers, 1993; Posner, 2003). 특히, 풀러(Fuller, 1969)는 일반적 규칙을 형성하고 그것을 적용하는 데 있어서 절차적인 공정성을 기하기 위한 체제의 필요성을 강조하였다. 또한 라즈(Raz, 1979)는 전통적인 법학과 정치학에서 법의 지배를 너무 과장해 왔다고 지적하며, 그것이 민주주의나 개인의 권리, 정의, 그리고 평등과 같은 개념들과 혼동되거나 연결되어서는 안 된다고 주장한다. 따라서 법의 지배에 대한 그의 견해에 따르면, 그것은 단지 자의적 권력의 발생을 최소화해 주는 것일 뿐 다른 사회적 가치들이 모두 그것에 의해서 제공되는 것이 아니며, 법의 지배가 곧 '좋은 법의 지배(rule of good law)'는 아닌 것이다. 법의 지배에 대한 이러한 협의의 개념은 권한 있는 기관에서 제정된 법이 모든 것에 우선하며 그것에 의해 구속될 때에만 정당하기 때문에 이를 보장하는 것을 핵심적인 내용으로 한다. 한편, 이와 같은 시각은 법의 제정과 그것을 적용하는 절차에 초점을 두지만 법의 내용에 대해서는 언급하지 않고 있음을 알 수 있다. 즉, 따르고 복종해야 할 법이 좋은 것인지 나쁜 것인지와 같은 가치판단은 배제하고 있으며, 이로 인하여 법의 지배의 개념을 협의로 이해하는 시각은 비판에 직면하게 된다. 법의 지배에 대한 개념을 좁게 이해하는 시각을 비판하는 주장은 그것이 법이 담고 있는 내용을 고려하지 않고 지나치게 절차적 측면만 강조한 결과 나치(Nazi)나 공산주의의 법체계까지 인정하는 오류를 범하고 있다는 점을 지적하며, 진정한 법의 지배의 원리는 절차적인 측면과 함께 법의 내용으로 자유민주적 가치가 포함되어야 한다고 주장한다(Dworkin, 1985; Shklar, 1987). 슈클라(Shklar, 1987)는 법의 지배에서의 법에는 대표민주주의, 개인적 권리와 정의라는 요소가 포함되어 있어야 한다고 하였으며, 이를 통해 법의 지배의 원리를 입헌정부와 대표민주주의의 근본적인 요소로서 간주한다.

두 가지의 대비되는 법의 지배 개념은 각각의 장·단점을 모두 지니고 있다. 정부개혁의 내용으로서 강조되고 있는 법의 지배는 주로 적법절차(due process)를 강조하고 있다. 즉, 법의 지배를 자의적 국가권력 행사의 배제와 법률우위, 그리고 사법부에 의한 평등한 법 집행 등을 그 핵심적 내용으로 한다는 점에서 법의 지배의 절차적 측면에 초점이 맞추어져 있다. 그러나 이와 같은 내용을 담고 있는 정부개혁의 노력이 주로 민주주의를 기반으로 한 선진국에서 출발하여 신생 민주주의 국가인 개발도상국들로 확산되어 갔다는 점에서 민주주의를 지향하는 법의 내용은 이미 전제되어 있다고 볼 수 있다. 즉, 슈클라(J. Shklar)가 주장한 자유민주주의를 지향하는 법의 내용 하에서 법 집행의 절차적 측면을 강조하는 것이 현재의 정부개혁에서 강조하는 법의 지배라고 할 수 있다.

정부의 부패는 매우 오래전부터 정부 역기능을 유발하여 좋은 정부의 실현에 방해가 되는 가장 핵심적인 요소 중의 하나로 인식된다. 특히, 일반적인 사회적 부패보다 정부의 부패행위의 영향은 정부에 대한 신뢰뿐 아니라 사회전반적인 신뢰를 급속히 감소시켜, 결국 국가의 경쟁력과 성장을 감소시키거나 후퇴시키는 요인으로 작용한다. 또한 많은 연구들 역시 정부부패는 국가성장의 부정적 효과가 있다고 주장하고 있으며, 이와 같은 관계는 정부부패로 인해 정부에 대한 신뢰가 저하되며 이는 곧 전반적인 사회 신뢰가 감소되는 결과를 가져옴으로써 나타나게 된다. 이에 더하여 부패는 책임성, 형평성, 그리고 개방성 등과 같은 민주적 원리들을 근본적으로 침해하는 결과를 가져오게 된다. 이러한 문제인식에서 출발하여 세계 각국은 정부개혁을 통해 정부의 부패를 방지하거나 척결하기 위한 노력이 지속적으로 진행되어 오고 있다.

그렇다면 이러한 정부부패의 책임은 어디에 있는가? 이를 설명하기 위하여 부패 원인의 범위를 기준으로 그것을 개인을 중심으로 하는 도덕주의의 입장과 제도 혹은 환경에 초점을 둔 기능주의적인 시각으로 나누어진다(Gould, 2001). 전자는 부패에 대한 전통적인 시각으로서 그것을 "부도덕"하고 "비윤리적"인 현상으로 보는 것이다. 따라서 부패는 당연히 수용되는 권위에 대한 확신이나 존엄성이 감소되면서 나타나는 사회의 도덕적 기준으로부터의 일탈을 의미하게 된다. 부패를 "이기적이고 부적절한 행위"로 보는 뮈르달(Myrdal, 1969)이나 "개인적인 부나 지위를 얻기 위하여 공식화된 공적 의무 혹은 사회적 규칙을 어기는 행위"로 정의하는 나이(Nye, 1967)의 부패의 개념은 모두 이러한 도덕주의의 입장에서 부패를 바라보는 것이다. 따라서 이는 법을 어긴 개인의 행태적인 측면으로 한정된다(Friedrich, 1989). 그러나 부패에 대한 이와 같은 시각은 그것이 사회적 현상을 너무 개인에게 초점을 맞추어 설명하고 있다는 것이다. 도덕주의적인 관점에서 부패를 정의할 경우 그것은 개인의 사적인 이득을 얻기 위한 비윤리적이고 부도덕한 행동에 주목하게 된다. 이와 같은 정의에 따르면, 부패를 해결하는 가장 좋은 방법으로서 부패행위를 한 사람을 처벌하거나 교체하는 것이다. 하지만, 일부 학자들은 무엇이 도덕적이고 좋은 것인지 혹은 비도덕적이고 나쁜 것인지에 대한 구분이 매우 모호하다는 점과 부패는 단순히 사람이 행하는 부도덕한 행위뿐만 아니라 그러한 행위를 하도록 하는 환경적 혹은 제도적 요인이 더욱 중요하게 고려되어야 한다는 점을 지적한다(Caiden & Caiden, 1977). 또한 인간은 본질적으로 공공의 이익보다 자신의 이익을 추구하는 존재이기 때문에 좋은 제도가 개인의 이익을 위한 남용행위를 막을 수 있으며 더 이상 부패문제를 개인의 도덕적 측면에서만 다루는 것은 적절치 않다는 것이다(Euben, 1989; Hamilton et al., 2000). 반면, 기능주의적 시각에서의 부패에 대한 정의는 도덕주의적 시각이 가지는 위와 같은 한계점을 극복하고자 한다. 즉, 이것은 사회경제적 발전에 있어서 부패의 실제 역할에 초점을 맞추게 된다. 특히, 기능주의적인 시각을 주장하는 사람들 중 "수정주의자(revisionist)"들은 부패를 사회적 현상으로 이해하며 기존의 도덕주의적인 시각을 비판한다. 이들은 부패의 근원을 부도덕한 개인에게서가 아닌 정치행정적인 규범과 제도에서 찾기 때문에 그것을 일시적인 사건이 아닌 구조적 혹은 체계적인 것으로 이해한다(Caiden & Caiden, 1977). 따라서 이러한 입장에서는 부패는 단순히 개인적인 측면에서 해결해야 하는 것이 아닌 정치사회적인 환경이나 체제, 제도 등을 변화시킴으로써 가능하게 된다. 정부의 부패 수준이 그 나라의 정부구조와 정치체제, 그리고 여러 가지 사회적 환경에 영향을 받는다는 최근의 연구 결과(Shleifer & Vishny, 1993; Treisman, 2000)에서 나타나듯이 부패를 개인의 도덕적 차원보다 제도·환경적 차원에서 이해하려는 기능주의, 특히 수정주의자들의 주장은 그 의미를 가질 수 있다.

이상에서와 같이 좋은 정부가 갖추어야 할 몇 가지 조건을 제시하였다. 여기에는 효율성뿐만 아니라 책임성, 분권화 등 기존 신자유주의 이념 하에서 작은 정부를 강조했던 특징뿐 아니라 정부의 적극적 역할을 강조하는 내용도 함께 포함되어 있다. 이는 곧 두 가지의 고전적인 정부론의 시각을 모두 포함하는 것이며 향후 좋은 정부는 두 가지의 정부에 대한 시각이 독립적이거나 배타적인 것이 아니라 상호 보완적으로 작용해야 함을 시사한다.

## 제 4 절 미래정부의 과제

최근의 급변하는 정치·경제·사회적 환경에서 좋은 정부를 위한 전략으로서 고전적인 두 가지의 시각은 한계를 가질 수밖에 없다. 기계론적 시각은 시장의 자율성과 최소한의 정부를 강조하지만 최근 미국을 중심으로 한 많은 국가들이 겪었던 경제위기 상황은 시장에 대한 회의와 정부의 역할을 다시 생각하게 만드는 중요한 계기가 되었다. 그렇다고 유기체적 시각에 따라 정부가 사회를 일방적으로 지배하고 공공성만을 강조하는 것은 사회의 자율성과 시장기능의 중요성에 비추어 그 한계를 가지고 있다.

따라서 유기체적 정부론과 유사하지만 조금은 변형된 정부에 대한 시각으로써 복잡계적 사고에 근거한 창조적 정부론을 제시할 수 있다(최창현, 1997). 복잡성은 하나의 유기적 전체(organic whole)라고 상호 관련시킬 수 있는 여러 요인들을 동시에 다루어야 하는 것을 의미한다(최창현, 2005). 또한 이러한 복잡성은 창발성과 밀접한 관련성을 가지고 있다. 즉, 복잡성에 근거한 환경에 적응하기 위해서는 창발성이 필요한 것이다. 창발성은 복잡한 과정이 예측되지도 않고 누적되지도 않는 결과로 나타나는 것을 의미한다.[3)]

최근 갈수록 급변하는 국내·외적 환경에서 생존하기 위해서는 유동적이고 창발적인 국가로 탈바꿈해야 한다. 즉, 경쟁국보다 더 빨리 전략적 방향을 잡아 나가야 한다. 국가운영에 있어서 일촉즉발의 동시 다발적인 상황은 예측이나 통제가 어려운 방향으로 나타난다. 이러한 복잡한 상황을 타계하기 위해서는, 앞서 연구되어진 전통적 패러다임은 크게 도움이 되지 않는다. 전통적 패러다임은 환경의 변화에 맞춰 구조를 바꾸는 것을 중시한다. 이는 환경에 대한 분석이 가능할 경우에만 계획적 변화가 가능하다. 분석이 틀어지거나 변화가 늦을 경우 국가는 막대한 손해를

3) 창발적 성질이란 존재하는 것을 벗기는 것이 아니라, 그때까지 존재하지 않던 것이 새로 튀어나오는 과정을 강조하는 것이다. 새로운 관계가 계속 돌출하면서 전체 체계가 다양하고, 풍부하고, 복잡하게 진화하는 것으로 이해할 수 있으며, 이는 사회현상을 기계론적인 인식에서 유기체적인 인식으로 보도록 전환하는 계기를 제공한다(최창현, 2005). 최창현(2005)에 따르면, 이러한 창발적 성질은 유기체적 정부론과 밀접하게 관련되어 있음을 시사한다.

입게 된다. 변화를 따라가선 안 되며 이를 주도할 수 있어야 한다.

토인비(Arnold J. Toynbee) 교수는 그의 기념비적인 저서인 『역사의 연구(*A Study of History*)』에서 고대 그리스, 로마 등 21가지 문명의 흥망을 연구했다. 천년만년 영광을 누릴 줄 알았던 강대국들이 얼마 못가 망해 가는 원인은 천재지변도, 야만인의 침략도 아닌 내부의 고착적이고 권위적인 문화, 즉 '왕자의 교만과 안이(王者의 驕慢과 安易)' 때문이라고 토인비는 간파했다. 또 그들을 성공으로 이끌었던 관행이나 체제가 우상시되면서 쇠락의 길로 접어들게 됨을 발견했다(윤순봉, 1994).

창발적 정부론은 국가가 급변하는 복잡한 환경 속에서 생존하기 위해 다음과 같은 전략을 제시한다. 첫째는 "적응하기보다 창조하라"이다. *Havard Business Review*에 실린 기사에서 하멜(G. Hamel)과 프라할라드(C. K. Prahalad)는 국제 기업에 대한 연구 결과를 보고하고 있다. 성공적인 기업의 관리자들은 도전적인 미래에 대한 비전, 즉 전략적 의도에 의해 행동하고 이러한 전략적 의도는 국제 경쟁에서 승리하는 것이고 결과에 대해서는 명확하나 결과를 성취하는 수단에 대해서는 유동적이라고 한다. 이러한 전략적 의도는 이미 경쟁적 우위를 확보하고 있는 사업을 확장하거나 조직 내부의 기업가 정신 혹은 기획을 비판하는 사람들에 대해 제안된 소규모의 자생적 태스크포스(task force)의 사용만으로는 발생될 수 없다는 것이다. 그 대신 유일한 성공의 길은 혁신과 조직 학습뿐이다. 왜냐하면, 경쟁적인 우위는 본질적으로 유지할 수 없기 때문이다. 성공적인 기업은 실현 불가능한 듯한 목표를 달성하기 위해 새롭고 혁신적인 방법으로 자원을 활용한다. 그 반면에, 덜 성공적인 조직은 조직의 능력과 시장의 요구 간에 전략적 적합도를 유지하는 데 급급하다. 그들이 따라가는 길은 본질적으로 유지 가능하다고 믿는 경쟁적 우위를 확보하는 전략을 사용하는 것이다. 첫 번째 전략 모형이 혁신과 변화를 초래하지만, 두 번째 전략 모형은 반복과 모방만을 초래한다. 이 두 모형 간의 근본적인 차이는 성공적인 관리자는 단지 환경의 요구 조건에 조직의 자원을 일치시키지만은 않는다는 것이다. 그 대신 자원을 혁신적으로 활용해 새로운 수요를 창출한다. 이러한 관점은 성공적인 국가가 환경에 적응하는 국가라는 생각을 깨뜨리는 것이다.

둘째는 "안정적 평형을 회피하라"이다. 대니 밀러(D. Miller)의 연구 결과에 의하면, 많은 조직이 이카로스 패러독스(Icarus Paradox) 때문에 실패한다는 것이다.

이 연구는 국가조직에도 그대로 적용될 수 있다. 그리스 신화에서 이카로스의 우화는 너무 높이 태양 가까이 날다가 그의 날개를 붙이고 있던 밀랍이 녹아 에게 해에 추락하고 말았다는 것이다. 이카로스의 날개의 힘이 그를 파멸시킨 것이다. 물론, 역설적으로 그의 가장 큰 자산이 그를 파멸로 이끌었다. 그리고 오늘날에 있어서 많은 탁월한 국가에게도 똑같은 역설이 적용된다. 그들은 승리에 지나치게 매료되어 국가 멸망의 길로 빠져든다. 성공은 전문화와 과장, 확신과 자만, 그리고 독단과 의식주의를 초래한다. 새로운 관점을 개발하는 것은 낡은 관점을 타파하고 낡은 구조를 변화시키는 것이다. 즉, 창조성은 파괴를 필요로 한다.

마지막으로, "복잡적응계(CAS)로서의 국가를 만들라"이다. 스테이시(Stacey, 1996)는 비평형상태의 역동적 조직이 창조적이라는 점을 지적한다. 복잡성이론의 관점에서 보면, 기존의 관점과는 달리 안정적이고 응집력이 강한 조직은 오히려 쇠퇴하게 된다. 안정적이고 평형상태에 있는 조직에서는 혁신이 일어나지 않기 때문이다. 반면에, 긴장과 역설, 그리고 갈등이 공존하는 역동적인 조직은 보다 발전적이고 창조적이다. 완전한 무질서와 안정 사이의 혼돈상태에 있을 때 조직은 혁신을 위한 토대가 역설적이지만 마련된다는 것이다. 혼돈상태 하에서 자기 조직성이 발현되어 창조적 조직이 될 수 있는 것이다. 그러나 이러한 자기 조직성의 방향성은 예측할 수는 없으나, 안정되고 예측 가능한 평형상태에서는 창조적 조직화가 불가능하다는 것이다. 따라서 혼돈의 경계(edge of chaos)에서만 자기조직화가 가능하다. 즉, 적응이 가능하다.

이와 같이 국가조직이 한 차원 높은 새로운 구조발현의 장이 이루어지기 위해서 국가조직은 비평형의 영역에 머물러야 한다. 즉, 국가와 환경 간의 평형관계를 유지하려는 것은 국가의 실패를 초래한다는 것이다. 관리자들이 국가의 장점에 안주하여 안정감에 빠지게 될 경우 국가는 환경과 적응하는 안정적 평형상태로 끌려가기 때문이다. 이러한 경우 국가는 혁신성을 잃게 되어 관리자들을 환경으로부터 격리시키는 결과를 초래한다. 이러한 국가는 자연 도태될 수밖에 없는 것이다. 국가성공과 혼돈의 영역을 동일시하는 두 번째 이유는 조직 통제의 특질에서 비롯된다. 조직통제 시스템은 집권화를 통한 국가통합을 강조하는 안정적 평형상태를 강조한다. 이러한 국가는 경직화되어 급격한 환경변화에 대처할 수 없게 되어 불안정한 평형상태로 끌려가 결과적으로 국가는 와해되는 것이다(최창현, 1997).

이상의 논의를 통해 좋은 정부에 대한 논의는 국가마다 혹은 시대적 상황에 따라 달라질 수 있음을 알 수 있었다. 과거부터 오랜 시간 동안 각 국가의 정부는 좋은 정부를 이룩하기 위한 다양한 노력을 개혁이라는 이름으로 시도하여 왔다. 그러한 노력의 과정에서도 좋은 정부가 의미하는 것이 무엇인가에 따라 구체적인 개혁의 방향과 내용이 달라져왔다.

# 제 2 장 복잡적응체제

21세기 초입에 들어선 우리는 1990년대 후반부터 본격화된 정보통신기술의 발달로 지식 · 정보의 창출과 유통이 경제발전을 견인하는 지식기반경제 사회로 탈바꿈하는 현상을 경험하고 있다. 이에 따라 기존의 노동과 자본투입 중심의 자원기반의 경제구조에서 기술혁신과 인적자원 중심의 지시기반 혁신산업 구조로 급속히 재편되고 있다. 그러나 외형 위주의 성장에 치중해온 한국의 경제 산업은 아직도 글로벌 경쟁을 위한 질적 경쟁력이 크게 미흡한 실정이며, 후발신흥국들의 급격한 성장으로 국제경쟁 사회에서 경쟁우위 확보를 위한 치열한 경쟁도 예상되고 있다. 이러한 여러 경향으로 비추어 볼 때 새로운 패러다임 변화에 적극적으로 대응하는 우리의 국가 생존전략이 절실한 시점이라고 볼 수 있다.

## 제 1 절 자율적 요동과 복잡계 시각

### 1 새로운 환경과 복잡계적 시각

최근 전 지구적 지식기반경제 사회의 역동성으로 인해서 경쟁력우위 확보를 위해 국가가 역점을 둬야 할 최우선 선점분야를 파악하는 데 많은 어려움이 따르고 있다. 최근 각광받는 과학기술혁신의 위치지표(positioning indicators) 방법론도 세계경제의 역동성에 대응할 수 있는 연구혁신 정책(research and innovation policy)의 국가적 방안을 구축하는 데 필요한 정책적 도구를 제시해 주지 못하고 있다. 따라서 신성장동력 산업의 발굴과 이를 통한 국가혁신의 발전을 도모하기 위해서는 급변하는 환경을 이해하고 이에 대응할 수 있는 패러다임을 구축하는 것이 필요하다고 본다.

새로운 기술의 등장, 세계화, 지역경제의 통합 현상은 국가나 기업의 실무자들로 하여금 지식기반경제의 새로운 패러다임으로의 변화를 수용하도록 요구하고 있다. 새로운 기술의 등장과 급속한 발전은 새로운 지식이 경제적 결과물로 전환되는 과정을 촉진시키며, 따라서 혁신의 과정도 그 주기가 점점 단축되고 있다. 그 결과, 국가나 조직은 점점 경쟁적이 되어가고, 제품과 기술의 수명주기도 단축되고 있으며, 고객의 요구도 점점 다양해지고 있다. 따라서 국가의 경쟁력 확보와 변화하는 환경에 대응할 수 있는 역량 구축의 조건도 변화되고 있는데 쇄신(renovation)을 통하여 새로운 변화에 즉각적으로 반응할 수 있는 역량을 갖추는 것이 성공의 지름길이라는 인식이 확산되고 있다. 전 지구적으로 일어나고 있는 이러한 변화의 경향은 슘페터(J. Schumpeter)의 기술변화의 경제적 영향력 주기(waves of impact of the technological changes on the economy)에서도 명확히 드러나고 있다([그림

**그림 2-1** 기술변화의 경제적 영향력 주기

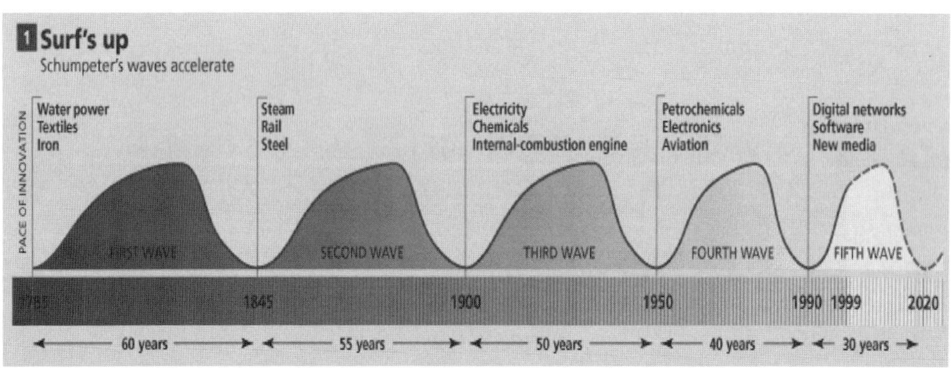

2-1]).

제1차 쇄신은 1785년을 기점으로 수력발전과 섬유 및 제철산업의 발전으로 시작되어 63년 간 지속되었고, 제2차 쇄신은 55년 간 지속된 증기발전과 제강산업의 발전이다. 제3차 쇄신은 1900년대에 전기와 내연기관의 사용으로 인한 화학산업의 발전으로 50년 간 지속되었으며, 제4차 쇄신은 석유의 사용으로 인한 화학제품의 대량생산체제의 등장과 전자와 항공산업의 발전을 지칭하며 40년 간 지속되고 있다. 제5차 쇄신은 디지털 네트워크와 뉴미디어 및 소프트웨어 산업이 주축을 이루며 약 30년 간 지속될 것이라고 전망하고 있다. 슘페터의 쇄신주기는 새로운 기술의 급속한 등장으로 인해 그 기간이 점점 단축되고 있으며, 또한 새로운 혁신의 주기를 지속적으로 요구하고 있다. 새로운 혁신의 주기는 나노기술, 바이오기술, 또는 정보기술과 인지과학에서 나타나는 수렴(convergence)현상을 주목하고 있다.

또한 세계화, 신기술 및 융합기술의 등장, 그리고 정보통신기술의 급속한 발달과 확산은 경제 발전의 잠재적 원동력으로 그 역할의 중요성이 점점 더 부각되고 있으며, 따라서 혁신과정도 다분야 형식지와 암묵지 간의 상호작용을 통한 복잡성 네트워크 구조로 전환되고 있다. 이에 따라 국가 패러다임에도 변화가 요구되고 있으며 쇄신의 유발을 위한 국가 혁신전략의 우선순위를 설정하는 것도 새로운 정책 패러다임의 구축을 촉진시키고 있다. 따라서 새로운 국가전략의 패러다임으로 자율적 요동의 창조를 위한 패러다임으로의 전환을 알아본다.

## 2 자율적 요동의 창조(Autonomous Creation of Fluctuations)

급변하는 지식기반경제 사회의 환경과 경쟁상황 속에서 국가의 경쟁력 확보와 동태적 역량의 극대화를 구축하기 위해서는 기존의 선형적 패러다임에서 벗어나 자율적 요동을 창조하여 변화에 적극적으로 대처할 수 있는 패러다임으로의 전환을 요구하고 있다. 새로운 자율적 요동을 창출하기 위해서는 국가와 기업이 직면한 조직내·외의 환경적 변화가 갈등과 불안감을 초래하는 위협적 요인이 아니라, 오히려 새로운 차원으로 성장-발전할 수 있는 기회가 될 수 있음을 인식해야 한다. 최근 국가경쟁력 제고를 위해서는 서로 다른 환경 속에서 성장해온 잠재적 경쟁우의 분야의 발굴과 다분야 간 융합을 통해서 기술혁신이 이루어져야 한다는 논의가 활발히 진행되고 있는데, 이는 앞으로 다가올 미래를 수동적으로 받아들이기보다는 미래에 대한 변화경로를 능동적으로 개척하여 경쟁우의를 확보하고 새로운 질서를 의도적으로 구축해 나가는 자기조직화적 질서의 창출과정이라고 해석할 수 있다.

여기서, 자기조직화를 통한 새로운 질서의 창출과정은 "요동을 통한 질서(order through fluctuations)"의 형성과정으로 볼 수 있다. 요동이란 자유도, 우연성(randomness), 애매성, 불안정성 등을 포함하는 광의의 개념으로서, 기존 질서나 사물에 대한 의문이나 혁신적 시각 등을 제기하는 것을 말한다. 이러한 요동은 환경에 의해서 만들어지는 경우와 조직적 차원에서 주체적으로 요동 환경을 만들어내는 경우가 있다. 현실적으로 새로운 질서의 형성을 위해서는 의도적-제도적으로 환경의 변화와 연동하여 창조적으로 요동을 발생시키는 편이 유효하다. 하지만, 변화를 수용하지 못하는 국가나 기업은 요동의 발생을 철저하게 배제하게 되고, 따라서 다양한 창조적 사고나 혁신적 발상, 미래지향적 행동 등의 유발을 저해하는 요소로 작용하게 된다. 다시 말해, 새로운 혁신 역량의 창조를 유인하는 자율적 요동을 제거하게 되는 것이다. [그림 2-2]는 자율적 요동을 통한 질서의 창조과정의 개념을 도식화하여 나타낸 것이다.

[그림 2-2]에서 보듯이 새로운 질서의 창조를 위한 자율적 요동(autonomous

**그림 2-2** 분기점(위기점)에서의 국가 변화대처력

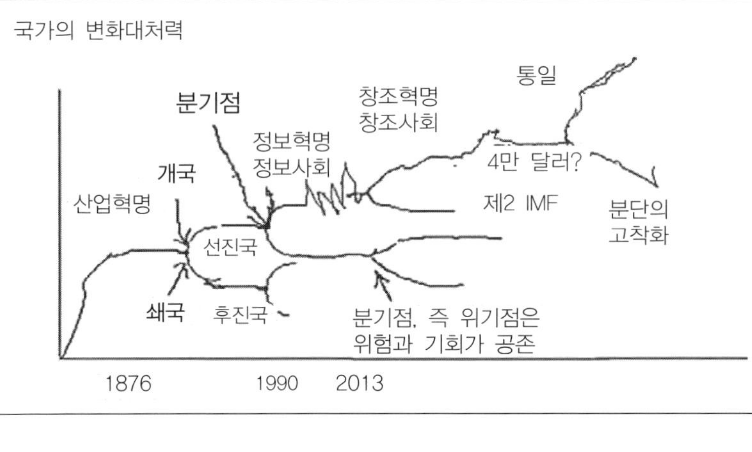

fluctuation)을 주체적으로 발생시키기 위해서는 변화로의 기회를 지속적으로 탐사할 수 있는 자기조직화적 특성을 지닌 혁신 네트워크를 구축하는 것이 중요하다. 우선, 혁신이란 국가나 기업의 경쟁우위 확보나 장기적 성공을 결정하는 중요한 요소로, 협력을 통한 기술적 융합을 이해하는 분석틀로 사용되어질 수 있다(Bally, 2005).

슘페터에 의해 등장한 혁신이라는 개념은 창조적 파괴(creative destruction)의 동적과정으로 규정될 수 있으며(Lambooy, 2004), 이런 관점에서 보면, 지식의 창조와 확산, 그리고 재조합이라는 공진화(coevolution)의 과정에서 자생적으로 창출된 것이 네트워크라고 볼 수 있다. 네트워크는 다시 혁신과정 안에서 공진화[1)]되어가는 자기조직화 체제라고 볼 수 있다. 지식은 여러 이해관계자들과 혁신주체들 간의 상호작용을 통한 네트워크 안에서 끊임없이 창출되고 축적되며, 이렇게 양성된 지식을 바탕으로 국가나 기업은 급변하고 복잡한 환경 속에서 탄력적으로 적응할 수 있는 상호 보완적 유동성과 내부적 역동성을 확보하게 되는 것이다. 이는 정형화되고 규정화된 틀 속에서 형성되었던 지식이 창조적 파괴를 통해 네트워크의 체제로 전이될 때에만 가능한 것이다.

종합해 보면, 혁신 네트워크란 혁신주체들과 전문가들이 혁신성 제고를 위해 다양한 지식과 기술을 습득·통합·창조하는 지속적인 협력과 제휴의 체제로 정의될 수 있다(Rycroft & Kash, 2003). 혁신 네트워크의 형성은 혁신주체들로 하여금 특정분야에로의 접근을 용이하게 해줄 뿐만 아니라 다른 네트워크에 연결된 새로운 능력이나 지식기반에로의 접근도 가능하게 해준다. 즉, 혁신 네트워크의 등장은 각 분야의 특정 혁신활동과의 융합을 촉진시켜 줌으로써, 지식과 기술의 전이를 통한 동태적 혁신능력 배양을 활성화시켜 준다.

---

1) 최창현(2006). 복잡계와 경영, pp.31−33; 공진화(coevolution)는 상호 의존적인 종들이 서로 영향을 주면서 함께 진화하는 것을 말한다. A라는 종의 변화가 B라는 종의 생존 환경을 만들고, 다시 B의 변화가 A의 생존 조건이 되는 연속적인 과정이다(Moore, 1996; 12). 예를 들어, 사자가 약한 얼룩말을 잡아먹기 때문에 얼룩말은 더 빨라지고, 빨라진 얼룩말을 잡아먹기 위해 사자가 더 빨라지는 식으로 진화하는 것이 공진화의 개념이다. 공진화 이론은 개체의 돌연변이가 환경에 의해 선택된다는 적자생존의 논리를 벗어나서, 실제의 진화는 개체가 전체를 진화시키고 전체가 개체를 진화시키는 상호 진화의 과정이었음을 보여준다. 공진화는 결국 자기조직화의 방식이다.

## 제 2 절 복잡성이론과 복잡적응체제

정부조직은 왜 환경에 민감하게 반응하고, 전자정부 조직구조를 지향하는가?, 정부조직이 왜 민감한(sensitive) 조직구조와 조직과정을 가지며, 그 조직구조와 조직과정이 왜 안정적이지 못한 상태와, 다양하면서 혼동적이고 비선형적으로 되어야 하는지, 그리고 왜 조직이 자기설계화(self-designing) 및 자기조직화(self-organizing)를 추구하는지 동시에 조직환경이 복잡해지고 불확실해져감에 따라 복잡성에 반응하는 조직의 내부형성(조직 내부 정렬 형태) 또한 복잡해지는지에 대한 대답의 실마리는 조직의 환경에서부터 찾을 수 있다.

정부조직의 환경은 지식 패러다임의 시각에서 보면 산업 패러다임에서 보는 것과는 총체적으로 다른 특성을 가지고 있다. 조직의 외재적 자극의 주요 요인인 조직의 외적환경들이 정치, 경제, 사회적 맥락들에 의해 점점 더 복잡해지면 질수록, 조직 내부의 복잡성은 더욱더 증가하게 된다. 그러한 조직환경의 복잡성은 조직의 전략적 선택의 복잡성을 이끌고, 그 조직구조의 복잡성은 점점 더 증가하게 되는 것이다.[2)]

정부의 역할변화에 따른 전자정부조직은 복잡한 외재적 환경에 둘러싸여 있다. 위에서 논의되었듯이, 전자정부의 거버넌스 체제를 보면 정부조직과 관련된 수많은 행위자들이 상호작용을 하고, 정부조직은 그러한 행정 외적 환경에 적응하기 위하여 복잡한 내부구조를 만들어내는 복잡적응체제를 만들어가고 있다고 할 수 있다. 그렇기 때문에 정부조직의 내부구조와 과정은 더욱더 복잡하게 된다.

여기에서 우리는 복잡성에 대한 개념을 분명히 해야 한다. 그래야만 정부조직이 왜 복잡성을 흡수하고 다수의 행위자가 네트워크로 구성되어 있고, 이들이 경쟁하거나 협동하면서 새로운 행동유형을 만들어가고, 외부환경이나 다른 복잡적응체제와 상호작용을 통해 복잡적응시스템이나 조직으로 진화해가는 이유와 그러한 복잡적응시스템이 조직구조나 조직과정에 배태되어 조직리더십으로 변화해야 하는

2) 김대건(서울시정개발연구원). 「정부조직혁신과 조직리더십」, 정부 조직리더십의 개념화를 위한 시론적 연구.

이유를 알 수 있다.

갤만(Gell-Mann, 1994)은 복잡성(complexity)을 정교하게 분류하여 이를 정의내리고 있다. 복잡성에 관한 그의 정의에 따르면, 어떤 상태가 복잡하다, 혹은 단순하다라는 것을 묘사하는 데 문장이 길어지거나 여러 문장을 사용해야만 한다면 이는 복잡성의 정도가 높고, 그 반대라면 이는 단순성의 정도가 높다는 것이다. 예를 들면, '점'이라고 하는 노드(node)가 네트워크에 연결되어 있다고 하자. 하나의 노드와 모든 노드가 망(網)에 연결되어 있는 경우에 이 상태를 묘사하는 설명이 짧으므로 그 상태는 단순하다고 할 수 있다. 이 둘은 비록 아주 반대되는 모습을 하고 있으나, 이 둘 모두 간단하게 그 상태를 묘사할 수 있다는 점에서 단순하다고 말할 수 있다. 하지만, 망(網) 중에서 어느 노드는 연결되어 있고, 어느 노드는 연결되어 있지 않는 경우에는 그 상태를 묘사하려면 많은 설명이 필요하다. 따라서 복잡성의 정도가 높다고 할 수 있다. 물론, 노드 간의 차이를 말하는 것은 또 다른 문제이다.

여기에서 하나의 노드(단순한 조직)는 단순화(simple organizational simplification)를 지향하는 조직체이면서 조직의 환경의 복잡성을 줄이는 반응(complexity reduction responses)을 하는 조직의 시스템을 가지고 있다. 즉, 조직의 목표와 전략들을 단순화하고, 조직의 구조와 관계, 조직구성원들의 상호작용 역시 단순화하는 조직설계를 함으로써 조직의 생산성과 효과성을 높이려고 하는 조직체이면서 조직시스템을 가지고 있다. 전통적인 조직의 유형들이 여기에 속한다고 볼 수 있다. 모든 노드가 연결되어 있는 네트워크 조직은 정교한 조직의 단순화(elegant organizational simplification)를 지향하는 조직체이면서 조직의 환경의 복잡성을 흡수하는 반응(complexity absorption responses)을 하는 조직의 시스템을 가지고 있다. 그러한 시스템을 복잡적응체제(Complex Adaptive System: CAS)라고 불린다. 즉, 조직의 목표, 전략, 관계와 구조적 복잡성을 받아들이고 다양한 목표를 추구하고, 조직구성원들 간의 더 다양한 관계와 상호작용을 추구하며, 복잡한 조직구조를 형성해 가는 조직설계와 함께 조직의 생산성과 효과성을 높이려고 한다. 최근에 등장하는 새로운 조직유형들이 여기에 속한다고 볼 수 있다. 대표적인 조직의 유형이 네트워크 조직이다.

하지만, 망(網) 중에서 어느 노드는 연결되어 있고, 어느 노드는 연결되어 있지 않는 경우에는 복잡성(complexity)과는 달리 표현하기 위하여 '얽혀 있는(complicated)' 조직체라 할 수 있다. 이러한 조직들은 오히려 단순한 조직보다도 더 많은 조직구조와 조직과정상에서 문제를 일으킬 수 있다.

## 제 3 절 복잡적응체제(Chaoplexity 이론)의 특질

메타이론으로서의 복잡성이론은 흔히 복잡적응체제를 주요 연구대상으로 한다. 복잡적응체제(Chaoplexity 이론)에서 Chaoplexity는 chaos와 complexity의 합성어이다. 카오스이론은 가장 단순한 체제도 복잡한 체제 행태를 보일 수 있다는 점에 초점을 둔 복잡적응결정체제(complex adaptive deterministic system)를 다루는 이론이라면, 복잡성이론은 아무리 복잡한 행태를 보이는 체제라도 단순한 규칙에 의해 지배된다는 점에 초점을 둔 복잡적응확률론적 체제(complex adaptive stochastic system)라는 점에서 구분될 수도 있으나, 두 이론이 상호 보완적으로 발전해 왔고, 이제는 카오스이론이 복잡성과학이라는 큰 틀 속에 포함될 수도 있다는 점에서 두 이론을 통합하여 연구하는 과정이다.

복잡적응체제는 조직, 인간, 사회, 경제, 생태계처럼 수많은 인자(agent)들로 각각 중요한 하위이론을 구성하고 있다. 복잡적응체제의 특질은 그 구성요소인 각 인자들의 성질들을 단순히 선형적으로 연결해서는 결코 이해할 수 없다는 것이 복잡성 과학의 근간이 된다. 현대 과학이 진정으로 이해하기 어려운 수많은 문제들에 대해서 일관성 있는 통합이론으로 제시하고 있다.

이러한 문제들을 이해하는 데 있어서 첫 번째 발걸음은 복잡한 체제들의 공통적 특질을 찾아내는 일이다. 이를 정리해보면 다음과 같다(Sherman & Schultz, 1998).

첫째, 이러한 체제들은 서로 병렬적으로 행동하는 수많은 행위자들로 구성된 그물망(networks of interacting agents)이다. 따라서 기존 통계학적 방법론의 한계성을 극복하기 위해 행위자 기반 모의실험(Agent-Based Simulation: ABS) 기법 등을 활용한다. 둘째, 이들은 여러 층의 조직단계를 가지며 각 단계마다 새로운 기초단위들을 형성한다. 혼돈의 경계(edge of chaos)에서만 자기조직화(self-organization)가 가능하다. 즉, 적응이 가능하다. 셋째, 행위자들은 어느 한 수준의 행위자들이 더 높은 차원의 행위자들의 구성요소가 됨으로써, 많은 계층을 갖는 좀 더 큰 구조로 끊임없이 조직화하고 재조직화한다. 이러한 체제의 근본적인 구성요소는 외부 조건이 변화하고, 행위자들이 학습하고 적응하고 진화해 나아감에 따라 재조합되고 재배열된다. 넷째, 그러한 환경적소를 이용하기 위해 적응력을 갖춘 행위자들이 점유하고 있는 특별한 행태적 적소가 존재하나 환경이 변함에 따라 종래의 적소는 사라지고 새로운 적소가 만들어져서 역설적으로 새로운 기회를 창출하기도 한다. 다섯째, 행위자에게는 그들의 행동을 최적화할 수 있는 실질적인 방법이 결여되어 있다. 그 이유는 적합도 지형(fitness landscape)상의 가능성의 영역이 너무 넓고, 복잡하고 불확실하고 급격하게 변화하는 환경에 처해 있기 때문이다. 행위자들이 희망하는 최선의 방법은 다른 행위자들의 행동에 따라 자신들의 행동을 바꾸고 향상시켜 나가는 것이다.

이러한 적합도 지형에서 경쟁이 발생한다. 지형 그 자체는 고정된 것이 아니라 지형상의 행위자들이 행동하고 환경이 변화함에 따라 변형된다. 카우프만(Kauffman, 1995)은 진화와 경제에 있어서 실제 적합도 지형은 고정된 것이 아니라 지속적으로 변하는 것이라고 한다. 외부 세계가 변하고, 종전 행위자와 기술이 변하고, 이들이 서로 영향을 주고, 새로운 조직과 기술 혹은 조직 혁신 등이 이뤄지기 때문에 그러한 변형이 발생한다는 것이다(Kauffman & Macready, 1995). 적합도 지형은 상충적인 제약 요인이 존재하기 때문에 지형은 울퉁불퉁해지고 봉우리가 많아진다. 많은 제약 조건이 상충되기 때문에 하나의 명백한 해결책, 즉 전체적 최적해(global optima)보다는 이해관계를 조정하는 많은 해결책, 즉 국지적 최적해(local optima)가 존재한다. 우리는 그러한 지형을 통해 조직과 조직이 직면한 환경과 같은 상호작용 체제를 구성하기도 하고, 이러한 조직 적합도 지형(organizational fitness landscape)[3]을 발전시켜 볼 수 있다.[4]

실제 조직 적합도 지형에서 체제나 조직이 혼돈의 경계, 즉 복잡성의 영역을 유

3) 적합도 지형이란 전체적 최고치(가장 높은 봉우리)와 전체적 최저치(가장 낮은 계곡)의 위치와 그 높이가 적합도의 척도인 울퉁불퉁한 산과 계곡이 어우러진 지형이다(Coveney & Highland, 1995: Kauffman, 1993). 카우프만(S. Kauffman)은 라이트의 적합도 지형 개념을 발전시켜, 자연 체제와 사회 체제의 진화 모형인 'NK 적합도 지형 모형'을 제안하고 있다.

4) 조직은 행위 주체들의 총체이며, 행위 주체는 개인 혹은 집단이다. 조직 상태는 행위 주체의 행위들의 총체이고, 조직 상태의 변화는 임의 시점의 조직 상태에서 다음 시점의 조직 상태(결국, 각 행위 주체의 행위)로 변하는 것이다.

지하면 조직 혁신, 창조적 파괴 등을 통한 자율적 요동의 창조를 통한 새로운 질서로의 위상 전이(Nicolis & Prigogine, 1989; 최창현, 1997/1996)가 가능해지고, 초기조건의 민감성(나비효과)으로 인해 창발성이 발현될 여건이 조성되며, 일단 발현된 창발성은 경로 의존성으로 인해 고착효과를 보인다. 이는 다시 편차증폭 순환고리 기능에 의해 자체 강화되어 유지 보존 메커니즘(예를 들면, 관료제화, 제도화)에 놓이게 된다.5)

여기에서는 복잡성과 관련된 핵심 개념들을 낮은 차원의 상호작용부터 높은 차원의 질서가 어떻게 생성되는지에 초점을 맞추는 혼돈이론에서 자기조직화(self-organization) 범주와, 체제가 무작위적으로 예측 불가능하게, 그러나 지능이 있는 것처럼 시간의 흐름에 따라 어떻게 진화(evolution)해 나가는지에 초점을 맞춘 복잡성 이론에서 진화의 범주로 구분하여 설명하고자 한다.

**표 2-1** Chaoplexity 관련 개념(특질)

| 복잡성(complexity) | 혼돈(chaos)* |
|---|---|
| 창발성(emergence)<br>경로의존성(path dependence)<br>공진화(coevolution) | 비선형 순환고리(nonlinear feedback loops)<br>초기조건에의 민감성(나비효과)(sensitivity)<br>자기조직화(self-organization) |

주) * chaoplexity 관련 개념들은 구분될 특질이 아니라, 단지 강조하는 초점(focus)만을 부각시킨 것이며, 이 중 혼돈(chaos)의 특질은 최창현(1997)과, 특히 최창현(1996)의 부록 1. 용어해설 및 부록 2. 보충설명에 설명되어 있으므로 이 책에서는 생략한다.

## 1 비선형 순환고리성(nonlinear feedback loops)

고등학교 기하학 시간을 상기해보면, 직선은 단순한 1차 방정식에 의해 만들어진다. 기울기 $a$와 절편 $b$만 알면 모든 학생이 직선을 그릴 수 있고, $x$의 특정한 값을 알면 $y$의 값을 예측할 수 있다. 선형성을 가정하는 뉴턴(I. Newton)의 기계론적 관점에 의해 과거 300년 간 대부분의 현상이 설명되어 왔다.

뉴턴의 기계론적 세계관은 존재의 과학, 즉 실체에 초점을 맞추고, 혼돈이론은 생성의 과학, 즉 실체보다는 과정에 초점을 맞추고 있다. 조직 관리적 측면에서 보

5) 혼돈의 경계 → 요동의 창조 → 나비효과 → 창발성 → 경로의존성(고착효과).

면, 의사결정이나 근로자의 업무수행 성과보다는 의사결정 과정이나 근로자 관리 방식에 초점을 맞춰야 한다는 것을 의미한다.

진자는 불과 다른 방식으로 운동한다. 우선, 진자의 운동은 예측 가능하나 불의 운동은 예측 불가능하다. 진자의 초기치를 알면 그 기계론적 체제의 운동 방향을 정확히 예측할 수 있으며, 초기치를 모른다 하더라도 진자의 운동 궤적을 관찰하면 미래의 방향을 예측할 수 있다.

우리가 흔히 볼 수 있는 조직은 진자처럼 운동하는 조직이다. 조직은 한 방향으로 움직이다가 체제의 항상성 유지 능력 혹은 환류 작용에 의해 그 반대 방향으로 선회한다. 예를 들어, 재고가 많이 쌓이면 생산량을 감소시켜 체제의 평형을 유지한다. 그러나 재고가 감소하면 다시 생산량을 증가시켜 일정 수준의 재고량을 유지한다. 즉, 조직은 이상적인 상태 혹은 평형 상태를 지속적으로 유지한다.

조직의 변화에는 1차적 변화와 2차적 변화가 있다. 1차적 변화는 바람직한 체제의 상태, 즉 평형 상태로 복귀하기 위해 하던 일을 좀 더 많이 하거나 덜하는 경우에 나타나는 변화다. 고객의 대기 시간을 줄이기 위해 조직 내의 정보관리체제에 더 많은 예산을 투자한다. 시장에서 경쟁력을 향상시키기 위해 특정상품의 가격을 인하한다. 근로자의 생산성을 향상시키기 위해 더 많은 임금을 지불한다. 이러한 1차적 변화는 가역적인 반면에 2차적 변화는 비가역적이다. 2차적 변화는 우리가 해오던 형태를 증가 또는 감소시키는 대신에 이전에 해오던 형태와 다른 시도를 할 경우에 발생한다. 예를 들어, 임금 수준을 단지 증가시키기보다는 사내 주식, 부가급여(fringe benefit), 포상제도 등 새로운 형태의 보상제도를 시도할 수 있다.

1차적 변화와는 달리 2차적 변화에는 조직이 새로운 방향으로 이동하는 선택점이 있다. 혼돈이론에서는 이것을 분기점이라고 하는데, 분기점에 다다를 경우 비가역성으로 인해 원래의 상태로 돌아갈 수 없다. 일단 근로자들에 대한 보상 체제를 변경하고 나면 본래의 상태로 돌아가기란 쉽지 않게 된다.

이렇게 되면 조직관리자는 조직구성원의 형태를 예측할 수 없게 된다. 그러나 일정한 패턴을 유지해주는 끌개를 찾아낸다면 혼돈에서 질서, 즉 불규칙적인 행태에서 규칙적인 행태를 규명해낼 수 있다. 즉, 조직 속의 개인이 하는 행동, 개인이 모인 집단의 군집 행동, 조직 행동 등은 돌연한 불연속적 변화를 보이기도 하는데, 이러한 변화를 설명하는 데 유용하다.

정부의 미래 예측을 위한 전통적인 방법은 시계열 자료 분석, 회귀 분석 등에 의존하나 혼돈이론의 위상 공간을 이용하면 전통적인 분석으로는 알 수 없는 것을 예측할 수도 있다. 나비효과가 작용할 경우 백분율의 1% 개선 효과만 변해도 큰 영향을 미칠 수가 있다.

동일한 방정식이 어떻게 두 가지 상반된 결과를 나타낼 수 있는가? 이러한 위상 공간에 의한 분석은 다양한 조직관리 분야에 적용될 수 있다.

실제 사회 현상은 단순히 하나의 순환고리로 이루어진 것은 아니다. 수많은 편차증폭 순환고리와 편차상쇄 순환고리가 얽혀 있다. 예를 들어, 인구 증가 모형을 보자.

사회 현상의 인과관계는 선형적인 것이 아니라 순환적인 것이기 때문에 변화를 순환고리적으로 생각해야 한다. 사회적인 문제가 계속 나타나는 이유는 일방적인 인과관계, 독립변수와 종속변수, 시발지와 종착점과 같은 것이 있다고 믿고 있기 때문이다. 예를 들면, 리더쉽유형이 생산성에 영향을 미치고, 목적이 수단에 영향을 미친다는 주장은 각각의 예가 그 반대방향, 즉 생산성이 리더쉽유형에 영향을 미치고, 수단이 목적에 영향을 미칠 수도 있다는 점에서 인과관계는 선형적인 것이 아니라 순환적인 것이다. 이는 대부분의 사회 현상에 대해서도 타당하다. 변화를 단선적으로보다는 연결고리적으로 생각해야 하며, A가 B의 원인이라는 기계적인 인과성(mechanical causality)의 사고를 A가 B의 원인이 되고 다시 B가 A의 원인이 될 수도 있다는 상호인과성의 논리로 대체해야 한다는 것이다.

이러한 상호적인 인과성과 그에 따라 체제가 어떻게 자기 자신의 변환을 이루어 나가는가를 연구하기 위해 수많은 인공지능학자들이 그 이론적 방법론을 개발하려고 시도해 왔다. 그중의 가장 주목받을 만한 긍정적 및 부정적 순환고리의 역할에 초점을 맞춰 살펴보면, 한 변수에 있어서의 변화가 그 반대방향의 변화를 유발시키는 편차상쇄 순환고리, 혹은 부정적 순환고리의 과정은 체제의 안정성을 설명하는 데 극히 중요하다. 반면에, 편차증폭 순환고리, 혹은 긍정적 순환고리는 큰 변화가 더 큰 변화를 유발시키고 작은 변화는 더 작은 변화를 촉발시킴을 보여줌으로써 체제의 변동을 설명하는 데 유효하다는 것이다. 이 두 가지 순환고리 메커니즘은 왜 체제가 주어진 한 형태를 획득·보존하려 하며 이 형태는 시간의 흐름에 따라 어떤 식으로 정교화 되고 또 변환되어질 수 있는지를 설명해 줄 수가 있다.

즉, 하나의 시스템 동역학(system dynamics)을 이해하기 위해서는 편차증폭 혹은 긍정적 순환고리와 편차상쇄 혹은 부정적 순환고리에 초점을 맞춰야 한다. 로지스틱 방정식에서 이러한 순환고리성을 잘 반영하고 있다.

그림 2-3 로지스틱 방정식의 순환고리

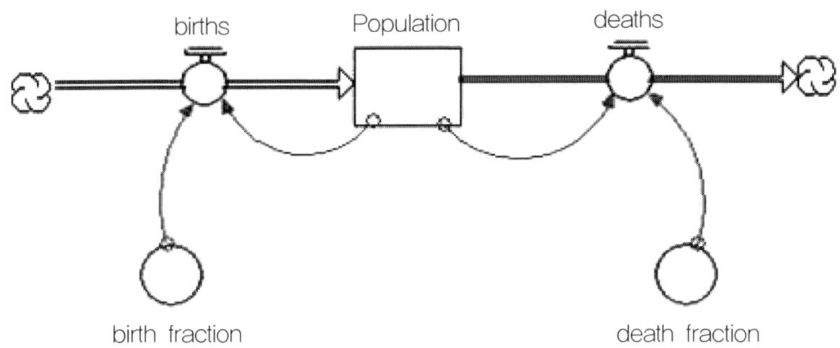


[그림 2-3]에서처럼 현재의 출생인구수는 총인구수를 결정하는 데 영향을 주지만 현재의 총인구수는 다시 다음기의 출생인구수를 결정하는 데 영향을 줌으로써 순환고리구조를 갖게 되는 것이다.

## 2 나비효과(초기조건의 민감성)

비평형시스템에서는 비선형성과 편차증폭 순환고리과정이 융합될 경우 초기조건의 미세한 차이가 시스템에 더욱 큰 카오스적 형태를 보이게 될 것이다. 초기조건에서의 사소한 변화가 복잡한 시스템의 위상공간상에서 편차증폭 순환고리(deviation-amplifying feedback loops)와 편차상쇄 순환고리(deviation-counteracting feedback loops)의 작동으로 시스템의 진화에 엄청난 영향을 끼칠 수도 있다는 것이다(최창현, 1997: 145). 이 현상을 초기조건에의 민감성(sensitive dependence on initial conditions)이라고 한다. 초기조건의 작은 사소함이 시스템의 진화에 예측하지 못할 만큼의 커다란 결과를 초래하는 기상학적 특성을 기상학자 로렌츠(E.

Lorenz)가 발견해냄으로써 기상학에서는 로렌츠의 나비효과(butterfly effect)라고 부른다.6)

[그림 2-4]는 초기조건에의 민감한 의존성을 발견한 계기가 된 유명한 로렌츠 끌개(Lorenz attractor)이다. 끌개란 특정 계수치에 따른 체제의 변화를 나타내 주는 것을 의미한다. 끌개에는 원끌개, 점끌개, 기이한 끌개(strange attractor)로 구분할 수 있는데, 복잡성이론에서 중요한 것은 기이한 끌개이다. 원끌개나 점끌개로 나타내지 않아도 전통적인 시계열 분석으로 체제 행태를 예측할 수 있으나, 기이한 끌개의 경우에는 끌개 없이는 일정 패턴을 예측할 수 없다.

전통적인 시계열 분석으로는 불규칙한 듯 보이는 체제행태를 규명할 수 없으나, 위상공간상에서 기이한 끌개로 나타내면 로렌츠 끌개에 나타난 바와 같이 나비 모양의 패턴을 잡아낼 수 있다. 그러나 시계열 분석으로는 불규칙한 자료로 일정 패턴을 잡아낼 수 없다.

**그림 2-4** 로렌츠 끌개

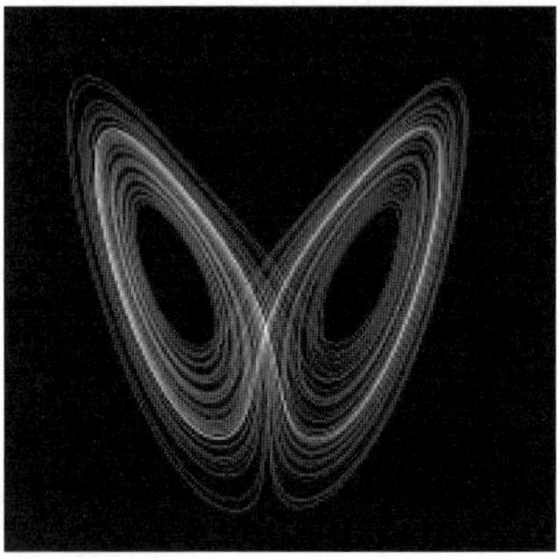

6) 기상학자 로렌츠는 시간의 흐름에 따라 기상의 변화를 컴퓨터에 입력하는 작업을 소수점 6자리까지 숫자를 입력하던 것을 소수 세 자리까지만 입력한 것과의 차이가 전혀 다르게 나타나 초기조건의 사소한 차이, 말하자면 1,000분의 1정도의 차이도 커다란 변화를 나타나게 한다는 사실을 우연히 발견하게 된 것이다. 즉, 로렌츠는 컴퓨터로 재현된 두 기후가 초기조건이 거의 같은 데도(소수점 6자리와 세 자리의 미세한 차이는 초기에는 거의 유사하게 나타나므로) 시간이 흐름에 따라 차이가 점점 커져서 유사점이 완전히 없어진 것을 발견한 것이다(박배식 · 성하운 역, 1993: 23-46).

이러한 현상은 로지스틱 방정식에서도 잘 나타나고 있는데 모수의 값 $r$이 변화를 함에 따라 로지스틱 방정식이 수렴하는 상태가 매우 상이해지게 된다. 아래 [그림 2-5]의 분기도(분기도란 끌개는 한 특정 계수값에 대한 체제의 변화만을 보여주나, 계수값이 변할 경우 각 계수값에 대한 체제의 변화를 보여준다. 즉, 여러 개의 끌개를 갖는 체제의 변화이다)는 $r$의 값이 3에서 4까지 변화를 함에 따라 $x$값이 수렴하는 점들의 궤적들의 점들을 나타낸 것인데 [그림 2-5]가 보여주는 것처럼 $r$의 값이 3.5를 넘어서면서 여러 점으로 수렴을 해나간다는 사실을 확인할 수 있다. 특히, $r$의 값이 3.5를 넘어 약 0.01의 값만을 변화시켜도 $x$가 수렴하는 값들이 수십 개에 달하는 카오스적 궤적을 갖는다는 것을 확인할 수 있다.

그동안 제시되어온 나비효과를 조직관리에 은유적으로 적용한 예는 다음과 같다. 첫째, 합리적 분석에 기초한 사전계획의 한계를 인식하고 우연적인 요소들을 많이 개입시킬 필요가 있다. 둘째, 비록 비전과 목표는 원대하더라도 실천적인 측면에서 작은 변화와 작은 시도를 중시해야 한다. 1990년대 미국 경제를 부흥시킨 실리콘밸리의 힘도 사실은 차고에서 시작한 휴렛팩커드(HP)라는 회사 하나(작은 변화)로부터 탄생되었다는 것을 주시할 필요가 있다. 셋째, 이러한 작은 변화와 시도들이 많이 발생하도록 유도하고 잘되는 것에 집중하는 전략이 필요하다. 따라서 자원과 권력이 우수한 아이디어나 제안에 자연적으로 몰리도록 내부체계, 특히 보

**그림 2-5** $r$의 변화에 따른 로지스틱 방정식의 궤적변화

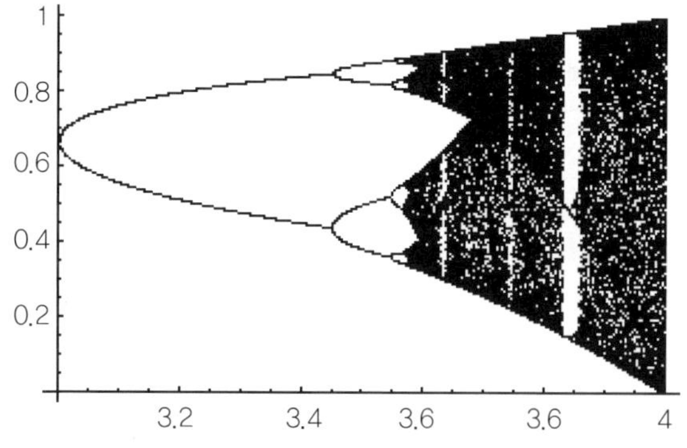

상 및 유인체계를 설계할 필요가 있다(박형규 · 이장우, 1997: 99-100). 로렌츠의 작업과 조직관리자 간의 차이는 혼돈의 수준에 있어서의 차이일 뿐이다. 로렌츠와 같은 기상학자들은 일기예보예측 방정식에 사용된 파라미터값을 조절할 수 없게 된 반면에, 조직관리자는 체제의 초기조건을 조절할 수 있다는 점에서 로렌츠의 발견은 기상학자들에게는 나쁜 소식이었을지 모르나 조직관리자들에게는 희소식이 될 수도 있다.

## 3 경로의존성

경로의존성(path dependency)은 한 번 일정한 경로에 의존하기 시작하면 나중에 그 경로가 비효율적이라는 사실을 알고서도 여전히 그 경로를 벗어나지 못하는 경향성을 의미한다. 즉, 한 번 일정한 경로가 형성되고, 이러한 경로에 의존하기 시작하면, 나중에 다른 경로가 더 효율적이라는 사실을 알고서도 과거에 의존했던 경로를 벗어나지 못하는 성향을 의미하는 것이다. 이는 고착효과(lock-in effect), 매너리즘(mannerism), 관성(inertia) 등과 유사한 의미로서, 미국 스탠퍼드대의 아서(W. B. Arthur)와 데이빗(P. A. David) 교수 등이 주장했다([그림 2-6] 참조).

기본적으로, 본 이론은 관성의 법칙(law of inertia)과 관련이 있다. 즉, 모든 물체는 자신의 운동상태를 그대로 유지하려는 성질이 있는데, 정지한 물체는 계속 정지하려고 하고, 움직이는 물체는 원래의 속력과 방향으로 계속 가려고 하는 것이다.

그림 2-6 경로의존성의 개념도

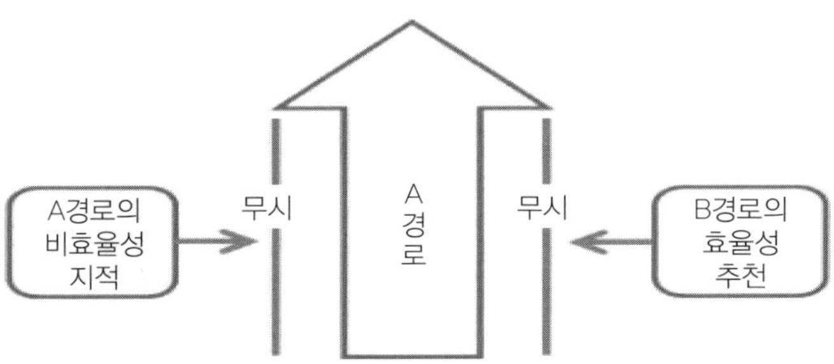

경로의존성은 적지 않은 현실적 상황, 즉 특정경로의 비효율성에 대한 지적과 상대적으로 효율성이 높은 다른 경로의 추천 등을 무시하면서 특정경로에만 의존하는 상황을 비교적 적절하게 조명하고 있다.[7] 이러한 경로의존성 상황이 현실적인 상황에서도 일어나고 있다.

키보드의 배열이나 야드-파운드(yard-pound)법, 신문의 세로쓰기, (자동차의) 좌측통행 등 일단 사회에 뿌리내리면 효율이 나쁘거나 국제사회와 일치하지 않더라도 제도를 변경하는 비용이 들기 때문에 쉽게 바꿀 수 없다.

예를 들면, 기존 타자기의 배열(QWERTY)이 그대로 컴퓨터자판에 적용된 것이 대표적 사례이다. 즉, 타자기의 배열은 실제로 빠른 타자를 치기 위해서는 다소 불편했는데, 실제로 초기 타자기 개발자들은 타자속도가 너무 빨라서 타자기가 엉키는 것을 방지하기 위해 이러한 배열을 만들어낸 것이다. 그러나 이후 컴퓨터자판에도 동일한 배열이 도입되었는데, 자판에는 더 나은 알파벳 배열이 가능함에도 불구하고 타자기의 배열이 그대로 반영된 것이다. 다시 말해서, 기술이 진전되어 보다 효율적인 자판으로 바뀌는 것이 가능했으나, 소비자에게 오랫동안 익숙하고 친숙한 배열을 바꾸어 새로운 자판으로 보급시키는 것이 쉬운 일은 아니었던 것이다. 결국, 이는 새것을 만들어낼 때 과거의 익숙함을 답습하려는 경로의존성 때문이라고 할 수 있는 것이다. 키보드의 드보락(Dvorak) 자판 배열은 원래 인체공학적으로 좋지 않지만, 많은 사람들이 이 드보락 배열에 익숙해지자 사실상의 표준이 된 경우다.

좀 더 사례를 들어보면, 일본은 길이 좁고 사람들의 체형도 작기 때문에 소형차가 보급되었다. 석유위기로 북미시장에서 소형차가 필요하게 되었을 때, 대형차를 만드는데 익숙했던 GM, 포드, 크라이슬러 등 미국의 자동차 회사는 즉각적으로 대응할 수 없어, 결국 일본 자동차 회사와 유럽 자동차 회사에게 자동차 시장점유율을 내줄 수밖에 없었다.

어떠한 원인으로 어느 산업 · 기술 · 품질에 특화하면 경험의 축적 때문에 그 방면에서 보다 강한 비교우위를 차지하게 된다. 이와 같이 현재의 산업구조와 기술의

---

7) Arthur, W. Brian(1994). Increasing Returns and Path Dependence in the Economy, Ann Arbor: University of Michigan Press; David, Paul A.(2000). "Path Dependence, Its Critics and the Quest for 'Historical Economics'", Working paper, All Souls College, Oxford University.

발달은 과거에 경제가 걸어온 경로의 영향을 받는다.

IBM과 매킨토시의 경쟁 사례를 보자. 더 많은 사람이 IBM 컴퓨터를 사면 더 많은 소프트웨어 회사들이 IBM 컴퓨터용 프로그램을 개발할 것이고, 더 많은 IBM용 소프트웨어가 개발되면 더 많은 사람들이 IBM용 컴퓨터를 찾는 것과 같다.

이 개념은 무작위적인 사소한 사건(행위자들의 미시적 상호작용)에 의존하여 예상치 못한 결과가 야기되는 것을 말한다. 예측가능한 평형상태는 가정집의 온도 자동조절장치 등과 같은 편차상쇄 순환고리(deviation-counteracting feedback loop) 과정에 의해 지배되는 단순한 체제에서만 발생된다. 평형상태에서 벗어나 있는 정도를 의미하는 편차가 발생될 경우, 체제는 편차상쇄 순환고리에 의해 원래의 평형상태[8]로 회복되는 탄력성을 가지고 있다. 내부에 편차증폭 순환고리(deviation-amplifying feedback loop)가 없을 경우, 변화는 체제의 편차상쇄 순환고리를 극복할 수 있을 정도로 강력한 외부 힘에 의해서만 이루어질 수 있다. 이 경우, 사소한 요동은 결과에 영향을 미칠 수 없으며, 따라서 일련의 상이한 역사적 사건은 모두 단지 한 가지의 유일한 평형상태로 흐를 것이다. 이는 역사를 단지 불가피한 것을 전달하는 전달자로서 격하시키는 것이다(Arthur, 1987: 127).

그러나 현실 세계의 체제 절대 다수는 스스로 변화할 수 있는 능력을 지니고 편차상쇄 순환고리 및 편차증폭 순환고리 과정을 결합시킬 줄 아는 복잡적응체제이기 때문에 이와는 매우 다른 행태를 보인다. 이들은 완전히 상이한 끌개(attractor),[9] 즉 여러 가지 가능한 잠재적인 다양한 상태를 갖는다. 그러나 결국 발생되는 결과는 무엇인가? 경로의존성 개념에 의하면, 이는 체제의 사소한 사건, 즉 초기조건의 민감성(나비효과)에 달려 있다는 것이다. 무작위적인 사건, 행동, 조건

8) 혼돈체제는 잡음(noise)에 의한 무질서와는 구별되는 모든 체제에 내재된 결정론적 혼돈행태를 보이는 비평형상태와 안정상태를 보이는 평형상태를 포괄하는 체제로 질서란 혼돈의 일부라는 점을 주목할 필요가 있다. 혼돈체제라는 개념을 이해하려면 우선 평형이론과 비평형이론(equilibrium and non-equilibrium theory)의 차이점을 알 필요가 있고, 두 이론의 차이점을 파악하기 위해서 우선 '평형'상태의 체제, '평형 근처'의 상태에 있는 체제(near-to-equilibrium system), 그리고 '평형상태에서 먼' 체제(far-from-equilibrium system), 그리고 혼돈적 상태(chaotic state)를 구별할 필요가 있다. 뉴턴의 기계론적 우주관은 이 네 가지 체제의 가능한 상태중 '평형'상태의 체제, '평형 근처'의 상태에 있는 체제(near-to-equilibrium system), 즉 평형상태만을 분석대상으로 하고 있다.

9) 끌개는 체제가 일정한 행태 패턴을 유지하도록 해준다. 이는 안정점일 수도 있고, 규칙적 사이클 혹은 보다 복잡한 행태 유형일 수도 있다.

등과 같은 사소한 사건에 달려 있다는 것이다. 이것은 곧 자율적인 행위자들에 의한 지속적인 상호작용인 것이다.

경로의존성은 분기점(bifurcation point)[10]에서 우연한 환경과 사소한 사건이 결합되면 실제 어떠한 결과가 창발적으로 발생될지를 결정짓는 중요한 요소가 될 수도 있다. 어떤 사소한 사건들은 체제를 한 방향으로 몰고 갈 수도 있고, 또 다른 사건들은 체제를 다른 방향으로 몰고 갈 수도 있다. 따라서 사소한 사건이 평균화되거나 돌이킬 수 없는 것이기 때문에 역사가 중요하다고 할 수 있다(Arthur, 1987). 모든 결과는 역사적 경로에 의존적인 것이다. 또한 우연한 사건도 결과에 영향을 미칠 수 있다(최창현 역, 1996).

복잡적응체제에 있어서 단기적으로는 체제가 현재 끌개 내에 머무를 확률이 높다. 그러나 가끔 요동을 증폭시켜 주는 편차증폭 순환고리, 무작위적 사건 및 우연 등이 결합되어 체제의 안정성의 경계까지 체제를 밀어넣음으로써 전체적인 유형 또는 끌개를 변화시키는 경우가 종종 있다. 장기적으로는 대규모 요동이 복잡적응체제의 진화에 매우 중요하다.

자기조직화는 편차상쇄 순환고리와 편차증폭 순환고리의 보완적 상호작용을 통해 이루어진다. 체제 생존의 가능성은 무질서와 질서가 조화를 이룰 때, 즉 복잡성의 영역 혹은 혼돈의 경계(at the edge of chaos)에서 가장 커진다.

예를 들어, 필요한 지지나 정당성을 얻기 위해 환경으로부터 비롯되는 조직에 대한 압력을 설명하는 제도화 이론은 사회경제적 시스템에 있어 많은 집단적 결과의 유형을 좀 더 잘 이해할 수 있도록 복잡성 패러다임과 함께 연구될 수 있다. 점점 더 많은 조직이 새로운 조직혁신을 채택하거나 모방함에 따라 이 혁신은 점차 제도화된다. 이렇게 증가된 정당성은 더 많은 조직들이 채택하도록 해주는 원동력이 되는 것이다(Tolbert & Zucker, 1983). 일단 분기점에 다다르게 되면, 이러한 확산과정은 자기 영속적인 것이 된다(Edelman, 1990). 편차증폭 순환고리, 경로의존성 및 분기성 개념은 왜, 그리고 어떻게 조직혁신이 때로는 널리 확산되기도 하고, 다른 조직혁신들은 용두사미로 끝나버리는지를 연구하는 데 도움이 될 수도 있다.

10) 체제가 한 상태에서 다른 상태로 변화하는 점이며, 분기도(bifurcation diagram)는 여러 개의 끌개를 갖는 체제의 변화이다. 끌개는 한 특정 계수값에 대한 체제의 변화만을 보여주나, 계수값이 변할 경우 각 계수값에 대한 체제의 변화를 보여준다.

## 4 창발성

유기체의 창발성이란 복잡한 과정이 예측되지도 않고 누적되지도 않는 결과로 나타나는 것을 말한다. 창발적 성질이란 존재하는 것을 벗기는 것이 아니라, 그때까지 존재하지 않던 것이 새로 튀어나오는 과정을 강조하는 것이다. 새로운 관계가 계속 돌출하면서 전체 체계가 다양하고, 풍부하고, 복잡하게 진화하는 것으로 이해할 수 있다.

자기조직화[11] 관점에서 보면 질서는 외생적 혹은 내생적인 요인에 의해서가 아니라 자생적으로 생긴다. 중앙집권적 지시보다는 상호조정과 자기규제로부터 질서가 창출되며, 위에서 아래로가 아니라 아래에서 위로의 방식으로 형성된다. 질서란 단지 개별요소의 집합이 아니라 개체가 소유하지 않는 특성을 갖게 됨을 의미한다(Drazin & Sandelands, 1992; 233).

창발성 개념이 시사하는 바는 자기조직화가 체제 외부로부터 강요될 수 없으며, 체제 그 자체 내에서 기능하는 내재적인 것이라는 것이다. 조직은 체제의 구성요소로 짜 맞추어지는 것이 아니라, 그 대신에 구성요소 간의 상호작용에 의해 만들어지는 것이다. 국지적인 규칙에 따라 활동하는 국지적 단위 혹은 행위자들은 상호작용에 의해 체제의 조직을 만들어낸다. 이러한 현상을 표현하기 위한 다른 용어는 '카오스로부터의 질서'(Polley, 1993). '창발적 특질(emergent property)', '자생적 질서', 그리고 '전체적 일관성' 등이 있다(최창현 역, 1996).

복잡체제의 창발적 특징은 거시적인 체제 수준에서만 구분할 수 있다. 이는 미시적인 구성요소 수준에서는 구분할 수 없다. 일반적으로 이는 집단의 특질이기 때문에 낮은 수준에서의 개인적인 요소들에 대한 지식만 가지고는 높은 수준에서 창발적

---

11) 비평형상태의 체제는 초기조건에 민감하고 비선형순환고리의 증폭성으로 인하여 조직의 기존구조, 행태 등이 깨져버리나 새로운 질서 혹은 구조가 나타나기 위해서는 무질서나 혼돈 등과 같은 창조적 파괴의 과정을 통하여 종래의 질서나 구조를 창조적으로 파괴할 필요가 있는 것이다. 마치 자연체제에 있어서 물과 같은 액체에 열을 가하여 물속의 분자가 종래의 패턴을 깨고 무질서하게 운동하므로써 임계점에 다달아 새로운 형태의 질서인 기체, 즉 수증기로 변하는 현상을 위상전이(phase transition)라 하듯이, 사회체제도 요동을 통한 창조적 파괴를 통해 새로운 질서로 발전 · 진화할 수 있다. 혼돈이론은 이러한 경우에 체제가 예측불가능성을 그 특징으로 한다고 주장한다. 그러나 예측불가능성에도 불구하고 자기조직화적 진화과정을 통하여 새로운 질서, 즉 분산구조로 도약해 나갈수 있다고 하는데, 이를 자기조직화라고 한다.

으로 발생되는 전반적인 유형 혹은 구조를 추론해낼 수 없다(Drazin & Sandelands, 1992).

복잡성과학의 관점에서는 경제나 조직현상을 단지 기계론적 모델로서가 아니라 역사에 의존하고(경로의존적이고), 유기적이고, 지속적으로 진화하는 복잡체제로 본다. 사회현상은 유기체적이고 계속 진화하고 있다. 실제로 조직현상은 각각의 구성요소들 간의 아주 복잡한 상호관계를 통해 새로운 현상을 만들어내기도 한다. 이런 일들을 모두 계산적 합리성만으로는 설명할 수가 없다. 그리고 이런 복잡성은 지속적으로 재생산되어 가고 있다. 이런 과정에는 우연성이 개입하게 되고 이것은 다시 새로운 진화의 시발점이 되기도 한다.

이런 관점에서 보면 조직의 인간관도 바뀌어야 할 것이다. 전통적인 관점에 의하면 인간은 완벽하게 합리적이다. 그러나 새로운 관점에서는 적응을 잘하고 지능을 지닌 인간으로, 그리고 항상 진화하고 학습하는 인간으로 본다. 때문에 전통적으로 가정하고 있던 합리성과 인간관은 재고되어야 한다. 물론, 제한적 합리성(bounded rationality)이라는 개념은 이미 그 한계성을 깨닫고 있으나 그보다 더욱 근본적인 생각의 전환이 요청된다.

웨이크(Weick, 1979)의 조직화에 대한 진화론적 근거는 다음의 4가지 기본적인 단계를 포함하는데, 이는 생태학적 변이(variation), 조작(enactment), 선택(도태), 그리고 유지이다. 이 견해는 다윈주의(Dawinism)를 조직의 생존전략에 적용시키고 있으나 그것만으로는 조직의 자기혁신성을 설명할 수 없다. 생물의 경우만 보더라도 경쟁전략만으로 생존하지는 않는다. 대체 어떠한 구조가 생존을 유지해 나가는가 하는 의문에 대한 한 해답으로 '자기조직화'라는 이론이 주목을 받게 되었다.

기존 조직이론은 자기조직화 개념보다는 조직관리에 치중해 왔다. 창발성 개념은 조직에 자기조직화의 가능성을 열어 줄 수 있다. 자기조직화란 조직이 조직 그 자체를 만들어 간다는 진화과정에 초점을 맞춘 이론이다. 외부로부터 강한 무엇인가를 조직에 적용시켜서 조직이 강화되는 것이 아니라, 조직이 자기의 특질을 파악하고, 그 특질을 활용하여 조직을 성장시킨다. 그렇기 때문에 단편적인 정보에서 더욱 고차원적인 정보를 창출해 내는 자발적인 작용이 있다. 자기조직화 과정을 보면, 생명조직이란 '요동'과 같은 불안정성과 불확실성을 유효하게 활용하여 질서를 수립한다는 것을 알 수 있다. 질서를 수립하는 데 평범한 무질서를 활용한다. 상당히 모순적인 면이 있지만, 그야말로 자율적인 정보생성의 방법을 이용하고 있다. 전통적 조직이론에서 강조하는 계획적 조직설계 및 조직변화관점에서 탈피, 자기 조직화를 촉진하고, 미래를 예측하는 대신 창조하라는 것이다.[12)]

## 5 개방성

개방성(openness)의 정의적 특성은 주위 환경과 물자, 에너지 및 정보를 교환하는 상태이다. 개방성은 아이디어의 유창성, 융통성, 독창성, 정교성이 나타날 수 있는 전체가 된다고 할 수 있다.

이에 대해 최근 회자되고 있는 클라우드 컴퓨팅의 개방성 사례를 들어 보고자 한다.

IT의 시대 상황을 눈여겨보면 서비스가 새로운 성장동력으로 발전하고 있는 것을 알 수 있다. 클라우드 컴퓨팅은 서비스에 관계된 이야기다. 이는 “고객이 애플리케이션을 구동하고자 할 때 사용량 증가에 따른 인프라의 무한 확장을 제공하며, 고가용성 환경이며, 사용량을 기준으로 비용을 지불하는 컴퓨팅 방식”이라고 정의할 수 있다. 클라우드 컴퓨팅을 항공 산업이 태동하던 때와 비교하여 설명해 보겠다. 한 회사가 대한항공 같은 비즈니스를 시작하려고 한다. 직접 공항, 출입국사무소, 세관 등 모든 기반 시설을 다 갖춰야 할 수 있다면 시작도 못할 것이다. 이러한 공항을 포함한 항공 산업에 필요한 모든 기반시설을 제공하는 것, 이를 인프라스트럭처 클라우드, Infrastructure as a Service(IaaS)라고 한다. 고성능의 컴퓨팅 환경을 대여해주는 방식으로 기존의 데이터 센터 비즈니스와 가장 유사하지만 무한 확장 및 개방성을 제공하는 것이 차이점이다.

웹(Web)은 모든 사람이 손쉽게 정보를 공유할 수 있는 공간이다. 웹 창시자 팀 버너스 리(Tim Berners-Lee)는 웹 개방성을 강조한다. 웹에 공개된 정보는 누구나 쉽게 접근 가능하도록 하는 것을 기본 원칙으로 한다. 웹 개방성의 용어를 처음으로 정의하여 사용하면서 웹 개방성 지수(Web Openness Index: WOI) 평가모형을

12) 최창현(2000). 복잡사회체제의 모형화및 시뮬레이션, 『한국행정학보』, 제34권 제3호; 최창현(1997). Chaos이론과 조직혁신. 『성곡학술논총』, 28(2); 최창현 역(1996). 『카오스 경영』. 한언.

첫 개발하였다.

우리나라가 진정한 IT 강국이 되려면 정부와 공공기관뿐만 아니라 기업도 웹 개방성을 높이려는 노력을 해야 한다. 웹에 공개된 정보는 높은 사회·경제적 가치를 지닌 중요한 자산이므로 합리적인 공개로 활용하고 각 기관과 기업 담당자의 웹 정보 개방 인식을 개선해 사용자 정보 접근성과 검색 접근성을 높여서 '열린 웹(개방성)'을 지향해야 한다.

## 6 자율적 요동

자율적 요동(autonomous fluctuation)이란 조직이나 체제가 위기에 맞닥뜨렸을 때 종전의 상황으로 돌아가는 데 안주할 게 아니라 스스로 안정을 깨우쳐 줌으로써 새로운 변화를 이끌어낼 수 있다는 것을 말한다. 이는 수동적으로 받아들이기보다는 능동적으로 개척하여 경쟁우위를 확보하고 새로운 질서를 의도적으로 구축해 나가는 자기조직화적 특성을 지닌 혁신 네트워크를 구축하는 것이 중요하다.

## 7 분기점이론

복잡시스템은 전반적인 유형에 있어서 갑작스럽고도 극적인 질적 변화를 나타낼 수 있다. 만일 이러한 현상이 시스템을 모형화하는 방정식의 모수값에 있어서의 작은 변화의 결과로 발생하는 경우, 이를 분기(bifurcation)라고 한다. 이는 시스템의 끌개에 있어서의 변화에 비유될 수 있는 개념이다. 복잡적응시스템의 경우, 모수값의 변화로 인한 분기는 내생적인 것으로 간주할 수 있다. 지속적인 적응을 통해, 행위자들은 시스템의 모수값을 변화시킬 수 있다. 따라서 시스템은 전반적인 유형, 혹은 끌개를 스스로 변화시킬 능력이 있는 것이다. 이는 창발성이라는 개념을 조망해 보는 또 하나의 부수적인 방법이 될 수도 있다. 예를 들어, 사회시스템에 있어서 개인적 확신이나 행동은 집단의 크기에 따라 영향을 받는다. 만일 행위자들의 개인적 행동이 확신에 입각해 있다면, 집단 크기 분포가 변화함에 따라 시스템은 전반적인 행동유형에 있어서의 중요한 변화, 즉 분기현상을 겪게 된다.

분산구조(dissipative structure)에 관한 프리고진과 스텐저스(Prigogine & Stengers, 1984)의 이론에 의하면 '요동'이 현존하는 시스템을 평형에서 멀리 떨어진 상태(far-from-equilibrium)로 보내면서 이 시스템의 구조를 위협하게 되면 이 시스템은 임계순간(critical point) 또는 분기점(bifurcation point)에 도달하게 된다고 한다. 이 분기점에서는 이 시스템의 다음 상태를 미리 결정한다는 것이 원래부터 불가능하다는 것이다. 이때 우연히 이 상태의 시스템을 건드려 새로운 경로를 밟게 한다. 그리고 일단 경로가 선택되면 다음 분기점에 도달할 때까지는 다시금 결정론이 지배하게 된다.

분산구조론(Dissipative Structure)이 존재한다는 것을 살펴볼 수 있다. 분산구조란 시스템의 하위요소들이 새로운 구조의 창출에 필요한 에너지를 환경으로부터 유입하고, 그 과정에서 생성된 엔트로피를 환경으로 분산시키는 것을 말한다(Prigogine & Stengers, 1984: 21). 분산구조는 어느 시스템에 요동(fluctuations)[13]이 일어나면 평형상태의 시스템은 안정구조가 깨어지면서[14] 임계순간(critical point) 혹은 분기점(bifurcation point)에 다다르게 된다. 즉, 조직 내 요동에 의하여 현존하는 체제를 평형에서 멀리 떨어진 상태로 보내면서 이 체제의 구조를 위협하게 되면 이 체제는 임계순간 또는 분기점에 도달하게 된다. 사회체제도 요동을 통한 창조적 파괴를 통해 새로운 질서로 발전·진화할 수 있다.

이 분기점에서 이 시스템의 다음 단계를 예측하는 것은 불가능하다. 이 점에서

---

13) '요동'이란 자유도, 우연성(randomness), 애매성, 불안정성 등을 포함하는 광의의 개념으로서, 기존 질서에 대한 의문과, 기존 사물의 의미나 견해에 대한 혁신적 시각 등을 제기하는 것을 말한다. 자기조직화 조직에서 창조적으로 발생시키는 동요는 이른바 '진화적 동요'로서, 구성원들의 다양한 창조적 사고나 혁신적 발상, 미래지향적 행동 등의 유발을 의미한다. 이러한 요동들은 조직이 엔트로피에 의해 압도되거나 소멸되지 않도록 막아 줌으로써, 조직이 새로운 구조를 창출해 나가는 동인이 된다. 구체적으로는, 공무원 개개인의 독창적, 혁신적 아이디어의 적극적 발굴, 타 지방자치단체에 비해 더 나은 행정서비스의 개발 및 도입, 전략적으로 중요한 시점에는 현행직무와는 관계없이 과감한 인사이동을 통한 이종혼합의 실시, 수시로 다양한 전문 신인이나 중견간부의 외부로부터의 채용, 새로운 조직과 제도를 끊임없이 형성하는 것 등이 새로운 질서의 창조를 위한 계기로서의 요동을 조직 내에서 주체적으로 발생시키는 사례라고 할 수 있다.

14) 환경으로부터의 에너지 유입량과 엔트로피 유출량이 균형을 이룰 때가 평형상태, 유출입량의 균형을 잃었을 때가 비평형상태이다. 비평형상태의 구조는 끊임없이 요동하고 분기점(burification point)에 이르면 종래의 구조는 무너지고 새로운 구조가 나타난다. 이 요동을 통한 새로운 질서의 출현을 분산구조라 한다.

는 모든 가능성이 열려 있는 상태이다. 평형상태에서 체제의 요동은 진정되지만, 평형에서 멀리 떨어진 상태에서는 작은 요동이 격화되어 새로운 구조가 나타난다. 그러나 이 구조는 미리 결정된 것이 아니라 오직 확률적[15)]으로만 정해질 수 있는 비선형적인 것이다. 이 분기점에서 우연히 시스템을 건드리면 새로운 경로를 거치게 된다. 일단 경로가 결정되면 다음 분기점에 이르기까지는 다시 결정론적인 운동원리에 의해 움직이는 시스템이 된다. 즉, 분산시스템은 안정과 불안정이라는 패러독스(paradox)가 동시에 나타나는 구조인 것이다.

다시 말하면, 환경으로부터의 위기가 증가함에 따라 환경의 분석가능성 정도가 떨어질 뿐만 아니라 항상성의 유지 자체가 곤란해지는 분기점에까지 이른 경우 균형모형은 이를 체제가 직면한 위험으로 생각하지만, 자기조직화 관점에서 보면 이러한 위기상황은 조직으로 하여금 요동을 통한 새로운 동태적 질서(new dynamic order through fluctuations)를 추구할 수 있는 기회를 제공해 주는 것이다.

따라서 분산구조 모델은 안정보다는 변화에 대한 반응을, 조직적 평형보다는 조직적 변형을, 환경적 질서보다는 환경적 혼돈을 강조함으로써, 조직변화에 대한 전통적인 접근법을 대신하는 하나의 새로운 접근대안이라고 할 수 있다. 이와 같이 평형으로부터의 멀리 떨어진 행동(behavior away from equilibrium)과 동요를 통한 질서(order through fluctuations)를 강조하는 비평형모델 또는 패러다임(non-equilibrium model or paradigm)으로서의 자기조직화 모델은 조직변화를 연구하기 위한 보다 적절한 모델을 형성해 주고 있다(최창현 · 유승동, 1994: 1214).

15) 어떤 특정의 사건이 확률에 따른다는 의미는 어떤 상황에도 이 시스템이 결정적으로 어떻게 진행될 것이라는 확정적인 예측을 할 수 없다는 의미이다.

# 제 3 장 국가의 흥망성쇠

## 제 1 절 열린사회와 닫힌사회

'열린사회'라는 개념은 '닫힌사회'라는 개념을 상정함으로써만 가능해진다. 열린사회는 타인의 비판에 귀 기울이고 그 비판을 통해 잘못을 고쳐나가며 더 나은 사회를 만들 수 있다고 믿는다. 열린사회에서는 자유로운 토론이 가능하며, 그 토론이 정책의 변화에 영향을 미치며, 제도는 자유와 약자를 위해 존재한다. 그리고 이러한 전제조건으로 '언론의 자유'와 '반대파의 존립'을 꼽는다. 열린사회가 구현되려면 폭력에 호소하지 않고도 지배자를 교체할 수 있어야 한다고 주장한다(Popper, 2006). 물론, 이는 매우 점진적이며 오랜 시간을 거쳐 이루어지는 것이다. 이에 반해, 닫힌사회는 국가가 시민의 모든 생활을 규제하고 통제하는 사회를 말한다. 닫힌사회에서는 자발적 인격의 주체로서의 개인은 존재하지 않으며 개인은 국가와 법의 명령에 절대적으로 복종해야만 한다. 때문에 닫힌사회에서의 개인은 국가의 옳고 그름에 대한 도덕적 판단을 내릴 수 없다고 말한다. 이렇게 열린사회는 개인들이 이성적으로 판단하고 비판에 귀 기울일 수 있다는 믿음에 기초한다. 반대로, 폭력을 통한 혁명은 불필요한 고통을 가져오고 더 많은 폭력을 불러오며 자유를 파괴한다고 주장한다(Popper, 2006).

그러므로 마술적 사회나 부족사회, 혹은 집단적 사회는 닫힌사회라 부르며, 개개인이 개인적인 결단을 내릴 수 있는 사회는 열린사회라 부른다.[1] 전성기에 있는 닫힌사회는 하나의 유기체에 그대로 비교될 수 있을 것이다. 소위 국가 유기체 이론이나 생물학적 이론은, 상당한 범위에까지 닫힌사회에 적용될 수 있다. 닫힌사회는 그 구성원들이 반(半)생물학적 유대—즉, 함께 살며, 공통적인 노력과 공통적인 위험, 공통적인 기쁨과 공통적인 고통을 함께 나누는 혈족관계—에 의해 함께 묶여 반(半)유기체적 단위로 존재하는 한 집단이나 부족과 비슷하다.

열린사회에서는 대다수의 구성원들이 사회적으로 높아지기 위해, 그리고 다른 사람의 지위를 차지하기 위해 투쟁한다는 사실과 결부되어 있다. 예컨대, 이런 것은 계급투쟁과 같은 중대한 사회적 현상을 일으킬 수도 있는 것이다. 유기체 속에는 계급투쟁과 같은 것은 아무것도 찾아볼 수 없다. 유기체의 세포나 조직은—종종 국가의 구성원에 대응한다고 말해지지만—영양분을 얻기 위해 경쟁할지는 모르겠으나, 다리가 머리가 되고자 한다든가, 몸의 어느 다른 부분이 배가 되고자 하는 선천적인 경향은 없을 것이다. 그러므로 유기체 속에는 열린사회의 가장 중요한 특성 중의 하나인 구성원들 간의 지위다툼에 해당되는 것이 없으므로, 소위 국가 유기체 이론[2]은 그릇된 유추에 근거한 것이다. 그 반면, 닫힌사회에는 그런 경향이 그리 많지 않다. 계급을 포함한 닫힌사회의 제도는 신성불가침한 금기이다. 유기체 이론은 여기에는 크게 어긋나지 않는다. 그러므로 우리 사회에다 유기체 이론을 적용하고자 하는 시도는 거의 다 부족주의로 되돌아가고자 하는 선전의 감추어진 형식이라는 것을 알아도 놀라지 않을 것이다.

열린사회는 유기체적인 특성이 없으므로 점차 칼 포퍼(K. P. Popper)가 주장한

1) 닫힌사회와 열린사회: 닫힌사회는 전체주의적인 사회를 말한다. 이를 '공산주의'나 '파시즘' 같은 '체제'로 이해하는 것은 포퍼의 의도를 축소하는 것이다. 오늘날의 대표적인 '닫힌사회'는 무엇일까? 바로 '군대', '기업'과 같이 개인의 존재를 지배·억압하는 집단적 사회를 말한다. 때문에 군대와 기업은 '가족'이라는 생물학적 유대로 표현되기도 한다. 그리고 이에 대비되는 사회가 마술적 사회나 부족사회, 혹은 집단적 사회의 열린사회이다.

2) 플라톤(Plato)의 유기체적 사회론을 의미하는 것이다. 즉, 하나의 사회를 구성하는 존재들은 유기체의 각 기관처럼 자신의 역할만 담당하면 된다는 것이다. 즉, 머리의 속성인 지혜를 가진 자는 통치, 가슴의 속성인 용기를 가진 자는 전쟁, 배의 속성과 관련된 절제를 가진 자는 노동을 하면 된다는 것이다. 포퍼는 이 주장에 대해서 사회구성원들의 투쟁의 전제를 통해 계급투쟁을 이끌어 내 반박하고 있다. 대부분의 인간은 자신의 이익을 위해서 투쟁하는 것이 현실이기 때문에 유기체 이론 적용의 시도는 결국 전체주의적 선전·선동에 다름 아니라는 것이다.

'추상적 사회'[3]라 부르고자 하는 사회로 될 것이다. 열린사회는 구체적이거나 실제적인 인간집단 및 그런 실제적인 집단체제가 갖는 특성은 상당히 잃어버릴 것이다. 이 점은 거의 이해되지 않고 있는데, 과장된 표현을 써서 설명하는 것이 좋을 것이다. 우리는 인간이 실제로 아무와도 대면하지 않는 사회 — 모든 일이 타이프된 편지와 전보로 의사교환을 하고, 또 밀폐된 자동차로 나다니는 고립된 개인에 의해 처리되는 사회 — 를 생각해 볼 수 있다(인공수태는 인간적 요소가 개입되지 않는 번식까지도 허용할 것이다). 이런 허구적인 사회가 "완벽한 추상적 사회나 비인격적 사회"라 불릴 수 있을 것이다.

우리의 현대 사회가 그 양상의 여러 면에서 이런 완벽한 추상적 사회와 유사하다[4]는 것이다. 우리가 비록 언제나 혼자서 밀폐된 자동차를 타고 다니지는 않는다 하더라도(거리에서 우리를 지나쳐 걸어가는 수천의 얼굴과 대면하지만), 결과는 우리가 그렇게 한 것과 거의 비슷하다. 즉, 우리는 같은 보행자들과는 대체로 아무런 개인적 관계를 만들지 않는다. 그와 유사하게 무역협회의 회원이란 회원권을 갖고 낯모르는 서기에게 기부금을 내는 것 이상의 아무것도 의미하지 않는다.

현대 사회에는 친밀한 인간적 접촉을 거의 갖지 않거나 전혀 갖지 않고 익명과 고립 속에서, 그리고 그 결과 불행 속에서 사는 사람이 많다. 왜냐하면, 사회는 비록 추상화되었다고 하더라도, 인간의 생물학적 구조는 크게 변하지 않았기 때문이다.

인간은 추상적 사회에서는 만족할 수 없는 사회적 요구를 갖고 있다. 이는 우리의 현대 사회가 여러 면에서 완벽한 추상적 사회와 유사하다는 전자의 추론과 후자의 근거를 이어주고 있다. 즉, 현대 사회는 추상적 사회이며, 이로써 인간은 불행해졌다는 내용이다. 그런데 '추상적 사회'는 열린사회이므로 열린사회는 불행하다고 연결시킬 수도 있다. 그러나 이는 사람들이 열린사회를 이해하지 못하고 있다고

3) 영화 <매트릭스>의 사회는 오로지 머릿속에서만 구현되는 사회이다. 이를 현대 사회에서 찾자면 바로 '웹'이 완벽히 추상화된 사회이다. 우리는 웹에서 개인과 개인을 만나고 이미지로 확인하며 공동체를 꾸린다고 생각하지만 실제로는 '0'과 '1'의 무한반복일 뿐이다. 웹에서의 소통이 현실세계로 연결되는 경우는 전체 이용자 가운데 극히 일부인 5% 정도일 뿐이며, 웹의 추상성이 현실에서 실현되지는 않는다.

4) 히키코모리(은둔형 외톨이)로 불리는 이들이 있다. 이들은 다양한 이유로 그들의 방에서 사람들과의 접촉을 차단한 채 살아간다. 이들은 현실세계에서 완전히 물러났지만 웹에서는 자신의 존재를 드러내기도 한다. 웹이야말로 가장 비인격적 사회, 익명의 공간이기 때문이다.

있는 것이다. 포퍼는 “실제적인 집단체제가 갖는 특성은 상당히 잃어버릴 것”이지만 “사회는 비록 추상화되었다고 하더라도, 인간의 생물학적 구조는 크게 변하지 않았다”는 주장처럼 완벽한 추상적 사회는 인간이 견딜 수 없기 때문이라고 반론한다. 이것은 열린사회 논의에 반박하는 주장에 재반박하는 성격을 가지고 있다. 그래서 열린사회를 단지 ‘추상적’이라고 주장하는 사람들에 대해 실은 현대 사회가 그러한 ‘추상적 사회’로 가고 있다는 반박이다.

## 제 2 절 열린사회

열린사회(open society)는 개방사회라고도 일컫는다. 1932년 프랑스 철학자인 앙리 베르그송(H. Bergson)이 처음으로 사용한다. 열린사회의 기본적인 개념은 합리주의와 인식론을 기본으로 하며, 사회 계층에 상관없이 정치, 사회, 경제적 정보 열람이 가능하고 배척적이고 적대적인 자기 관계관이 아닌, 개방적이고 순조로운 관계관이 인간의 정서를 지배하는 그런 사회를 포괄적으로 의미한다. 이는 어떠한 사회의 분위기가 사회적으로는 자유롭더라도, 특정이념을 목표로 국가를 운영하고, 그 이념을 국민에게 강제로 강요하는 사회도 ‘닫힌사회’로 분류될 수 있다는 것이다. 이 때문에 베르그송은 그간의 사회가 미개사회, 문명사회와 상관없이 ‘닫힌사회’라고 주장한다. 이 개념은 후일에 오스트리아, 그리고 영국의 철학자인 포퍼가 열린사회 이론의 발전을 계승했다.

포퍼가 계승한 열린사회는 베르그송의 개념을 더해 인간이 끝없이 사회 문제에 자각하고, 그 문제를 자유롭게 열거하여 끊임없이 발전하는 사회를 함축적으로 표현하여 계승하였다. 이는 각 개인이 느끼는 그 어떤 정치·사회적 발언도 사회 발전에 기여할 수 있다는 것이다. 즉, 열린사회가 제대로 실현되기 위해서는 정치적 자유, 언론의 자유, 민주주의 사회가 전제 조건이다. ‘열린사회’는 자유주의에 해당하는 모든 분파가 공통점으로 가지고 있는 사회공학적 신념이다.[5)]

열린사회의 특징은 인도주의, 평등주의, 언론의 자유, 정치적 자유로 일컫는다.

---

5) 위키피디아, 열린사회.

이들은 열린사회가 실현되기 위한 제일 기본적인 전제 조건이다. 열린사회는 베르그송이 정립하기 이전에도 이 '열린사회'와 비슷한 사회적 현상이 일어났다. 대표적으로 아테네 민주정의 초기 민주주의가 현재 정립화된 '열린사회'의 특성이 나타났다.

포퍼는 우리가 플라톤[6]으로부터 배워야 할 교훈은 그가 우리에게 가르치고자 하는 것과는 정반대의 것이라고 주장한다. 그것은 잊어서는 안 될 교훈이다. 플라톤의 사회학적 진단이 우수했을지라도, 그 자신의 발전은 그가 대항해서 싸우고자 했던 악보다도 그가 추천했던 치료법이 더 나쁘다는 것을 증명한다. 정치적 변화를 억제하는 것은 치료가 아니다. 그것은 행복을 가져올 수 없다. 우리는 결코 소위 닫힌사회의 순진함과 아름다움으로 돌아갈 수 없다. 우리의 이성에 의존하기 시작하고 우리의 비판을 활용하기 시작한 이상, 개인적인 책임의 요구와 더불어 지식의 증진을 위해 조력해야 한다는 책임감을 느끼기 시작한 이상, 우리는 부족적 마술에 전적으로 복종하는 국가로 돌아갈 수 없다고 주장한다.

우리가 부족주의의 영웅적 시대로 돌아가려 하면 할수록, 우리는 종교재판에, 비밀경찰에, 낭만화된 깡패행위에로 가는 것이 더욱 확실해진다(Popper, 2006). 이성과 진리를 억압하는 것으로 시작하기 때문에, 우리는 인간적인 모든 것을 가장 야만적이고 포악한 파괴로 끝내고 말 것이 확실하다. 만약 우리가 되돌아간다면, 우리는 길 전체를 다 가야만 한다. 우리는 금수로 돌아가야 한다. 우리가 그렇게 하기는 어려울지 모르지만, 그것은 우리가 정면으로 부딪혀야 하는 문제이다. 우리가 어린 시절로 되돌아가기를 꿈꾼다면, 다른 사람들에게 의존해서 행복을 찾고자 한다면, 우리의 십자가를 지는 일, 인간다움과 이성과 책임의 십자가를 지는 일에 위축되어 버린다면, 용기를 잃어버리고 긴장에 찌들어버린다면, 우리는 우리 앞에 놓인 단순한 결정을 분명하게 이해함으로써 우리 자신을 강화하도록 해야 할 것이다. 우리는 금수로 돌아갈 수 있다. 그러나 우리가 인간으로 남고자 한다면, 오직 하나의 길, 열린사회로의 길이 있을 뿐이다. 우리는 우리에게 주어진 이성을 사용하여 안전과 자유를 위해 계획하면서 미지의 세계 — 불확실하고 불안정한 세계 — 로 나아가지 않으면 안 된다. 이 계획은 우리가 할 수 있을 뿐만 아니라 해야만 한

6) 플라톤은 국가의 구성을 하나의 유기체적 구성으로 사고했다. 각각의 개인은 국가의 필요요소에 사용되는 하나의 구성물이며 그들의 전체가 하나의 국가를 이뤄야 한다고 생각했다.

다는 믿음을 가져야 만이 완전한 열린사회로 나아갈 수 있을 것이다.

결론적으로, 포퍼는 이성과 비판이 곧 인간의 조건이라고 주장한다. 포퍼는 이것을 낙원에서 추방당함으로써 인간으로 거듭나는 '아담과 이브'의 행위인 '지식의 열매를 먹는' 행위로 묘사한다. 인간은 지식을 가졌고 이성과 비판에 눈을 뜨는 순간부터 "순진함과 아름다움"으로 돌아갈 수 없다는 것이다. 그러므로 플라톤의 주장은 부족적 영웅시대로 되돌리려는 시도이며 이를 부정한다. 때문에 인간에게 남은 것은 열린사회의 선택뿐인 것이다. 이미 이성에 눈을 뜬 인간에게는 전진만이 남아 있다는 것이다.

## 1 로 마

강대국으로 번성하기 위한 필수조건 중 하나는 나와 다른 국가와의 이해관계가 다를 수도 있다는 점을 납득하는 것이다. 또한 어떤 행동을 취하고자 할 때, 그 행동은 다른 이들도 동의할 수 있는 원칙에 기반을 두어야 한다.

로마가 관심을 끄는 이유는 오랜 기간 동안 제국의 형태를 유지하고, 주변 민족을 포용한 열린사회였다는 점이다. 2000년 전 로마의 성공은 우연이나 행운이 아니라 실력과 노력의 결과였고, 이는 타 민족에 대한 개방성과 노블레스 오블리제(noblesse oblige)와 같은 솔선수범하는 리더십, 실패를 통해 배운 것을 체계화하고 매뉴얼로 만든 시스템, 모든 것에 우선되는 실력 위주의 사고가 만들어낸 산물이라고 할 수 있다.

로마의 장점 중 단연 돋보이는 것으로 개방성이 꼽힌다. 로마는 전쟁을 치른 적들까지도 포용할 정도의 개방성은 어제의 적이 오늘의 동지가 되고, 오늘의 동지가 내일의 적이 되는 세상에서 상당히 위험할 수도 있는 발상이지만 그에 앞서 그들을 포용을 할 수 있는 민족성을 가지고 있었다는 것을 우선 생각하게 된다. 보통 일반적인 민족의 개념이 같은 종족, 핏줄이라는 인식이라면 로마는 뜻을 같이하는 자들의 집단이라는 개념부터가 글로벌 세상을 지향하는 열린사회였다는 것이다. 로마는 자신들이 피데스(fides), 즉 신뢰를 지킬 의무가 있다고 믿었다. 또한 승리를 통해 얻은 것은 동맹국들과 함께 누려야 한다는 믿음을 가지고 있었다. 로마는 다른 민족들도 로마의 시민으로 받아들였고 이들은 로마제국의 권력층을 이루기도 했다. 또한 정복당한 사람들이 나중에 오히려 통치자가 될 수 있었던 곳은 로마제국이 유일하였다. 제국의 존속과 성공에 대한 기득권을 정복당한 사람들에게 부여하는데 있어서 로마만큼 성공한 제국은 역사상 없다고 할 수 있다. 로마인이 생각하는 시민은 '뜻을 같이하는 자'라는 개념을 미리부터 실천했던 로마인의 지혜에 놀랄 따름이다.

로마는 개혁을 시도해 기득권층이 기득권을 개방했다. 이는 로마인이 실력주의를 신봉하고 있었기에 가능한 일이었다. 단순히 자신의 기득권을 개방하는 수준이 아니라 먼저 솔선수범하고, 그에 따른 책임을 수행하는 등 리더십을 발휘함으로써 법이나 규정이 아닌 자연스러운 계층의 유지와 존경 등이 만들어졌다는 점은 기득권을 가진 자를 시기, 질투하지 않고, 아랫사람을 업신여기지 않으며, 오로지 실력만이 인정받는 사회로의 발전으로 연결되었던 것이다.

로마제국을 보면 이해하기 어려운 부분이 있다. 예를 들어, 20세기 인도는 영국의 지배를 받지 않고 인도로 남길 원했다. 아프리카의 국가들 역시 자신들의 국가를 유지하고자 했다. 그런데 로마제국의 상황은 달랐다. 갈리아인, 영국인, 스페인인, 시리아인으로 남기보다 오히려 로마인이 되고 싶어 했다. 그리고 로마가 오랜 기간 존속하면서 모두가 로마사람이 되었다. 정복자와 정복당한 사람들의 개념은 없었다. 로마는 이 전례 없는 방식을 통해 모든 사람들을 로마인으로 만들었다. 그런 측면에서 봤을 때 로마제국은 역사상 가장 위대한 강대국이었다.[7)]

로마는 패자에게도 명예회복의 기회를 주는 사회였기 때문에 실패를 두려워하지 않는 기풍이 형성되었고 실패를 통해 얻은 교훈을 사회가 공유했다. 또한 이러한 교훈을 하나의 매뉴얼로 만들어 실패를 반복하는 일이 없도록 만들었다는 점에 주목할 필요가 있다. 현실에 안주하지 않고 도전에 도전을 거듭해야 할 시점에 사람은 누구나 실패를 할 수밖에 없는 불완전한 존재일 수밖에 없다. 하지만, 로마인들은 이러한 실패를 최소화하고 반복하지 않는 것을 가장 최선의 목표로 추구했다.

로마인은 추상적 이념이 아니라 현실적 목표를 추구했다. 로마의 원로원이나 황제는 정의・평등・인권・자주와 같은 추상적인 개념이 아닌 식량의 안정적 확

7) 아드리안 골드워시(Adrian Goldsworthy), 고대 로마 전투, 군사 박사, 『로마전쟁사』, 『칸나이전투』의 저자.

보, 외침으로부터의 안전 유지, 도로·교량 등 사회간접자본의 정비 등 현실적인 목표를 추구하며, 가장 기본적인 것과 가장 현실적인 것을 살폈다. 삶의 향상으로 인해 여러 가지 새로운 욕구들이 생기지만 가장 근본적인 것이 해결되지 않고서는 추구할 수 없는 일들일 것이다. 이는 국가가 국력 창출에 가장 근본적인 목표를 두고 활동해야 되며, 막연하고 추상적인 목표보다는 현실적인 계획과 실천들이 모이고 모여, 큰 성공을 이룰 수 있다는 당연한 진리를 인정하는 것에서부터 모든 것이 출발한다.

이처럼 로마는 더 큰 발전을 위한 개방정책, 주어진 기득권을 유지하고 계층 간의 질서가 정립될 수 있도록 하는 노블레스 오블리제와 같은 실천하는 리더십, 실패를 통해 배운 것을 체계화해서 실패를 반복하지 않는 시스템, 모든 것에 우선되는 실력 위주의 사고 등은 현재에도 성공을 위해 필요한 열린사회의 덕목이라고 할 수 있다.

로마는 어떻게 붕괴직전 절망적인 상황 속에서도 동맹국들의 충성을 이끌어낼 수 있었다. 이 해답은 바로 '다양성'과 '관용'에 있다. 다양성과 관용은 강대국을 만들고 유지하는 데 꼭 필요한 조건이라고 할 것이다. 역사상 존재했던 세계 초강대국들은 서로 상당한 차이점을 가지고 있긴 했지만 적어도 해당 시대의 기준으로 보면 절대적인 패권국가에 오르기까지 하나같이 대단히 다원적이고 관용적인 제국들이었다.

여기서 말하는 관용이란 인권과 관련된 현대적 의미가 아니라 "자기와 다른 존재를 인정하고 포용할 수 있는 용기"를 의미한다. 관용을 통해 인종, 종교, 배경을 구별하지 않고 세계에서 손꼽히는 능력과 지혜를 갖춘 인재들을 끌어들이고 그들에게 동기를 부여하고, 편견에 물들지 않는 개방적 태도를 유지하였다.

기술적 혁신 역시 오직 관용적 태도 위에서만 가능하다. 어떤 역사적 상황이라고 해도, 세계 유수의 인적 자본 이라는 것은 어느 장소나 어느 한 인종 혹은 어느 한 종교집단 안에서 발견될 수 없는 것이다.

## 2 영 국

### 1) 대영제국의 역사적 유래

영국이 어떻게 스페인과 네덜란드를 물리치고 해양대국으로 발전하였는지에 대하여 논하고자 한다. 1558년, 엘리자베스 1세(Elizabeth Ⅰ)가 왕위에 오르고 프랜시스 드레이크(Francis Drake)는 해적들에게 사략선 면허를 지급하였고, 영국의 해적들은 스페인의 약점을 파고들어 자산을 영국으로 유입하였다. 1588년, 영국과 스페인 간의 전쟁이 터지고, 이때 영국 해군은 스페인의 자랑이었던 무적함대(스페인어: Armada Invencible)를 격파하여 일약 해양대국으로 급부상하였다.

1625년, 찰스 1세(Charles Ⅰ)가 왕위에 오른 뒤, 영국 국회는 대헌장에 명시된 의회의 권리에 따라 정치를 할 것을 요구하였다. 그 이듬해, 찰스 1세는 의회를 해산하였다. 1642년, 찰스 1세는 자신을 따르는 왕당파의 이름으로 의회에 선전포고하여 청교도 혁명의 막이 올랐고, 혁명 전쟁 끝에 올리버 크롬웰(Oliver Cromwell)이 지휘하는 의회의 승리로 끝났다. 의회는 찰스 1세의 처형을 결정하였고, 1649년 1월 30일, 찰스 1세는 처형당하였다.

올리버 크롬웰의 정치가 끝난 이후 왕정복고를 선언하며 찰스 2세(Charles Ⅱ)가 즉위하였으나, 잘못된 정치를 수행하여 윌리엄 3세(William Ⅲ)를 왕위로 옹립한 명예혁명이 있고 난 뒤, 영국의 정치 체제는 큰 변화 없이 현재까지 지속되고 있다.

영국이 이러한 정치적 안정덕택에 경제 발전의 기틀을 마련하였다고 보고 있다. 19세기 후반 영국은 세계 1위의 공업국이었고, 최고의 해군력을 보유했고, 세계의 1/4을 차지했다. 하지만, 미국, 독일, 일본이라는 신흥 강대국이 부상하자, 영국은 도전에 직면했다. 영국의 지도자들은 제국의 유지보존을 위한 어떤 대전략을 가지고 있었다. 도전하는 신흥 강대국들의 부상을 견제하는 데 결정지은 새로운 요소는 산업혁명이었다. 산업혁명이 가져다 준 기술은 경제적인 번영과 더불어 군사적인 역량으로 이어졌다. 산업혁명을 주도했던 영국은 1815년 이후 기술을 바탕으로 나머지 국가들과는 다른 형태의 새로운 강대국이 되었다.

대영제국의 힘의 원천은 산업혁명, 정치적 단합, 자유주의 규범, 해군력과 군사적 지형, 즉 섬(방어에 유리한 자리)들의 강점과 창조기술, 금융 및 신용의 국력으로 점차 바뀌고 있다.

### 2) 21세기 영국 정부의 혁신: 기능중심적 접근(Citizen-Oriented Approach)

행정개혁에 대한 지속적인 관심과 추진에 있어서는 세계 어느 나라보다도 영국이 앞서 왔다고 할 수 있다. 영국의 공무원이 아직도 국민들로부터 높은 평가와 신뢰를 받고 있는 근저에는 이러한 꾸준한 자기혁신 과정도 하나의 요인이 되고 있다. 근대적인 행정개혁의 노력은 1850년대의 「Northcote-Trevelyan 보고서」를 시발로 해서 지속적으로 추진되어 왔으며, 1968년의 「Fulton 보고서」에 이르러 그 절정에 이르렀다고 할 수 있겠다. 1970년대까지의 이러한 일련의 행정개혁은 공무원의 전문성 향상 및 폐쇄성 타파 등 공직내부의 구조적인 문제점과 인사제도의 개선에 많은 중점을 둔 것이었다.

1970년대 말부터 시작된 영국의 정부혁신 과정은 두 가지의 큰 동인이 뒷받침되었다. 하나는 정부의 재정적자의 누증에 따른 도산위기, 국제통화기금(IMF) 등 국제기구의 압력, 그리고 격심한 노동운동 등으로 인해 정부가 총체적으로 중대한 위협에 처해 있다는 점이며, 다른 하나는 대처(M. T. Thatcher) 수상의 신정부에 대한 기대와 새롭게 부각되고 있던 관리주의(managerialism)에 대한 확신 등으로 새로운 기회를 맞이하였다는 점이다.[8)]

영국의 정부혁신은 행정의 능률성 제고를 통하여 납세자의 세금에 부응하는 가치(value for money)를 창출하고자 하는 데에서 시작되었으며, 이러한 기본원칙은 개혁이 진행되는 과정에서 크게 정부기능의 재정립, 권리권한의 위임, 시장원리 및 성과관리의 도입, 행정서비스의 질 향상이라는 네 가지 기본방향 하에서 추진되었다.

첫째, 정부기능의 재정립 측면에 대해 영국의 정부혁신은 그동안 정부가 지나치게 관여하고 있었다는 자기반성에서 시작되었던 바, 정부기능을 재평가하여 공공부문과 민간부문 간의 경계를 다시 획정하고자 하는 것은 당연시하였다.

둘째, 관리권한의 위임 측면에 대해 중앙관리부처(centre of government)는 집

8) 내각사무처의 국제협력관 클라이브 페리(Clive Parry)는 필자와의 인터뷰 과정에서 영국의 정부혁신의 동인을 위협(threat)과 기회(opportunity)라고 규정하였다.

중화되어 있던 제반 권리권한을 실무부처에 위임하고, 각 부처에서도 일선 관리자에게 권한을 부여하는 대신 그에 따른 책임성을 확보하는 데 관심을 갖게 되었다. 1982년 도입된 재무관리개혁조치에 의해 각 부처의 예산 자율권은 대폭 확대되었으며, 조직권리권한도 각 기관에 일임하였다. 또한 인사권한은 지속적으로 하부위임이 추진되어 왔으며 1994년의 정부백서에서도 인사권한 자율성 확대를 지지하고 있다.

셋째, 시장원리 및 성과관리의 도입 측면에 대해 정부분야에도 시장원리를 도입하여 경쟁을 유도하고 성과관리 행정체제로 전환하고자 하였다. 이에 대해 정부조직도 집행기능만을 책임지고 담당하는 책임집행기관(Executive Agency)을 창설하여 민간의 경영방식을 적용하고 있으며, 일부 기능은 민간에 위탁하거나 내부 시장화를 도모하여 민·관 간 또는 관·관 간의 경쟁을 통한 효율화 노력을 기울이고 있다. 특히, 책임집행기관의 사장은 장관과 성과계약을 맺고 실적에 따라 책임을 진다. 또한 공직자에게도 업무목표를 부여하고 개인별 성과와 인사관리를 연계시켜 기관별은 물론 개인별 성과중심 행정체제를 추구해 오고 있다.

넷째, 행정서비스의 질 향상에 대해 행정서비스의 질을 향상시킴으로써 행정의 고객인 국민에 대한 대응성 향상에 중점을 두기 시작하였다. 1991년부터 시도된 시민헌장제도는 행정서비스를 공급자 중심에서 수요자 중심으로 전환하기 위한 정부의 개혁 노력을 가시화한 것이다.

1970년대 말부터 본격적으로 추진되어 온 영국의 정부혁신 전략은 행정의 능률성, 효과성 및 대응성 향상에 그 기본목적을 두고 있다. 이런 일련의 조치들은 행정능률분야의 혁신을 위한 능률성 정밀진단, 예산관리의 개혁을 위한 재무관리개혁조치, 그리고 시민헌장제도의 보급 등의 혁신조치를 추진함에 있어서 대처 정부의 개혁 움직임에 날개(flywheel)를 달아준 셈이다(Barberis, 1996: 7).

영국의 정부기능 및 조직에 대한 재편은 다른 선진국 정부혁신전략의 기본모델로 원용하고 있듯이, 과히 혁신적이라고 할 수 있다. 정부조직재편의 핵심내용은 국가기능을 전면적으로 재검토하여 기능의 성질에 따라 가장 적합한 형태의 조직으로 재편하는 과정이라고 할 수 있다. 국가의 정책기능에 대해서는 기존의 관료적 형태의 조직으로 남겨 놓되, 집행적 또는 사업적 기능은 별도로 분리하여 책임경영조직으로 전환하고, 민간에서 수행하는 것이 바람직한 기능은 민영화 또는 외부계

약화하였다.

영국 정부기능의 전면 검토절차인 사전대안분석(prior options analysis)에 관해 기술한다. 정부에서 수행하고 있는 기능을 일목요연하게 정리한다는 것은 상당히 어려운 작업이다. 예를 들면, 환경부 분야는 경제 관련 기능이기도 하지만, 사회복지 관련 기능이기도 하다. 재무부의 업무영역도 국가의 중앙관리기능인 동시에 경제 관련 기능이라는 이중적 성격을 갖고 있다. 영국의 경우, 정부에서 수행하고 있는 기능은 국가핵심기능, 외교국방기능, 사회기능, 경제관련기능, 연방관리기능, 정보(Secret), 국가수입기능의 7가지 기능으로 분류되고 있다(Barberis, 1996: 24).

영국에는 우리의 정부조직법과 같은 일반법이 없으며 각 부처의 조직은 다양한 법령형태에 근거하여 설치되어 있다. 다만, 특정 정부기능을 한 부처에서 다른 부처로 이관코자 할 경우 추밀원령에 의해 이관이 가능하도록 규정한 「Ministers of the Crown Act 1975」 등이 있다. 한 부처 내에서 내부조직을 변경하는 권한은 원칙적으로 해당부처에 있다.

그러나 이러한 부처차원의 조직개편은 기능중심적 접근에 의한 정부조직 재편과정에서 하나의 작은 조치에 불과하며 영국의 정부조직은 1988년 이후로 대지각변동을 겪어 오고 있다고 해도 과언은 아니다. 영국의 재무부는 1985년까지 각 부처에 정원상한(staffing ceilings)을 두어 정부의 행정비용을 통제했었다. 이러한 정원상한제는 결국 어설픈(crude) 접근방식으로 판명되었다(Commonwealth Secretariat, 1995a: 57). 이로 인해, 여러 가지 폐단이 나타났으며 1991년부터는 부처의 운영경비(running costs)를 통제함으로써 인력을 통제하는 방식으로 전환하였다. 즉, 중앙정부로부터의 감축을 일방적으로 강요하기보다는 운영경비지출의 감소를 통한 목표달성방식에 중점을 두게 되었다. 운영경비를 통한 정원통제방식은 행정비용을 적절한 통제 하에 있게 하면서 비용에 대한 절감압력을 지속화하며, 더 높은 능률을 추구하도록 하였다.

영국 정부혁신의 요체는 정부기능에 대한 체계적인 검토절차를 거쳐 가장 적합한 형태의 조직으로 전환하는 과정이다. 이 과정에서 특정 정부기능을 기존 조직에서 계속 수행할 것인지, 사업단 조직으로 전환하여 수행할 것인지, 시장테스트 과정을 거쳐 민영화할 것인지, 아니면 폐지할 것인지 등을 체계적으로 검토하는 사안대안분석(prior options analysis)을 하게 된다.

영국에서는 전통적으로 공무원 사회를 지배해 오고 있는 기본원칙이 있다. 이들 원칙으로 통합, 정치적 중립, 객관성, 실적주의에 입각한 선발 및 승진, 장관을 통한 의회에의 책임 등 5가지를 들고 있으며, 이러한 핵심원칙에 입각한 영국 공무원은 국제적으로나 국내적으로 높은 평판을 받아 왔다(White Paper, 1994: 1) 그러나 공무원 집단이 너무 폐쇄적이며 전문성이 약하다는 지적은 「Fulton 보고서」 이후로도 지속적으로 제기되었다. 영국 정부개혁 중 인사제도 혁신만을 다룬 개혁시도는 1994년 정부가 의회에 제출한 「국가공무원: 지속과 변화(The Cicil Service: Continuity and Change)」라는 백서와 후속의 「추진계획보고서백서(White Paper)」(1995)에 나타나 있다. 또한 1996년에 발표된 두 종의 백서, 「경쟁력: 유럽내 기업중심의 창조(Competitiveness: Creating the Enterprise Centre of Europe)」와 「공무원에 대한 개발과 훈련(Development and Training for Civil Service)」에서는 인적자원에 대한 투자를 강조하고 이를 실천하기 위한 계획을 천명한 바 있다.

영국의 개혁은 처음에 공공부문의 능률성과 생산성을 추구하는 것으로부터 시작되었다. 정부의 수행업무가 납세자가 낸 세금에 비해 얼마나 큰 가치를 창출하느냐에 관심이 있었고, 보다 큰 '동의 가치'를 이루어내기 위해 노력이 집중되었다. 이를 위해, 정부기능을 가급적 민간의 시장기능에 맡겨보려는 시도가 지속적으로 추진되어 왔다. 이러한 경제성과 효과성에 입각한 1980년대의 정부개혁흐름은 1990년대에 들어와서 한 차원 더 높게 발전한다. "경제성이나 효과성이 누구를 위한 것인가"라는 기본적인 이슈에 문제의식을 갖게 되었고, 개혁의 중점 또한 공공서비스의 객체에 관심을 갖게 된다. 즉, 정부서비스를 시민입장에서, 그리고 고객위주로 전환하고자 하였다. 이러한 시대적 관심변화와 정치적 필요가 부합되어 1991년 7월 10년 계획의 국민헌장제(Citizen's Charter) 도입을 발표하였다.

영국의 정부혁신은 장기적인 전략계획을 수립함에 있어서 그에 대한 목적과 방향, 그리고 추진전략에 분명한 일관성을 갖고 있는 것이 특징이다.[9)]

9) 정부기능의 재정립 문제는 우리나라에서도 정부역할의 축소주장과 함께 학계 등에서 지속적으로 제기하고 있는 이슈 중의 하나이다. 정부기능 재정립을 주장하는 기본논리는 과거 1960~1970년대의 경제개발기에 확장일로를 걸어 왔던 정부기능에 대한 재평가와 경제위주의 조직편성에 대한 비판으로부터 시작된다. 국가발전의 주도자(initiator)로서의 역할을 수행했던 시대에는 정부가 관여하고 있는 국가영역은 넓어질 수밖에 없으며, 이에 따라 정부의 기구나 인력도 확대되어 온 것이 사실이다. 그러나 민간부문의 급속한 성장 및 효율성 신장으로 인해 이제 정부는 과거의 국가발전의 주도자로서가 아니라 민간부문의 지원자(supporter or faciliator), 다원적 이익 간의 조정

## 3 미 국

### 1) 초강대국의 미래

미국은 대서양 해안을 따라 늘어선 13개 식민지에서 건국되었다. 13개 주 국가는 1775년 5월에 식민본국인 영국과 전쟁을 벌였고(미국 독립 전쟁), 1776년 7월 4일에는 독립선언서를 발표하면서 민족 자결의 권리를 바탕으로 한 연맹체 국가의 성립을 선포하였다. 이후 1783년까지 전쟁을 벌인 미국은, 파리 조약을 통해 영국의 식민지 중에서 최초로 독립을 쟁취했다. 1787년 9월 17일, 필라델피아 헌법회의에서 오늘날의 미합중국 헌법이 채택되었으며, 이듬해에 비준되어 이 주들은 강력한 중앙정부를 둔 단일 공화국이 되었다. 1791년에 비준된 미국 권리장전은 10개의 수정 헌법으로 구성되어 있으며, 여러 기본적인 민권과 자유를 보장하고 있다.

19세기에 미국은 프랑스, 스페인, 영국, 멕시코, 러시아 제국으로부터 영토를 획득하고, 텍사스 공화국과 하와이 공화국을 병합하였다. 이외에도 태평양과 카리브해에서 영토를 획득하였다. 농업 중심의 미국 남부와 산업화된 미국 북부 간에 주의 권리와 노예제 확대 문제를 놓고 갈등하면서 1860년대에 미국 남북 전쟁이 일어났다. 북부가 승리하면서 영구적인 국가 분열 사태를 막았으며, 미국에서 노예제가 폐지되었다. 이후 1870년대에 미국 경제는 가속화된 산업화와 함께 세계 최대 규모로 발전하였다. 미국-스페인 전쟁과 제1차 세계대전으로 미국은 군사 강대국의 지위를 굳혔다. 제2차 세계대전에서 미국은 최초로 핵무기를 보유하고, 국제연합 안전보장 상임이사국이 되었다. 냉전이 종결되고 소비에트 연방이 해체되면서 미국은 세계의 유일한 초강대국이 되었다. 미국은 전 세계 군비 지출의 3/5를 차지하고 있으며, 세계의 정치, 경제, 문화를 선도하는 강대국이다.

미국 경제는 1980년대 전반기에 서유럽(특히, 독일)과 일본에게 밀리는 모습을 보였다. 그것은 베트남 전쟁에서의 출혈로 미국 연방준비은행(Federal Reserve Bank) 안의 금고가 거의 바닥난 상태이었기 때문이다. 그러나 이 상황은 다시 바뀌

---

자(coordinator)로서의 역할을 수행해야 한다는 주장이다. 정부의 기능 중 불필요한 분야, 정부에서 수행함이 비효율적이거나 바람직하지 않은 분야를 발굴하여 폐지·민영화·민간위탁함으로써 국가 전체적인 효율성을 제고하자는 논리이다.

었다. 미국은 탄력적으로 국제정치·경제적 상황에 적응하면서 소련과의 냉전에서 살아남았고, 1990년대는 미국의 경제력과 정치력이 다시 회복된 시기였다. 1990년대 때마침 불어온 지속적인 경제 호황이 미국의 패권적 지위를 경제적으로 뒷받침해 주었다. 그렇지만 2000년대 초반 국제정치의 현실은 정반대의 상황으로 연출되었다. 2001년 9월 11일 알카에다는 미국 중심부를 강타하였다.

항공기 자살테러로 뉴욕 세계무역센터(WTC)가 붕괴하고 워싱턴 D.C.에 있는 국방부 펜타곤이 공격을 받은 참극이 발생했다. 9·11 동시다발 테러로 미국 패권이 도전을 받았다. 9·11 테러사태 이후 미국은 동맹국들의 반대를 무릅쓰고 무력을 사용해서라도 미국의 패권적 지위를 확보하겠다는 의지를 확고히 했다. 군사적 패권주의를 전개하면서 엄청난 국방력을 투입했다. 미국은 2002~2004년 아프가니스탄과 이라크에서 '테러와의 전쟁'을 벌이면서 국방비 지출이 급격하게 늘어났다. 이 같은 국방비는 아프리카, 라틴아메리카, 일본을 뺀 아시아(중국 포함), 중동의 2004년 국방비 지출을 모두 합친 규모(1,930억 달러)보다 많았다. 폴 케네디(P. M. Kennedy)는 무리한 군사적 팽창(military over-strech)으로 국력의 약화와 패권의 쇠퇴를 부채질한다고 주장하였다. 2004년 초 미국이 진 채무는 10.5조 달러에 달했다. 그럼에도 불구하고, 미국은 세계 금융의 대들보로서 미국 달러가 지닌 위상도 위협받지 않을 것이라는 낙관론을 편다.

조지프 나이(J. S. Nye Jr.)는 미국이 경제력에서 패권적 지위를 잃지 않았고 앞으로도 계속 패권을 누리게 될 것이라고 주장한다. 실제, 세계 경제를 주도하고 있는 G20 회원국들이 국제통화기금(IMF)과 세계은행(World Bank) 등의 개편을 초래하고 있는 금융, 세계적인 금융위기뿐만 아니라 향후의 국제경제 위기 및 국제금융체계의 새로운 질서로의 재편에 결정적 영향을 끼치게 될 국제협력의 중심체로 역할하게 될 것이라고 판단하였기 때문이다.

### 2) 미국의 정부재창조: 종합적 접근(Cost-Oriented Approach)

스위스의 국제경영개발원(IMD)이 1997년 3월 발표한 「1997년 세계경쟁력 평가 중간보고」에 의하면 미국은 국내경제, 금융, 사회간접자본, 과학기술 부문에서 각각 최고의 경쟁력을 인정받아 세계경쟁력 종합 1위를 차지하였다. 그러나 정부부문에서는 싱가포르, 홍콩, 뉴질랜드, 말레이시아, 캐나다, 스위스에 이어 7위로 평가됨으로써 민간부문에 비해 상대적으로 저조하다는 것을 보여주고 있다.

미국은 '권력분립을 통한 민주적 정부'라는 이념 아래 연방정부와 지방정부에 권력을 분산하고 연방정부는 국방 · 외교 · 치안 · 기타 국가적 차원의 서비스를 담당하여 왔다. 그러나 20세기에 들어서면서 산업사회로의 이행과 더불어 1930년대의 뉴딜(New Deal) 정책을 시점으로 연방정부의 기능과 권한이 강화되고 사회 전반에 걸쳐 국가의 개입이 확대되어 왔다.

1960년대부터는 빈민구제 · 도시 · 환경 · 에너지 문제로 정책 비중이 옮겨가면서, 각종 정부규제로 인한 민간 부담의 증가, 경쟁력 저하, 행정의 형식주의 등에 대한 미국인들의 불만은 정부혁신에 대한 압력으로 작용하여 왔다. 1974년에 취임한 포드(G. R. Ford) 정부에서 1989년 부시(G. W. Bush) 정부에 이르기까지 연방정부의 효율화 및 규제개혁 등 일련의 개혁노력을 기울여 왔으나 근본적인 혁신으로 이어지지는 못하였다. 1993년 클린턴(B. Clinton) 정부가 들어서면서 이미 정부혁신 조치를 취해왔던 영국, 뉴질랜드, 호주 등의 외국정부와 주정부 · 지방정부, 그리고 민간기업의 혁신사례를 거울삼아 '정부재창조'라는 기치를 내걸고 정부혁신에 착수하게 되었다.

정부혁신을 시작한 경제협력개발기구(OECD)는 다른 국가와 마찬가지로 클린턴 행정부의 정부혁신도 심각한 재정난을 그 원인으로 하고 있다. 당시 연방정부의 재정적자는 1992회계년도 말 기준으로 4조 20억 달러였다(Council of Economic Report, 1996: 367). 이토록 대규모의 재정적자를 발생시킨 연방정부의 능력에 대해 국민의 불신이 쌓이기 시작하였다. 당시 민국인들은 정부예산의 48%가 낭비되고 있다고 생각하고 있었고, 정부가 일을 제대로 하고 있다고 생각하는 미국인의 비율이 고작 20%밖에 지나지 않았다(NPR, 1993a: 1)

미국의 정부혁신은 종합적이며 실용적인 접근방식을 택하고 있다. NPR(National Performance Review)이 내세운 정부재창조 제1단계(1993년 9월~1994년 12월)의 기본원칙은 관료적 형식주의 제거(Cutting Red Tape), 고객우선주의(Putting Customers First), 성과산출을 위한 공무원의 권한 강화(Empowering Employees to Get Results), 기본원칙으로의 복귀(Cutting Back to Basics)이다. 첫째, 관료적 형식주의를 제거하기 위한 방안으로는 하부조직 또는 담당자들의 재량권을 확대하며, 업무성과를 중시하도록 하고, 연방정부 내부의 불필요한 통제절차를 제거하여 업무 흐름을 신속하게 할 수 있도록 건의하였다. 둘째, 고객우선주의에 대해 NPR은 행정서비스를 이용하는 고객의 만족도를 제고하는 방향으로 업무절차를 개선하도록 건의하였다. 셋째, 성과 위주의 관리방식을 실현하기 위한 방안이다. NPR은 효과적이고 기업적인 정부가 되려면 권한을 분산함으로써 조직문화를 바꾸어야 한다고 건의하였다. 이를 위해, 일선공무원의 권한을 강화하는 대신 업무 수행의 결과에 대해서는 책임을 지도록 하였다. 넷째, 기본적으로의 복귀와 관련하여 불필요하고 중복된 조직과 절차는 폐지하고 장기적인 투자와 첨단기술을 통해 비용을 절감하는 등 업무처리방식과 절차를 끊임없이 개선하고 재검토할 것을 강조하였다.

클린턴 행정부 임기 중반인 1994년 중간선거 결과, '미국과의 계약'이라는 개혁입법 공약을 내세운 공화당이 트루먼(H. S. Truman) 정부 이후 40년 만에 상하 양원에서 다수당의 위치를 차지하게 되자 "중앙에 집중되어온 돈과 권력을 지방정부와 시민에게 돌려주어야 한다"는 기치를 내걸고 클린턴 행정부의 정부재창조 작업이 미온적이라는 정치공세를 펴기 시작했다. 클린턴 행정부는 이와 같은 공화당의 정치공세에 대비하고 정부재창조 제2단계(REGO Ⅱ)를 추진하였다. 정부재창조 제1단계에서는 기존 정부사업을 '어떻게' 하면 효과적이고도 적은 비용으로 운영할 수 있을 것인가 하는 문제에 초점을 맞추었다면, 제2단계에서는 기존의 제1단계 작업을 계속 추진하는 동시에 정부가 '무슨 일'을 할 것인가 하는 보다 근본적인 문제에도 초점을 맞추기 시작한 것이다. 정부재창조 제2단계 착수 이후 클린턴 행정부는 각 행정기관으로 하여금 현재의 조직·사업·규모를 재검토하여 존치의 필요성을 입증하지 못할 때에는 폐지·축소하도록 지시하였다. 정부재창조 제2단계에서는 정부혁신의 강도와 범위가 더욱 심화되었지만 정부재창조 제1단계의 기본원칙이 달라진 것은 아니다.

영국의 정부혁신은 능률성 정밀진단 → 재무관리개혁 → Next Step 계획(Next Steps Program) 등과 같이 일련의 흐름과 단계별로 두드러진 초점이 있었다. 이에 비해, 미국의 경우는 NPR이 연방정부 전반에 대해 검토·평가한 뒤 다양하고 광범위한 건의사항을 일시에 제시하고 있다. 클린턴 행정부의 정부혁신 작업 중 가장 가시적인 성과는 연방정부 인력감축이라고 할 수 있다. 1997년 4월 인디애나 대학교에서 개최된 공무원인사제도 회의에서 관리예산처차관보 카멘스키(John Kamensky)

는 이미 29만 1천 명을 감축하여 1999년까지 272,000명을 감축하기로 한 「연방인력재편법」의 일정을 앞당겨 목표를 초과달성하였다고 발표하였다. 한편, 정부기능의 재검토 과정은 기관 본연의 임무를 필수적이지 않는 사업・기능은 폐지하거나 민영화하고 불필요하거나 중복된 기능・조직은 통・폐합하며, 연방정부가 수행하는 것이 바람직하지 않은 경우에는 지방정부로 이양하거나 민간기업으로 위탁하며, 연방정부에서 수행하더라도 시장원리와 경쟁을 도입하는 등에 의해 재검토를 착수하였다.

1997년부터 일부 연방기관을 성과중심 조직체(Performance Based Organizations: PBOs)라는 새로운 형태의 조직으로 전환하기로 하였다. 이는 영국이 1988년부터 'Next Steps Program'에 의해 추진하고 있는 사업단(agency)의 영향을 받았다고 할 수 있다.

성과관리를 추진위해서는 계량적인 목표를 설정하고 그 성과를 측정해야 하는데 미국에서는 장관을 정치적으로 임명하고 해임할 수 있고, 장관은 대통령에 대해 연방기관의 포괄적인 운영책임을 지고 있기 때문에 예산과 성과의 관계를 측정하는 것은 쉬운 일이 아니다. 이와 관련하여 관료제의 계층수준에 따라 성과측정을 달리해야 한다는 견해가 존재하고 있다(Kettl, 1994: 45). 미국의 정부혁신 작업 중 특기할 사항은 정보기술의 활용을 강조하고 있다는 점이다. 정보기술의 활용으로는 업무 능률 향상을 위한 전산화, 의사결정에 도움이 될 수 있는 데이터베이스의 구축, 정보공유 및 통신을 위한 컴퓨터 네트워크 구축들이 포함된 것으로 볼 수 있다.

규제개혁과 관련해서는 1970년대 중반부터 각종 정부규제로 인한 민간부문의 부담증가, 경쟁력 저하, 행정의 형식주의 등 이른바 정부실패의 문제가 심각하게 제기되었다. 이에 연방정부는 시장의 실패를 치유하기 위하여 철도・항공・화물운송・에너지 등의 분야에 도입되었던 경제적 규제를 폐지・완화하였다. 이에 따라 경제적 규제는 1970년대 후반부터 감소하는 반면 보건・안전・환경보호 등의 사회적 규제는 규제법률이 도입되는 등 증가추세를 보이고 있는데, 현재 미국에서 논의되고 있는 규제개혁은 대부분 사회적 규제와 관련된 것들이다. 연방정부에서는 정부규제로 인한 사회적 비용의 증가를 개선하기 위해 비용편익분석을 통한 규제심사제도를 확립해 왔음에도 불구하고 규제의 연간 총비용이 계속 증가함에 따라 국민과 기업의 불만이 누적되고 있다.

미국 행정부의 규제관리체계에서는 정부의 규제가 법률이 요구하고 시장실패를 치유·예방하기 위해 필요한 경우에 한하여 가장 비용효과적인 방법으로 신중하게 이루어져야 한다는 규제의 철학을 기저에 깔고 있다. 클린턴 행정부에서의 특징은 지난 30년에서 50년 간 거의 손대지 않은 기존 규제들에 대한 근본적인 재검토를 강조하고 있다는 점이다. 고객 최우선을 원칙으로 하는 1993년 9월의 「NPR 보고서」 발표 이후 클린턴 행정부는 행정서비스의 개선을 위한 '고객서비스 기준(customer service standards)'에 관한 법령을 제정하였다. 또한 미국은 연방의 행정내부의 관리개혁을 통하여 공무원의 직위분류체계 단순화, 예산절감을 위한 조달절차의 개혁 등의 인적자원 관리정책을 시도하여 왔다.

미국의 정부재창조에 대한 정부혁신 평가는 미국이라는 사회의 다원성으로 인하여 이에 대한 비판도 존재하며 그 성과에 대한 의견도 엇갈리고 있다. 특히, 정부의 혁신과정에서 인력감축 및 기구축소의 방향으로 논의의 초점이 모아지고 있는 것에 대해 전문가들이 우려와 비판을 표시하고 있다는 점이다.[10]

정리하면, 최근 세계적인 정부혁신 추세는 정부의 역할 선정, 새로운 조직구조 형성, 관리기법의 개선 등 세 가지 측면을 함축하고 있다. 정부혁신을 추진하고 있는 국가의 대부분은 정부역할을 축소하고 있다. 기존 관료제 조직의 한계는 성과관리 조직체와 같은 새로운 형태의 조직을 모색하도록 하고 있고, 발달된 정보기술과 관리기법은 정부혁신의 중요한 도구로 활용되고 있다.[11]

## 4 뉴질랜드

### 1) 뉴질랜드의 정부혁신: 급진적 접근

1980년대 이후 OECD 국가에 확산되기 시작한 신우익론자의 작은 정부론은 정

10) 궁극적으로 한국의 정부혁신에 시사점은 정부혁신의 접근방식이다. 미국 NPR은 'How'에 초점을 두고 정부역할 범위와 관련된 것이 아니라 비용절감을 위한 것이었다.

11) 그런데 과거에 한국이 추진했던 행정개혁은 정부의 역할에 대한 논의없이 기존의 정부기능과 관리기법을 그대로 둔 채 기구중심적 개편방식을 취하였기 때문에 그 성과는 제한적일 수밖에 없었다.

부조직관리에 심대한 영향력을 행사하고 있다. 그중에서 가장 급진적으로 정부개혁을 추진한 나라가 뉴질랜드이다. 현재 이는 '뉴질랜드모형(New Zealand Model)'으로 불리며, 하나의 성공적인 개혁사례로 평가받고 있다.

공공관리개혁을 추진한 다른 나라와 비교해 볼 때, 뉴질랜드는 일부 핵심집행부에 의해 집권적, 그리고 급격하게 추진된 기술관료적 접근법(technocratic approach)을 택한 국가로 분류된다(Mascarenhas, 1990). 실제 뉴질랜드는 정부혁신에 있어서 시장지향성을 최대한 극대화하여 추진한 나라로 간주된다(Osborrne & Gaebler, 1992). 개혁의 청사진은 레인지(David Range) 노동당 정부의 재무부 장관인 더글라스(Roger Douglas)에 의해 마련되었다. 이러한 개혁 추진 배경에 대해 살펴보면, 정부부채 증가와 경제위기, 정치적 급진주의(political radicalism)의 전통, 중도성향의 양당체제 기반에 의한 강력한 중앙집권적 정책집행과 결정이 밑바탕에 자리하고 있다. 이들의 정책은 이론적인 자원으로 미국 대학의 미시경제학적 접근과 신제도주의경제학에 근거하고 있다.[12] 뉴질랜드 정부혁신의 추진세력은 시카고학파의 자유시장이론을 근거로 <표 3-1>과 같은 작은 정부관을 갖고 있었다.

보스턴 외(Boston et al., 1996: 81)는 1984년 이래 추진된 뉴질랜드 정부조직개혁의 목표를 다음과 같이 정리한다. 첫째, 분배 및 생산 능률성을 극대화한다. 둘째, 직접적인 부처 통제 하의 국가기능의 범위를 축소한다. 셋째, 관리적 책임성과 정치적 책임성의 분명한 경계를 확보한다. 넷째, 모든 조직의 분명한 사명감과 각자의 책임성을 규정한다. 다섯째, 양질의 경쟁적인 정책자문을 확보한다. 여섯째, 관료적, 규제적, 공급자 포획 위험을 최소화한다. 일곱째, 수평적인 조정을 확보한다. 여덟째, 대표관료제를 증진한다.

뉴질랜드 정부혁신의 경험은 이러한 목표를 모두 성취할 수 없었는데, 이는 목표 간의 상호 모순되는 측면이 있다. 예를 들면, 정책자문의 경쟁적인 공급을 확보

---

12) 재무부의 경제관료는 코즈(R. H. Coase)의 『기업의 본질(*The nature of the firm*)』, 윌리엄슨(O. Williamson)의 거래비용이론(transaction costs theory), 보몰(W. Baumol)의 경쟁성이론(contestability theory), 알치안(A. Alchian)의 재산권이론(property rights theory), 뷰캐넌(J. Buchanan)과 털럭(G. Tullock)의 공공선택론에 큰 영향을 받았다. 이들 많은 경제관료들이 하버드대학교 행정대학원과 경영대학원, 로체스터대학교 경제학과를 수학하였다. 반면에, 이러한 정부개혁 과정에서 뉴질랜드 대학사회의 역할은 미미하였고, 이들은 정부의 급진적인 정책추진에 미온적이거나 비판적인 입장을 취했다(Bollard, 1994: 90-91).

**표 3-1** 뉴질랜드 정부개혁의 정부관

| | 정부의 역할 | | | |
|---|---|---|---|---|
| | 서비스 공급 | 소유권 | 서비스 생산 | 규 제 |
| 이론적 토대 | | | | |
| 1984년 이전 | 시장실패이론 | 형평/민족주의 | 직접생산 | 직접통제 |
| 1984년 이후 | 공공선택론<br>재산권론 | 주인–대리인<br>이론 | 공급자중심 | 경쟁성, 거래비용,<br>적은 규제 |
| 생산영역정책 | | | | |
| 1984년 이전 | 의회표결에<br>의한 직접공급 | 광범위한<br>공적소유 | 광범위한<br>공적생산 | 많은 규제독점<br>가격/수입/진입통제 |
| 1984년 이후 | 공공재 영역만 | 기업화, 민영화 | 민간계약 | 상업법 및 시장경쟁 |
| 사회영역 전체 | | | | |
| 1991년 이전 | 공급에 대한<br>직접투표 | 거의 정부소유 | 거의 정부소유 | 허가 |
| 1991년 이후 | 민간공급으로<br>이동 | 기업화,<br>공동체 소유 | 민간계약 | 변화 적음 |

출처: Bollard(1992: 10)에서 재구성.

하고 사회 소외계층의 대표관리제를 확보하려면 생산능률성을 저해하게 된다. 또한 생산자 및 규제의 포획을 방지하기 위해서는 상대적으로 높은 거래비용, 조정문제의 악화, 정보유통의 방해를 가져올 조직구조를 낳게 된다. 이러한 갈등의 근본은 조직구성의 권위원리와 시장원리 간의 역관계(trade-offs)에 있다. 이 중 뉴질랜드모형의 본질은 조직구성의 원리에서 시장원리로 급진적인 개혁에 있었다.

노동당 집권 후 초기의 주요한 정부혁신의 제1단계(1984~1987) 내용은 의사결정의 분권화(decentralization), 상업화(commercialization), 기업화(corporatization), 그리고 조직개편 조치였다. 1987년 노동당 정부의 재선 이후, 정부효율성 증진의 지속적인 추구로 공무원에 관한 법률에 근본적인 변화를 추구하였다. 제1단계 사이에 관리권한의 분권화 시도가 있었음에도 불구하고, 실제로는 기존의 집권적인 통제체제가 지속되었다(Palmer, 1987: 82). 이에 뉴질랜드 정부혁신의 제2단계는 성과관리체제를 확고히 하기 위해 인사 및 재무관리의 혁신을 도입하였고, 이를 위해 공무원법과 재정법이 제정되었다.

1987년 레인지 노동당 정부의 재선과 공무원법과 재정법의 통과 이후 '차 한잔의 휴식(pause for a cup of tea)'이라는 비유처럼 뉴질랜드 정부혁신의 속도는 상당히 둔화되었다. 이 시기는 노동당 내적으로 개혁정책에 대한 갈등이 가속화된 시기로, 이 결과 수상과의 정책 갈등으로 더글라스 재무부 장관이 사임하게 된다. 그러나 1990년 국민당 정부의 볼저(J. Bolger) 수상의 등장으로 정부혁신의 에너지가 재충전되었다.

1980년대에 걸쳐 추진된 정부부문의 시장화 및 관리주의 혁신의 결과 행정체제의 분절화(fragmentation)와 부처 간 정책조정의 문제점이 제기되었다. 이를 극복하기 위해 기존의 재무 및 성과관리체계(financial management and performance management framework)에서 총체적인 전략관리체제(overall strategic management framework)로 전환하고, 범정부적인 장기적 전략을 강조하게 되었다. 이러한 전략적 관리의 구체적인 조치로 「Strategic Result Areas for the Public Service, 1994~1997」을 발표하였다. 그리고 다음과 같은 9가지 전략성과분야를 제시하였다.

① 경제성장의 지속 및 가속화

② 기업과 혁신

③ 외부연계

④ 교육과 훈련

⑤ 지역 공동체의 안전

⑥ 사회부조

⑦ 보건과 장애인 서비스

⑧ 조약 분쟁해결

⑨ 환경보호 및 증진

뉴질랜드의 전략적 관리체제의 정점을 이루는 전략성과체계(SRAs: Strategic Result Areas)는 장관들의 대화와 분석을 통해 형성되며, 이는 정부기관의 우선순위를 결정한다. 대체로 하나의 전략성과영역은 여러 부처와 관련되어 있다. 예를 들어, 교육 및 훈련 영역은 교육부, 노동부, 여성부, 마리오개발부 공공관리위원회 내 각사무처와 관련되어 있다. 이를 통해, 정부의 목표와 우선순위가 명확하게 각 부처와 시민에게 전달되어 부처 간 조정 및 협력의 강한 인센티브를 마련해 주었다.

### 2) 정부혁신의 주요내용

1984년 정부혁신을 전후로 뉴질랜드 중앙정부의 조직에 큰 변화를 가져왔다. 뉴질랜드 중앙정부부처(Core Public Service) 조직개편의 핵심을 정리하면 다음과 같다. 상업적 기능을 비상업적 기능을 분리하여 상업적 기능의 대부분을 공기업으로 전환하고, 나머지 소수의 상업기능은 부처조직과 분리하여 독립기관으로 전환한 점이다(Boston et al., 1996: 81－82).

뉴질랜드 정부인사관리는 1988년 공무원법(State Sector Act)의 도입으로 급격한 변화를 가져왔다(Boston et al., 1996: 211). 1988년 공무원법의 핵심은 새로운 사무차관(chief executive) 제도의 도입이다. 사무차관은 고용주(employer)로 부처 내의 모든 인사권을 행사한다. 개편된 공공관리위원회(State Services Commission)가 고용주(employer party)로서 고용조건에 대한 단체협상을 담당한다. 이러한 정부인력관리의 혁신조치로 단일 공무원 집단이라는 개념이 무너지고 각 부처 공무원이 독자적으로 운영되었다.

1988년 공무원법에 따라 뉴질랜드 고위공무원의 응집적 집단을 구성하려고 고위공무원단(Senior Executive Services) 제도를 도입하였다. 그러나 고위공무원이 단일집단(unifying force)으로 형성되지 못했고, 고위공무원이 자신을 전문관리집단으로 인식하고 있지도 않았다. 정부예산관리 혁신은 1989년 재정법에 기본 내용이 담겨 있고, 이후 1994년 재정책임법(Fiscal Responsibility Act)과 재정보완법(Public Finance Amendment Act)을 통해 강화하였다. 재무관리개혁의 핵심은 기존의 투입통제체제에서 산출/효과체제로의 전환이 있다. 즉, 장관과 사무차관 간에 이러한 산출－효과체제의 분리가 책임성의 기초가 된다.

뉴질랜드의 작은 정부로의 정부혁신 방향과는 상이하게 정부예산의 측면에서 감축은 일어나지 않았다.

뉴질랜드의 정부개혁은 작지만 효율적인 정부를 낳았다고 주장된다(Boston, 1996: 87; Walker, 1996: 363). 뉴질랜드 정부혁신의 특징은 다음과 같다. 첫째, 정부혁신의 초기 가장 성공적인 분야는 정부부처의 상업화 및 공기업화에서 찾을 수 있다. 특히, 공기업으로서의 개편 후 전기통신, 우편, 철도, 서간, 산림, 항만분야에서 생산성 향상과 비용절감을 이루었다. 둘째, 정부부처의 정책기관화에 따라 고위 관료는 정책기획업무에 전념할 수 있어 정책자문의 성과가 범위, 질, 다양성 면에서 개선되었다. 환경, 과학, 여성문제에 대한 전략적인 정책자문이 대표적인 예이다. 셋째, 정부부처의 독립기관화에 따라 집행을 담당하는 독립기관은 규정된 목표하에서 분명한 조직임무를 수행할 수 있음으로써 생산적 능률성을 가져왔다. 넷째, 새로운 재무 및 회계관리체제는 부처의 업무수행 능력을 혁명적으로 개선하였다. 이를 통해, 불필요하고 낭비적인 업무과정이 노출되어 제거되었으며, 특히 자본효율성이 급격하게 증대되었다. 그리고 새로운 체제는 장관의 예산지출에 대한 통제력을 강화시켜 정부의 재정상태가 여러 가지 면에서 개선되었다. 다섯째, 인사권한의 위임으로 우려했던 비용증대 및 재량권 일탈행위가 나타나지 않았다. 대신 인건비가 억제되면서 좋은 관행(good practice)이 형성되었다.

뉴질랜드의 성공적인 정부혁신사례는 벤치마킹의 후보임에는 틀림이 없다. 그러나 총체적이고 급진적인 접근을 택한 뉴질랜드모형을 수용하는 데 있어서는 과거 행정개혁사에 점철된 제도 수입의 형식주의를 극복하여야 한다.

## 제 3 절 닫힌사회

사회형태로 볼 때 우리문화를 탄생시킨 농경사회는 닫힌사회 분류된다. 혈연, 지연 등 만져보고 바라보고 같이 생활하는 구체적 관계로 맺어진 사회라는 점에서 부족사회와도 유사하다. 닫힌사회는 대체적으로 변화를 거부한다고 한다. 닫힌사회에서 변화는 긴장과 불안을 조성하고 기존질서를 파괴하는 것이기 때문에 금기시 되다시피 하고 있다.

그런데 우리는 지금 열린사회에 살고 있다. 우리는 이미 농경사회에서 산업사회로 넘어왔고 정보화사회의 한가운데 살고 있는 것이다. 교통과 상업의 발달은 일찍이 닫힌사회를 붕괴시켰으며 민주주의와 시장경제가 도입된지도 오래다.

경제에서는 국경까지 무너지고 있다. 금리도 외환도 자율화되고 금융산업도 칸막이가 없어져가며 OECD 가입과 선물시장 개장은 바로 우리 눈앞에 와 있다. 이제 닫힌사회에서 열린사회로의 이동은 불가피하다. 물론, 넘어야 할 문화충격도 엄청날 것이다. 닫힌사회에서 학습하지 못한 상황, 즉 경험이 쓸모없어지고 경쟁에서 이겨야 하면 불확실한 미래에 도전하고 결과에 대해 책임져야 하는 새로운 상황에 적응하지 않으면 안 된다. 그러나 우리들 중 일부는 아직도 닫힌사회에서 열린사회로 나오기를 주저하고 있다. 열린사회에 대한 불안과 신념의 부족 때문일 수도 있고 닫힌사회가 갖는 배타성이 이유일 수도 있을 것이다.

열린사회란 환경과의 상호작용이 빈번한 사회다. 우리가 열린사회에 살고 있음을 부정하는 사람은 없다고 본다. 다만, 타성, 관성, 고착성(fixity) 등으로 불리우는 현실 안주의 습관을 점진적이 아닌 파괴적인 창조를 통해 어떻게 변화하느냐에 있다. 변화는 과정이 따르기 마련이고 경우에 따라서는 보다 나은 미래를 위해 현재를 포기해야 하기 때문에 미래를 보는 지혜와 현재를 파괴하는 용기가 절대 필요하다.

긴장은 닫힌사회의 붕괴에 의해 최초로 제기되는 계급 간의 긴장 문제와 아주 밀접하게 관련되어 있다. 닫힌사회 자체는 이것을 문제 삼지 않는다. 적어도 닫힌사회의 지도자들에게는 노예제도, 신분제도, 그리고 계급 통치는 문제시되지 않는다는 의미에서 '자연스러운' 것이다. 그러나 닫힌사회의 붕괴와 함께 이런 확신은 사라지고, 안전하다는 느낌도 모두 사라진다. 부족공동체(그리고 그 후에는 도시)는 부족구성원들에게는 안전지대이다. 적들과 위험스럽고 적대적이기도 한 신비한 힘에 둘러싸여 있는 부족구성원은, 어린 아이가 자신의 일정한 역할—자기가 잘 알고 있고 , 잘 해낼 수 있는 역할—을 하는 자기 가족과 가정을 경험하는 것과 같이, 부족공동체를 경험한다. 계급문제와 사회적 지위에 대한 다른 문제들이 나타나는 닫힌사회의 붕괴는, 심각한 가정 분화와 가정의 파탄이 어린아이에게 미치기 쉬운 영향과 똑같은 영향을 사람들에게 미쳤을 것이 틀림없다. 물론, 이런 종류의 긴장은 특권계급이 겪었던 것으로, 그들은 이전에 압박받던 자들에 의해 보다 강력한 위협을 받고 있었던 것이다. 그러나 옛날에 압박받던 자들조차도 편안하지는 못했다. 그들 또한 그들의 '자연스러운' 세계가 붕괴되는 데에 경악했던 것이다. 그리고 그들은 투쟁을 계속했지만 종종 전통과 현상유지와 높은 교육수준과 자연스런 권위의 감정으로 지탱되던 그들의 계급적인 적에 대해 승리를 거두는 것을 주저했다.

이는 '시민계급'의 등장 직전을 다루고 있다. 그리스 이전 사회는 미케네 문명이다. 미케네 문명은 매우 발전된 문명이었으나 전제적인 부족공동체였다. 미케네

가 멸망하고 800년 후에 등장한 그리스 문명 역시 사정은 다르지 않았다. 닫힌사회라는 '자연스러움'은 혈연을 중요시한 초기 아테네와 스파르타의 공통점이었다. 일반화하지 않는 범위에서, 스파르타가 산에 둘러싸인 패쇄적인 공간이었던 반면에 아테네는 해안에 접한 열린 공간이었고, 포도와 올리브를 재배하던 그리스 지역은 무역과 상업의 필요성이 적극 필요해졌다. 스파르타가 자신의 닫힌 공간에서 극단적인 전체주의 사회를 구성했던 반면에 아테네는 자유로운 상공업으로 나아갔다. 바로 '자유 시민'의 등장 배경이다.

이런 관점에서 우리는 이런 발전을 성공적으로 저지시켰던 스파르타의 역사를 이해해야 하고, 민주주의를 주도한 아테네의 역사를 이해하도록 해야 한다. 닫힌사회의 가장 강력한 붕괴요인은 아마 해상교통과 상업의 발달일 것이다. 다른 부족과의 밀접한 접촉은 부족제도가 필요하다는 감정을 뿌리째 흔들기 마련이다. 그리고 무역과 상업의 주도권은 부족주의가 우세한 사회에서도 개인의 주도권과 독립이 주장될 수 있는 몇몇 형태 중의 하나인 듯하다. 항해와 상업, 이 둘은 기원전 5세기에 발전된 아테네 제국주의의 특징이 되었다. 그리고 그것들은 사실상 과두정치 독재자나 아테네의 현재나 예전의 특권층에 속하는 자들이 가장 위험시한 발달이었다.[13)]

## 1 일본 행정개혁

### 1) 현상황에 대한 인식

메이지(明治)유신 이후 1백여 년 동안 일본을 이끌어 온 실질적인 구심점은 강하고 안정적인 관료제였다. 국회에서 통과되는 법률의 80% 이상이 정부의 입안으로 이루어졌을 뿐 아니라, 이들로부터 나오는 행정지도는 기업활동이나 국민생활의 방향을 제시해 주었다.

전후 선진국을 따라잡는 것이 국가 목표이던 시절에는 효율적이라고 평가되었

13) 항해와 상업의 발전은 불균등한 토지분배 문제로 많은 그리스인이 식민지 교역에 나섬으로써 자연스레 상공업으로 부를 획득한 집단이 생겨났다. 상인, 곧 개인의 등장이며 시민(demos)의 등장인 것이다.

던 일본형 시스템은 오늘날 구조적 문제에 직면해 있다. '선진국 따라잡기' 시대가 끝나면서 이러한 관료중심의 일본식 구조, 일본적 시스템은 개혁의 표적으로 전락하였고 관료들은 이제 국민의 존경 대상에서 제외되었다.

이러한 문제들은 글로벌화의 급격한 진전과 거품경제가 제거되면서 점점 더 명확해지고 있다. 더욱이 최근 정부의 재정적자가 날로 늘고 있고 관료의 스캔들이 이어지고 있는 가운데 과연 비대하고 비효율적인 정부부문을 그대로 유지할 필요 필요가 있는가 하는 의문이 강하게 제기되고 있다. 시장의 활력을 저해하는 규제를 완화하고 행정시스템을 효율적으로 개혁하는 것은 고령화 사회의 도래를 준비하는 일본에 있어서 긴박한 과제가 아닐 수 없다.

일본의 구조조정에 대해 그 필요성과 효과, 정책의 방향을 둘러싸고 정부를 비롯한 정책분석가들 간에는 대략적인 인식의 일치가 이루어진 것으로 보인다. 규제완화를 통해 시장의 활력을 높여야 하며, 그것을 가능하게 하기 위해 비효율적인 정부부문의 개편이 불가피하다는 인식이다. 이 같은 개혁이 이루어지지 않을 경우 일본은 가까운 장래에 어려운 상황에 봉착하리라는 예측도 나오고 있다.

행정개혁[14)]은 그 추진방법과 강도에 있어서 큰 차이는 있을지언정 어느 나라 정부에서나 지속적으로 추진하고 있는 것이다. 일본의 경우, 개혁과제를 심의하고 개혁방안을 건의하는 행정개혁 추진기구를 지속적으로 설치하고 있기 때문에, 그 추진기구의 설치목적과 검토된 과제를 분석함으로써 그 흐름을 비교적 용이하게 파악할 수 있다. 일본의 행정개혁은 그 주안점을 어디에 두었는가에 따라 다음의 3가지 흐름으로 크게 구분할 수 있다.

행정개혁 제1의 흐름은 1940년대 후반부터 1950년대 전반에 걸쳐 행정의 민주성과 능률성 확보를 행정개혁의 최대과제로 삼았던 미국의 '후버 위원회(Hoover Commission)'의 영향으로, 일본에서는 1960년대 초반 행정의 능률성 확보를 위한 개혁의 시도가 있었다.

행정개혁 제2의 흐름은 1980년대에 들어 행정개혁에 다른 흐름이 나타났다. 1970년대 후반 경제성장이 저하되고 국가재정이 악화되는 상황 하에서 국가재정을

14) 일본은 정부의 변화와 혁신에 관련된 조치들에 대하여 '행정개혁'이라는 용어를 일관되게 사용하고 있다. 하시모토(橋本) 내각에서도 종전의 행정개혁과는 기본시각, 접근방법, 개혁의 내용 등에 큰 차이가 있음에도 불구하고 '행정개혁'이라는 용어를 동일하게 사용하고 있다.

재건해야 한다는 과제와, 곧이어 1980년대 초 일본 경제의 수지흑자가 확대되는 시대배경 속에서 어떻게 하면 일본 경제를 국제사회와 조화시켜 나갈 것인가 하는 경제구조조정이라는 과제가 새로운 행정개혁의 과제로 등장하였다. 경제구조조정의 주된 수단은 공적규제를 완화하는 것으로 집약된다. 행정개혁 제3의 흐름은 1990년대 초반에 공적규제완화와 더불어 나타난 또 하나의 개혁의 흐름은 국민생활 중시, 국제화 대응의 중시, 행정의 투명성·공정성 확보라는 관점에서 추진하는 행정개혁의 노력이다. 고령화 사회로의 진행 속에서 국민이 진정한 의미에서 풍요로움을 맛보기 위하여 어떠한 행정상의 체제와 이념이 필요한가, 또한 사회경제의 급속한 세계화가 추진하고 있는 가운데 일본의 행정제도는 국제적인 조화를 이루기 위하여 어떻게 고쳐야 할 것인가 하는 것이다. 이러한 개혁의 흐름은 1990년의 '제3차 임시행정개혁추진심의회', 그리고 '행정개혁위원회' 및 '행정개혁회의'의 주요 관점이 되어 있다.

이와 같은 개혁의 흐름은 서로 단절되어 있는 것은 아니며 시대적 상황에 따라 앞의 흐름보다는 뒤의 흐름이 중요시된다는 의미이다.

## 2 중 국

21세기 화두로 중국의 부상을 언급하지 않을 수 없다. 중국을 전통적인 대국, 경제대국, 군사대국, 그리고 정치·외교적 강대국으로 언급하고 있다. 중국은 세계 제1의 인구대국이며, 세계 4위의 영토대국인 중국, 그리고 고대문명의 전통을 가지고 있는 중국은 그 외형적 조건만으로도 전통적인 대국이라고 할 수 있다. 중국은 1978년 개혁개방 이후 30년 동안 세계에서 가장 빠른 속도의 경제성장(연평균 9.8%)으로 2007년 현재 구매력 기준으로 계산한 중국의 국민총생산(GDP)은 미국 다음의 세계 제2의 경제대국, 제2의 수출대국, 그리고 제1의 외환보유국으로 경제대국이다. 중국은 고도성장의 경제력을 바탕으로 지난 20년 간 중국은 매년 두 자릿수의 국방비 증액을 계속하면서 군사력의 현대화를 추진하고 있는 핵무장한 군사대국이다. 끝으로, 중국 경제의 급속도의 성장과 더불어 중국은 주변 국가들의 주요 수출시장이며 투자지역으로서 부각되면서 중국의 정치·경제적 영향력이 확산되면서 21세기의 새로운 강대국으로 등장하면서 정치·외교적 강대국으로써 면모를 보여주고 있다.

### 1) 강대국의 조건-경성국력과 연성국력

통상적으로 강대국이란 군사력과 경제력이란 경성국력에서 다른 행위자들보다 독과점적 우위를 점유하고 있는 국가들이라고 할 수 있지만, 진정한 강대국이 되려면 물리적-물질적 힘 외에 규범적-도덕적 힘인 연성국력도 필요하다.

참다운 강대국이란 그 시대의 선진적인 군사력-경제력을 대표해야 할 뿐만 아니라 그 시대가 지향해야 할 가치와 규범·제도를 대표해야 한다면, 이런 모든 조건을 충족했던 초강대국은 그렇게 많지 않다. 19세기 이전의 중국제국, 20세기의 미국과 소련 등 세계 역사에서 소수의 강대국들만이 경성국력과 연성국력에서 모두 독점적이고 압도적인 힘과 영향력의 우세를 견지할 수 있었다. 대부분의 강대국들은 이들 3가지 힘의 요소 가운데 일부 분야에서만 우위를 견지했고, 따라서 서로 다른 성향과 특징을 가지는 다양한 강대국들이 공존하면서 상호 경쟁과 견제를 통해 세계를 경영하였다.

### 2) 중국의 '재등장'-개발도상국가형 강대국

19세기 이전까지 세계의 중심국가이었던 중국이 '재등장'하고 있다. 1700년에서 1820년 사이에 중국의 GDP가 세계 GDP에서 차지하는 비중은 23.1%에서 32.4%까지 증가하였다. 그러나 아래의 [그림 3-1]이 보여주고 있는 바와 같이 1820년 이후 중국의 몰락이 가속화되어 중국 경제의 세계경제에서 점유하는 비중이 추락하기 시작하여 1890년에 미국에 추월당했고, 1934년에 소련에, 그리고 1961년에는 일본에 추월당하는 '굴욕'을 경험하였다.

그러나 중국은 1978년에 최저점을 기록한 이후 개혁개방을 계기로 비약적인 고도성장시대를 열면서 중국 경제의 비중이 상승하기 시작하여 1988년에 소련을, 1992년에 일본을 추월했으며, 2013년에는 마침내 미국을 추월하면서 세계 최대 규모의 경제대국으로 '재등장'하게 된다는 것이다.

중국은 경제대국이면서 개발도상국가형 강대국이라고 할 수 있다. 중국은 경제

**그림 3-1** 전 세계 강대국 GDP 총액 추이

(단위: %)

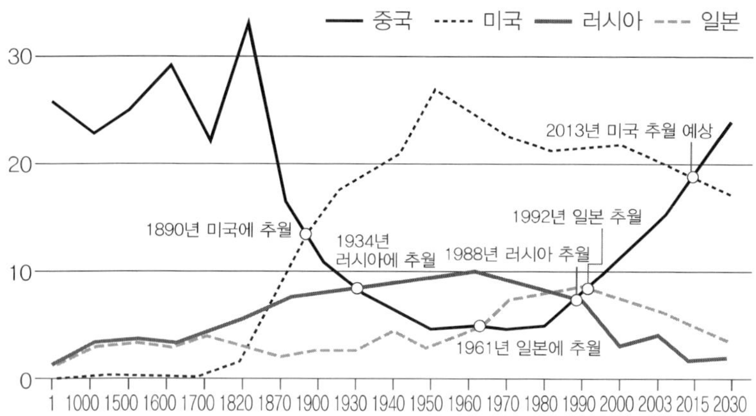


출처: 앵거스 매디슨(2007).

규모의 측면에서는 세계 제일의 경제대국이 되겠지만 1인당 국민소득이나 노동 생산성과 과학 기술력 등의 관점에서 본다면 중국은 경제대국이면서도 상당 기간 개발도상국가의 수준을 유지할 것이다.

2006년 기준으로 중국의 1인당 GDP는 미국의 1/25, 노동자들의 평균 임금은 1/13, 평균 생산성도 낮고, 기술 의존도 역시 높다. 중국과학원의 『중국현대화연구 2008』에 의하면, 2005년 현재 중국의 국력은 세계 3위이지만 종합 현대화 수준은 조사대상국 108개 국가 중 55위로 초등발달국가의 수준에 있다는 것을 의미하며, 2015년이 되어야 제1차 현대화가 완성되고, 1960년대의 선진국 수준에 도달하게 될 것이라고 스스로 평가하고 있다.

중국은 경제력의 규모 차원에서 경제대국이지만, 중국 경제는 21세기의 '가장 선진적인 생산력'을 대표한다고 할 수 없기 때문에 상당기간 개혁 개방을 심화·확대하면서 경제 선진국과의 협력 관계를 계속 추진해 가지 않을 수 없다.

이런 점에서 중국 경제는 세계경제와의 상호 의존성을 계속 유지·확대하면서 세계경제 발전과 더불어 중국 경제의 발전을 추진할 것이기 때문에 중국 경제의 활성화는 대체로 세계경제 발전의 '기회'로 작용할 것이다.

### 3) 경제대국 중국의 기여-경제 발전의 역동성 제공

중국 경제는 일부에서는 기회보다 위협이 되고 있지만, 대체로 동아시아 지역 경제 발전은 물론이고 세계경제 발전에도 긍정적 역할을 할 것이다. 세계은행(World Bank) 자료에 따르면, 2003~2005년 사이 중국 경제의 세계 GDP 증가에 대한 평균 공헌 비율은 13.8%, 미국의 공헌 비율인 29.8% 다음으로 높은 것이다. 동아시아 지역경제 발전에 대한 중국의 기여도는 2006년 현재 약 30%가 넘는 것으로 계산되고 있는데, 이는 미국의 기여도 10% 수준에 비해 훨씬 초과하는 것이다.

중국에 대한 수출이 동아시아 개도국의 경제성장에 중요한 요인으로 작용하고 있으며, 특히 대만, 싱가포르, 한국, 말레이시아 등에서는 대중국 수출 경기가 경제 성장률에 큰 영향을 미치고 있다.

이처럼 중국은 저가 상품의 대량 수출국으로서, 세계 최대의 투자 및 상품 시장으로서, 그리고 막대한 외환 보유국으로서 세계경제 발전에 중요한 역할을 하고 있다. 그러나 중국의 경제 발전이 가속화되면서 에너지와 원료 수요가 폭등하고, 심각한 환경 문제를 촉발하고 있으며, 일부 지역에서는 중국의 경쟁력에 밀려 산업 공동화 현상이 발생 부작용도 산출되고 있다.

### 4) 군사대국, 중국의 목표는 무엇인가?

미국은 미 국방부 2003년 「중국 군사력 연례보고서」에서 처음으로 중국의 군비 확장에 대해 공식적으로 경고하고 나섰다. 일본도 2004년 「신방위계획대강(新防衛計畫大綱)」에서 처음으로 중국 위협을 명기하면서 중국에 대한 경계심을 표출하였다.

중국 국방비는 매년 두 자리 숫자로 증액하고 있고, 따라서 중국의 실질 군사비는 아시아 최대라고 주장한다. 그러나 중국 정부의 입장은 다른 강대국에 비교하면, 중국 국방비는 절대수치에서도, 국민총생산의 비중에서도, 그리고 국가 재정지출중의 비중에서도 모두 낮은 수준이라고 강변하고 있다.

스톡홀름 국제 평화 연구소(SIPRI)의 2009년 보고서에 의하면 미국의 2008년 국방예산(총 6,070억 달러)은 전 세계 국방비 지출(총 1조 4,640억 달러)의 42%이며, 중국의 국방비는 849억 달러를 기록하였다. 중국은 사상 처음으로 프랑스를 제치고 세계 2위의 군사비 지출 대국으로 부상하였지만, 중국의 국방비가 전 세계 국방비 지출에서 차지하는 비중은 5.8%에 불과하다.

그러나 중국의 군비지출은 미국과 비교하면 미미한 수준이지만, 일본이나 러시아와 같은 다른 강대국보다 많다는 점에 주목할 필요가 있다. 특히, 중국의 국방 현대화 계획과, 항공모함 구축 등 원양 해군을 육성하는 군사력 증강 노력에도 주목할 필요가 있다.

물론, 중국은 가까운 미래에 군사기술과 능력 면에서 미국과의 격차를 줄이지 못할 것이기 때문에 상당 기간 동안 중국은 미국의 군사적 패권에 정면으로 도전할 의사도 능력도 없다고 할 수 있지만, 중국은 대만해협이나 동아시아 지역에서 미국의 군사작전에 심각한 위협을 줄 수 있다는 점을 유념해야 한다.

### 5) 중국의 연성국력과 평화적 굴기, 그리고 베이징 컨센서스

중국의 연성국력 전략을 살펴보면, 경제력과 군사력과 같은 경성국력도 중요하지만 세계인의 마음을 움직일 수 있는 연성국력도 구비하지 않으면 안 된다는 점에서 국제사회의 지지를 확보하기 위한 다양한 정치적, 외교적 노력을 경주하고 있다.

냉전시대이었던 1954년 중국의 저우언라이(周恩來) 총리가 인도 네루(P. J. Nehru) 수상과의 공동성명에서 처음으로 체제와 이념이 다른 국가들 간 평화공존과 우호관계를 견지하기 위해서 ① 영토주권의 상호존중, ② 상호 불가침, ③ 상호 내정불간섭, ④ 호혜 평등, 그리고 ⑤ 평화공존의 원칙이 지켜져야 한다고 '평화공존 5원칙'을 선언하였다.

1982년 헌법에서 다시 한 번 '평화공존 5원칙'을 중국 대외정책의 기조라고 재확인하였고, 반패권주의와 자주독립의 외교노선을 강조하면서 탈냉전시대에 오히려 더 강화되고 있는 미국의 일방주의와 동맹외교를 견제하려고 '4불(不) 정책'을 강조하고 나섰다.

천안문사태 직후 덩샤오핑(鄧小平)은 "냉정하게 관찰하고, 실력을 쌓으면서 기회를 기다리라"는 내용의 이른바 '도광양회(韜光養晦)' 정책을 강조하면서 ① 동맹을 맺지 말고(不同盟), ② 패권을 추구하지 않으며(不覇權), ③ 내정불간섭 원칙을 고수하며(內政不干涉), ④ 남들보다 앞서서 강대국 행세를 하려고 하지 않는다(不

當頭)는 '4불(不) 정책'도 강조하면서 모든 국가들과 우호관계를 맺는 전면적 동반자 외교를 추진하였다.

후진타오(胡錦濤) 주석체제가 들어서면서 중국은 평화적으로 일어난다는 화평굴기(和平崛起)론과 조화사회(和諧社會)론을 제창하면서 개발도상국가들을 포함한 모든 국가들과의 협력관계를 확대하고, 국제무대에서 적극적인 역할을 추구하고자 하였다. 이에 따라 중국은 제3세계 개발도상국가들의 지지를 확대하기 위해 적극적인 대외 원조를 제공하고 있다.

일부 비공식 추산에 따르면, 2007년 동남아시아와 아프리카, 그리고 라틴아메리카 국가들에 대한 중국의 경제지원액 총액은 약 310억 달러에 이르며, 이 액수는 2005년의 3배, 2003년과 비교하여 20배가 증가된 것이다.

시장경제에서도 국가의 역할이 중요하며, 개별 국가들은 자신들의 역사적 사회문화적 특수성을 바탕으로 자율적인 결정에 따라서 단계적이고 점진적인 개혁과 개방을 통해 경제 발전과 현대화를 이룩할 수 있다는 내용의 '베이징 컨센서스(Beijing Consensus)'를 제시함으로써 개발도상국에게 미국이나 서방세계의 경제개발정책과 민주화 논리에 대항할 수 있는 대안적 논리를 제공하고 있다.

중국은 국제사회에서 중국의 문화를 전파하고 중국에 대한 이미지를 제고하기 위해 공자학원을 설립·운영하기도 하고, 다양한 인적 교류 및 교육 프로그램을 운영하기도 한다. 하지만, 중국의 연성국력 개발정책은 초보적인 수준이며, 모든 분야에서 미국이나 일본 등 선진국의 연성국력과 격차가 줄어들지 않고 있다. 특히, 중국의 부상에 따라 역설적으로 아시아 지역에서 미국 역할에 대한 긍정적 평가가 증대되고 있다.

### 6) 중국은 어떤 강대국인가?

G2 국가로서의 중국의 종합국력 위상 재확인과 동시에 취약한 국가로서의 모습도 동시에 발견되고 있다.

중국은 소련체제 붕괴 이후 미국과 어깨를 견주는 명실상부한 G2 국가에 부상하기 위해 부단한 노력을 경주해 왔다. 2009년 조사에서 중국은 종합국력 순위 2위를 차지했었다. 당시 이런 조사 결과가 발표되자 중국 공산당 기관지인 인민일보의 자매지인 환구시보(環球時報)는 이 조사 결과가 중국의 국력을 지나치게 높이 평가한 것이라며 중국에 대한 외부의 지나친 견제, 중국 내국인들의 자만을 경계하는 논평을 실었다. 그러나 이번 조사에서도 중국의 종합국력은 G20 국가들 중 2위인 것으로 나타났다. G2 국가로서의 중국의 위상은 경제력과 국방력, 기초국력, 사회자본력 등이 모두 2위로 평가되고 있다는 점에서도 재확인된다.

하지만, 미국의 종합국력 점수 총점이 68.33점인데 비해 중국의 총점은 55.92점으로, 2009년 평가 때와 마찬가지로 아직 미국과 큰 차이를 보이고 있다. 정치력 부문에서 중국은 2009년 평가 때와 마찬가지로 여전히 1위인 것으로 나타났다. 사회자본력과 함께 이 부문에서 중국이 특히 강한 순위를 보이는 이유는 공산당 1당 독재와 모든 것에서 국가기관, 그중에서도 당과 의회, 즉 정치력을 우선시하는 중국 정치체제가 지닌 매우 독특한 특성과 이 정치기구들과 정치인들이 중국의 정치경제발전 과정에서 보인 그동안의 놀라운 역할과 성과가 큰 기여를 했기 때문인 것으로 보인다. 13억 중국 인민을 통치할 미래의 정치지도자들이 사전에 서열이 정

**그림 3-2** 중국의 종합 및 요소국력 순위(2014년)

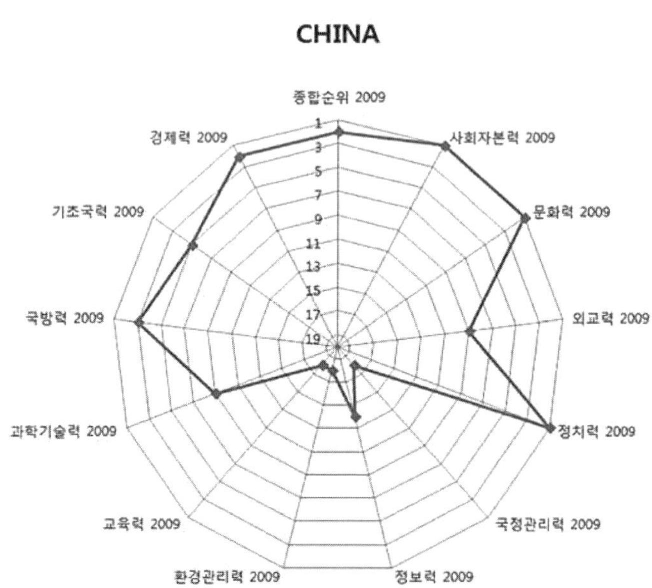

해지고 때가 되면 아무런 극단적 대결 없이 물 흘러가듯 국가의 최고지도자로 부상하여 집권하였다가 때가 되면 후임자에게 평화적으로 정권을 이양해 주곤 본인은 후임자에 의해 아무런 보복 없이 영예로운 퇴임 후 생활을 영위해 나가는 사례가 마오쩌뚱(毛澤東) 사후 지금까지 40년 가까이 이어져 내려오고 있는 곳이 바로 중국이다. 중국의 이런 정치력은 결코 만만히 볼 수 없는 실로 무서운 힘이다. 한편, 2009년 평가 때와 마찬가지로 환경관리력과 국정관리력 면에서 모두 바닥권인 19위를 기록했다는 사실은 향후 환경오염 문제를 둘러싼 주변국 및 선진국들과의 마찰과 중국이 지니고 있는 국력 요소들의 작동상 고장이나 비효율이 만만치 않을 것임을 예견케 한다. 또한 중국은 아직까지는 연성국력(7위)보다는 경성국력(2위) 중심 국가라는 2009년 조사 때의 사실이 여전히 이번 조사에서도 확인된다. 이런 점에서도 중국을 고품질 국가로 보기 어렵다고 할 수 있다.

제 4 장

# 한국의 열린사회로의 국가혁신전략

대한민국은 단일민족의 국가로 외부에 대한 배척과 우리라는 개념이 강한 국민성을 보이는 민족이다. 하지만, 앞으로 더 큰 발전과 혁신을 이룰 수 있으려면 세상의 변화에 순응하고 개방하는 문화가 필요하다.

## 제 1 절 개방적 국가전략[1)]

### 1 국제화지수(Index of Globalization)

국제화지수를 매년 조사하여 발표하는 평가기관, 컨설팅사 등이 많으나 대표적인 기관으로 A.T. Kearney 평가기관과 언스트앤영(Earnest & Young) 기관을 들 수 있다.

스위스 다보스에서 매년 개최되는 세계경제포럼(World Economic Forum)에서 공식 발표되는 세계화지수는 언스트앤영(Earnest & Young)이 영국 이코노미스트

1) 정환우(2011). 동아시아 경제통합 관점에서 본 한・중 FTA의 의의와 과제, 2011년 8월, 국제무역연구원.

그룹 경제전문 연구기관(Economist Intelligence Unit: EIU)과 공동으로 개발한 지표다. 이 지표는 국내총생산(GDP) 규모를 반영한 상대적인 국가별 세계화 수준을 보여준다. 평점 10점에 가까워질수록 세계화가 더 많이 진전된 것을 의미한다. EIU · E&Y가 공동으로 매년 발표하는 '세계화지수'에서 한국이 2012년 종합 평점에서 4.02를 받아 전년보다 한 계단 하락한 33위를 기록했다. 우리나라는 1995년 이후 지금까지 종합 평점에서 38.3%의 성장을 보이며 9계단 상승했지만 최근 순위 상승에서 답보상태를 보이고 있다.

세계 60대 주요 국가 중 홍콩이 7.81점으로 작년에 이어 1위에 올랐고, 대만이 17위, 미국이 25위로 한국보다 세계화 수준이 높은 것으로 나타났으며, 일본과 중국은 각각 43위와 44위를 차지했다. 우리나라의 세계화지수는 전년보다 1단계 하락했으나 여전히 중국과 일본을 앞선 것으로 나타났다. 주요 평가기준은 무역 개방성, 자본 이동, 노동력 이동, 테크놀로지 및 아이디어의 교환, 문화적 통합 등인데, 한국은 무역 개방성, 테크놀로지 및 아이디어의 교환에서 상대적으로 높은 점수를, 자본 이동, 문화적 통합에서 낮은 점수를 받았다.

한국은 1995년 이후 지금까지 종합 평점에서 38.3%의 성장을 보이며 9계단 상승했지만 최근 상승세는 답보상태이며, 2016년에는 베트남, 태국 등에 밀려 34위로 순위가 소폭 하락할 것으로 언스트앤영(E&Y)은 전망했다. 이들 신흥국가들은 특히 테크놀로지 분야에서 급격히 성장할 것으로 예상되었다.

한편, 언스트앤영(E&Y)은 함께 공개한 보고서에서 "세계화는 여전히 세계경제의 주요한 현상으로 그 흐름이 변화하고 있다는 데 주목해야 한다"며 "브릭스(BRICs)를 포함한 신흥시장은 물론 상대적으로 기술이 발전한 선진시장에서도 성장동력을 찾을 수 있도록 새로운 승부를 걸어야 한다"고 조언했다. 국제화의 새로운 흐름 속에서 성공하기 위해서는 자원을 전략적으로 배분하고 과감하게 현지화된 투자를 실시해야 하며, 항상 '학습하는 조직'을 만들어 가는 것이 중요하다. 또한 광범위하고 다변화된 시장에서 제대로 된 기회를 발굴하고 성공하기 위해서는 새로운 성장 사이클에 맞춘 운영의 변화가 중요하다고 강조했다.

한편, A.T. Kearney는 FDI 신뢰도 이외에 세계화지수(Globalization Index)를 발표해 오고 있다. 일반적으로, 세계화라 함은 경제, 정치, 문화, 환경 등의 면에서 거리 개념을 뛰어 넘어 상호의존의 정도가 점점 늘어나는 것으로 인식되고 있다. 특

**표 4-1** 한국 국제화지수 추이(2010~2012년)

| 연 도 | 순 위 | 종합 평점 | 무역 개방성 | 자본 이동 | 노동력 이동 | 테크놀로지 | 문화적 통합 |
|---|---|---|---|---|---|---|---|
| 2012년* | 33 | 4.02 | 5.82 | 3.66 | 3.47 | 4.13 | 2.62 |
| 2011년 | 32 | 3.99 | 5.80 | 3.58 | 3.47 | 4.08 | 2.62 |
| 2010년 | 33 | 3.93 | 5.63 | 3.51 | 3.47 | 4.05 | 2.61 |
| 1995년 | 47 | 2.84 | 4.61 | 3.18 | 2.95 | 1.35 | 1.83 |

주) *2012년 평가 결과는 2013년 1월 발표한 보고서 자료임.

별히 A.T. Kearney는 미국의 국제전문 잡지인 *Foreign Policy*와 공동으로 1998년에 50개 선진국과 신흥 개발도상국가들의 세계화 정도를 정보기술, 금융, 무역, 정치, 여행, 그리고 인적 교류 부문으로 나누어 '국제화지수'를 개발하였다.

조사 결과, A.T. Kearney는 ① 가장 세계화된 국가들은 세계화가 정도가 낮은 국가들에 비해 소득균형이 높고, ② 가장 세계화된 경제는 소국인 경향이 있으며, ③ 세계화지수가 높은 국가일수록 정치적 자유도 더 많이 누리며, ④ 세계화지수가 높을수록 국가의 공무원 부패정도도 낮다는 사실을 밝혀냈다.

A.T. Kearney의 국제화지수는 해당국가의 거시지표와 국제적인 기관의 통계 자료를 기초로 통계데이터만을 이용한다. 주로 UNCTAD, World Bank, IMF, OECD, EBRD, UN-ECLAC, EIU 등 국가기관의 통계를 이용하고, 개별 국가별로는 투자진흥청, 중앙은행, 재정부, 통상부, 신문, 잡지 등을 통해 수집한다. A.T. Kearney의 국제화지수는 설문데이터를 활용하지는 않는다. 구체적인 지수계산 방법으로 대부분의 변수들은 연도별로 유입량과 출입량의 합으로 이루어지고, 다시 그 합계를 그 국가의 명목경제산출량(nominal economic output) 또는 인구수로 나누어 계산한다.

한국의 평가 결과를 보면, 2005년 국제화지수 순위 결과에서 한국은 30위를 기록하여 2004년 대비 2단계 상승했다. 기술적 연결성, 특히 인터넷 사용자 수(2위)와 인터넷 호스트 수(13위)가 높게 나타났으나, 경제적 통합 부문의 해외직접투자(47위), 정치적 개입 부문의 정부 이전 지출과 이전소득(42위), 다자 간 국제조약 비준 수(41위) 등에서 비교적 낮은 순위를 보였다. 아시아 경쟁국 가운데서는 싱가포르, 일본, 한국, 대만, 중국 순으로 세계화지수가 높게 나타난다. 일본은 경제적 통합(62위)과 개인적 접촉(58위) 분야의 순위가 낮게 나타났는데, 특히 국제무역(62위)

**표 4-2** A.T. Kearney의 국제화지수 평가 항목

| 주요 항목 | 세부 항목 |
|---|---|
| 경제적 통합 | 교역, 해외직접투자, 포트폴리오, 비거주 고용인 급여와 소득, 해외자산취득 및 지불비용(income earned and paid on assets held abroad) 등을 포함한 수입지급(income payment), 수령액(receipts) |
| 인적 교류 | 해외 여행, 국제 전화 통화량, 국외이동(cross-border transfer) |
| 기술 | 사업 거래나 통화를 하는 데 있어서 인터넷 사용자, 인터넷 호스트 수, 안전서버(secure server) 수 |
| 국제정치 참여 | 참여하고 있는 국제기구, UN 안전보장이사회의 활동 참여도, 국내의 외국 대사관 설치 수 |

과 해외직접투자(52위) 부문에서 낮은 순위를 보이고 있다.

스위스 경제연구원에서 발간하는 KOF 국제화지수는 경제, 사회, 그리고 정치 분야의 3개 분야에 대한 지표를 소개하고 있는데, 2015년 한국은 207개 국가 중 62위에 불과하였다.

**표 4-3** 2015년 국제화지수의 상위 30개국

| | | |
|---|---|---|
| 1. 아일랜드 | 11. 헝가리 | 21. 호주 |
| 2. 네덜란드 | 12. 캐나다 | 22. 이탈리아 |
| 3. 벨기에 | 13. 체코 | 23. 폴란드 |
| 4. 오스트리아 | 14. 스페인 | 24. 에스토니아 |
| 5. 싱가포르 | 15. 룩셈부르크 | 25. 그리스 |
| 6. 스웨덴 | 16. 키프로스 | 26. 말레이시아 |
| 7. 덴마크 | 17. 슬로바키아 | 62. 한국 |
| 8. 포르투갈 | 18. 노르웨이 | 63. 조지아 |
| 9. 스위스 | 19. 영국 | 64. 트리니다드토바고 |
| 10. 핀란드 | 20. 프랑스 | 65. 몰도바 |

출처: Globalization Index of KOF Swiss Economic Institute(2015). http://globalization.kof.ethz.ch/

## 2 삶의 질 지수와 행복지수

### 1) 삶의 질의 선행연구

삶의 질과 행복지수가 높은 국가는 정부혁신도 잘할 것으로 가정해 볼 수 있다.

삶의 질에 대한 관심이 증가함에 따라, 최근 여러 기관에서 삶의 질 지수와 관련한 다양한 지표 개발 및 연구를 활발히 진행하고 있다. OECD는 삶의 질(QoL)에 입각한 '더 나은 삶 지수(Your Better Life Index)'를 36개 국가를 대상으로 조사하였다. Nationranking은 삶의 질 지수(Quality of Life Index: QLI)와 국력을 고려한 삶의 질 지수(Quality and Power Index: QPI)를 발표하고 있다. 이외에도 Legatum Institute, Gallop, New Economics Foundation 등의 연구소 및 기관에서 다양한 지표를 통하여 삶의 질관련 지수를 발표하고 있다.

**표 4-4** 주요 기관별 삶의 질 지수 연구

| 기 관 | 내 용 |
|---|---|
| OECD의 더 나은 삶 지수 (Your Better Life Index) | 삶의 질(QoL)에 입각해 주거조건, 소득, 직업, 공동체(사회적지지 네트워크의 질), 교육, 환경, 시민참여, 건강, 삶의 만족도, 안전, 일과 여가 균형 등의 11개 지표로 구성된 36개 국가의 삶의 질 지수, 한국은 2013년 24위를 차지함. |
| Legatum Institute의 번영지수 (Prosperity Index) | 세계 110개 국가・지역을 대상으로 하여 경제적 기반, 통치지배구조, 개인의 자유(표현의 자유), 교육, 사회자본, 건강 수준, 기업기회, 안전 등 8개 부문을 종합해 각국의 삶의 질을 평가하는 글로벌 지수, 한국은 104개 국가 중 26위를 차지함. |
| Gallop의 웰빙지수 (Well-Being Index) | 정부의 정치・경제・종교 현황과 더불어 측정하며, 조사국가 148개 국가 중 한국은 2013년 97위를 차지함. |
| Nationranking의 삶의 질 지수 (Quality of life index: QLI) | 건강, 교육, 부, 민주주의, 평화, 환경 등의 6개 분야로 측정하며, 137개 국가 중 한국은 27위를 차지함. |
| Nationranking의 국력을 고려한 삶의 질 지수 (Quality and Power Index: QPI) | 삶의 질 지수(QLI)와 국력(NP)의 기하평균 $[(a+b)/2 \geq \sqrt{(ab)}]$으로 측정하며, 137개 국가 중 한국은 13위임. |

다양한 기관의 국가별 삶의 질 지수 보고서를 비교해보면, 다소 상충적인 결과

를 보인다. 한국의 삶의 질 지수는 Nationranking의 국력을 고려한 삶의 질 지수(Quality and Power Index: QPI)나 Gallop의 웰빙지수(Well-Being Index) 등 서로 다른 기준으로 측정했을 때 137개 국가 중 13위부터 187개 국가 중 97위에 이르기까지 변동 폭이 큰 것으로 나타났다. 소득, 교육수준 등 객관적인 항목 위주 평가에서는 높은 점수를 받지만 설문조사와 같은 정성평가에서는 삶의 질도가 낮은 것으로 조사되었기 때문이다(기획재정부, 2012).

이처럼 삶의 질 지수가 중구난방인 것은 조사 방법과 기준이 다르기 때문이다. 예컨대, Gallop은 어제 잘 쉬었는지, 많이 웃었는지 등 다섯 가지 질문의 '그렇다'는 응답률로 나라별 순위를 매긴다. 본 연구에서는 Nationranking의 '삶의 질 지수(Quality of life index: QLI)' 자료를 사용하여 삶의 질 지수를 제시하였다. Nationranking은 삶의 질 지수의 하위개념을 건강(Health), 교육(Education), 부(Wealth),

**표 4-5 삶의 질 지수(QLI)의 하위개념과 측정지표**

| 하위개념 | 측정지표 |
|---|---|
| 건강(Health) | 기대수명(Life expectancy at birth) |
| | 사망까지의 건강관리(Mortality amenable to health care) |
| | 유아 사망률(Infant mortality) |
| | 건강관리 접근성(Access to health care) |
| 교육(Education) | 성인 문맹률(Adult literacy rate) |
| | 학교생활 기대(School life expectancy) |
| | 학업성취도(PISA)[2] 결과(PISA results) |
| 부(Wealth) | 1인당 국내총생산(GDP per capita) |
| | 국민소득 분포의 지니계수(Gini coefficient of national income distribution) |
| 민주주의(Democracy) | 정치적 권리의 자유(Freedom House political rights index) |
| | 시민의 자유(Freedom House civil liberties index) |
| | 언론의 자유(Freedom House freedom of the press index) |
| 평화(Peace) | 세계평화지수(Global Peace Index) |
| 환경(Environment) | 환경성과지수(Environmental Performance Index) |

출처: http://nationranking.wordpress.com(2014).

2) PISA(Programme for International Student Assessment): OECD에서 주관하는 학업성취도 평가로써, 만 15세 학생들의 읽기, 수학, 과학 고양 수준 파악 및 소양 수준에 영향을 주는 배경 변인과의 연계 분석을 통해 각국 교육 정책 수립의 기초 자료를 제공한다(e-나라지표, 2014).

민주주의(Democracy), 평화(Peace), 환경(Environment)으로 제시하고 있다. 삶의 질 지수의 하위개념 중 평화(Peace)가 포함되어 있는데, 이는 삶의 질의 개념이 워낙 다양하고 추상적인 개념이기 때문이라고 할 수 있다.

영국에서 발행되는 국제정치 및 경제, 문화 주간지인 『이코노미스트(*The Economist*)』의 계열사인 EIU(Economist Intelligence Unit)에서는 전 세계 111개국(2005년 기준)을 대상으로 삶의 질 지수(Quality of Life Index)를 측정 및 순위를 산정하고 있다. EIU의 삶의 질 지수는 기존의 GDP 중심으로 측정되던 물질적 웰빙(well-being)의 개념에서 벗어나 주관적인 요소와 다양한 기준을 동원한 새로운 개념의 삶의 질 측정 방법의 필요성을 제기하고 있다. EIU의 삶의 질 지수를 구성하고 있는 9가지의 지표들을 살펴보면, 각각의 지표를 측정하는 데이터가 매우 협소한 것을 알 수 있다. 보건 분야는 평균생존연수 및 평균기대수명만을 측정하고 있으며, 다른 분야의 지표들도 1개 내지 2~3개 정도의 측정지표만이 활용되고 있다. 또한 지수를 산출해 내기 위한 설문조사 역시 EIU 내부에서 조사한 결과들에 한정되어 있어 어떠한 문항이 몇 개나 사용되었는지 알 수 없다는 점에서 한계가 있다. EIU의 삶의 질 지수는 행복지수가 조명되기 이전에 등장하여 향후 연구에 여러 가지 시사점을 제공하였다.

한편, 행복이라는 것은 다분히 주관적인 것으로 그것의 정의나 개념이 명확하지 않다. 보통 행복과 삶의 질, 주관적 만족감, 웰빙 등은 동일한 의미를 갖지는 않지만, 이를 객관적으로 측정하는 데 있어서는 유사한 의미를 갖는 것으로 취급된다(Veenhoven, 2007; Donnelly, 2004). 이의 측정에 있어서는 경제나 삶의 질 측면을 중요시하기도 하고(UNDP, 2006; EIU, 2005), 환경적 측면을 강조하기도 하고(Marks et al., 2006), 주관적 느낌을 강조하는 연구(Rothwell & Cohen, 2003; Diener et al., 1985) 등 다양하게 나타난다. 이러한 지표체계는 전 세계적으로 보편적이지 않으며, 다양한 기준으로 측정되고 있다.

경제협력개발기구(OECD)는 2013년 34개 회원국 국민들의 삶의 질을 나타내는 새로운 지표인 '행복지수(Better Life Initiative)'를 발표했다. 주관적인 감정인 '행복의 정도'를 수치로 나타낸다는 것 자체가 다분히 황당한 발상일 수 있다. 하지만, 최근 선진국에서는 '행복지표'를 만들고 국민들의 삶의 만족도를 높이기 위한 정책 마련에 머리를 맞대고 있다. 행복의 척도는 무엇이고, 각국 정부가 행복지표를 만드는 이유는 무엇인지 질의응답식으로 알아본다.

행복지수는 국내총생산(GDP)과 같은 경제지표로는 나타낼 수 없는 생활의 만족도나 삶의 풍요로움을 지표화한 통계다. OECD가 2013년 창설 50주년을 맞아 시작한 행복지수는 34개 회원국 모두를 주거환경, 소득, 일자리, 공동체 생활, 교육, 환경, 정치참여, 건강, 삶의 만족도, 치안, 일과 삶의 균형 등 총 11개 영역에 대한 점수를 매겨 도출했다.

각국의 점수는 경제지표 혹은 여론조사 등 세 가지 자료에 근거해 측정되는데, 예컨대 일자리의 경우 실업률 지표와 근로시간, 임금 등을 조사한다. 이 과정에서 OECD는 개별 회원국 국민들이 자신이 속한 나라의 삶의 질을 측정하도록 한 뒤 이를 제출토록 했다. 다수의 시민이 어떤 점을 중시하는지 자문할 수 있도록 한 셈이다.

34개국 중 한국의 순위는 하위권인 26위를 차지했다. 한국은 교육(2위)과 일자리(11위) · 치안(11위) 항목에서는 높은 점수를 얻었지만, 주거환경(28위) · 환경(29위) · 일과 삶의 균형(30위) · 공동체 생활(33위) 항목에서는 최하위권이었다. 교육 항목은 고졸 이상 학력자가 많았기 때문이다. 다만, "어려울 때 의지할 수 있는 사람이 있다"(공동체 생활)고 답한 사람이 80%로 OECD 평균인 91%에 크게 못 미쳤다. 상위권은 주로 북유럽과 앵글로 색슨 국가들이 차지했다. 11개 항목을 평균한 점수를 기준으로 1위는 호주가 차지했으며, 캐나다와 스웨덴 · 뉴질랜드 · 미국 · 노르웨이 · 덴마크가 그 뒤를 이었다. 일본은 19위, 멕시코와 터키가 각각 33위 · 34위로 최하위였다.

OECD는 제2차 세계대전 후 경제 발전과 함께 회원국인 선진국 국민들의 소득이 늘어났고 질병도 점차 감소하는 등 소기의 목적을 어느 정도 달성했다. 경제성장과 비례해 인류의 수명은 확실히 늘어났지만, 반대로 마음의 병, 자살 등의 사회문제가 심각해졌다. 자연스레 각국 정부는 경제성장만을 추구해 온 기존의 정책에 대한 반성을 하게 되었다. "GDP만으로는 측정할 수 없는 인간의 가치가 있는 것이 무엇인가"를 생각하는 계기가 되었다. 이번 조사에서도 나왔지만 OECD 회원국 중 1인당 GDP가 가장 높은 룩셈부르크는 행복지수에서는 겨우 10위권에 들었다. GDP가 높은 나라라고 해서 반드시 국민이 행복하다고 느끼는 것은 아니라는 현실에 직면하게 된 것이다.

경제력은 행복의 중요한 요소 중 하나다. 행복의 정체를 찾아 각종 연구활동을 하고 있는 미국 미시간대학의 마일스 킨볼(M. KinBall) 경제학과 교수는 인간을 행복하게 만드는 요소로 수면, 유전자, 사회적 지위, 가족과 함께 지내는 시간, 현실에 대한 만족감을 꼽았다. 일례로, 킨볼 연구팀이 미국의 60세 이상 장년층을 대상으로 실시한 연구 결과, 배우자가 사망한 경우 슬픔과 충격에서 원래의 행복하고 안정된 심리상태로 돌아가는 기간은 평균 9개월이었다. 하지만, 숨진 배우자가 생명보험에 가입해 있었을 경우에는 보험에 가입하지 않은 그룹에 비해 배우자를 잃은 충격의 정도가 약했다. 킨볼 교수는 "이 경우 돈이 슬픔을 경감시키는 역할을 한 것"이라며 "몸이 힘든 것을 알면서도 야근 철야근무를 하는 것은 이에 따른 보상(야근·철야수당)이 있는 것을 알기 때문인 것과 같은 이치"라고 해석했다.

**표 4-6** 행복지수 항목별 OECD 평균과 한국의 수치

| OECD 평균을 0으로 봤을 때 | | |
|---|---|---|
| 교육 +2.5 | 직업 +1.3 | 치안 +0.7 |
| 정치참여 +0.6 | 일과 삶의 균형 −1.3 | 소득 −1.3 |
| 환경 −1.7 | 보건 −1.7 | 삶의 만족도 −1.8 |
| 주거환경 −2.3 | 공동체 생활 −6.1 | |

출처: OECD.

## 3 취약(성공)국가지수

### 1) 개 념

과거에는 국가의 성공 정도나 국력을 측정하는 지표로 국내총생산 GDP(Gross Domestic Product) 혹은 1인당 GDP가 이용되었다(최창현, 2013). 그러나 근래 주목받고 있는 실패한 국가 혹은 성공한 국가의 잣대는 취약국가지수(The Fragile States Index)이다. 미국의 외교 전문잡지인 『포린 폴리시(*Foreign Policy*)』와 평화재단(Fund for Peace)은 2005년부터 매년 세계 178개국을 대상으로 인권·사회·경제·치안 등의 12가지 항목을 조사하여 국가의 실패도를 측정하고 있다. 원래 실패국가지수

로 발표해 왔으나 국제적 비난으로 인해 취약국가지수로 명칭을 변경했다. 계량화한 지표는 치명적(Critical) 국가, 위험(In danger) 국가, 경계(Borderline) 국가, 안정적(Stable) 국가, 가장 안정적(Most Stable) 국가 등 5개 국가 그룹으로 분류된다. 각 분야당 10점 만점으로 12개 분야의 총 합은 120점 만점으로 국가의 실패도를 측정한다. 따라서 국가성공지표(Sucessful States Index)는 취약국가지표의 역점수로 측정할 수 있다.

### 2) 취약국가지수(The Fragile States Index)

성공국가지수의 상대적인 개념으로 취약국가지수(The Fragile States Index)를 측정한다. 국가의 실패도를 측정하기 위한 취약국가지수(FSI)의 12개 분야의 계량화된 지표는 인구 압력(demographic pressures), 난민(refugees & IDPs; internally displaced person), 집단적 불만(group grievance), 불평등 발전(unevwen development), 빈곤과 경제 침체(poverty and economic decline), 국가 정통성(legitimacy of the State), 공공 서비스(public service), 인권(human rights), 국가 엘리트의 파벌정도(factionalized elites), 치안 및 안보기구(security apparatus), 외부의 간섭(external intervention)이다.

### 3) 취약국가 관련 이론

국가의 '실패(failure)'에 대한 이론적, 경험적 연구는 1994년 미 행정부의 주도 아래 시작되었다. 당시 클린턴 행정부의 부통령이었던 앨 고어(Al Gore)의 적극적인 지원 하에 구성된 '국가실패 태스크포스(State Failure Task Force)'는 이와 관련된 위험을 평가하고 조기경보시스템을 구축하기 위해 수많은 데이터와 연구작업들을 조사·편찬하였다. 이 작업에서는 국가의 '실패'를 매우 광범위하게 규정하고 있는데, 사실상 국제사회에서 통용되는 정상(normal) 국가의 틀에서 벗어난 요소들을 대부분 포함시키고 있었다. 여기에는 정부의 정치적 권위와 능력이 미흡하여 법치를 달성하기 어려운 경우뿐만 아니라, 범죄와 폭력적 분쟁이 난무하고 인도주의적 위기가 심각하게 만연해 있으며, 이웃 나라의 안정성을 위협하는 경우가 해당한다. 또한 국가 간 테러행위나 국내 테러행위를 조장하는 경우도 국가의 실패 범주에 포함시키고 있다는 점이 특징이다.

실패국가(failed state)의 개념은 다소 모호하고 광범위하여 실패한 국가의 정의에 있어서는 아직까지도 논란이 계속되고 있다(이석수, 2008). 실패국가의 개념은 정치적 능력의 부재 또는 취약함을 나타내는 표현으로 자주 거론되어 왔다. 하워드(Howard, 2010)는 과정적 접근(Process Approach)으로서 국가실패를 제시하며, 국가실패는 약한국가(weak state), 실패 중인 국가(failing state), 실패한 국가(failed state), 붕괴국가(collapsed state)에 이르는 과정이라고 하였다.

실패국가의 유형은 매우 복합적이고 다면적이라고 할 수 있다. 또한 다수의 요건을 동시에 가지기도 한다. 특히, 정치적 능력은 다양한 종류의 정치적 재화, 즉 안보, 교육, 보건, 경제, 복지, 환경, 질서유지, 사회 인프라 확보 등을 국민들에게 제공할 수 있는 능력을 가리키는데, 이러한 기준에 따라 실제로 상당수의 국가들이 실패국가의 사례로 제시되어 왔다.

지난 10~20년 간의 사례를 보면, 아프가니스탄, 앙골라, 부룬디, 콩고공화국, 라이베리아, 시에라리온, 수단 등이 국가실패의 대표적인 사례로 인식되어 왔으며, 소말리아의 경우 실패국가의 단계를 지나 '붕괴국가(collapsed state)', 즉 무정부상태에 접어든 것으로 간주되고 있다. 국가의 붕괴란 실패국가의 극단적인 형태로서, 국토 전역에 걸쳐 정치적 권위가 부재한 현상을 일컫는다. 소말리아의 경우, 지역 군벌들이 할거하면서 내부적으로 뿐만 아니라 대외적으로도 해적문제 등 위협적인 행동을 보이며, 이는 국제사회의 골칫거리로 부상하고 있다.

북한의 2013년 취약국가지수(FSI)에 따르면, 총점 120점 중 95.1점을 받아 지난해 22위(95.5점)에서 한 계단 내려간 23위에 올랐다. 한국은 35.4점으로 157위를 기록하여 지난해 156위(37.6점)보다 나아졌으며, 비교적 양호한 국가로 평가되었다. 북한은 항목별로 인권, 정부 합법성, 공공 서비스, 경기침체 측면에서 나쁜 평가를 받았으며, 특히 정부 합법성은 10점 만점에 9.8점을 받아 가장 불안정한 항목으로 나타났다.

앞으로 한반도의 통일에 대비해 남북한 간의 심각한 격차를 통일 전에 줄이는 정책이 절실하다는 것이다.[3)]

---

3) 최창현(2013). "한국의 국력신장을 위한 국가 능률성 분석: 자료포락기법을 적용한 G20 국가와의 비교." 『한국보훈논총』, 12(4): 8-36.

### 4) 국정관리와 성공국가의 관계

산출된 성공국가지수 결과 1위는 핀란드(93.9점), 2위는 스웨덴(91.2점), 3위는 노르웨이(89.6)의 순으로 나타났으며, 가장 낮은 50위를 차지한 국가는 소말리아(0점)였다. 한국은 성공국가지수 76.2점으로 21위를 차지하였으며, 북한은 성공지수 18.6점으로 47위에 위치하여 매우 낮았다.

좋은 행정 점수가 50점 이상인 한국, 미국, 캐나다, 일본, 독일, 프랑스, 영국, 이탈리아, 스페인, 호주 등의 선진국은 성공국가지수가 50점 이상으로 성공국가군에 속하고 있다. 그러나 북한, 중국, 인도네시아, 인도, 브라질, 러시아, 베트남, 캄보디아, 시리아, 쿠바, 소말리아, 아프가니스탄 등의 좋은 행정 점수가 50점 미만인 국가군은 성공국가지수가 50점 미만으로 나타났다. 예외적으로 터키와 남아프리카공화국만이 좋은 행정 점수가 50점 이상임에도 불구하고 성공국가지수가 50점 미만이었다. 아르헨티나는 좋은 행정 점수가 50점 미만임에도 불구하고 성공국가지수가 50점 이상인 국가로 나타났다. 취약국가를 넘어 거의 통제불능 국가인 소말리아는 좋은 행정 0.28점, 성공국가지수 0.00점으로 취약국가 1위를 차지하였다. 북한은 좋은 행정 7.1점과 성공국가지수 18.8점에 불과하였으며, 한국은 좋은 행정 73.22점과 성공국가지수 78.50으로 북한과의 격차가 크게 나타났다.

다음 [그림 4-1]은 나라별 성공국가지수와 좋은 행정을 참고로 하여 12개의 국가들을 비교하여 제시하였다. 성공국가지수가 가장 높은 핀란드와 가장 낮은 소말리아를 비롯하여 북한, 한국, 일본, 미국, 스페인, 몽고, 사우디아라비아, 중국, 필리핀, 캄보디아를 비교 분석하였다. 비교 결과, 대부분의 국가들이 성공국가지수가 높을수록 좋은 행정이 높게 나타났다. 성공국가지수가 가장 낮았던 소말리아는 좋은 행정 또한 가장 낮게 나타났으며, 성공국가지수가 가장 높았던 핀란드는 좋은 행정 또한 가장 높게 나타났다. 북한은 소말리아 다음으로 성공국가지수와 좋은 행정이 낮게 나타났으며, 한국은 핀란드, 일본, 미국과 함께 높은 수준의 성공국가지수와 좋은 행정을 보여주고 있다.

**그림 4-1** 12개 국가 성공국가지수와 좋은 행정(good public administration) 비교

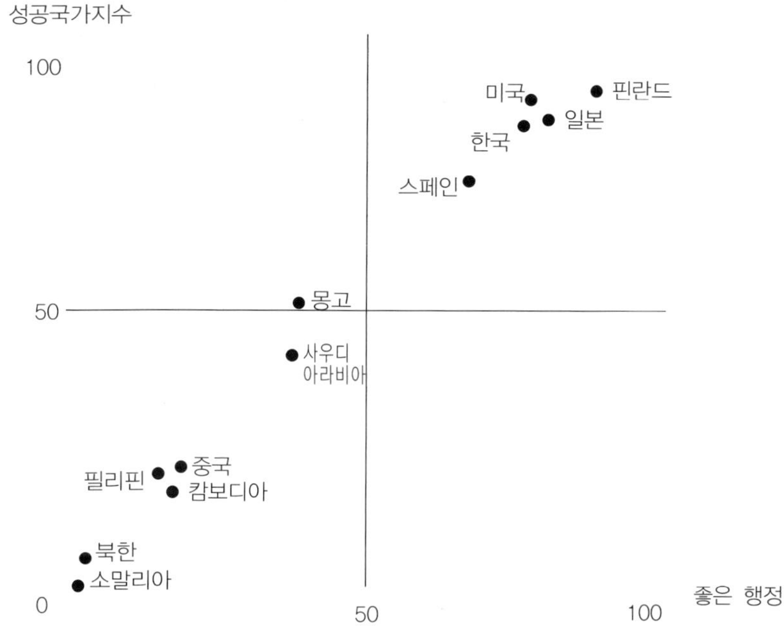


### 5) 좋은 행정과 성공국가 간의 영향관계 분석

좋은 행정과 성공국가 간의 영향관계를 분석하기 위한 연구 분석틀은 다음과 같다.

**그림 4-2** 좋은 행정과 성공국가 분석틀

좋은 행정을 측정하기 위한 측정변수는 시민참여 변수, 정치안정 변수, 법치 변수로 제시하였다. 시민참여 변수는 시민권(civil liberties)과 정치적 권리(political right) 등을 측정하는 지표를 나타낸다. 정치안정 변수는 정부의 능력이나 힘으로 정치적 불안정, 테러나 폭력 등으로 인한 국민들의 생계나 삶에 대한 안정성을 반영해 주는 지표이다. 법치 변수는 법적 제도적 장치가 얼마나 잘되어 있는가를 반영하는 지표를 나타낸다. 시민참여 변수, 정치안정 변수, 법치 변수와 성공국가 간의 영향관계를 분석한 결과는 다음과 같다.

**표 4-7** 좋은 행정과 성공국가의 회귀계수

| | 표준화계수 (SPSS 추정치) | $t$ | 유의확률($p$) |
|---|---|---|---|
| 시민참여 | 0.308 | 2.81 | 0.007 |
| 정치안정 | 0.339 | 3.49 | 0.001 |
| 법치 | 0.345 | 2.86 | 0.006 |
| 상수 | 10.979 | 3.61 | 0.001 |

주) $p<.001$, 회귀방정식 예측력 R squred=0.883.

분석 결과, 모형 설명력은 88.3%로 높게 나타났으며, 시민참여, 정치안정, 법치 변수 모두 유의확률 0.001 이하로 유의하게 나타났다. 분석 결과, 법치가 0.345로 가장 큰 영향을 미치는 것으로 나타났으며, 그 다음으로 정치안정이 0.339, 시민참여는 0.308로 가장 낮은 영향을 미치고 있었다.

분석 결과를 바탕으로 50개 국가들의 1인당 GDP(Gross Domestic Product)[4]를 2,000달러 미만, 2,000~2만 달러 미만, 2만~4만 달러 미만, 4만 달러 이상의 4개의 국가군으로 분류하고, 각각의 국가군별로 시민참여, 정치안정, 법치지표를 비교하였다. 국가군별로 분류한 결과 1인당 GDP 2,000달러 미만인 국가는 3개국이었고, 2,000~2만 달러 미만의 국가는 17개국, 2만~4만 달러 미만은 16개국, 4만 달러 이상 국가는 14개국으로 나타났다. 1인당 GDP에 따른 50개 국가들의 각 변수의 평균

4) GDP(Gross Domestic Product)는 한 나라의 국경 내에서 이루어지고 있는 모든 경제 주체들의 생산활동을 시장가격으로 평가한 합계이다. 국내총생산이라고 말하며, 국가의 순전한 국내경제활동의 지표로 쓰여진다.

을 비교하여 분석한 결과는 다음의 <표 4-8>과 같다.

**표 4-8** 1인당 GDP에 따른 국가들 간의 비교 분석 결과

| 국정관리지수와 성공국가지수 | 1인당 GDP | | | | | 한 국 | 북 한 | $F$* |
|---|---|---|---|---|---|---|---|---|
| | 2,000 달러 미만 | 2,000~ 2만 달러 미만 | 2만~4만 달러 미만 | 4만 달러 이상 | 전체 (평균) | | | |
| 대상국가 | 3개국 | 17개국 | 16개국 | 14개국 | 50개국 | | | |
| 시민참여 (citizen participation) | 3.47 | 37.63 | 77.26 | 88.73 | 62.01 | 68.54 | 0.00 | 20.30 |
| 정치적 안정성 (Political Stability ) | 11.33 | 33.94 | 69.69 | 81.43 | 57.32 | 55.00 | 33.00 | 22.28 |
| 법치(Rule of Law) | 2.35 | 40.71 | 80.63 | 91.85 | 65.50 | 80.75 | 6.57 | 48.17 |
| 국정관리(governance) | 4.05 | 40.62 | 77.77 | 88.55 | 63.73 | 68.10 | 13.19 | 43.68 |
| 취약국가지수(FSI) | 105.23 | 71.89 | 41.13 | 25.53 | 51.07 | 35.40 | 95.10 | 55.09 |
| 성공국가지수(113.9-FSI) | 8.67 | 47.19 | 73.36 | 85.49 | 62.00 | 78.50 | 18.80 | 46.33 |

주) * $p<.00$

한국은 30,800달러로 2만~4만 달러 미만의 16개 국가군에 속하지만, 시민참여, 정치적 안정성, 법치지수 중 법치만이 국가군의 평균과 비슷하였다. 시민참여와 정치적 안정성은 2만~4만 달러 미만의 16개 국가군과 비교하여 낮게 나타났으며, 좋은 행정 또한 2만~4만 달러 미만 국가 평균보다 낮았다. 따라서 한국은 시민참여와 정치적 안정성을 신장시킬 필요가 있다. 북한은 1인당 GDP 2,000달러 미만인 3개국 국가군에 속하였다. 소말리아, 아프가니스탄 등 3개국 국가군의 성공국가지수보다는 높은 것으로 나타났지만, 그 이유는 이들 국가보다 상대적으로 정치적 안정성이 33점으로 2,000달러 미만 국가의 평균인 11.33점보다 현저하게 높게 나타났기 때문이었다. 또한 북한은 시민참여가 0으로 가장 낮게 나타나고 있다.

비교 분석 결과 1인당 GDP가 높을수록 성공국가지수 또한 높게 나타나고 있으며, 시민참여, 정치적 안정성, 법치지수가 높게 나타났다. 2만~4만 달러 미만 국가군과 4만 달러 이상의 국가군은 시민참여, 정치적 안정성, 법치지수 모두 전체평균 이상으로 나타나고 있으며, 2,000달러 미만과 2,000~2만 달러 미만 국가군은 시민

참여, 정치적 안정성, 법치지수 모두 전체평균 이하로 나타났다.

50개국의 성공국가지수를 25% 미만군, 25~50%군, 50~75%군, 75% 이상군의 4 분위수로 구분하여 좋은 행정을 비교 분석하였다. 성공국가지수 25% 미만군은 완전취약국가로 구분하여 50개국 중 13개국으로 나타났으며, 25~50%군은 부분취약국가로 구분하여 13개국으로 나타났다. 50~75%군은 11개국으로 부분성공국가로 구분하였으며, 75% 이상군은 성공국가로 구분하여 13개국으로 나타났다. 분석 결과는 다음의 <표 4-9>와 같다.

**표 4-9 성공국가지수별 국가들 간의 비교 분석 결과**

| 성공국가지수 | 25% 미만군 | 25~50% 군 | 50~75% 군 | 75% 이상군 | 전체 (평균) | 한 국 | 북 한 | $F^*$ |
|---|---|---|---|---|---|---|---|---|
| 대상국가 | 13개국 | 13개국 | 11개국 | 13개국 | 50개국 | | | |
| 시민참여 (citizen participation) | 21.73 | 56.67 | 81.10 | 91.49 | 62.01 | 68.54 | 0.00 | 27.41 |
| 정치적 안정성 (Political Stability) | 15.85 | 58.77 | 73.27 | 83.85 | 57.32 | 55.00 | 33.00 | 53.00 |
| 법치 (Rule of Law) | 26.64 | 59.60 | 85.79 | 93.10 | 65.50 | 80.75 | 6.57 | 41.76 |
| 국정관리 (governance) | 25.43 | 59.33 | 82.68 | 90.42 | 63.73 | 68.10 | 13.19 | 49.46 |
| 취약국가지수(FSI) | 86.45 | 57.95 | 33.95 | 23.28 | 51.07 | 35.40 | 95.1 | 110.06 |
| 성공국가지수 (112.6-FSI) | 25.31 | 55.95 | 78.68 | 90.62 | 62.00 | 78.50 | 18.8 | 103.16 |

주) * $p<.00$

<표 4-9>에 나타난 것처럼 성공국가지수를 4분위수로 구분해 완전취약국가, 부분취약국가, 부분성공국가, 완전성공국가로 분류해 좋은 행정을 비교 분석해 보았다. 비교 분석 결과 25% 미만군의 좋은 행정 지표값이 25.43점, 성공국가지수는 35.31점으로 거의 비슷하게 나타났다. 75% 이상군의 경우에도 좋은 행정 점수 90.42점, 성공국가지수 90.62점으로 거의 동일한 것으로 나타났다.

한국은 시민참여 68.54점, 정치적 안정성 55점, 법치 80.75점으로 나타났다. 시민참여와 법치지수는 전체평균보다 높게 나타났으나, 정치적 안정성지수는 전체평

균보다 낮았다. 좋은 행정 또한 68.10으로 전체평균인 51.07보다 높게 나타났다. 북한은 시민참여 0점, 정치적 안정성 33점, 법치 6.57점으로 모든 지표가 전체평균보다 낮았다.

좋은 행정이 국가성공에 미치는 영향을 한국과 북한을 중심으로 비교 분석하였다. 『포린 폴리시(*Foreign Policy*)』와 평화재단(Fund for Peace)의 178개국 취약국가지수(Fragile States Index) 2013년 자료를 이용하여 50개 국가를 선정하였으며, 선정된 50개 국가 중 취약국가지수가 가장 높은 국가의 지수를 기준으로 각 국가별 성공국가지수를 측정하였다. 또한 국정관리능력과 정부의 정책능력 등을 반영하는 "세계거버넌스지표(Worldwide Governance Life Index)"를 이용하여 좋은 행정을 비교 분석하였다.

좋은 행정과 성공국가 간의 영향관계를 분석한 결과, 성공적인 국가가 되기 위해서는 정치적 안정성이 가장 큰 영향을 미치고, 그 다음 시민참여, 법치의 순서대로 영향을 미치는 것으로 나타났다. 따라서 어느 한 나라가 성공국가로 나아가기 위해서는 국민들을 테러나 폭력으로부터 보호할 수 있어야 하며, 국민의 생계와 삶에 대한 안정성을 확보해 줄 수 있는 정부의 능력이 먼저 갖추어져야 한다.

북한은 성공국가지수 18.8로 25% 미만의 국가군에서도 하위권에 위치하고 있다. 정치적 안정성, 시민참여, 법치 수준 모두 낮게 나타나고 있으며, 그중에서도 시민참여 수준은 0으로 나타나 북한의 좋은 행정은 소말리아와 시리아와 비슷한 수준을 보여주고 있다. 좋은 행정 비교 결과 대부분의 국가들이 정치적 안정성지수에 비하여 시민참여지수가 높게 나타나고 있지만, 북한은 시민참여지수에 비하여 정치적 안정성이 월등히 높게 나타났다. 성공국가지수 25% 미만 국가군에 속하지만, 정치적 안정성은 25% 미만 국가군의 평균보다 높게 나타났다. 북한의 이러한 결과는 강력한 독재로 인한 한시적 비정상적 안정성이라 해야 할 것이다. 그러므로 북한이 보다 더 성공적인 국가로 나아가기 위해서는 시민참여와 법치를 강화해야 한다는 결론을 얻을 수 있다.

한국은 성공국가지수 78.5로 50~75% 국가군에 들지는 못하나 근접하고 있다. 정치적 안정성이 전체 50개국의 평균치에도 못 미치고 있어 좀 더 정치적 안정성을 높여야 하며, 50~75% 국가군에 들기 위해서는 정치적 안정성뿐 아니라 시민참여와 법치 수준도 더 끌어 올려야 하는 것으로 나타났다. 특히, 75% 이상의 완전성공국가로 가려면 시민참여와 법치 수준을 93점 정도로 끌어 올려야 한다. 정치적 안정성도 84점 정도로 올려야 한다. 전반적으로 국정관리 평균이 90점 이상이 되어야 할 것이다. 이는 아직도 한국이 완전성공국가로 가려면 가야 할 길이 멀다는 점을 시사해 주고 있다.

한국과 북한에게 좋은 행정은 통일 후에도 성공국가로 나아가기 위해서 매우 중요하다. 특히, 남·북한의 통일 후, 좋은 행정이 미흡하다면 법치가 약화되거나, 남·북한 주민들 간의 사회갈등이 심화될 수 있다. 이로 인해, 정치적 안정성이 약화되어 부분적 취약국가로 전락할 가능성도 전혀 배제할 수 없을 것이다. 그러므로 통일을 대비하여 한국은 좋은 행정을 강화하여야 하며, 성공국가로 나아갈 수 있도록 노력해야 한다. 한국은 좋은 행정에 가장 큰 영향을 미치는 정치적 안정성이 시민참여와 법치에 비하여 낮게 나타나고 있다. 그러므로 한국 정부는 국민들의 생계 또는 삶에 대한 안정성을 확보하여 좋은 행정을 강화하여야 할 것이다.

## 제 2 절 정치·행정 선진화

### 1 좋은 정부를 위한 노력으로서 정부개혁의 현황

앞서 제시되었던 좋은 정부에 대한 대조되는 시각을 기초로 세계적인 정부개혁의 흐름을 살펴보면 크게 정부역할의 강조에 따른 큰 정부로의 개혁과 정부역할의 축소와 작은 정부로의 개혁으로 나누어 볼 수 있다. 전후 신생독립국을 중심으로 국가 발전전략의 효율적인 달성을 위한 정부의 역할이 강조되었으며, 미소 양 강대국들의 냉전체제라는 국제적인 정치적 환경 속에서 미국을 비롯한 선진국들은 민주주의의 확산이라는 정치적인 목적을 위해 후진국들에게 정부의 역량 강화를 위한 지원을 아끼지 않았다. 따라서 이 시기의 신생독립국을 비롯한 후진국들은 정부의 역할에 매우 많이 의존을 하였으며 그만큼 발전전략의 수행자이자 문제해결자인 정부의 역량은 매우 중요하게 인식되었다. 따라서 정부개혁 역시 이를 위해 관료제화된 정부의 조직구조와 엘리트들의 역량 강화가 주요 내용이 되었다.

반면, 이러한 발전국가 혹은 복지국가를 위한 정부역할의 확장과 정부역량의 강화에 초점을 둔 정부개혁의 방향은 1980년대에 들어오면서 차츰 그 변화를 가져오게 되었다. 특히, 이는 복지국가의 위기와 함께 선진 OECD 국가들을 중심으로 강하고 비대해진 정부의 비민주성과 비효율성에 대한 반응으로 나타났다. 따라서 과거 강조되었던 확장된 정부역할과 이에 따른 큰 정부에 대한 수용은 점점 작은 정부로의 변화를 강조하게 되었으며 이러한 현상은 신자유주의 혹은 보수주의 이념에 기초한 정부개혁으로 이어졌다. 이와 같은 정부개혁의 방향은 1990년대 들어 더욱 강하게 나타났으며, 권위주의 정권이 붕괴되고 민주화의 경험에 이어 그 이후 경제위기를 경험한 국가들에서 이와 같은 정부개혁의 흐름에 동참함으로써 전 세계적으로 확산되었다. 또한 '신공공관리'라는 이론적 근거를 기초로 하여 정부의 축소, 경쟁을 통한 시장화, 민영화, 규제 완화 등을 강조하고 있다. 이는 곧 과거 일반적으로 수용되었던 좋은 정부 혹은 정부역할에 대한 근본적인 인식의 변화가 수반된 것이었다.

이렇게 1980년대 이후 전개된 정부개혁의 주요 내용이 민영화와 시장화, 정부규제의 축소 등 자율성과 정부개입의 최소화, 그리고 시장원리에 따른 경쟁의 강조 등을 포함한다. 이는 신자유주의적인 정부개혁의 노력이 앞서 살펴보았던 로크(J. Locke)의 정부론으로 대표되는 기계론적 정부론에서 주장한 정부의 역할과 좋은 정부의 핵심내용을 주로 포함하고 있음을 알 수 있다.

## 2 정부개혁 과정에서 나타난 문제점

1960년대부터 시작되었던 정부개혁은 정부역할의 강화를 위한 관료제의 효율성을 추구하는 개혁이었다. 이러한 정부의 확대된 역할과 정부중심의 발전전략의 수행은 그로 하여금 강력한 통제 혹은 규제를 기반으로 한 정부 행위를 정당화시켰다. 이와 함께 서구 자본주의 국가들을 중심으로 한 복지국가의 발전 역시 정부역할의 확대를 가져온 계기가 되었다. 그러나 지속적으로 확대되어온 정부의 역할은 비대해진 관료제를 생산하였으며 이는 곧 정부의 비효율성을 수반하였다. 결국, 1970년대 후반부터 서구 선진국들의 경제위기의 가장 큰 요인으로 이렇게 비대해진 관료제의 비효율성이 제기되었다. 그 결과, 1980년대부터 이루어진 정부개혁은 신자유주의에 입각한 작은 정부를 강조하는 방향으로 전개되었다.

그러나 이러한 작은 정부를 강조하며, 민영화, 시장화 등 경쟁을 통한 시장원리만을 강조하는 신자유주의적인 정부개혁은 공정성과 형평성 등 공익의 관점에서 많은 문제점을 나타내었다. 따라서 정부의 공정성과 부패의 척결 등을 강조하는 정부의 책임성(accountability) 역시 시장중심적인 정부개혁과 함께 균형적으로 추구되어야 할 정부개혁의 주요 내용으로 대두되었다. 여기서의 주장의 핵심은 정부의 공정성과 형평성, 그리고 부패방지의 문제이다.

## 3 '좋은 정부'를 향한 처방

위의 논의를 기초로 전 세계적으로 유행처럼 번져왔던 좋은 정부를 위한 정부개혁의 주요 내용과 향후 개혁의 방향을 살펴보면 다음과 같다.

첫째는 경제적 효율성으로 이는 비례성(proportionality)의 원리가 적용된다. 정부개혁의 주요한 개념적 내용 중의 하나는 효율성, 특히 경제적 효율성이다. 경제적 효율성에 포함되는 정부개혁의 구체적은 내용으로는 대표적으로 레인(J. E. Lane)이 제시한 DPM, 즉 정부의 간섭을 최소화하는 규제완화(deregulation), 민영화(privatization), 시장화(marketization)를 비롯하여 정부축소(down-sizing) 등이 있다.

둘째는 분권화로써 이는 정부의 복잡성을 관리하기 위한 중요한 전략이 될 수 있다(Lane, 1997). 또한 정부의 반응성과 책임성을 더욱 강화하기 위한 방법으로 사용된다. 분권화는 두 가지의 유형으로 나누어질 수 있는데 하나는 정부조직 내부의 관리적 분권화와 다른 하나는 정부 간 관계에 해당되는 분권화이다. 후자는 중앙정부에 집중되어 있는 권한을 하위정부(지방정부)에 대폭 위임(devolution)하는 것을 그 내용으로 한다.

셋째는 책임성의 확보이다. 책임성의 목표는 세 가지의 측면으로 볼 수 있는데 그것은 첫째, 공적권위의 남용이나 오용에 대한 통제, 둘째, 법과 공공서비스의 가치를 준수하는 것, 그리고 마지막으로 거버넌스와 공공관리에 있어서의 계속적인 개선이다.

법에 의한 통치를 확립하는 것은 선후진국을 막론하고 매우 중요한 국가 운영의 원리 중의 하나이다. 정부의 부패는 매우 오래전부터 정부 역기능을 유발하여 좋은 정부의 실현에 방해가 되는 가장 핵심적인 요소 중의 하나로 인식된다.

이상의 논의를 통해 좋은 정부에 대한 논의는 국가마다 혹은 시대적 상황에 따라 달라질 수 있음을 알 수 있었다. 과거부터 오랜 시간 동안 각 국가의 정부는 좋은 정부를 이룩하기 위한 다양한 노력을 개혁이라는 이름으로 시도하여 왔다. 그러한 노력의 과정에서도 좋은 정부가 의미하는 것이 무엇인가에 따라 구체적인 개혁의 방향과 내용이 달라져왔다.

그러나 과거의 경험을 반추해 보면 좋은 정부의 의미와 개혁의 내용이 다양함에도 불구하고 좋은 정부를 위한 공통적인 조건을 도출할 수 있다. 그것은 정부의 효율성, 권한의 분배, 책임성 등이다. 향후 좋은 정부를 위한 노력 과정에서도 이러한 내용들이 조화롭게 시도될 때 비로소 국민들이 만족할 수 있는 질 높은 정부가 될 수 있을 것이다.

## 4 공공부문 업무시스템의 문제점

한편, 김정언(2010)의 주장과 같이 우리나라의 노동생산성은 세계적으로 하위권에 속한다. OECD 국가들 중에서 노동시간이 가장 긴 반면, 노동생산성은 선진국에 비해 매우 낮아 노동의 효율성 개선이 시급한 실정이다. 2008년 기준 우리나라 1인당 노동시간은 연 2,256시간으로 OECD 평균인 1,764시간에 비하면 우리나라 근로자는 492시간 더 근무하는 것으로 나타나고 있으나, 노동생산성은 2008년 기준 미국을 100으로 할 때 46에 불과하여 매우 미흡한 상황이다. 이렇게 우리나라의 노동 효율성이 낮은 이유는 2000년대 들어 IT 기반의 정보지식사회로 패러다임이 변화하고 있음에도 불구하고, 근면성과 노동력 중심의 산업화시대의 근무방식에서 크게 벗어나지 못하고 있는 데 기인하기 때문이다.

이러한 현상은 민간기업보다 더욱 보수적이고 경직된 관료제의 문화를 가지고 있는 공공부문에서 더욱 강하게 나타난다. 정보통신의 발달은 시공간을 초월하여 업무를 추진할 수 있도록 하는 무한한 가능성을 제공하고 있다. 그러나 우리나라의 공공조직은 아직도 면대면 회의, 강력한 조직경계성 등 전근대적인 방식에 의해 업무의 많은 부분이 수행되고 있다. 그러나 외부적으로는 세계화로 인한 국경을 초월한 업무가 증가하고 있으며 업무활동의 지리적 범위가 우리나라의 사무실에 국한되어 있지 않다. 또한 내부적으로는 공공부문에 여성인력의 입직이 두드러지게 증가하는 현상은 오래전의 일이다. 이처럼 여성인력은 공공부문에 있어서 없어서는 안될 중요한 인적자원이 되어가고 있지만 육아의 많은 부분을 담당하고 있기 때문에 효율적인 인력의 효과적 활용이 매우 제한되어 있는 실정이다. 따라서 아직까지 육아의 상당부분을 담당하고 있는 여성인력에 대한 배려와 이들의 효율적인 업무처리를 위한 업무수행방식의 변화가 필요한 시기라고 할 수 있다.

이와 같은 점에서 업무수행 방식에 있어서 IT의 활용은 노동의 효율성을 높이고 국민의 삶의 질을 개선하기 위한 좋은 방법이 될 수 있으며, 업무수행에 있어서 IT 활용 증가와 근무방식의 변화를 추구하는 스마트워크(smart work) 추진이 적극적으로 고려되어야 할 시점이다.

## 5 디지털 시대의 '좋은 정부'를 위한 제언

격변하는 예측 불가능한 미래의 국가환경에 대처하기 위해서는 안정적 질서를 근간으로 하는 전통적인 국가전략에서 과감히 탈피하여야 한다. 선형적 인과관계·미래에 대한 예측 가능성·질서·안정성 등을 특징으로 하는 과거의 뉴턴적 기계론적 패러다임을 근간으로 만들어진 국가운영 전략들은 비선형적 순환고리·미래에 대한 예측 불가능성·혼돈·불안정성 등을 특징으로 하는 복잡계 패러다임으로 보면 그 한계가 드러난다.

급격한 변화와 다양한 상황의 동시다발적인 발생은 기존의 국가발전 전략 추진체계들이 국가의 발전방향을 그려내는 데 필요한 통찰을 가로막으며, 장기적 결과를 선택·계획·의도하기 어렵게 만든다. 세상이 점점 복잡해지고 우리가 살고 있는 사회, 경제구조가 복잡계의 모습을 띠고 있는 현 시점에서 국가의 단기적인 일상활동은 미리 계획할 수 있으나 장기적인 전략은 그렇게 되기 어렵다.

요즘 같은 불확실성의 시대에 여행을 떠나기 직전 지도를 챙겨야겠다는 생각은 타성에 불과하다. 성공의 핵심은 종전의 지도를 그대로 따라가는 데 있는 것이 아니라 새로운 지도를 창발적으로 만들어가는 데 있다. 1997년 자율적 요동을 통해 새로운 질서(a new order autonomous fluctuations)로 갈 수 있다는 자기조직화(self-organization)이론으로 노벨 화학상을 받은 일리야 프리고진(Ilya Prigogine) 박사는 국가가 혼돈의 경계(at the edge of chaos), 즉 복잡계의 영역을 계속 유지하면서 창조적 파괴와 같은 자율적 요동이 창발됨으로써 새로운 질서로 발전해 나갈 수 있다고 주장한다. 국가는 항상 자율적인 요동을 통해 자기조직화를 이뤄야 하며 현실에 안주해서는 안 된다. 지속적인 변화가 이루어지지 않는다면, 도태의 길을 걷게 될 뿐이다.

국가운영에 있어서 일촉즉발의 동시다발적인 문제발생상황은 예측이나 통제가 사실상 어렵다. 이러한 복잡한 상황을 타개하기 위해서는, 안정과 균형을 지향하는 전통적 패러다임은 크게 도움이 되지 않는다. 과거와는 전혀 다른 자기 혁신적 방법인 자율적 요동을 통해서 전략 및 행동을 창발시켜 운영해야 한다. 과거에 국가성공의 요인이었던 것이 이제는 국가실패의 원인이 될 수 있다.

국가가 생존하기 위해서는 안정적인 평형상태로 이동하려 해서는 안 된다는 냉혹한 현실을 깨달아야 한다. 변화를 따라가선 안 되며 이를 주도할 수 있는 거시변화 대처력을 키워야 한다. 거시변화 대처력은 사회체계의 유연성과 변화적응력·개방성·개혁지향성·지식창출력 등의 자기조직화능력을 의미한다. 이 거시변화 대처력은 오늘날의 대한민국처럼 한 국가가 다른 국가와의 경쟁과 국제화 등의 급격한 환경적 변화로 인해 혼돈과 복잡성, 그리고 불안정성이 가중되는 위기점, 즉 분기점에 도달했을 때, 기존의 성공에 안주하는 등의 경로의존성에서 탈피하여 더 높은 수준으로의 탐사에 성공하여 국가의 파산을 막고, 엄청난 성장의 기회를 잡을 수 있게 하는 데 대단히 중요한 요소이다.

미국 하버드대학의 마이클 포터(M. E. Porter) 교수의 지적처럼 국민개인소득 5천 달러 수준에서는 국가가 소유한 자연적 원천(예: 토지·천연자원·인력 등)이 국가발전의 핵심원동력이 되고, 1만 달러 수준에서는 투자, 특히 사회적·경제적 인프라에 대한 투자 및 구축이 중요하며, 1만 5천 달러를 넘게 되면 인프라에 기초한 제조업 중심의 효율성 경제구조에서 진화하여 다른 국가들을 선도하는 혁신성이 중요한 국가발전동력이 된다. 오늘날처럼 거대질서의 변화시기에 2만 달러를 넘어 3~4만 달러 수준의 선진국으로 진입해야 하는 단계에서는 다가오는 중·장기 거시적 변화의 핵심내용과 원리를 민감하게 감지하고, 이에 효과적으로 대응하는 전략과 정책을 기획하고 이를 성공적으로 추진해낼 수 있는 이른바 거시변화 대처력이 중요한 국가발전동력이 된다.

다시 말해, 거시적 변화에 예민하게 감지하고, 국가사회의 전반구조를 복잡적응계이론에서 말하는 질서와 혼돈의 경계에 위치시키면서, 그에 적합한 대응책들이 국가사회 각 부문에서 부단히 신축적으로 탐사되고 시행되도록 하는 국가의 역량이 대단히 중요하다. 많은 개발도상국들이 선진국 진입의 문턱에서 낙오한 것도 이런 시대변화의 핵심내용과 원리를 민감하게 감지해 효과적으로 대응하는 거시변화 대처능력의 부재이기 때문이었다. 구소련과 같은 강대국의 몰락 이유도 이런 관점에서 설명될 수 있다.

# 참고문헌

## 국내 문헌


김석준(2000). "한국국가 재 창조와 뉴가버넌스: 새로운 패러다임의 모색". 『한국행정학보』, 34(2): 1-21.

김석준 외(2000). 『뉴 거버넌스 연구』. 서울: 대영문화사.

______(2002). 『거버넌스의 이해』. 서울: 대영문화사.

김영국(1988). 『정치학개론』. 서울: 법문사.

김정렬(2000). "정부의 미래와 거버넌스: 신공공관리와 정책네트워크". 『한국행정학보』, 34(1): 21-39.

민진(2002). 『행정학의 이해』. 서울: 대명출판사.

박세일(2009). 『대한민국 국가전략』. 서울: 21세기북스.

백승기 · 최창현 외(2011). 『행정학-핵심정리 및 문제연습』. 대구: 대명.

사회자본연구소(2009), "한일 신뢰조사".

산업정책연구원(2008). "IPS National Competitiveness Research 2008-2009".

______(2008). "SERI 한반도안보지수 조사". 2008년 4/4분기 KPSI 조사결과.

소병희(2007). 『정부실패』. 서울: 삼성경제연구소.

신건철 역(2008). 『국가이미지와 기업경쟁력』. 서울: 한국경제신문.

에너지관리공단 신재생에너지센터(2007). "2007 신재생에너지 통계".

왕링(王玲, 2006). "세계 주요국 종합 국력 비교(世界主要大國綜合國力比較)", 리션밍(李愼明). 왕이저우(王逸周) 편. 세계 정치와 안전보고(全球政治與 安全報告), 240-268. 北京: 社會科學文獻出版社.

왕재선 · 최창현(2011). 좋은 정부에 대한 이론적 소고, 한선 좋은 정부 세미나 발표문.

외교통상부 내부 자료(2009). "2009 잠정치 순위, 국제사회의 ODA현황".

윤영진 · 김태룡 외(2002). 『새 행정이론』, 서울: 대영문화사.
이동원 · 장갑영 외(2009). "제3의 자본: 사회적 자본은 어떻게 증진되는가?". 삼성경제연구소.
이명석(2002). "거버넌스의 개념화: '사회조정'으로서의 거버넌스". 『한국행정학보』, 36(4): 321－338.
이석수(2008). "국가실패의 특성과 원인: 북한사례". 『통일문제연구』, 20(1): 1－33.
이조원(2008). 취약국가 모델과 북한에 대한 개발협력 연구. 『북한연구학회』, 12(2): 289－321.
이종수(2000). 『행정학 사전』. 서울: 대영문화사.
이종원(1999). "레짐이론의 발전과 과제". 『정부학 연구』, 4(1): 22－45.
이창원 · 최창현(1996). 『새 조직론』. 서울: 대영문화사.
______(2008). 『새 조직론』. 서울: 대영문화사.
전영평(2003). "지방정부의 거버넌스 모형 구축". 『행정논총』, 41(1): 50－52.
전종섭(2000). 『위대한 사회를 향하여』. 서울: 법문사.
정정숙(2006). OECD 주요국가의 문화경쟁력 분석. 한국문화관광연구원.
朝日新聞社(2008). 『民力 2008』.
중국사회과학원(2006). "국제형시 황서 2006년: 세계정치와 언전보고".
지식경제부, 에너지관리공단－신재생에너지센터(2008). 『신재생에너지 백서 2008』.
최수연(2011). 취약국가의 특성과 조건: 효과성, 합법성, 공권력을 중심으로. 고려대학교 대학원 석사학위논문.
최창현(1997). 『정부개혁의 5가지 전략』. 서울: 삼성경제연구소.
______(2005). 복잡계로 바라본 조직관리. 서울: 삼성경제연구소.
______(2013). "한국의 국력신장을 위한 국가 능률성 분석: 자료포락기법을 적용한 G20 국가와의 비교". 『한국보훈논총』, 12(4).
최창현 · 박정배 · 김종근(2014). "소프트파워로서의 문화력". "한국 · 중국 · 미국의 비교". 『디지털정책학회지』, 1－13.
최창현 · 주성돈(2015). 국력이란 무엇인가. 서울: 커뮤니케이션북스.
코리아데이터뱅크(2007). "2006 세계 에너지 산업자원 연감".
한국정보화진흥원(2009). "ICT를 활용한 소프트파워 강화전략".
한반도선진화재단(2009). "국가선진화 지수 2009".
행정자치부(2007). 이론으로 풀어 본 정부혁신. 혁신이론연구모임.
황성돈 · 최창현 외(2014). "대한민국의 종합국력은 어디까지 왔나?". 한선정책심포지엄.
황윤원(2004). 『행정학원론』. 서울: 형설출판사.

## 국외 문헌


Ashley, J. Tellis, Janice Bailly, Christopher Layne & Melissa McPherson(2000). "Measuring National Power in the Postindustrial Age". RAND's Arroyo Center.

Barber, B. R.(1999). "Clansmen, Consumers, and Citizens: Three Takes on Civil Society", in Fullinwider, R. K.(ed.), *Civil Society, Democracy, and Civil Renewal*. Oxford: Rowman & Littlefield Publishers.

Bentler, P. M., & Bonett, D. G.(1980). Significance Tests and Goodness of Fit in the Analysis of Covariance Structures. *Psychological Bulletin*, 88: 599-606.

Bjrok, P. & H. Johansson(2000). Towards d Governance Theory: A state-Centric Approach. *Paper Presented at IPSA World Congress 2000*. Aug. 1-5.

Bowornwathana, B.(1997). "Transforming Bureaucracies for the 21st Century: The New Democratic Governance Paradigm". *Public Administration Quarterly*, 21.

Box, R. C.(1998). *Citizen Governance: Leading American Communities into the 21st Century*. Thousand Oaks. CA: Sage Publications.

C. Northcote Parkinson(2003). 김광웅 역. 『파킨슨의 법칙』.

Dagger, R.(1997). *Civic Virtues: Rights, Citizenship, and Republican Liberalism*. Oxford: Oxford University Press.

Daniel Kaufmann, Aart Kraay & Massimo Mastruzzi(2010). "The Worldwide Governance Indicators: A Summary of Methodology, Data and Analytical Issues". *World Bank Policy Research Working Paper* No. 5430.

Ehrenber, J.(1999). *Civil Society: The Critical History of an Idea*. New York: The New York University Press.

Forbes(2009). "The Forbes Global 2000". www.forbes.com

Foreign Policy(2009). "2009 Failed States Index".

______(2014). "2014 Fragile States Index".

G20 Report. Center for International Governance Innovation(CIGI). http://www. cigionline. org

Galston, W.(1991). *Liberal Purposes: Goods, Virtues, and Duties in the Liberal States*. Cambridge University Press.

Gordenker, L. & T. G. Weiss(1996). "Pluralizing Global Governance: Analytical Approaches and Dimensions". in Weiss, T. & L. Gordenker (eds.). *NGOs, the UN, and Global Governance*. Boulder, CO: Lynne Rienner.

Habermas, J.(1984). *The Theory of Communicative Action: Reason and the Rationalization of Society 1*. Boston: Beacon Press.

Hans Morgenthau(1973). *Politics among Nations: The Struggle Power and Peace*. 5th ed., New York, N.Y.: Alfred A. Knopf.

Hettne, B. & F. Soderbaum(2000). "Global Governance' Meets the 'New Regionalism': Modes of Regional Governance in Africa". *Paper Presented at IPSA World Congress 2000*. Aug. 1-5.

Hettne, B., A. Inotai & O. Sunkel(eds.)(1999). *Globalism and the new Regionalism*. London: Macmillan.

Huther. J. & Shah, A.(1998). Applying a Simple Measure of Good Governance to the Debate of Fiscal Decentralization. *A World Bank Policy Research Working Paper*, No. 1894.

IISS(2009). "The Military Balance 2009". www.iiss.org

IMD(2009). "IMD World Competitiveness Yearbook, 2013". www.imd.ch

Janoski, T.(1998). *Citizenship and Civil Society*. Cambridge, U.K: Cambridge University Press.

Jeffrey C. Isaac(1987). Beyond the Three Faces of Power, A Realist Critique. *Polity*, 20(1): 4-31.

Jeffrey Hart(1976). "Three Approach to the Measurement of Power in International Relations". *International Organization 30*, 289-305.

Jessop, B.(1998). "The Rise of Governance and The Risks of Failure: The Case of Economic Development". *International Social Science Journal*. 155. UNESCO.

______(2000). "Governance Failure". in Stoker G.(ed.), *The New Politics of British Local Governance*. New York: Macmillan Press Ltd.

Joreskog, K. G., & Sorbom, Dag(1988). LISREL 7: A Guide to the Program and Applications, SPSS, Inc.

Joseph S. Nye Jr.(2004). *Soft Power*. 홍수원 옮김. 소프트파워. 서울: 세종연구원.

______(2004). *Soft Power: The Means to Success in World Politics*. New York: Public Affairs.

______(2008). *Smart Power and the 'War on Terror'*.

Jun, J. S.(1999). "The Need for Autonomy and Virtues: Civic-minded Administrators in a Civil Society". *Administrative Theory and Praxis*, 21(2): 218-223.

Kass, H.(ed.)(1999). "Community Capacity, Social Trust and Public Administration". *Administrative Theory and Praxis*, 21(2): 100-119.

Kaufmann, Daniel, Aart Kraay, & Pablo Zoido-Lobaton(2002). "Governance Matters Ⅱ: Updated Indicators for 2000-01". *Policy Research Working Paprer 2772*. Washington: World Bank.

Keane, J.(1998). *Civil Society: Old Images, New Visions*. Stanford, CA: Stanford University Press.

Kettl, D.(1993). *Sharing Power: Public Governance and Private Markets*. Washington D.C.: Bookings Institution.

King, C. & C. Strivers(1998). *Government Is Us*. Thousand Oaks, CA: Sage Publication.

KPMG INTERNATIONAL, Oxford Economics(2013). *2013 Change Readiness Index: Assessing Countries' Ability to Manage Change and Cultivate Opportunity*, KPMG INTER-NATIONAL.

Krugman, Paul(1994). The Myth of Asia's Miracle. *Foreign Affairs*. 73.

______(1998). "What Happened to Asia's?". http://web.mit.edu/krugman/www/disinter.html

Kymlicka, W.(1995). *Multicultural Citizenship*. Oxford: Oxford University Press.

Lake, D. A.(1999). *Entangling Relations: American Foreign Policy in its Century*. Princeton, N.J.: Princeton University Press.

Lake, D. A., & Anarchy(1996). Hierarchy, and the Variety of International Relations. *International Organization*, 50: 1–33.

Long, Scott J.(1988). Confirmatory Factor Analysis: A Preface to LISREL, 5th printing SAGE Publications, Inc.

Lynn, Jr., L., C. Heinrich & C. Hill(2001). *Improving Governance A New Logic for Empirical*. Research Washington. D.C.: Georgetown University Press.

Merleau–Ponty, M.(1973). *Adventure of the Dialectic*. Evanston, IL: Northwestern University Press.

NIRA(2009). "人口減少と總合國力に關する研究".

O'Connell, B.(1999). *Civil Society: The Underpinnings of American Democracy*. Hanover, NH: Tufts University Press.

OECD(1995). Governance Transition: Public Management Reforms in OECD Countries.

______(1996). *Integrating People management into Public Service Reform*. Raris: Publication Service.

______(2011). "OECD Environmental Data Compendium". "www.oecd.org. TI(2009)". "Corruption Perceptions Index 2009". www. tranparancy.com

______(2012). "OECD Social Indicators 2009".

Osborne, David & Gaebler, Ted(1992). Ted. *Reinventing Government: How the Entrepreneurial Spirit in Transforming the Public Sector*. New York: Addison–Wesley Pub.

Peters, B. G.(1998). *The Future of Governing: Four Emerging Models*. Lawrence, Kansas: University Press of Kansas.

Pollit, Christopher & Geert Bouocaert(eds.)(1995). *Quality Improvement in European Public*

*Services*. Sage.

Rawls, J.(1996). *Political Liberalism*. New York: Columbia University Press.

Rhodes, R.(2000). The Governance Narrative: Key Findings and Lessons from the ESRC's Whitehall Programme. *Public Administration*, 78(2): 345-363.

Sandel, M.(1996). *Democracy's Discontent*. Cambridge, MA: Harvard University Press.

Seligman, A. B.(1992). *The Idea of Civil Society*. New York: The Free Press.

Shuhe Li(1998). "The Benefits Costs of Relation-based Governance: An Explanation of the East Asian Miracle and Crisis". *Working Paper*.

Streeten, Paul(1996). Governance. In M. G. Quibria & J. Malcolm Dowling(eds.). *Current Issues in Economic Development: An Asian Perspective*. Oxford University Press.

Tiffany, O. Howard(2010). *The Tragedy of Failure: Evaluating State Failure and its Impact on the Spread of Refugees, Terrorism and War*. Livrary of Congress Publication.

UNDP(1996). "Participatory Evaluation in Programmes Involving Governance Decentralization". Management Development and Governance Division, Revised 22.

______(1997). Developing Capacity for Effective Governance. A Workshop For UNDP.

WEF(2014). The Global Competitiveness Report 2009-2013.

WVS(2010). "World Values Survey 2009". Official Data File www.worldvaluessurvey.org

Young, O. R.(1994). *International Governance: Protecting the Environment in a Stateless Society*. Ithaca, New York: Cornell University Press.

http://www.edelman.com/insights/intellectual-property/2014-edelman-trust-barometer/about-trust/global-results/

# 찾아보기

**최창현(Choi, ChangHyeon)**

뉴욕주립대 행정 및 정책학 박사, 현 가톨릭관동대 행정학과 교수
한국조직학회 회장 역임
뉴욕주립대 록펠러 행정대학원 객원교수
RPI 테크노 경영대학원 초빙교수
파고다 외국어학원 TOEIC 강사 역임

*Introducing Public Administration: Made Simple for TOEIC*(2016), 국력이란 무엇인가(2015), 좋은 정부란 무엇인가?(2012), 복잡계로 바라본 조직관리(2005) 등 40여 권의 저서와 역서가 있다.

# 정부혁신론

## -국가혁신의 길-

편낸날 제1판 제1쇄 2017년 2월 15일
지은이 최창현
펴낸이 임춘환
펴낸곳 도서출판 대영문화사
주소 서울특별시 용산구 청파로 61길 5(청파동 1가) 제일빌딩 2층
등록 1975년 12월 26일 제3-16호
전화 (02)716-3883, (02)714-3062
팩스 (02)703-3839
홈페이지 http://www.dymbook.co.kr


ISBN 978-89-7644-581-0
값 18,000원